衍生金融工具

（第三版）

主编 ◎ 王晋忠

前 言

衍生金融工具是現代金融學中的一個重要組成部分，在風險管理、資產組合、投機、套利、金融產品開發和金融創新中發揮着不可替代的功能。衍生金融工具是現代金融人才必備的專業知識，屬於金融專業核心課程。

本教材較爲全面地介紹了國際金融市場上出現的多種衍生金融工具，對衍生金融工具的基本原理、風險特徵、產品性質、運用方法、對沖機制進行了系統闡述，同時緊密聯繫衍生金融產品發展現狀，注重衍生金融工具在實踐中的運用。本教材通過基本理論和實踐運用的結合，促進學生對衍生金融工具的深入理解和熟練運用，提高學生運用衍生金融工具解決實際問題的能力。

具體而言，本教材有以下特點：一是本教材反應了衍生金融工具的最新發展狀況，這主要體現在奇異期權、信用衍生產品和混合證券等章節。二是本教材突出了衍生金融工具的應用性特點，註重與金融的實踐相結合，透過具體的例子或案例來説明衍生金融工具的運用方法、運行機制與風險狀況。三是本教材把衍生金融工具的發展作爲一個重要內容，專門介紹了衍生金融工具的發展現狀。四是本教材整體風格清晰、簡潔，避免了複雜的數學公式或計算。五是本教材配有完整的教輔資料，便於自學或練習鞏固。

本教材由王晉忠擔任主編、王茜、廖航任副主編。編寫人員分工情況如下：王晉忠（第一章），羅曉熙（第二章），馮富平（第三章），鬱曉珍（第四章），鬱曉珍、王晉忠（第五章），馮富平、王晉忠（第六章），盧文娟（第七章），張彥旭（第八章），餘小江（第九章），高平（第十章），廖航（第十一章）。王晉忠負責本教材總纂。

本教材在編寫過程中受到了西南財經大學楊國富老師、張瑞老師，西南財經大學出版社李玉斗老師的大力支持，在此深表謝意。

限於編寫人員水平，書中錯誤在所難免，望專家、讀者指正。

王晉忠

目 錄

第一章 衍生金融工具概論 (1)
- 第一節 衍生金融工具的產生和發展 (1)
- 第二節 衍生金融工具的主要功能與基本特徵 (7)
- 第三節 衍生金融工具的分類 (11)
- 第四節 我國衍生金融產品市場的發展 (14)
- 本章小結 (17)
- 思考與練習題 (18)

第二章 遠期合約 (19)
- 第一節 遠期合約概述 (19)
- 第二節 商品遠期交易 (22)
- 第三節 遠期外匯合約 (23)
- 第四節 遠期利率協議 (28)
- 第五節 遠期外匯綜合協議 (33)
- 第六節 中國遠期市場的發展 (40)
- 本章小結 (47)
- 思考與練習題 (47)

第三章 期貨市場 (48)
- 第一節 期貨交易的相關概念 (48)
- 第二節 期貨交易規則 (50)
- 第三節 期貨市場的功能 (53)
- 第四節 期貨交易的種類 (57)
- 第五節 期貨市場管理 (59)
- 第六節 中國期貨市場的發展 (63)
- 本章小結 (65)
- 思考與練習題 (66)

第四章　期貨品種·······(67)
第一節　商品期貨·······(67)
第二節　外匯期貨·······(75)
第三節　利率期貨·······(80)
第四節　股票指數期貨·······(88)
本章小結·······(95)
思考與練習題·······(96)

第五章　期貨交易策略·······(97)
第一節　套期保值策略·······(97)
第二節　基差策略·······(104)
第三節　投機策略·······(108)
第四節　套利策略·······(111)
本章小結·······(118)
思考與練習題·······(119)

第六章　金融互換·······(120)
第一節　互換市場的起源和發展·······(120)
第二節　互換的類型和功能·······(125)
第三節　利率互換·······(129)
第四節　貨幣互換·······(134)
第五節　中國互換市場的發展·······(138)
本章小結·······(142)
思考與練習題·······(143)

第七章　期權市場·······(144)
第一節　期權市場概述·······(144)
第二節　期權合約及其分類·······(146)
第三節　期權合約的性質·······(150)
第四節　期權交易制度·······(155)

第五節　期權的功能 …………………………………… (159)
　　第六節　期權在我國的發展 …………………………… (162)
　　本章小結 ………………………………………………… (163)
　　思考與練習題 …………………………………………… (164)

第八章　金融期權交易 …………………………………… (165)
　　第一節　外匯期權交易 ………………………………… (165)
　　第二節　利率期權交易 ………………………………… (170)
　　第三節　股票期權 ……………………………………… (174)
　　第四節　股票指數期權 ………………………………… (180)
　　第五節　期貨期權 ……………………………………… (184)
　　本章小結 ………………………………………………… (188)
　　思考與練習題 …………………………………………… (189)

第九章　奇異期權 ………………………………………… (191)
　　第一節　障礙期權 ……………………………………… (191)
　　第二節　亞式期權 ……………………………………… (195)
　　第三節　多期期權 ……………………………………… (197)
　　第四節　其他奇異期權 ………………………………… (204)
　　第五節　奇異期權的主要性質 ………………………… (210)
　　本章小結 ………………………………………………… (211)
　　思考與練習題 …………………………………………… (212)

第十章　信用衍生產品 …………………………………… (213)
　　第一節　信用風險 ……………………………………… (213)
　　第二節　信用衍生產品概述 …………………………… (216)
　　第三節　信用衍生產品的類型及應用 ………………… (220)
　　第四節　中國信用衍生工具的發展 …………………… (229)
　　本章小結 ………………………………………………… (231)
　　思考與練習題 …………………………………………… (231)

第十一章　混合證券 ·· (232)

    第一節　混合證券概述 ··· (232)

    第二節　附加遠期或互換合約的混合證券 ······························· (235)

    第三節　附加期權合約的混合證券 ·· (237)

    第四節　跨市場混合證券 ·· (244)

    第五節　混合證券的構造——以改造普通公司債券爲例 ··········· (247)

    本章小結 ··· (250)

    思考與練習題 ·· (250)

第一章　衍生金融工具概論

內容提要：本章介紹了衍生金融工具產生和發展的歷史，概述了衍生金融工具的主要功能、基本特徵和主要類型，簡述了衍生金融工具發展的現狀。希望讀者由此形成對衍生金融工具基本的認識。

隨著金融國際化和自由化的深入，由傳統金融工具衍生出來的衍生金融產品不斷發展，交易量迅速增加，市場規模急速擴大，交易手段日趨多樣化和複雜化。20世紀90年代以來，衍生金融工具已成爲國際金融市場上頻繁運用的交易手段，衍生金融工具市場也已成爲國際金融市場上關註度極高的領域。

第一節　衍生金融工具的產生和發展

一、衍生金融工具的定義

衍生金融工具（Derivative Financial Instruments）又稱派生金融工具、衍生金融產品等，顧名思義，是與原生金融工具相對應的一個概念，它是在原生金融工具，如即期交易的商品合約、債券、股票、外匯等基礎上派生出來的新型金融工具。股票期貨合約、股指期貨合約、期權合約、債券期貨合約都是衍生金融工具。

衍生金融工具是通過對貨幣利率、債務工具的價格、外匯匯率、股票價格或股票指數、商品期貨價格等金融資產的價格走勢的預期而定值，並從這些金融產品的價值中派生出自身價值的金融產品。

國際互換和衍生協會（International Swaps and Derivatives Association，ISDA）將衍生金融工具描述爲：旨在爲交易者轉移風險的雙邊合約。合約到期時，交易者所欠對方的金額由基礎商品、證券或指數的價格決定。

國際清算銀行（BIS）對衍生金融工具的定義是：衍生金融工具是一種金融合約，其價值取決於基礎資產價格。

與基礎商品相比，衍生金融工具有如下特點：第一，衍生金融工具交易是在現時對基礎工具未來可能產生的結果進行交易。交易的盈虧要在未來時刻才能確定。第二，衍生金融工具交易的對象並不是基礎工具，而是對這些基礎工具在未來某種條件下處置的權利和義務，這些權利和義務以契約形式存在，構成所謂的產品。第三，衍生金融工具是對未來的交易，按照權責發生制的財務會計規則，在交易結果發生之前，交易雙方的資產負債表並不反應這類交易的情況，因此，潛在的盈虧無法在財務報表中體現。第四，衍生金融工具是一種現金運作的替代物，如果有足夠的現金，任何衍生品的經濟功能都可以通過現金交易來實現。第五，由於金融衍生品交易不涉及本金，從套期保值者的角度看，減少了信用風險。第六，金融衍生品獨立於現實資本運動之外，卻能給持有者帶來收益，是一種收益獲取權的憑證，本身沒有價值，具有虛擬性。

二、衍生金融工具產生的背景

衍生金融工具的產生有着特殊的歷史背景，在這一歷史階段有着以下四個方面的特點：第一，市場風險突出。第二，科學技術高速發展。第三，金融機構積極推進。第四，金融理論的發展。

（一）市場風險突出

衍生金融工具產生的動力主要來自金融市場上的價格風險。20世紀70年代以後，金融環境發生了很大的變化，利率、匯率和通貨膨脹呈現極不穩定和高度易變的狀況，使金融市場的價格風險大增。這是衍生金融工具產生的客觀背景。

從匯率變動看，1973年布雷頓森林體系完全崩潰後，以美元為中心的固定匯率制完全解體，西方主要國家紛紛實行浮動匯率制，各國政府也不再像布雷頓森林體系時那樣承擔干預外匯市場、維持匯率穩定的義務，而是相機干預匯率。加之20世紀70年代國際資本流動頻繁，特別是歐洲美元和石油美元的衝擊，使得外匯市場的匯率波動加劇，常常大起大落。

從利率變動看，從20世紀60年代末開始，西方國家的利率開始上升。20世紀70年代的兩次石油危機更使國際金融市場的利率水平扶搖直上，把金融市場的投資者和借貸者暴露在高利率風險中。

20世紀60年代西方貨幣學派開始興起，並在20世紀70年代對西方國家的領導人產生影響。西方國家普遍以貨幣供應量取代利率作為政府的貨幣政策中介目標，放鬆對利率的管制，利率變動趨於頻繁。

從通貨膨脹率變動看，20世紀70年代的兩次石油危機導致世界能源價格上升，引發全球性成本推進型通貨膨脹。到20世紀70年代後期，西方國家更是普遍陷入滯脹狀態。

從金融自由化看，進入20世紀80年代後，美、英、日等發達國家不斷放鬆金融管制，實行金融自由化措施，創造了更加寬鬆的金融競爭環境。

以上這些一方面使得利率、匯率等市場行情更加頻繁波動，規避風險的要求進一步增加；另一方面也為新市場的創立和新業務的開展提供了更多的機會和可能，從而促進了衍生金融工具的持續發展。

（二）科學技術高速發展

科學技術的進步也為衍生金融工具的發展提供了堅實的技術基礎。在現代高新技術的輔助下，大規模的數據處理和衍生產品的開發設計才得以實現，具有複雜程序的衍生金融工具交易才能夠順利進行。

通信技術和計算機信息技術的飛速發展及其在金融業的運用大大降低了金融交易的成本，提高了金融交易的效率，並使金融交易突破了時間和空間的限制，構建起了全球性的金融市場。

高效率的信息處理系統能夠提供有關匯率、利率和股票價格等變量的適時動態信息，幫助交易者識別、衡量、監控和管理證券組合中的各種風險，並尋找交易機會。

大型交易網路和計算機的運用，使得金融創新的供給者可以直接或間接地與原先分散、單個市場的最終用户聯繫起來，加快金融創新工具供求雙方的結合，促進衍生金融工具的發展。

(三) 金融機構積極推進

銀行及其他金融機構在市場呼喚新的避險工具的情況下，通過衍生金融工具的設計開發以及擔當交易中介或對手，極大地推動了衍生金融工具的產生和發展。

1. 在面臨巨大的市場競爭壓力下，銀行被迫拓展新的業務

20 世紀 70 年代以來，伴隨著金融自由化和證券化的不斷發展，非銀行金融機構利用其新穎而富有競爭力的金融工具，與銀行展開了一場爭奪資金來源和信貸市場的競爭，投資人和籌資人更多地通過證券市場直接融資，使銀行傳統的存貸業務日漸萎縮，銀行在金融市場上的份額急劇下降。

同時，銀行自身的資產在日益加劇的利率、匯率和股市風險下，迫切需要更加有效的避險工具。爲了規避自身的風險，爲了在激烈的競爭中取勝，銀行積極開發並運用衍生金融工具，成爲推動衍生金融工具發展的重要角色。

2. 銀行國際監管的外在壓力迫使銀行積極實現盈利方向的轉移

爲防止跨國銀行危機引發多國銀行危機乃至世界性金融危機，國際銀行業加強了對銀行的聯合監管，對銀行的資本充足性比率提出了較高的要求。

最典型的代表是 1988 年 7 月發表的《巴塞爾報告》(Basle Report)，對銀行的資本充足性比率提出了十分具體的要求。

銀行爲了提高資本充足率，積極調整風險資產配置，掀起了將表內資產表外化的浪潮。因此，金融衍生市場吸引了爲數眾多的金融機構，並因此而迅速發展起來。

(四) 金融理論的發展

1972 年 12 月，諾貝爾經濟學獎獲得者米爾頓·弗里德曼 (Milton Friedman) 的一篇題爲《貨幣需要期貨市場》的論文爲貨幣期貨的誕生奠定了理論基礎。

1973 年，費雪·布萊克 (Fisher Black) 與默頓·斯科爾斯 (Myron Scholes) 兩位學者發表的一篇關於股票的歐式看漲期權定價的論文《期權定價與公司債務》爲金融期權的發展奠定了理論基礎。

隨後一系列的理論研究，不斷豐富和完善了衍生金融產品發展的理論體系，推動了衍生金融產品的創新和市場交易的發展。

三、衍生金融工具的發展

(一) 發展歷史

進入20世紀70年代，金融衍生品交易異軍突起，爲衍生金融市場的發展開創了新紀元，其發展速度令世人矚目。

股指期貨、利率期貨、外匯期貨、股票期貨等金融衍生品，成爲投資者投資的對象。1972年5月，芝加哥商品交易所（CME）推出了英鎊、德國馬克等六種國際貨幣的外匯期貨合約。之後，基於匯率、利率、股票的一系列衍生金融產品相繼出現。1973年4月，美國芝加哥期權交易所（CBOE）成立，同時推出標準化的股票期權合約，並正式掛牌交易，標誌着金融期權場內市場交易的開始。1975年10月，芝加哥期貨交易所（CBOT）又推出了第一張抵押債券的利率期貨合約。爲了滿足股票持有者的保值避險需要，1982年2月24日，美國堪薩斯交易所（KCBT）推出價值線綜合指數期貨合約（VLI），正式開始股指期貨這一新品種的交易。

此後，以金融期貨、期權爲代表的場內交易，以及利率互換、貨幣互換和外匯遠期等品種的場外交易全部引入了金融市場。20世紀90年代計算機技術的突飛猛進，使金融衍生品的發展更是如虎添翼。經過40多年的發展，國際市場上衍生金融產品已從最初的幾種簡單形式發展到2 000餘種，而由它們衍生出來的各種複雜的產品組合就不計其數了。衍生產品及組合不僅豐富多樣，而且幾乎已經發展到"量身定做"的地步了。

(二) 發展呈現的特點

1. 市場基礎堅實

在2007年美國次貸危機爆發前，全球衍生金融產品市場，特別是場外交易市場的規模仍保持着較快的增長速度。根據國際清算銀行（BIS）的統計報告，1999—2003年，全球未清償的衍生金融產品名義本金的平均年增長率爲21%，最高的達到39%。2003年年底在有組織的交易所內交易的衍生金融產品期末帳面餘額爲16萬億美元，已超過國際銀行間市場、證券市場的期末帳面餘額，比1990年的2.29萬億美元同比增長了近7倍；2003年6月在櫃臺市場上衍生金融產品期末帳面餘額達到169萬億美元，比2001年6月的99.4萬億美元同比增長了70%。

截至2006年年底，全球場外衍生產品名義本金餘額爲415.2萬億美元，比2005年年底的297.7萬億美元增長了39.5%，幅度爲9年內最高紀錄，主要是期內債及貸款相關的衍生產品總額，增長逾1倍至29萬億美元。全球場內交易的衍生產品名義本金餘額達70.5萬億美元，比2005年年底的57.8萬億美元增長了21%。

美國次貸危機爆發後，儘管市場跌宕起伏，但市場基礎仍然堅實，市場規模仍然巨大。根據美國期貨業協會（FIA）2008年、2014年和2015年分別對全球69家、84家和78家期貨、期權交易所的數據統計顯示，2008年，全球場內衍生品成交量達176.5億張，同比增長13.7%，其中期貨成交量達82.91億張，期權成交量達93.61億張；2014年，全球場內衍生品成交量達218.7億手，在2013年同比增長2.1%的基礎上再增長1.5%；2015年，全球場內衍生品總交易量約247.7億手，同比增長13.5%，逼近2011年249.9億手的歷史峰值水平，連續三年保持增長。國際清算銀行（BIS）數據顯示，截至2014年年底，全球場外衍生產品未償名義本金餘額爲629萬億美元，比2008年年底的592萬億美元增長了6.25%，其中外匯合約、利率合約和權益合約的未償名義本金餘額分別爲75.9萬億美元、505.5萬億美元和7.9萬億美元。在2015年上半年，國際場外衍生品市場持有名義金額爲553萬億美元，相比2014年下半年的629萬億美元有所下降。

利率、匯率以及股票價格的波動爲金融衍生品的交易提供了肥沃的土壤。整個國際金融市場近年來的利率、匯率以及股票的價格波動越來越劇烈，市場上保值和投機的需求相應也越來越強，而衍生金融產品的交易也越發活躍。

金融衍生品市場作爲一個新興市場，在價格發現、風險規避和豐富投資組合等方面發揮着越來越重要的作用，對國際金融市場產生了深刻的影響。

2. 新產品層出不窮

金融衍生產品的品種創新層出不窮，每年都有大量新的合約上市。以股指期貨爲例，1996年芝加哥商業交易所推出了迷你標準普爾500股票指數期貨合約，仍以標準普爾500指數爲標的物，但合約乘數從250美元下降爲50美元，是原來的五分之一。紐約商業交易所的迷你原油合約、芝加哥期貨交易所的道瓊斯工業指數迷你合約均取得了一定的成功，還有以高科技類股指爲標的的納斯達克100股指期貨等。可以說迷你合約的引入吸引了更多的中小投資者入市，被證明是增加市場規模和流動性最行之有效的手段。

另外，信用違約互換、總收益互換、信用價差互換以及信用掛勾票據等以轉移信用風險爲核心的信用衍生產品在信用風險管理上的優勢和潛力也進一步顯示出來，並成爲當前金融市場創新的一大熱點。

還有不少國家和地區的交易所紛紛上市以其他國家或地區的金融產品爲標的的期貨合約。比較典型的是新加坡交易所（SGX）上市了中國大陸、中國香港、臺灣和日本等股指期貨合約，倫敦國際金融衍生品交易所（LIFFE）上市了德國公債的期貨合約。

3. 風險防範問題突出

因爲衍生金融產品交易本身是一種零和遊戲，一方的盈利，必然是交易對手的損失。

如果運用得當，衍生金融產品能夠使得企業、個人減少因未預期到的利率、匯率或者商品價格的波動帶來的損失。與任何一種產品一樣，如果運用不當，或者風險管理不到位，就會發生較大的風險或損失。

目前，衍生金融產品交易市場上未結清的合約金額規模很大，這意味着衍生金融產品交易的風險頭寸也是巨大的。市場參與者在衍生金融產品市場上累計的大量頭寸，會在衍生品槓桿特性的作用下，放大現貨市場上的波動，並導致市場風險向流動性風險和信用風險轉化，給整個金融市場帶來不穩定。

例如，1998年下半年的美國長期資本管理公司（LTCM）事件引起的連鎖反應，使得市場在短時間內出現過於劇烈的波動，違約風險劇增，甚至失去了流動性。最後在美聯儲的協調下才得以解決市場的流動性問題，避免了可能發生的金融危機。

四、衍生金融工具的發展對金融業的影響

(一) 衍生金融工具對金融業的積極影響

1. 衍生金融工具的發展對金融市場的證券化進程起到積極的促進作用

證券化是指借款人和貸款人之間不以銀行爲中介來確定債權債務關係，而是通過直接融資實現資本的轉移。金融市場證券化是20世紀80年代以來國際資本市場的最主要特徵之一。衍生金融工具通過爲銀行及其他金融機構、公司和政府部門等提供新型證券工具，以及與傳統交易相結合形成品種繁多、靈活多樣的交易形式，促進了金融市場證券化發展。

2. 衍生金融工具的發展對金融國際化進程起到積極的推動作用

金融市場全球化的發展以及資金的國際流動，必然面臨匯率變動的風險、市場價格波動的風險和衆多金融產品選擇的困難。金融衍生工具爲風險管理、風險投機和套利提供了有效的工具，爲市場參與者多樣化和個性化需求提供了條件，爲資產組合在全球範圍內的優化提供了實現的方式。金融衍生工具的發展，大大增強了金融體系的靈活性、金融市場的運行效率和金融國際化的深入。

3. 衍生金融工具的發展使金融業的競爭更加激烈

由於衍生金融工具的發展，金融機構經營活動的自由度大爲增強，同業之間的競爭更加激烈。一方面，金融機構運用衍生金融工具，在提高資產收益率、增加流動性、降低風險等方面不斷創新金融產品，拓展新的業務，以增強自身競爭能力；另一方面，衍生金融產品的發展促進了金融機構不斷運用現代金融技術、信息技術和通信技術，建立高效的運行機制、完善服務功能、提高業務效率。在激烈的競爭過程中，優勝劣汰的市場選擇推動了金融機構健全運行機制、改善經營管理。

(二) 衍生金融工具對金融業的消極影響

1. 加大了整個國際金融體系的系統性風險

由於衍生金融工具消除了整個國際金融市場的時空障礙，使各個市場相互關聯。因此，任何源於某一市場的衝擊都將很快傳遞到其他市場，引起連鎖反應，加大整個國際金融體系的系統性風險。

金融體系的內在脆弱性是構成金融市場不穩定的內在原因，但它往往要在外部衝擊的作用下才會顯示出來。衍生金融工具不斷創新與發展，國際遊資與對衝基金尋找投資與投機的機會，尤其是對衝基金與國際遊資對國際金融薄弱環節的狙擊是金融危機爆發的外在原因。

2. 加大了金融業的風險

金融機構爲了擴大利潤來源，大力發展表外業務，其中不少是衍生工具或與之相關的業務，從事衍生金融工具的風險隨業務量的增加而擴大。

3. 衍生金融工具的發展及廣泛運用，加大了金融監管的難度

由於衍生金融工具交易規模大，品種不斷創新，場外交易占據較大的市場份額，從而加大了對其進行有效監管的難度。同時，其對金融機構的安全性和金融體系的穩定性也造成不利影響。

第二節　衍生金融工具的主要功能與基本特徵

一、衍生金融工具的主要功能

衍生金融工具迅速發展主要是因為基礎產品價格變幻莫測，由於宏觀、微觀等各種因素的影響，未來市場價格是無法完全預知的。而各種各樣的衍生金融工具一方面為投資者提供了保值、投機、套利和價格發現的手段，另一方面為金融機構和工商企業提供了風險管理、存貨管理和資產組合管理的工具。

（一）保值手段

衍生金融工具的首要功能是管理風險，這是金融衍生品市場賴以存在和發展的基礎。管理風險的主要手段是套期保值。套期保值是經濟主體為了規避現貨市場價格變動的風險，通過衍生金融工具的交易來達到鎖定價格或者對衝價格變動的風險，減少甚至消除可能面臨的不確定性，達到避險保值的目的。

例如，一家美國的進口商（A）90天後要支付給英國出口商（B）500萬英鎊，那麼A方就可能面臨英鎊匯率上浮而帶來的風險。

為了避免這一風險，A方可以在遠期外匯市場買入90天遠期500萬英鎊，從而將90天後支付英鎊的實際匯率固定在目前的英鎊遠期匯率上。在今後的90天中，不論英鎊匯率怎樣變化，A方的買入英鎊的成本都是確定的，不會發生變化。同樣，買入外匯期貨或期權也可以實現這一目的。

（二）價格發現

金融衍生品市場的第二個功能是價格發現。價格發現功能主要體現在期貨市場中，是指期貨市場通過公平、公開、公正、高效、競爭的期貨交易運行機制，形成具有真實性、預期性、連續性和權威性價格的過程。期貨市場在價格形成方面的優勢決定了其具有價格發現功能。首先，期貨價格是參與者在交易所集中交易形成的，這與現貨價格在參與者相對分散和私下進行交易而形成完全不同，集中交易聚集眾多交易者，帶來了成千上萬種關於期貨基礎資產的供求信息和市場預期，並且在自由、公開的環境下進行競價，通過交易所類似拍賣方式的公開競價，形成了市場均衡價格。因此，期貨價格比現貨價格更真實、更具有權威性。其次，期貨價格代表的是未來某一具體時間、地點的市場上的交收價，眾多參與者帶著不同的預期進行交易，交易結果代表市場對未來價格的看法，故期貨市場具有發現價格功能。金融衍生品的價格形成有利於提高信息的透明度，金融衍生品市場與基礎市場的高度相關性，提高了整個市場的

效率。

(三) 套利手段

衍生金融工具市場的第三個功能是套利。金融衍生品市場存在大量具有內在聯繫的金融產品，在通常情況下，一種產品總可以通過其他產品分解組合得到。因此，相關產品的價格應該存在確定的數量關係，如果某種產品的價格偏離這種數量關係時，總可以低價買進某種產品，高價賣出相關產品，從而獲取利潤。

具體而言，衍生金融市場中的套利是投資者通過同時在兩個或兩個以上的市場進行衍生金融工具的交易而獲得無風險收益的過程。交易者買進自認為是"便宜的"合約，同時賣出那些"高價的"合約，從兩個合約價格間的變動關係中獲利。在進行套利時，交易者註意的是合約之間的相互價格關係，而不是絕對價格水平。

套利分為在不同地點的市場進行的跨市套利、對同一品種不同到期限的合約進行的跨期套利、對存在價格變動關係的不同品種進行的跨商品套利、對同一品種現貨與期貨（或遠期）進行的跨時套利四種形式。

看一個跨時套利的例子：假設目前黃金現貨價格為每盎司（1 盎司 = 31.1 克）400 美元，90 天遠期價格為 450 美元，90 天銀行貸款利率為年利 8%。

套利者可借入 400 萬美元，買入 1 萬盎司現貨黃金，同時在 90 天遠期市場賣出 1 萬盎司黃金。90 天後，套利者用買入的現貨來交割到期合同並償還貸款本利。

套利利潤 = 450 − 400(1 + 8% × 1/4) = 42（萬美元）

(四) 投機手段

金融衍生品市場的第四個功能是投機。市場上總存在一些人希望利用對特定走勢的預期來對未來的變化進行賭博，構造出一個原先並不存在的風險，投機者通過承擔風險獲取利潤。衍生金融工具的投機是指在衍生產品市場中通過衍生工具交易來賺取遠期價格與未來實際價格之間差額的行為。只要是在透明公開的條件下進行，投機是有利於促進市場效率的。

由於衍生金融工具具有顯著的槓桿效應，因此衍生金融工具的投機有"以小博大"的效果，具有高風險、高收益的特點。

例如，假設 90 天遠期英鎊價格為 1.580 美元，如果投機者預計 90 天後英鎊的價格會高於這一水平，他就可以買入遠期英鎊。

如果 90 天後如投機者所預計的那樣英鎊價格達到 1.600 美元，那麼投機者每英鎊可以賺到 0.020 美元。

如果 90 天後與投機者預計相反，英鎊價格下跌至 1.565 美元，那以投機者每英鎊就虧損 0.015 美元。

(五) 資產組合管理工具

衍生金融工具的第五個功能是構造資產組合。利用金融衍生品可以對一項特定的交易或風險暴露的特性進行重新構造，實現客户期望的結果。

不同的市場主體有不同的風險偏好或風險配置要求，而其實際持有的資產組合的風險特徵可能並不能滿足其風險偏好，需要進行調整。衍生金融工具爲滿足市場主體的風險偏好提供了一個靈活的工具。

例如，在利率互換交易中，A公司在取得固定利率貸款方面成本較其他公司低，但在其金融資產組合管理中，卻需要浮動利率負債。如果正好B公司需要固定利率負債，但其在獲得浮動利率融資方面具有比較優勢，那麼兩家公司便可互換資產頭寸以達到優化資產組合的目的。

（六）存貨管理工具

衍生金融工具的第六個功能是存貨管理。不同企業在保留商品存貨方面的比較成本不同，對於一個需要大量消耗某種商品的企業來說，如果企業在這種商品的儲存上不具備優勢，就可以在衍生金融工具市場上買入遠期交割的商品以供給其未來的需求，從而降低自身的存貨。

（七）改善資信狀況

衍生金融工具的第七個功能是改善資信狀況。對於大多數中小企業來說，它可以在衍生市場上通過與大公司（資信等級較高的企業）的互換交易，來改善資信狀況。

例如，一家資信等級爲BBB級的甲公司由於其資信等級較低，從而無法從銀行申請到貸款，那麼這家公司可以與一家AA級（資信等級較高的企業）的乙公司進行互換。這樣每過一段時間，甲公司將與乙公司交換一筆貨幣流量，那麼甲公司定期從乙公司得到的收入可以看成無風險，從而甲公司可以將這筆沒有風險的收入流量抵押給金融機構而得到所需貸款。

二、衍生金融工具的宏觀經濟作用

以上功能都是從金融衍生品市場本身的角度討論的，屬於個體方面的功能，個體功能的發揮必定導致其總體效應。因此，從總體角度看，金融衍生品市場具有以下三個方面的作用。

（一）資源配置功能

金融衍生品市場的價格發現機制有利於全社會資源的合理配置。一方面，衍生品市場近似於完全競爭市場，其價格接近於供求均衡價格，這一價格用於配置資源的效果優於用即期信號安排將來的生產和消費。因此，衍生品市場形成的價格常常成爲一個國家，甚至全球範圍內的指導價格。另一方面，金融衍生品市場的價格是基礎市場價格的預期，能反應基礎市場未來預期的收益率。當基礎市場預期收益率高於社會資金平均收益率時，社會資金就會向高收益率的地方流動。

（二）降低國家風險功能

國家風險包括政治風險、經濟風險、金融風險。這三種風險是密切相聯的，具有極強的互動關係。1997年的東南亞金融危機，首先是出現金融風險，進而引發經濟風險和政治風險。金融衍生品市場對降低國家風險具有重要作用，首先，其體現爲衍生品市場可以降低金融風險，提高金融體系的效率。金融衍生品市場的發展增加了金產品的多樣性，擴大了金融體系的流動性，爲投資者提供了進入新市場的途徑和規避風險的方法，從總體上降低了金融成本。其次，金融衍生品市場對降低國家經濟風險、政治風險也有重要作用。一個國家能否對其外匯儲備進行套期保值，如何規避由於匯率變動造成的外債風險等，都將影響國家的經濟風險。相對而言，其對政治風險的影響是間接的。

（三）容納社會遊資功能

金融衍生品市場的出現爲社會游資提供了一種新的投資渠道，不僅使一部分預防性貨幣需求轉化爲投資性貨幣需求，而且產生了新的投資性貨幣需求，在經濟貨幣化、市場化、證券化、國際化日益加強的情況下，不斷增加的社會遊資有了容身之處，並通過參與金融衍生品市場而發揮作用。

三、衍生金融工具的基本特徵

（一）衍生金融工具的性質複雜

相對於股票、債券等基礎金融工具，遠期、期貨、期權和互換這些基本的衍生工具的理解和運用存在一定的難度。而今國際金融市場的"再衍生工具"更是把期貨、期權和互換進行組合，使衍生金融工具的構造更爲複雜。這種複雜多樣的特性，導致金融產品的設計要求較高的數學方法，大量採用現代決策科學方法和計算機科學技術，仿真模擬金融市場的運作。在開發、設計衍生金融工具時，採用人工智能和自動化技術，不僅使得衍生金融工具具有充分的彈性，能夠滿足使用者的特定需要；而且導致大量的衍生金融工具難以爲一般投資者理解，更難以掌握和駕馭。

（二）衍生金融工具的交易成本較低

衍生金融工具可以用較爲低廉的交易成本來達到規避風險和投機的目的，這也是衍生金融工具爲保值者、投機者所喜好並迅速發展的原因之一。衍生金融工具的成本優勢在投資於股票指數期貨和利率期貨時表現得尤爲明顯。例如，通過購買股票指數期貨，而不必逐一購買單只股票，投資者即可以用少量的資本投入及低廉的交易成本來實現其分散風險或投機的目的。又如，在浮動利率市場具有借款優勢的借款人可與另一在固定利率市場具有借款優勢的借款人進行利率互換交易，來達到雙方降低成本的目的。

（三）衍生金融工具具有高財務槓桿的放大特徵

衍生金融工具可以用較少成本獲取現貨市場上需較多資金才能完成的結果，因此具有高財務槓桿的放大特徵，是一種高風險、高收益的投資工具。高度的財務槓桿作用在金融期貨和金融期權中表現得非常明顯。例如，金融期貨採用保證金方式進入市場交易，市場參與者只需動用少量資金即可控制巨額交易合約，基礎資產市場價格的變化會給他們帶來幾倍至幾十倍的損益變化。

高風險伴隨著高收益，衍生金融工具爲那些希望進行投機、追逐高額利潤的投資者提供了非常強大的交易工具，適度的投機同時又活躍了市場交易，促進了市場的發展。

（四）衍生金融工具促進金融產品的創新

交易者參與衍生金融工具的交易，大致有以下目的：有的是爲了保值；有的是利用市場價格波動風險進行投機，牟取暴利；有的是利用市場供求關係的暫時不平衡套取無風險的利潤。既然存在各種複雜的交易目的，就要有多種多樣的金融產品，以適應不同市場參與者的需要。衍生金融工具由於其高度的靈活性，可以根據各種參與者所要求的時間、槓桿比率、風險等級、價格參數的不同進行設計、組合和拆分，形成客戶所需的資產組合，創造出大量特徵各異的新型金融產品。

第三節　衍生金融工具的分類

衍生金融工具近四十多年來發展迅速，品種繁多。爲了便於理解，我們從以下多個角度對其進行分類介紹。

一、按照基礎資產分類

衍生金融工具都是在基礎資產的基礎上形成的交易合約，根據金融資產的類型，可以把衍生金融工具分爲股票、利率、匯率和商品四類。

（一）股權式衍生工具（Equity Derivatives）

股權式衍生工具是指以股票或股票指數爲基礎工具的衍生金融工具，股票類中又包括具體的股票和由股票組合形成的股票指數。股權或衍生工具主要包括股票期貨、股票期權、股票指數期貨、股票指數期權以及上述合約的混合交易合約。

（二）貨幣衍生工具（Currency Derivatives）

貨幣衍生工具是指以各種貨幣作爲基礎工具的衍生金融工具，主要包括遠期外匯合約、貨幣期貨、貨幣期權、貨幣互換以及上述合約的混合交易合約。

（三）利率衍生工具（Interest Derivatives）

利率衍生工具是指以利率或利率的載體爲基礎工具的衍生金融工具，利率類中又可分爲以短期存款利率爲代表的短期利率和以長期債券利率爲代表的長期利率。利率衍生工具主要包括遠期利率協議、利率期貨、利率期權、利率互換以及上述合約的混合交易合約。所有的衍生金融工具交易中，利率類衍生工具的交易占據了絕大部分。

（四）商品衍生工具（Commodity Derivatives）

商品衍生工具是指以各類大宗商品爲基礎資產的衍生金融工具，主要有工業品、農產品、能源產品和各種金屬品種，包括各類大宗商品的遠期、期貨、期權等。

二、按照衍生金融工具的交易性質分類

根據衍生金融工具的交易性質，可以把衍生金融工具分爲權利和義務對稱型的遠

期類工具以及權利和義務非對稱型的選擇類工具。

（一）遠期類工具（Forward-based Derivatives）

在這類交易中，交易雙方均負有在將來某一日期按一定條件進行交易的權利與義務，雙方的風險收益是對稱的。屬於這一類的有遠期合約（包括遠期外匯合約、遠期利率協議等）、期貨合約（包括貨幣期貨、利率期貨、股票指數期貨等）、互換合約（包括貨幣互換、利率互換等）。

例如，兩家公司在3月1日簽訂一個遠期合約，在第180天以每英鎊1.456美元的價格交易100萬英鎊。這個遠期合約使得多頭方有權利也有義務以每英鎊1.456美元的價格買入100萬英鎊，支付美元；而空頭方同樣有權利也有義務以每英鎊1.456美元的價格賣出100萬英鎊，收到美元。在這一合約中交易雙方的權利和義務是對稱的。

（二）選擇類工具（Option-based Derivatives）

在這類交易中，合約的買方有權根據市場情況選擇是否履行合約，即合約的買方擁有不執行合約的權力，而合約的賣方則負有在買方履行合約時執行合約的義務。雙方的權利義務以及風險收益是不對稱的。爲此，期權合約的多頭方必須事先向空頭方繳納期權金，才能獲得相應的權利。這時候，期權合約中實際買賣的那個資產就是期權合約的標的資產。交易者既可以在交易所進行標準化的期權交易，也可以在銀行和其他金融機構的場外市場上找到相應的期權交易對手。屬於這一類的有期權合約（包括貨幣期權、利率期權、股票期權、股票指數期權等）。另外，還有期權的變通形式，如認股權證（Warrants，包括非抵押認股權證和備兌認股證）、可轉換債券（Convertibles）、利率上限（Caps）、利率下限（Floors）、利率上下限（Collars）等。

例如，一個投資者購買一份基於DELL股票的期權合約，該期權合約規定，投資者在支付140美元的期權金之後，就可以獲得在一個月後以每股50美元的價格買入100股DELL股票的權利。到時候，如果DELL股票的價格高於50美元，這個投資者就可以執行期權，以每股50美元的價格買入100股DELL股票，從中獲利，顯然這時DELL股票的價格越高越好；如果到期時股票的價格低於50美元，該投資者可以放棄執行期權，他的全部損失就是最初支付的每股1.4美元的期權金。而對於這個期權的賣方來說，如果到期時DELL股票的價格高於50美元，期權買方必然執行期權，他必須以50美元的價格賣出100股DELL股票，從而遭受損失；如果DELL股票的價格低於50美元，期權買方必然放棄執行期權，期權賣方的全部收入就是每股1.4美元的期權金。可見，期權賣方通過獲得一定的期權金收入，承擔了可能會有的所有損失。這一協議乍看之下不太合理，但事實上市場是公平的，期權金的設定是通過對未來價格變化概率的精密計算得出的，在正常情形下足以彌補期權賣方所承擔的風險。

三、按照衍生金融工具的交易市場分類

衍生金融工具可以根據交易市場的特點分爲場內交易的衍生金融工具和場外交易的衍生金融工具。衍生金融產品市場分成交易所市場和櫃臺市場兩類。

（一）場內市場交易的衍生金融工具

場內市場又稱交易所市場或集中交易市場，是指由交易所組織的集中交易市場，有固定的交易場所和交易活動時間，接受和辦理符合有關法令規定的金融產品的上市買賣。交易所市場是最主要的金融交易場所，是流通市場的核心。交易所交易必須根據國家有關的證券法律規定，有組織地、規範地進行，其交易一般採用持續雙向拍賣的方式，是一種公開競價的交易。交易所有嚴密的組織管理機構，只有交易所的會員才能在市場內從事交易活動，投資者則必須通過會員經紀人進行交易。

交易所交易的衍生金融產品主要包括利率期貨和期權、股票類期貨和期權（個股期貨和期權、股指期貨和期權）、外匯期貨和期權。近年來，互換期貨、交易所交易基金期貨、期權等新產品也在發達國家的交易所活躍地交易。

（二）場外市場交易的衍生金融工具

場外市場又稱櫃臺市場，是指銀行與其客戶、金融機構之間關於利率、外匯、股票及其指數方面的，為了套期保值、規避風險或投機而進行的衍生產品交易。其中，利率類產品占據了主導地位，這是因為金融機構和其客戶之間主要為借貸類業務，而借貸類業務與利率密不可分。

四、按照衍生金融工具自身交易的方法和特點分類

按衍生金融工具的交易方式和特點進行的分類是衍生工具的基本分類，其主要包括以下幾類。

（一）金融遠期（Forwards）

金融遠期是指合約雙方同意在未來日期按照確定價格買賣金融資產的合約。金融遠期合約規定了將來交換的資產、交換的日期、交換的價格和數量，合約條款因合約雙方的需要而不同。

金融遠期合約主要有遠期利率協議、遠期外匯合約、遠期股票合約。

（二）金融期貨（Financial Futures）

金融期貨是買賣雙方在有組織的交易所內以公開競價的形式達成的在將來某一特定時間買賣標準數量的特定金融工具的協議，主要包括貨幣期貨、利率期貨和股票指數期貨三種。

（三）金融期權（Financial Options）

金融期權合約是指合約買方向賣方支付一定費用（稱為期權費或期權價格），在約定日期內（或約定日期）享有按事先確定的價格向合約賣方買或賣某種金融工具的權利的契約。

因此，金融期權的買入者在支付了期權費以後，就有權在合約所規定的某一特定時間或一段時間內，以事先確定的價格向賣出者買進或賣出一定數量的某種金融商品（現貨期權）或者金融期貨合約（期貨期權）。當然，其也可以不行使這一權利。

金融期權可以分爲現貨期權和期貨期權，或者看漲期權和看跌期權，或者歐式期權和美式期權。

（四）互換（Swap）

金融互換是兩個或兩個以上的參與者之間，或直接，或通過中介機構簽訂協議，互相或交叉支付一系列本金、利息、本金和利息的交易行爲。

根據支付內容的不同，金融互換有兩種基本形式：利率互換、貨幣互換。利率互換是只交換利息的金融互換，即協議的當事人之間，就共同的名義本金額，各自依據不同的利率計算指標，計算並交換一組利息流量。貨幣互換是既交換本金，也交換利息的金融互換，即協議的當事人之間在既定的期間內交換不同幣別的利息流量，並於期間結束時，依據協議約定的匯率交換計算利息的本金。

從理論上講，衍生金融工具可以有無數種具體形式，可以把不同現金流量特徵的工具組合成新的工具，但不管組合多麼複雜，基本構成元素還是遠期、期貨、期權和互換。

第四節 中國衍生金融產品市場的發展

改革開放以來，中國衍生金融工具從無到有，經歷曲折的過程逐漸發展起來。現在我國正本着有序、協調、安全的原則進一步推動着衍生金融產品市場的發展。

一、利率衍生產品

中國於 1992 年開始實行國債期貨試點。1993 年，上海證券交易所正式推出國債期貨，深圳、武漢、天津等全國 13 家交易所紛紛開辦國債期貨交易。1994 年，國債期貨快速發展，成交金額超過同期的股票市場，當年僅上海證券交易所國債期貨成交金額就達 2.3 萬億元。由於國債期貨制度不完善，機構操縱現象嚴重，1995 年 2 月發生了 "327" 國債事件，此後中國證券監督管理委員會（以下簡稱證監會）下達了暫停國債期貨交易的通知，中國國債期貨市場歷經兩年多的實驗性運行後被取消。時隔 18 年後，2013 年 9 月 6 日，5 年期國債期貨重新上市交易。2015 年 3 月 20 日，10 年期國債期貨順利上市，國債期貨市場由此實現了從單品種到多品種的突破。從 2015 年看，成交持倉顯著增加，市場規模顯著擴大，期現聯動緊密，交割平穩順暢，運行質量明顯提升。

新世紀以來，中國相繼推出了債券買斷式回購、債券遠期交易、利率互換和遠期利率協議等利率衍生產品。2004 年，中國推出了債券買斷式回購，目前央行票據、記帳式國債、金融債券是主要回購交易品種。2008 年，銀行間市場買斷式回購資金交易 7,369 筆，交易資金量達 17,457.14 億元，2014 年，買斷式回購成交 124,924 筆，交易資金量達 119,342 億元。中國債券遠期交易始於 2005 年。2005 年 5 月 16 日，中國人民銀行公布《全國銀行間債券市場債券遠期交易管理規定》，明確了市場參與者爲進入全國銀行間債券市場的機構投資者，遠期交易標的債券券種是中央銀行債券、金融債券和經中國人民銀行批準的其他債券券種。遠期交易實行淨價交易，全價結算；到期實際交割資金和債券。同時，交易中心還對投資者持倉限額做出了規定。2010 年 7 月 10 日，中國外匯交易中心發佈關於如何獲取債券遠期交易資格的標準：銀行間債券市場交易成員，須與全國銀行間市場交易商協會簽署《中國銀行間市場金融衍生產品交易主協議》並向交易中心遞交制度備案材料。2005 年，銀行間債券遠期交易年交易量爲 177.99 億元，2008 年達到 5 005.5 億元，2009 年達 6 556 億元，之後交易量不斷下降，2012 年，交易量爲 166.3 億元。2014 年，債券遠期無成交量。2015 年，中國外匯交易中心在銀行間推出標準債券遠期，並定義了標準債券遠期是指在銀行間市場交易的標的債券、交割日等產品要素標準化的債券遠期合約。標準債券遠期交易通過交易中心交易系統進行，提交上海清算所集中清算。銀行間債券市場成員均可參與標準債券遠期交易。2015 年 4 月 7 日，3 年期、5 年期和 10 年期標準國開債遠期合約掛牌上市，但後續成交較爲清淡，日均交易 1~2 筆，截至 2015 年 12 月 11 日，標準債券遠期合約共成交 17 億元，交易筆數達 57 筆。2006 年，人民幣利率互換交易試點得以開展，當年交易名義金額爲 355.70 億元，2008 年達 4 121.5 億元，2009 年達 4 616 億元。2007 年，中國人民銀行發佈了《遠期利率協議業務管理規定》，推出遠期利率業務，當年交易名義金額爲 10.5 億元，2008 年達 113.6 億元，隨後幾年交易量逐漸減少，2013 年只有一筆交易，2014 年徹底被市場遺棄。中國外匯交易中心於 2014 年 11 月 3 日推出標準利率衍生產品，這也是自 2012 年以來，再次擴容標準利率衍生品。首批推出的產品包括 1 個月標準隔夜指數互換、3 個月標準 7 天期上海銀行間同業拆放利率（Shibor）利率互換、3 個月標準 7 天回購利率互換和 3 個月標準 3 月期 Shibor 遠期利率協議。標準利率衍生產品對利率互換、遠期利率協議等利率衍生產品的到期日、期限等產品要素進行了標準化設置。

二、匯率衍生產品

1992 年，上海外匯調劑中心首次推出外匯期貨交易，由於當時實行雙軌匯率，外匯期貨價格難以反應匯率變動趨勢，加上嚴格的結售匯管理，外匯期貨交易清淡，1993 年，人民幣匯率期貨交易被迫停止。人民幣遠期結售匯業務於 1997 年 4 月 1 日起在中國銀行進行試點，此後多家銀行獲準開辦遠期結售匯業務。目前，我國人民幣遠期結售匯業務依然不活躍。2005 年 8 月 15 日在中國外匯交易中心開始人民幣遠期業務。2005 年 8 月，中國人民銀行發佈了《關於擴大外匯指定銀行對客戶遠期結售匯業務和開辦人民幣與外幣掉期業務有關問題的通知》，允許符合條件的銀行辦理不涉及利率互換的人民幣與外幣間的掉期業務。企業可以利用掉期交易規避匯率風險，銀行可以利用掉期交易調整銀行外匯頭寸。2007 年，人民幣掉期市場成交量增長 5.2 倍，銀行間遠期外匯市場成交量增長 59.2%，主要成交品種爲美元/人民幣。"外幣對"交易量穩定增長，2007 年，八種"貨幣對"累計成交折合 898 億美元，同比增長 18.7%，成交品種主要爲美元/港幣、美元/日元和歐元/美元，成交量合計占全部成交量的 86%。2008 年，人民幣外匯掉期市場累計成交 4 403 億美元，同比增長 39.6%。2014

年，人民幣外匯掉期交易累計成交金額折合4.49萬億美元，同比增長32.1%，其中隔夜美元掉期成交2.36萬億美元，占掉期總成交額的52.6%。人民幣外匯掉期作爲一種衍生產品，在外匯市場上規避匯率風險的作用正在逐漸增強。2008年，人民幣外匯遠期市場累計成交174億美元，同比下降22.4%；八種"貨幣對"累計成交折合620億美元，同比下降30.9%，成交品種主要爲美元/港幣和歐元/美元，合計成交量占全部成交量的77.6%。2014年，人民幣外匯遠期市場累計成交529億美元，同比增長63.5%。2014年度"外幣對"累計成交金額折合606億美元，同比下降5.7%，其中成交最多的產品爲美元對港元，占市場份額比重爲35%。2009年，人民幣外匯掉期全年累計成交8 018億美元，同比增長82.1%，增幅比上年提高42.5個百分點。其中，美元仍是主要的交易貨幣，交易短期化趨勢有所上升，全年隔夜人民幣對美元外匯掉期成交量占掉期成交總量的64.8%，同比上升21個百分點。人民幣外匯遠期市場累計成交98億美元，同比下降43.8%。"外幣對"市場累計成交折合407億美元，同比下降35.8%，成交主要品種爲美元/港幣和歐元/美元，合計成交量占總成交量的78.8%。"外幣對"遠期和掉期分別成交20億美元和39億美元，同比分別增長2.8倍和4倍。2015年2月16日，銀行間外匯市場推出標準化人民幣外匯掉期交易，標準化人民幣外匯掉期交易通過外匯交易系統新增的以雙邊授信爲基礎、自動匹配報價的C-Swap功能模塊實現。在參與機構方面，所有人民幣外匯掉期市場會員默認可以使用C-Swap功能模塊，新增掉期市場會員將自動開通C-Swap功能模塊的權限。在交易模式方面，實行以授信關係爲基礎的報價自動匹配結合點擊成交的交易模式。在報價品種方面，初期提供人民幣對美元外匯掉期最常用8個期限品種的市場最優行情和可成交報價。2011年2月14日，國家外匯管理局發布了《關於人民幣對外匯期權交易有關問題的通知》，在銀行間市場歷史性地推出了人民幣對外匯期權交易。2011年，人民幣對外匯期權交易量爲10.1億美元；2012年，人民幣對外匯期權交易量上升至33.4億美元。2011年，中國金融期貨交易所開始籌備外匯期貨，目前設計了兩大類產品，包括人民幣外匯期貨和非人民幣交叉匯率期貨。人民幣外匯期貨於2013年7月在交易所內部仿真系統上線，共有美元、歐元、英鎊、日元、俄羅斯盧布、巴西雷亞爾兌人民幣6款外匯期貨產品；交叉匯率期貨於2014年10月在全市場開展仿真交易，上市交易的品種爲歐元兌美元和澳元兌美元期貨。

三、股權衍生產品

1992年10月19日，首只權證深圳寶安企業（集團）股份有限公司認購權證發行，並於同年11月5日上市。1994年，證監會特批6只權證在深圳證券交易所上市。由於權證過度投機，1996年證監會取消了權證發行。在股權分置改革過程中，先後有幾十家公司發行權證，成爲對流通股補償的重要手段。2015年2月9日，中國金融市場迎來歷史上首次場內期權產品上證50ETF期權。

1993年3月，海南證券交易中心開辦了股指期貨交易，由於市場規模小，容易受大戶操縱，半年後被取締。中國金融期貨交易所於2006年掛牌，是中國內地第一家金融衍生品交易所，滬深 300 股指期貨合約自 2010 年 4 月 16 日起正式上市交易。五年後，上證 50 股指期貨和中證 500 指數期貨於 2015 年 4 月 16 日上市交易。

四、商品衍生產品

商品期貨交易是國內最成熟、交易活躍的衍生品市場。目前，在上海期貨交易所，有銅、鋁、鋅、鉛、鎳、錫、黃金、銀、線材、螺紋鋼、熱軋卷板、燃料油、石油瀝青、天然橡膠 14 個上市品種；在大連商品交易所，有玉米、玉米澱粉、黃大豆 1 號、黃大豆 2 號、豆粕、豆油、棕櫚油、雞蛋、膠合板、纖維板、聚乙烯、聚丙稀、聚氯乙烯、焦炭、焦煤、鐵礦石 16 個上市品種；在鄭州商品交易所，有強麥、普麥、棉花、白糖、精對苯二甲酸（PTA）、菜籽油、早籼稻、甲醇、玻璃、油菜籽、菜籽粕、動力煤、粳稻、晚籼稻、鐵合金 15 個上市品種。近年來，中國商品期貨發展勢頭迅猛，眾多品種按照成交量排名已位居世界前列，價格影響力、市場定價力同步有效提升。據統計，按照成交量排名，中國三大商品交易所均在世界前 10 名；排前 10 名的農產品、金融期貨品種各有 7 個屬於中國。其中，以鐵礦石為代表的黑色系列品種不僅成交量排名靠前，而且其全球定價話語權在逐步增強，越來越多的貿易商開始以大連商品交易所鐵礦石價格作為定價基準。

本章小結

1. 衍生金融工具是與原生金融工具相對應的一個概念，它是在原生金融工具諸如即期交易的商品合約、債券、股票、外匯等基礎上派生出來的新型金融工具。

2. 衍生金融工具產生的背景有着四個方面的特點：一是市場風險突出，二是科學技術高速發展，三是金融機構積極推進，四是金融理論的發展。

3. 衍生金融工具的主要功能有套期保值、價格發現、套利、投機，另外還提供了風險管理、存貨管理和資產組合管理的工具。

4. 衍生金融工具的基本特徵有：衍生金融工具的性質複雜，衍生金融工具的交易成本較低，衍生金融工具具有高度的財務槓桿，衍生金融工具促進金融產品的創新等。

5. 衍生金融工具可以從多個角度分類，根據基礎資產的類型可以分為股票、利率、匯率和商品為基礎的衍生工具。根據衍生金融工具的交易性質可以分為權利和義務對稱型的遠期類工具以及權利和義務非對稱型的選擇類工具。根據交易市場的特點可以分為場內交易的衍生金融工具和場外交易的衍生金融工具。根據衍生金融工具的交易方式和特點可以分為遠期、期貨、期權和互換。

6. 中國衍生金融工具市場有了初步的發展，有着很大的發展空間，同時衍生金融工具的風險管理將是一個日益嚴峻的問題。

思考與練習題

1. 簡述衍生金融工具產生的背景。
2. 簡述衍生金融工具的發展對金融業的影響。
3. 簡述衍生金融工具的主要特徵。
4. 簡述衍生金融工具的基本功能。
5. 衍生金融工具按照交易性質可以分成哪幾類?
6. 簡述衍生金融工具的發展趨勢。
7. 比較遠期、期貨和期權的特點。
8. 請總結全球衍生金融工具最近幾年的創新特點。

第二章 遠期合約

　　內容提要：遠期合約是最基本、最簡單的衍生金融工具，其他各種衍生金融工具都是遠期合約的延伸和發展。本章以遠期合約的概念、特點、種類和功能等知識爲基礎，重點介紹遠期利率合約、遠期外匯合約等主要遠期合約在現實中的運用。

第一節　遠期合約概述

一、遠期合約的含義

　　遠期合約（Forwards/Forward Contract）是指交易雙方簽訂的在將來某一日期、按照約定的價格對某種商品、證券或外匯等基礎資產進行結算或交割的協議。遠期合約一經簽訂生效，買賣雙方就有義務履行合約所規定的條款，但交易雙方並不在簽約時支付款項，而是在將來某一預定日期結算。遠期合約是最古老和最簡單的表外工具，也是人們經常使用的一種套期保值工具，除了不在交易所掛牌、不進行每日清算、無保證金要求外，與後來出現的期貨合約非常相似。市場上運用最普遍的是遠期外匯協議和遠期利率協議，同時遠期商品交易也被一些熱衷於商品市場的商業銀行所重視。

二、遠期合約的相關概念

（一）多頭與空頭

　　在遠期合約中，規定在將來買入標的物的一方爲多頭，而在未來賣出標的物的一方爲空頭。

（二）遠期升水與遠期貼水

　　在即期交易中形成的價格稱爲即期價格，在遠期交易中形成的價格叫遠期價格。遠期價格與即期價格的差稱爲遠期價差。遠期價差相對即期價格有升水、貼水和平價三種情況。升水表明遠期價格高於即期價格，貼水則表明遠期價格低於即期價格，平價表明遠期價格與即期價格相等。遠期價格可以通過即期價格與遠期價差求得。

（三）交割價格

　　合約中規定的未來買賣標的物的價格稱爲交割價格。如果信息是對稱的，而且市場是有效的情況下，那麼合約雙方所選擇的交割價格應使合約的價值在簽訂合約時等於零。因為只有當遠期合約的交割價格和遠期價格一致時,才不存在套利機會。因此,在簽署遠期合約協議的時刻,交割價格與遠期價格是相同的。通常情況下,在合約開始後的任何時刻,遠期價格和交割價格並不相等。這是因為遠期價格是合約中標的物在市場中的遠期價格,它是跟標的物的現貨價格緊密相連的,會隨著時間的變化而變化,但是遠期交割價格卻是在合約中約定保持不變的。

在簽訂遠期合約協議時,如果出現遠期價格和交割價格不相等的情況,就會產生套利機會。若交割價格高於遠期價格,套利者就可以通過賣空標的資產的現貨,買入遠期來獲得無風險利潤,套利行為會使得現貨價格下降,交割價格上升,直至套利機會消失,反之亦然。

(四) 合約期限

遠期合約的期限是指合約從簽訂至到期的時間。簽訂雙方可就各自的具體情況自行約定,沒有統一的期限標準。一般情況下,遠期合約的期限為1個月、2個月、3個月、半年、一年或者更長。

三、遠期合約的損益分析

遠期合約的損益取決於合約標的資產的現貨市場價格和交割價格的大小。假設 S_T 表示合約到期時標的資產的現貨價格,K 表示該合約的交割價格。那麼,對於遠期合約的多頭來說,一單位資產遠期合約的損益就等於 $S_T - K$。當 $S_T > K$ 是,多頭盈利;當 $S_T < K$ 時,多頭虧損。相應地,空頭的損益為 $K - S_T$。當 $S_T > K$ 是,空頭虧損;當 $S_T < K$ 時,空頭盈利。因此,遠期合約的損益可能是正,也可以是負的,如圖2.1所示。

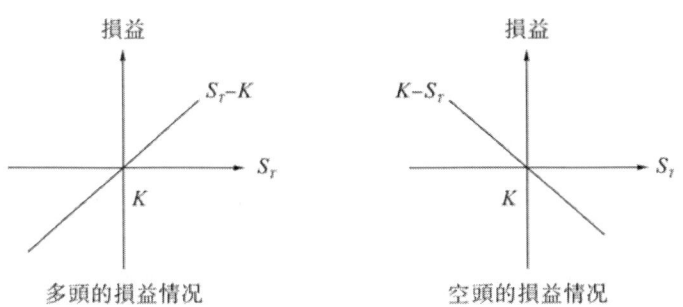

圖2.1　遠期合約的損益圖

四、遠期合約的特點

(一) 遠期合約是一種非標準化合約

遠期合約是一種非標準化合約。它不在交易所進行交易,通常是在金融機構之間或者金融機構與其客戶之間通過談判後簽訂。遠期合約根據交易者的具體情況和具體要求,經過交易雙方的協商來決定合約的具體交易規模、交割時間和其他條件,具有很大的靈活性，能更好地滿足交易者的個性化需求。

(二) 遠期合約通常是用現金和實物進行交割

合約買方和賣方達成協議在未來的某一特定日期交割一定質量和數量的商品，價格可以預先確定或在交割時確定。90%以上的遠期合約最後均以實物方式交割，只有很少的部分是以平倉來代替實物交割的。

(三) 遠期合約流動性較差

遠期合約簽訂後，一般由交易雙方一直持有到期然後直接成交。若要撤銷遠期合約，交易雙方只能再簽訂一個相反的合約。由於每份遠期合約千差萬別，適應對象的要求特殊，這給遠期合約的流通造成較大不便。

(四) 遠期合約信用風險大

遠期合約不在交易所內進行交易，沒有統一的結算機構，加上遠期合約簽訂時，雙方不繳納保證金，當價格變動對一方有利時，對方有可能無力或無誠意履行合約。因此，遠期合約信用風險較高。

五、遠期合約的種類

最初的遠期合約僅僅是商品遠期交易，但發展至今，遠期合約還包括金融性遠期合約，即遠期利率協議、遠期外匯協議和遠期股票合約等。

(一) 遠期利率協議

遠期利率協議 (Forward Rate Agreement) 是交易雙方簽訂的在未來某一特定日期 (指利息起算日) 開始的一定期限的協議利率，並規定以何種利率為參照利率，在將來利息起算日，按規定的協議利率、期限和名義本金額，由當事人一方向另一方支付協議利率與參照利率利息差的貼現額。

(二) 遠期外匯合約

遠期外匯合約 (Forward Exchange Contracts) 是指交易雙方約定在未來某一特定日期，按照合約簽訂時約定的匯率和金額，以一種貨幣交換對方另一種貨幣的合同。遠期外匯合約可分為直接遠期外匯合約和遠期外匯綜合協議兩種。

(三) 遠期股票合約

遠期股票合約 (Equity forwards) 是指在將來某一特定日期按特定價格交易一定數量單只股票或一攬子股票的協議。

六、遠期合同交易的功能

遠期合同交易是在現貨交易的基礎上產生和發展的，是對現貨交易的一種補充，具有如下功能：

(一) 遠期合同交易可以穩定供求雙方之間的產銷關係

遠期交易合同是一種預買預賣的合同。對於供給者來說，它可以預先將商品賣出去，從而能夠預知商品的銷路和價格，可以一心一意地組織生產；對於需求者來說，它可以預先訂購商品，從而能夠預選商品的來源與成本，可以據此籌措資金，籌劃運輸、儲存等工作，甚至在預買的基礎上又可以安排預賣，使各環節有機地銜接起來。遠期合同交易的供需關係主要表現爲穩定的產銷關係。

（二）遠期合同交易可以在一定程度上減少市場風險

這是遠期交易得以產生和發展並受到交易者青睞的根本原因，也是彌補現貨交易不足的主要表現。現貨交易的缺點主要表現在成交的價格信號短促，即這種現貨價格信號對於指導生產與經營活動有很大的局限性。生產者與經營者如果按照現貨價格去安排未來的生產和組織未來的經營活動，就會面臨很大的風險。未來市場的價格與目前市場的價格受外界因素影響，很難一致，尤其是農副產品。而這種不一致程度如何是現貨交易所不能反應出來的。這樣，未來市場的風險就分布在市場交易者的身上。爲了彌補現貨交易的不足，更爲了避免或減少市場風險，人們開始想方設法尋找分擔風險之道，於是便出現了在生產尚未完成之前，經營者首先與生產者簽訂遠期合同預購產品，待產品生產出來之後，再由生產者將產品交付給經營者的遠期交易活動。

這種"先物交易"，即交易承諾在先，履約行爲（交貨、交款）在後的遠期交易活動，早在古希臘、古羅馬時代就已出現。農產品收穫前，城市商人先向農民預購產品，待農產品收割後，農民才會交付農產品給城市商人。到了13世紀，這種交易活動出現了憑商品樣品的質量、品種、規格等簽訂遠期交易的做法。如今，遠期交易在世界範圍內相當普遍，並形成了一定的規模。遠期交易的優點是將事後的市場信號調節轉變爲事前的市場信號調節。因此，遠期交易既可以穩定供需關係，又可以避免或減少一定程度的市場風險。

第二節　商品遠期交易

一、商品遠期交易的產生與發展

在人類經濟活動的歷史長河中，商品交換活動已有幾千年的歷史。最初的商品交換是物物交換。隨著商品生產的發展，市場空間的擴大，物物交換形式越來越不適應人們對商品交換的要求，因而又出現了以貨幣爲媒介的商品交換。以貨幣爲媒介、錢貨兩清的現貨交易出現以後，極大地促進了商品經濟的發展，市場的深度與廣度進一步拓展。然而隨著市場日益擴大，一方面爲生產者、經銷商提供了更廣闊的商品購銷空間；另一方面又爲他們尋找新的買賣對手增大了難度。生產者在生產過程中，原材料不能及時購進、產品銷售不出去會影響再生產的順利進行。因此，生產者爲了使生產能夠連續不斷地循環開展，回避原材料或產品的購銷風險，產生了預購預售的需求。同樣，經銷商爲了商品流通的順利進行，回避產品購銷風險，其預購預售的要求也十分強烈。隨著商品經濟的發展，這種遠期商品交易產生了。

爲進行遠期商品交易簽訂的合約就是商品遠期合約。它是一種在現在約定的，在未來特定時間按某一確定價格交易特定標的物的合約。

二、商品遠期交易的應用

商品遠期交易的原理很簡單，一般參與商品遠期交易的雙方主要是為了鎖定未來的交易價格。銷售者通過遠期交易避免未來價格下跌的風險，而商品購買者通過遠期交易避免價格上漲的風險。以黃金的遠期合約為例，黃金生產企業預計未來黃金的價格有下降的趨勢，為了規避這一風險，企業可以簽訂遠期合約。

例如，假定當期黃金的市場價格為 1,000 美元/益司，黃金生產企業賣出一份一年期的遠期合約，合約規定在一年後以 1,000 美元/益司交割 100 益司黃金。如果一年後，交割日黃金的現價下跌至 980 美元/益司，那麼黃金生產企業成功規避了價格風險，避免了 2,000 美元的損失。但是如果交割當日市場金價高於遠期價格時，比如黃金價格為 1,050 美元/益司，黃金生產企業還是只能按合約價格賣出黃金，失去了以高於遠期價格的市場價格銷售的機會。

第三節　遠期外匯合約

遠期外匯合約分為直接遠期外匯合約和遠期外匯綜合合約，這一節介紹的是直接遠期外匯合約。

一、遠期外匯合約的產生

遠期外匯交易是在即期交易基礎上產生的外匯交易業務。從根本上講，遠期外匯交易是生產國際化、貿易國際化以及投資國際化的結果。在浮動匯率制下，只要涉及貨幣跨國界的活動，只要有貨幣與貨幣的交換，就存在着匯率風險。

例如，A 國的一位進口商準備從 B 國進口一批商品，按照合約，他應在 3 個月後以 B 國貨幣付款。但是在這 3 個月時間內，B 國貨幣有可能升值，到時他可能會花費更多的 A 國貨幣購買 B 國貨幣用於支付。

為了避免這種匯率變動的風險，進口商可以有幾種選擇：其一，在他簽訂合約時，立即用 A 國貨幣購買 B 國貨幣，並將其存入銀行。但這種方法存在的問題是，存入銀行，收益不會太多，相對的機會成本比較大。其二，購買成 B 國貨幣後，即將資金投入 B 國進行短期投資。這種情況下，存在着一定的投資風險。其三，進口商可以通過銀行購買一筆 3 個月以後支付的 B 國貨幣，即事先同銀行簽訂合約，確定交易貨幣匯率。3 個月後，雙方按既定的匯率交割。隨即對進口貨物進行支付，出口商取得 B 國貨幣。這種方法既減少了匯率變動可能造成的風險，也不需要進口商較長時間地占用資金，使交易成本下降。這種方法就是遠期外匯交易。

二、遠期外匯合約概述

(一) 定義

遠期外匯合約（Forward Exchange Agreement，FEA）是指外匯買賣雙方在成交時先就交易的貨幣種類、數額、匯率及交割的期限等達成協議，並用合約的形式確定下來，在規定的交割日雙方再履行合約，辦理實際的收付結算。遠期外匯合約的期限通常為1個月、2個月、3個月和6個月，而以3個月期的最多，但也有9個月、1年甚至1年以上的。遠期外匯的期限通常按月而不是按天計算。

(二) 相關概念

1. 即期匯率

即期匯率也稱現匯匯率，是交易雙方達成外匯買賣協議後，在兩個工作日以內辦理交割的匯率。這一匯率一般就是現時外匯市場的匯率水平。銀行一般同時報出某一外匯的買入價和賣出價，銀行買入價和賣出價總是前小後大。

匯率的兩種標價法：直接標價法是以一定單位的外國貨幣為標準來計算應付出多少單位本國貨幣。包括中國在內的世界上絕大多數國家目前都採用直接標價法。在國際外匯市場上，日元、瑞士法郎、加元等均為直接標價法。間接標價法是以一定單位的本國貨幣為標準，來計算應收若干單位的外國貨幣。在國際外匯市場上，歐元、英鎊、美元等為間接標價法。

2. 遠期匯率

遠期匯率也稱期匯率，是交易雙方達成外匯買賣協議，約定在未來某一時間進行外匯實際交割所使用的匯率。

(1) 遠期匯率的報價方法。

①直接報價法。直接報出遠期匯率又叫完整匯率報價法，它直接完整地報出了不同期限遠期匯率的買入價和賣出價。例如，某日銀行報出美元與歐元的匯率如下：

1個月期遠期匯率　　USD/EUR = 1/0.739 1

3個月期遠期匯率　　USD/EUR = 1/0.738 2

由於即期匯率不斷變化，那麼隨著即期匯率的變動，遠期匯率也要不斷做出調整，對銀行來說比較麻煩，因此現在採用這種報價方法的越來越少。

②遠期價差報價法。遠期價差是指某一時點遠期匯率與即期匯率的差價，又叫掉期率、匯差或互換點數（簡稱點數）。與前一種報價法不同，遠期價差報價法是銀行首先報出即期匯率，在即期匯率的基礎上再報出點數（即掉期率），客戶把點數加到即期匯率或從即期匯率中減掉點數而得到遠期匯率。

在遠期差價報價法下，銀行給出點數後，客戶計算遠期匯率的關鍵在於判斷是把點數加到即期匯率中還是從即期匯率中減掉點數，其判斷原則是使遠期外匯的買賣差價大於即期外匯的買賣差價。因為作為銀行來說，從事外匯交易的利潤來源主要就是買入賣出外匯之間的差價，在遠期外匯業務中銀行承擔的風險要比從事即期外匯業務的風險大，因而也要求有較高的收益，表現在外匯價格上就是遠期外匯的買賣差價要大一些。

例如，某月一客戶向銀行詢價時，銀行用掉期率標價法報出遠期英鎊的美元價格：

即期匯率：1.754 0/50。

點數：30 天 2/3；90 天 28/30；180 天 30/20。

考慮 30 天的遠期匯率情況，如果用加法，遠期匯率為 1.754 2/53，買賣差價為 0.001 1，大於即期外匯的買賣差價（0.001 0），可判定加法是對的；再試用減法，遠期匯率為 1.753 8/47，買賣差價為 0.000 9，小於即期外匯的買賣差價，判定減法是錯的。同理可得出 90 天的遠期匯率也應採用加法，而對 180 天的遠期匯率，嘗試的結果表明應採用減法。

一般地，在即期匯率的基礎上利用掉期率計算遠期匯率時，不論銀行使用的是直接標價法還是間接標價法，掉期率如果是前小後大就使用加法，如果是前大後小就使用減法。例如，假設美國某銀行外匯標價為 USD/GBP = 1.555 0/60，遠期匯差為 20/30，遠期匯率為 USD/GBP = 1.557 0/90；如果遠期匯差為 40/30，則遠期匯率為 USD/GBP = 1.551 0/30。

（2）升水與貼水。升水是指遠期匯率高於即期匯率，貼水則相反。在直接標價法的情況下，遠期匯率如果是升水，就在即期匯率的基礎上，加上升水數，即為遠期匯率；如果是遠期貼水，就在即期匯率的基礎上減去貼水數，即為遠期匯率。在間接標價法的情況下，正好相反，遠期匯率如果是升水，就要在即期匯率的基礎上減去升水數，即為遠期匯率；如果是遠期貼水，就要在即期匯率的基礎上加上貼水數，即為遠期匯率。

（3）遠期匯率的決定。由對匯率升水和貼水的理解可知：

在直接標價法下：遠期匯率 = 即期匯率 ± 升(貼) 水

在間接標價法下：遠期匯率 = 即期匯率 ∓ 升(貼) 水

三、遠期外匯合約的分類

（一）按照遠期開始的時期分類

按照遠期開始的時期不同遠期外匯合約可以分為直接外匯遠期合約和遠期外匯綜合協議。

（1）直接遠期外匯合約，其遠期期限是直接從現在開始計算，或者說遠期時間是從締約日開始計算。

（2）遠期外匯綜合協議，其遠期是從未來某個時刻才開始計算，因此也被稱為"遠期的遠期"合約。

（二）按照合約中對未來交割時間的不同規定分類

按照合約中對未來交割時間的不同規定遠期外匯合約可以分為固定交割日的遠期外匯交易、不固定交割日的遠期外匯交易、掉期交易三種。

（1）固定交割日的遠期外匯交易。在這種遠期外匯交易合同中，約定的交割時間是一個確定的日期，不能推遲和提前。但在現實交易中，交易者往往並不能事先知道外匯收入和支出的準確時間，因此這種交易缺乏靈活性。

（2）不固定交割日的遠期外匯交易又稱為擇期遠期外匯交易，指交易一方可在成交日第三天起至約定期限內的任何一個營業日，要求另一方按照雙方約定的遠期匯率，進行交割的合約。這種交割日期的靈活性和機動性強，更適合於進出口商的需要。因為在國際貿易中，進出口商往往無法準確知道自己外匯收支的具體日期，為了規避匯率風險，固定交易成本，進口商可與銀行簽訂這類擇期外匯買賣合約，以便在將來約定的期限內進行外匯買賣。

不固定交割日的遠期外匯交易又可以分為以下兩種：

①事先把交割期限固定在兩個具體日期之間，如A出口商要出賣一筆3個月的遠期外匯給銀行，則在合約訂立至到期日的3個月內任何一天，都可隨時將收到的遠期匯票賣給銀行。

②先把期限固定在某一月份間。如上例中的A出口商可將其合約的交割期限約定在第一個月、第二個月或第三個月中的任意一兩個月。

（3）掉期交易。掉期是指同時買賣相同金額、相同幣種，但不同交割日貨幣的外匯交易。掉期外匯交易主要是用來改變外匯收支的付款日期以及調劑不同期限到期日的外匯頭寸餘額。

例如，有一家美國的跨國公司，在德國和英國分別設有附屬合資企業，該公司在德國的合資企業，積累了一筆歐元現金，準備在3個月後償還原先所借的貸款。同時，該公司在英國的附屬公司目前卻正急需資金，但它在向銀行籌借資金時，得到的回答是須等待3個月後才能得到貸款。此時該公司就可以在德國市場上按即期匯率賣出德國附屬企業的歐元換得英鎊，然後以公司內部信貸的形式，將該筆資金貸給在英國的附屬企業，同時再賣出3個月的英鎊買進歐元遠期，以便該公司在德國的附屬企業在3個月後可用於償還貸款。這樣，3個月後，其在英國的附屬企業在得到了銀行貸款之後，將這筆貸款償還給母公司，母公司將其按遠期合同的約定換成歐元後，再償還給其在德國的附屬企業。由此該公司就通過這樣一筆掉期交易，使兩家企業的資金餘缺得到了調劑，滿足了海外投資的需要。

(三) 按照交易目的的不同分類

按照交易目的的不同遠期外匯合約可以分為商業性遠期外匯交易、金融性遠期外匯交易和投機性遠期外匯交易。

（1）商業性遠期外匯交易是指進出口商為了避免貿易業務中匯率變動的風險，與外匯銀行進行的遠期外匯交易。

（2）金融性遠期外匯交易是指外匯銀行為了管理國際金融業務中匯率變動的風險進行的遠期外匯交易。

（3）投機性遠期外匯交易是指建立在投機者某種預期基礎上由投機者承擔外匯風險的遠期外匯交易。

四、遠期外匯合約的特點

首先，遠期外匯合約中的條款，如匯率、交割方式、金額等由交易雙方自行協商確定；其次，遠期外匯交易一般在場外進行，它屬於無形市場，沒有固定場所和交易時間，可以 24 小時進行交易；最後，遠期外匯合約的信用風險較大，很難規避違約風險。銀行與客戶之間的遠期外匯交易是否繳納保證金，視客戶的誠信情況而定。銀行間的遠期外匯交易通常是標準化的遠期掉期交易，基本上沒有信用風險。

五、遠期外匯合約的交割

遠期外匯交易交割日或者是結算日基本上是按月計算而不是按天計算，其交割日是在即期外匯交割日或結算日的基礎上確定的，即在確定遠期外匯交易的交割日之前要先確定即期外匯交易交割日。因爲遠期外匯交易交割日就是即期外匯交易交割日之後的遠期外匯合約規定的期限的同一天。因此，計算遠期外匯交易交割日的一個簡單的方法是：對於今天發生的 3 個月遠期外匯交易，可以先計算出即期外匯交易的交割日，然後往後推 3 個月。例如，2016 年 9 月 6 日（星期二）發生了一筆 3 個月的遠期外匯交易，其交割日的計算首先是計算出 9 月 6 日發生一筆即期外匯交易的交割日爲 9 月 8 日，然後在 9 月 8 日的基礎上加 3 個月就是 3 個月遠期外匯交易的交割日，即 2016 年 12 月 8 日（星期四）。如果計算出的遠期外匯交易的交割日恰爲銀行休假日，則將交割日向後順延至第一個合適的日期。

六、遠期外匯交易的作用

(一) 進出口商和外幣借貸者用於風險規避

市場匯率是變動不定的，進出口商必須考慮從貿易合同簽訂到收付貨款這段時間因匯率變化可能帶來的損失。同樣，外幣借貸者要考慮借貸期間匯率變化所帶來的風險。利用遠期外匯交易，可以鎖定外匯價格，規避匯率風險。

(二) 商業銀行平衡其外匯頭寸

進出口商與商業銀行進行遠期外匯買賣，目的是鎖定其外匯支付成本或收取的收益。這一操作將進出口商的遠期外匯風險轉嫁給了外匯銀行。在與客戶進行遠期外匯交易的過程中，不同貨幣的買入賣出數額和其期限常常是不平衡的，爲了避免外匯風險，商業銀行利用遠期外匯市場對不同期限、不同貨幣頭寸的餘缺進行抛補，平衡其外匯頭寸。

(三) 利用遠期外匯交易進行投機

外匯投機是指投機者根據對有關貨幣匯率變動的預測，通過買賣現匯和期匯，有意保持某種外匯的多頭或空頭，以期在匯率實際發生變動之後獲取風險利潤的一種外匯交易。外匯投機有即期外匯投機和遠期外匯投機兩種類型。在利用遠期外匯進行投機的過程中，如果投機者預期某種貨幣的匯率將上升，則會買入這種貨幣的遠期，此時他並不立即支付現金也不會取得相應的外匯，只是訂立了一個買賣合約，獲得了在未來某一日按一定價格支付某種貨幣而取得另一種貨幣的權利並承擔相應義務；反之，如果投機者預期某種貨幣的匯率將下降時，就會賣出該種貨幣的遠期。

七、遠期外匯合約的應用

（一）規避外匯風險

某一日本出口商向美國進口商出口價值 10 萬美元的商品，共花成本 9,500 萬日元，約定 3 個月後付款。雙方簽訂買賣合同時的匯率爲 1USD＝96JPY。按此匯率，出口該批商品可換得 9 600 萬日元，扣除成本，出口商可獲得 100 萬日元。但 3 個月後，若美元匯價跌至 1USD＝95.5JPY，則出口商只可換得 9,550 萬日元，比按原匯率計算少賺了 50 萬日元；若美元匯價跌至 1USD＝95JPY 以下，則出口商就得虧本了。可見美元下跌或日元升值將對日本出口商造成壓力。因此，日本出口商在訂立買賣合同時，就按 1USD＝96JPY 的匯率，將 3 個月的 10 萬美元期匯賣出，即把雙方約定遠期交割的 10 萬美元外匯售給日本的銀行，屆時就可收取 9,600 萬日元的貨款，從而避免了匯率變動的風險。

又如，法國某跨國公司在 10 周後要支付 173 萬美元，但是其擔心一周後歐元可能出現貶值，此時其可以買入美元的外匯遠期，以固定爲獲得這些美元而必須付出的歐元。假如未來的那個支付日期不能具體確定，估計是從現在算起的 8 周至 12 周之間，則可以要求銀行提供可選擇日期的遠期交易。

（二）商業銀行平衡外匯頭寸

某家銀行向某日本進出口商出售了 6 個月期的 100 萬遠期美元，那麼這家銀行就產生了遠期美元的超賣，遠期美元處於空頭，如果遠期美元升值，則銀行將承擔遠期美元升值帶來的損失。爲了平衡這一遠期美元的頭寸，這家銀行在賣出遠期美元的同時就會向同業銀行買進 100 萬美元的即期美元來規避遠期美元升值所帶來的風險。

（三）外匯市場的投機

在外匯市場上，若人民幣對美元的 1 月期遠期匯率爲 1 USD＝6.830 0 CNY，某投機商預期 1 個月後美元的即期匯率將上升，並且大於目前 1 個月期遠期美元的匯率，那麼該投機商就在遠期外匯市場上買入 1 個月期的遠期美元，假設爲 100 萬美元。1 個月後，如果市場如該投機商預測的那樣，美元的即期匯率上升，假設現在匯率爲 1 USD＝6.838 0 CNY，投機者按遠期合約買入 100 萬美元，然後在即期市場賣出，可獲得投機利潤 8 000 元人民幣。

第四節　遠期利率協議

一、遠期利率協議的產生

20 世紀七八十年代，西方國家利率變動頻繁而且劇烈，經濟主體積極向銀行探尋能夠規避利率風險的金融工具。遠期利率協議（Forward Rate Agreements，FRA）在這種背景下產生了。

二、遠期利率協議概述

(一) 定義

遠期利率協議是一種遠期合約，是指交易雙方約定在未來某一日期（指利息的起算日）開始的一定期限的協議利率（或稱合同利率），並規定以何種利率爲參照利率，在將來利息起息日，按合約約定的期限、名義本金和規定的參考利率，分別以合同利率和參照利率計算利息的貼現額並進行交換。由協議的買方支付協議利率計算的利息，收取參考利率計算的利息，由協議的賣方支付參考利率計算的利息，收取協議利率計算的利息。

遠期利率協議是用以鎖定利率和對衝利率風險的衍生工具之一。它沒有發生實際的本金交付，而只進行利息的交付，這使得遠期利率協議不用反應在資產負債表上。

(二) 相關概念

1. 重要術語

爲了規範遠期利率協議，英國銀行家協會爲遠期利率協議規定了一系列重要術語：

合同金額：名義上的本金額。
合同貨幣：合同金額的貨幣幣種。
交易日：遠期利率協議成交的日期。
結算日：名義借貸開始的日期，也是交易一方向另一方交付結算金的日期。
確定日：確定參照利率的日期。
到期日：名義借貸到期的日期。
合同期：結算日至到期日之間的天數。
合同利率：在協議中雙方商定的借貸利率。
參照利率：在協議中確定的某種市場利率，用以在確定日確定結算金額。
結算金：在結算日根據合同利率和參照利率的差額計算出來的、由交易一方付給另一方的金額。

2. 交易流程

我們可以通過遠期利率協議的時間流程來瞭解以上概念之間的相互關係，交易流程圖如圖2.2所示。

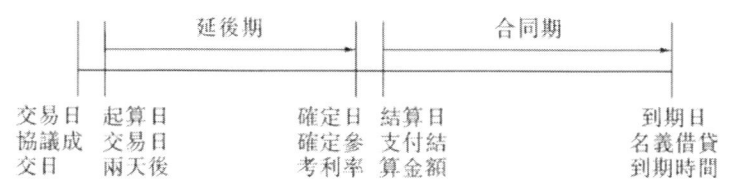

```
|←——————延後期——————→|←——————合同期——————→|
交易日      起算日         確定日  結算日              到期日
協議成     交易日         確定參  支付結              名義借貸
交日       兩天後         考利率  算金額              到期時間
```

圖2.2　遠期利率協議交易流程圖

3. 即期利率與遠期利率

即期利率是指當前的市場利率。它可由某一給定時點上貼現型債券的到期收益率確定。遠期利率指未來一段時間的市場利率。

用 t 表示現在時刻，T 和 T^* 表示將來時刻（且 $T^* > T$），r 表示 T 時刻到期的即期利率，r^* 表示 T^* 時刻到期的即期利率，$\hat{f}$ 爲現在時刻 t 簽訂的 T 至 T^* 期間的遠期利率，則有：

$$(1 + r)^{T-t}(1 + \hat{f})^{T^*-T} = (1 + r^*)^{T^*-t} \tag{2.1}$$

如果一年期的即期利率爲 10%，兩年期的即期利率爲 10.5%，那麼一年到兩年的遠期利率爲 11%，因爲 $(1 + 10\%)(1 + 11\%) \approx (1 + 10.5\%)^2$。

爲了更精確地計算即期利率和遠期利率之間的關係，下面引入連續復利，連續復利這一概念在衍生金融工具定價中有相當廣泛的應用，因此十分重要。

假設本金 A 以利率 R 投資了 n 年，每年計一次復利，那麼投資的終值爲 $A(1 + R)^n$。如果每年計 m 次復利，則終值爲 $A(1 + \frac{R}{m})^{mn}$。當 m 爲無窮大時，就爲連續復利，此時終值爲 Ae^{Rn}。如果終值爲 X，按連續復利折現的現值爲 Xe^{-Rn}。

當即期利率和遠期利率所用的利率均爲連續復利時，有：

$$Ae^{r(T-t)}e^{\hat{f}(T^*-T)} = Ae^{r^*(T^*-t)}$$

則遠期利率爲：

$$\hat{f} = \frac{r^*(T^* - t) - r(T - t)}{T^* - T} \tag{2.2}$$

4. 結算金的計算

在實際交易中，交易方一般在結算日支付結算金。兩種利息的計算期限均爲結算日至到期日。由於結算金交付日期早於利息差支付日期（到期日），因此這筆結算金要從到期日貼現到結算日。結算金計算公式如下：

$$結算金 = \frac{(r_r - r_c) \times A \times \frac{D}{B}}{1 + r_r \times \frac{D}{B}} \tag{2.3}$$

其中，r_r 爲參照利率，r_c 爲合同利率，A 爲合同金額，D 爲合同期天數，B 爲一年的天數計算慣例（一般爲 360 天）。

(2.3) 式中，分子表示由於合同利率與參照利率的差異而造成的利息差額支付，分母是對分子的貼現，以反應結算金的支付是在合同期開始之日而不是在合同期結束時。

當參照利率大於合同利率時，結算金爲正值，由協議中的賣方向買方支付利息差額的現值。反之，當參照利率小於合同利率時，結算金爲負值，由協議中的買方向賣方支付利息差額的現值。

三、遠期利率協議的特點

遠期利率協議交易具有以下幾個特點：一是具有極大的靈活性。作爲一種場外交易工具，遠期利率協議的合同條款可以根據客戶的要求"量身定做"，以滿足個性化需求；二是並不進行資金的實際借貸，儘管名義本金額可能很大，但由於只是對以名義本金計算的利息的差額進行支付，因此實際結算量可能很小；三是在結算日前不必事先支付任何費用，只在結算日發生一次利息差額的支付；四是遠期利率協議的報價習慣與眾不同。在期限上，它確認的是交易開始的時點及結束的時點。例如，"3×9"或"3個月對9個月"的倫敦同業拆借利率（LIBOR，下同）就意味著一項在3個月後開始的、在9個月後結束的6個月期的LIBOR。在價格上，它是以收益率報價，這與利率期貨交易相反。例如，擔心市場利率上升會加大融資成本的借款人可以通過購買遠期利率協議來進行對沖，也可以在期貨市場上出售適當數量的利率期貨合約進行對沖。

四、遠期利率協議的功能

遠期利率協議最重要的功能在於通過固定將來實際收付的利息規避利率變動的風險。因此，對於已經存在或即將產生的一定金額的資產或負債，由於這些資產或負債正面臨著利率變動的風險，保值者可以通過簽訂遠期利率協議對未來利率變化可能造成的風險損失進行管理。簽訂遠期利率協議後，不管市場利率如何波動，協議雙方將來收付資金的成本或收益總是固定在合同利率水平上。

例如，當參照利率上升時，會引起協議購買方的資金成本加大，但由於協議購買方可以從協議出售方得到參照利率與協議利率的差價，正好可彌補其加大了的資金成本，而協議出售方則固定了其資金收益；當參照利率下降時，協議購買方的資金成本變小，這時參照利率與協議利率的差價支付則填補了其變小了的資金成本，協議賣出方得到支付增補了變小的收益。無論哪種情況交易雙方都起到了鎖定收付利息的作用。

對於投機者來說，其可以通過遠期利率協議投機獲利。一般來說，投機者並沒有事先擁有一筆有著利率變動的資金，因此投機者一開始沒有面臨利率風險，但投機者預期利率將要波動並希望從未來的利率變動中獲利。在獲取遠期利率協議頭寸後，投機者就面臨了利率風險，但是與保值者不同的是，這種風險是投機者為追求投機收益願意承擔的風險。

另外，銀行可以利用遠期利率協議防範利率變動風險，作為表外科目，可用來減少銀行的"同業存放"和"存放同業"兩科目之餘額，不僅不會使資產負債表膨脹，還可減少對同業市場的依賴；既可以適應金融管理部門對銀行資本的要求，又可以改善銀行的資產收益率。

五、遠期利率協議的風險

由於遠期利率協議是場外交易，不交付保證金，沒有規定的清算機構，完全憑信用交易，因此容易產生信用風險。如果一筆遠期利率協議的一方違約，另一方就必然要承擔對方違約的風險，即當利率發生變動時，非違約方預期可以收到的利息差額將成為泡影。例如，某銀行購買了一筆遠期利率協議，協議利率為8%，參照利率為6個月LIBOR。假設到清算日，LIBOR上升到10%。按理，遠期利率協議的出售方應該向該銀行即協議的購買者支付2%的利差利息。如果對方違約，銀行就不能按原來的規定得到這2%的利差補償。

此外，銀行在同業遠期利率協議市場上對其遠期利率協議進行拋補時，銀行具有頭寸風險。如果銀行已經賣出了一個遠期利率協議，而隨後的利率上升，則銀行將承受和遠期利率協議的期間成正比的損失。

六、遠期利率協議的應用

（一）鎖定籌資成本

A公司預計3個月後的5月4日將借入一筆1,000萬美元的資金，期限是6個月，借款利率是6個月的LIBOR加上100個基點。目前，3個月後的遠期利率為6.5%。考慮到利率在貸款期開始之前就可能上升，於是A公司從銀行買入一份3個月到期的遠期利率協議，協議利率是6.5%，參照利率是6個月LIBOR。當A公司3個月後獲得這筆貸款時，A公司將向發放貸款的銀行支付當時的6個月LIBOR加上100個基點的利率。遠期利率協議將公司的借款成本固定為每年7.5%（6.5%加上100個基點）。

假設5月4日時，6個月的美元LIBOR是5.75%。A公司將以LIBOR加上100個基點，即6.75%的利率借入1 000萬美元。但是遠期利率協議中的固定利率是6.5%，於是A公司將就協定利率與5月4日時的6個月LIBOR之間的差額對銀行進行一筆補償性支付，即：

A公司的貸款利率＝5.75%＋100個基點＝6.75%

A公司應付的補償＝6.5%－5.75%＝0.75%

總計借款成本＝6.75%＋0.75%＝7.50%

假設5月4日時，6個月的美元LIBOR是7.75%。A公司將以LIBOR加上100個基點，即8.75%的利率借入1 000萬美元。但是6.5%的協定利率比當前的6個月LIBOR低125個基點（1.25%），於是銀行將就此差額向A公司進行補償性支付，即：

A公司的貸款利率＝7.75%＋100個基點＝8.75%

A公司應收到的補償＝7.75%－6.5%＝1.25%

總計借款成本＝8.75%－1.25%＝7.50%

因此，無論3個月後LIBOR如何變動，A公司都能通過遠期利率協議把借款成本鎖定在7.50%。

（二）套利

一家銀行以歐洲銀行同業拆放利率借入歐元。3個月歐洲銀行同業拆放利率的即期水平為4.25%。銀行可以將這筆資金以4.12%的利率進行1個月的投資，同時有機會以4.32%的利率賣出一份1×3的遠期利率協議。3個月期限為91天，1個月期限為30天。所有交易假設都是同一規模的本金。

銀行可以以4.25%的利率借款3個月，借款成本為4.25%×91/360＝1.074 306%，以4.12%的利率投資1個月，投資收益為4.12%×30/360＝0.343 333%，同時賣出一份1×3的遠期利率協議，從而把30天後61天的收益鎖定在0.732%，即4.32%/360×(91－30)＝0.732%。通過套利，銀行獲得的淨收益為0.001 027%，即0.343 333%＋0.732%－1.074 306%＝0.001 027%。該例子說明存在的套利機會使銀行可以通過借入 3 個月歐洲銀行同業拆放利率的借款，貸出 1 個月歐洲銀行同業拆放利率的貸款的同時賣出 1×3 的遠期利率協議來迅速獲得利潤。產生這樣的套利機會是因為遠期利率協議的定價偏離了市場均衡狀態。

(三) 投機

從投機者角度看，投機者一開始並沒有面臨利率風險，但投機者預期利率將要波動並希望從未來的利率變化中獲利。在獲取遠期利率協議頭寸之後，投機者也面臨了利率風險，不過這種風險對投機者而言是其願意承擔的或者說是其認為有利的風險。

例如，一公司根據對市場利率走勢的分析，認為 6 個月後的 3 個月中市場利率上升的可能性很大，該公司準備利用遠期合約進行投機。假定合約的名義本金為 5 000 000 美元。現在，銀行對該公司的標價如下：

遠期利率協議　　　　銀行 A
　6×9　　　　　　　6.15—6.21

銀行的買入價是 6.15%，賣出價是 6.21%。該公司以 6.21% 的價格購買了銀行 A 的遠期利率協議。

如果利率上升，比如上升為 7%，該公司將在遠期利率協議的交割中獲得現金的支付。

使用前面結算金的公式：

$$\frac{5\,000\,000 \times (7\% - 6.21\%) \times 91/360}{1 + 7\% \times 91/360} = 98\,111.20(美元)$$

如果利率下降，比如下降為 5%，公司將在遠期利率協議的交割中支付現金為：

$$\frac{5\,000\,000 \times (6.21\% - 5\%) \times 91/360}{1 + 5\% \times 91/360} = 15\,102.18(美元)$$

第五節　遠期外匯綜合協議

一、遠期外匯綜合協議的產生

遠期外匯交易涉及資金的實際流動，交易雙方都需要具有相應的準備金，受到準備金的約束。遠期外匯綜合協議 (Synthetic Agreement for Forward Exchang，SAFE，下同) 的產生就是為了擺脫準備金條件的約束而在 20 世紀 80 年代被開發出來的一種金融創新產品。SAFE 是一種與 FRA 類似的場外交易金融工具。遠期交易綜合協議和遠期利率協議一樣都是資產負債表外工具，在形式上很相似。

二、遠期外匯綜合協議概述

(一) 遠期外匯綜合協議的含義

遠期外匯綜合協議是指雙方約定買方在結算日按照合同中規定的結算日直接遠期

匯率用第二貨幣（次級貨幣）向賣方買入一定名義金額的第一貨幣（初級貨幣），然後在到期日再按合同中規定的到期日直接遠期匯率把一定名義金額的第一貨幣出售給賣方換成第二貨幣的協議。SAFE 是交易雙方對未來利差變化或外匯互換價差變化進行保值或投機所簽訂的遠期協議。

具體而言，在 SAFE 中：

（1）交易雙方只進行名義上的遠期——遠期外匯互換，並不涉及實際本金的兌換。

（2）互換的兩種貨幣分別稱爲第一貨幣和第二貨幣。兩種貨幣在結算日進行首次兌換；在到期日進行第二次兌換，即兌換回原來的貨幣。

（3）互換的外匯資金數額稱爲名義本金。兩次互換的外匯匯率分別稱爲合約匯率和結算匯率。

（4）SAFE 交易的買方是指最初買入第一貨幣的一方，或者說是在結算日買入第一貨幣，而在到期日出售第一貨幣的一方；賣方則正好相反。例如，甲和乙做一個美元與歐元的互換，將美元視爲第一貨幣，歐元視爲第二貨幣。那麼，甲作爲買方，在結算日買入美元，賣出歐元，在到期日賣出美元，買入歐元。

（二）遠期外匯綜合協議的相關概念

1. 遠期外匯綜合協議的重要術語

遠期外匯綜合協議的交易條件和規範術語是由英國銀行家協會編制，重要術語如下：

A1——合約規定的在結算日將兌換的第一貨幣的名義金額。

A2——合約規定的在到期日將兌換的第一貨幣的名義金額。

CR（Contract Rate，合約匯率）——合約規定的結算日的直接匯率。

SR（Settlement Rate，結算匯率）——基準日確定的結算日用於結算的市場匯率。

CS（Contract Spread，合約匯差）——合約協定的結算日與到期日的匯差。

SS（Settlement Spread，結算匯差）——基準日確定的到期日與結算日市場匯率的匯差。

CR + CS——合約原先規定的到期日的直接匯率。

SR + SS——基準日決定的到期日用於結算的直接匯率。

i——次級貨幣（第二貨幣）的利率。

D——合約期限的天數。

B——次級貨幣（第二貨幣）天數的計算慣例。

2. 結算日（又稱交割日）和到期日

這兩個概念與遠期利率協議是一致的。例如，"1×4"表示起算日（交易日兩天後爲起算日）至結算日的時間爲 1 個月，起算日至到期日的時間爲 4 個月，結算日至到期日的時間爲 3 個月。這一期間爲協議的合約期。事實上，遠期外匯綜合協議在結算日已結束，到期日只是名義上的。

3. 交易日（即期日）是協議簽定之日

在交易日，交易雙方主要完成兩個任務：一是確定合約中結算日和到期日兩次兌換的本金數額，二是確定合約中兩次兌換的匯率（見圖2.3）。

結算日匯率：合約匯率CR

到期日匯率：合約匯率CR＋合約差額CS

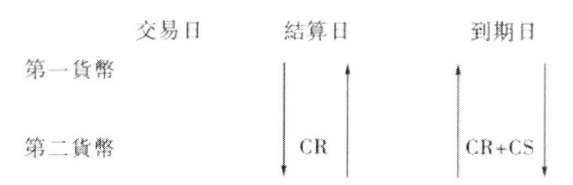

```
           交易日        結算日         到期日
第一貨幣                   ↑              ↓

第二貨幣                   ↓              ↑
                          CR            CR+CS
```

圖2.3　交易日需要確定的概念

4. 基準日（確定日）

結算日兩天前爲基準日。基準日的主要任務是確定結算日與到期日用於結算的市場匯率（見圖2.4）。

結算日匯率：結算匯率SR

到期日匯率：結算匯率SR＋結算差額SS

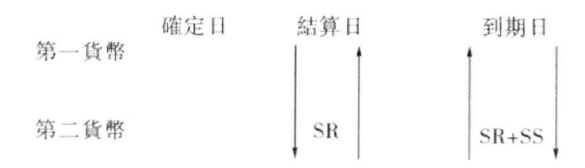

```
           確定日        結算日         到期日
第一貨幣                   ↑              ↓

第二貨幣                   ↓              ↑
                          SR            SR+SS
```

圖2.4　基準日需要確定的概念

5. 遠期外匯綜合協議的互換點數的計算

計算一對貨幣的遠期差額或互換點數，可以通過借入一種貨幣的同時貸出另一種貨幣（期限相同）來推導其計算公式。

考慮由以下幾筆同時進行的交易而構成的交易組合：

（1）以無風險利率$x\%$借入1,000歐元，期限爲3個月。

（2）按即期匯率S出售歐元並買入美元。

（3）將買入的美元按美元的無風險利率y進行投資，爲期3個月。

（4）將3個月後投資到期的美元本金和投資收益之和按遠期匯率F出售，兌換成歐元。

在一般情況下，市場將對第四筆交易的價格（匯率）進行調節，以使整個交易組合的淨現值爲零。如果以上四筆交易組合的淨現值不爲零，就有套利機會產生。市場力量將使這種套利機會迅速消失。互換點數或遠期匯差實際上是一種"平衡項目"，其作用就是防止套利機會的產生。

上面一個操作所產生的現金流如下：

以年利率$x\%$借入1,000歐元，3個月後歸還的本利和爲$1,000 \times (1 + x\% \times 90/360)$。

以即期匯率S出售1,000歐元，兌換成美元數額爲$1\,000/S$。

以年利率$y\%$以美元進行投資，3個月後的本利和爲$1\,000 \div S \times (1 + y\% \times 90/360)$。

35

將這筆美元本利和以遠期匯率 F 出售，兌換成歐元爲 $1,000 \div S \times (1 + y\% \times 90/360) \times F$。

在無套利均衡的情況下，有 $1,000 \times (1 + x\% \times 90/360) = 1\,000 \div S \times (1 + y\% \times 90/360) \times F$。

因此：

$$F = \frac{S \times (1 + x\% \times \frac{90}{360})}{1 + y\% \times \frac{90}{360}}$$

一般地，有：

$$F = \frac{S \times (1 + x\% \frac{D}{360})}{1 + y\% \frac{D}{360}} \tag{2.4}$$

其中 D 爲交易天數。

$$\text{互換點數} = F - S = \frac{S \times (x\% - y\%) \times \frac{D}{360}}{1 + y\% \times \frac{D}{360}}$$

如果交易天數較少，則公式可以簡化爲：

$$\text{互換點數} = S \times (x\% - y\%) \times \frac{D}{360}$$

6. 遠期外匯綜合協議的標價

SAFE 的標價依然符合一般的交易慣例，即與外匯市場上其他金融產品的交易類似，同時標出買入價和賣出價。

例如，銀行對一份"1×4"美元兌換歐元遠期匯差的標價定爲 195/202，這一標價的含義爲：

買入價 195（基點）——作爲報價方的銀行買入第一貨幣（此處爲美元）的遠期買入價。

賣出價 202（基點）——作爲報價方的銀行賣出第一貨幣（此處爲美元）的遠期出售價。

又如表 2.1 所示。

表 2.1　　　　　　　　"1×4" 遠期外匯綜合協議的報價

即期匯率（美元/歐元）	1.800 0—10
1 月期	53—56
4 月期	210—213
"1×4" 遠期匯差	154—160
美元利率	6.30%
歐元利率	9.88%

"1×4" 遠期匯差的計算方法如下：

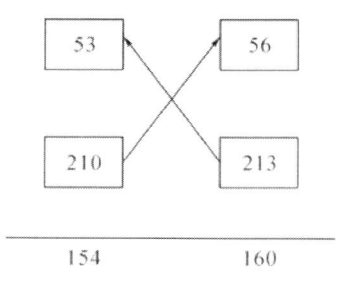

```
    ┌─────┐         ┌─────┐
    │ 53  │╲       ╱│ 56  │
    └─────┘ ╲     ╱ └─────┘
             ╲   ╱
              ╲ ╱
              ╱ ╲
             ╱   ╲
    ┌─────┐ ╱     ╲ ┌─────┐
    │ 210 │╱       ╲│ 213 │
    └─────┘         └─────┘
──────────────────────────────
       154              160
```

"1×4" 美元兌換歐元遠期外匯綜合協議的報價為 154—160，即指買入 A 國貨幣（美元）的遠期匯差是 154 個基點，賣出 A 國貨幣（美元）的遠期匯差是 160 個基點。

由此可見，SAFE 的標價與外匯的即期匯率沒有直接關係，它只與遠期升水或貼水有關，或者說只與遠期差額或互換點數有關。

三、遠期外匯綜合協議的特點

遠期外匯綜合協議與直接遠期外匯合約相比，兩者的保值或投機的目標不同，FRA 主要着眼於兩種貨幣的利率絕對水平，而 SAFE 主要針對兩種貨幣的利率差，利率差越大，其獲利的幅度也可能越大。

另外，FRA 的遠期期限是從現在開始的，而 SAFE 的遠期期限是從將來的某個時刻開始的，因此可以將遠期外匯綜合協議看成是遠期的遠期外匯合約。

遠期外匯綜合協議與遠期利率協議的相似之處是兩種交易都在場外市場交易；都有標準的期限；標價方式都是 $m×n$，其中 m 表示合同簽訂日到結算日的時間，n 表示合同簽訂日到到期日的時間；交割日、即期日、基準日和到期日的規定也相同。

四、遠期外匯綜合協議的分類與結算

遠期外匯綜合協議的主要形式為匯率協議（ERA）和遠期外匯協議（FXA）這兩種形式。它們分類的依據是兩者的結算金計算方式不同。按照市場慣例，SAFE 合約的面額都是用第一貨幣表示的，但交割數額是用第二貨幣表示的。匯率協議是針對合約差額和結算差額兩者之間的差額；遠期外匯協議不僅與合約差額和結算差額兩者之間的差額有關，還和匯率變動的絕對水平有關，即與合約匯率和結算匯率也有關。如果計算結果為正值，意味着賣方向買方支付；如果計算結果為負值，意味着買方向賣方支付。匯率協議與遠期外匯協議的結算金計算公式如下：

$$ERA = A_2 \times \frac{CS - SS}{1 + (i \times \frac{D}{B})}$$

$$FXA = A_2 \times \frac{(CR + CS) - (SR + SS)}{1 + (i \times \frac{D}{B})} - A_1 \times (CR - SR) \tag{2.5}$$

從結算公式可以看出，遠期外匯協議結算金額不僅考慮因利率變動而導致掉期率

的變動，而且也考慮即期匯率的變動對交割日、到期日現金流的影響。但匯率協議的結算金額主要來自掉期率的變動，即期匯率的變動對其影響較小。原因是即期匯率的變動對掉期率的影響較小，從而避開了即期匯率變動對匯率協議結算金額的影響。

結算金計算的不同還使得匯率協議和遠期外匯協議在防範外匯風險上的側重點也有所不同，對傳統的外匯互換進行保值，可以用遠期外匯協議；對兩種貨幣利差變動進行保值，可以用匯率協議。

五、遠期外匯綜合協議的應用

遠期外匯綜合協議作爲資產負債表外的遠期對遠期的掉期交易，是投資者對利率差或匯率差變動進行保值或投機的一種較好的金融工具。

假設初級貨幣名義本金爲100萬美元，現在市場上的利率和匯率水平如表2.2所示。

表2.2　　　　　　　　　現行市場上的利率和匯率水平

	即期匯率	1月期	4月期	1×4遠期互換點數
美元/英鎊	1.8	53/56	212/215	158/162
美元利率		6.00%	6.25%	6.30%
英鎊利率		9.625%	9.875%	9.88%

如果某投資者預期"1×4"的英鎊和美元的遠期利差會進一步增大，於是採取了如下操作：

第一種情形：匯率不變，兩國貨幣利差擴大。

1個月後，隨著時間的推移，原來的1月期已成爲即期，4月期已成爲3月期。而假定此時的市場條件也已發生了如表2.3所示的相應的變動。

表2.3　　　　　　　　　市場變動後的利率和匯率水平

	即期匯率	3月期
美元/英鎊	1.8	176/179
美元利率		6.00%
英鎊利率		10.00%

雖然即期匯率的水平與初始時一樣，但兩國貨幣的利差確實擴大到了4%。根據互換點數的計算公式可知，互換點數也相應提高，由計算得出從原來的162點（先出售）提高至176點（後買入）。如果投資者的這種預期是正確的，那麼獲利機會顯而易見。

$$ERA = \$1\,000\,000 \times \frac{0.016\,2 - 0.017\,6}{1 + (10\% \times \frac{90}{360})} = -1\,365.85$$

$$FXA = \$1\,000\,000 \times \frac{1.821\,5 - 1.817\,6}{1 + (10\% \times \frac{90}{360})} - \$1\,000\,000 \times (1.805\,3 - 1.800\,0) = -1\,495.2$$

由計算結果可知，無論是 ERA 還是 FXA，兩者的結算金數值均為負數。這就是說，作為 SAFE 的賣方就可以獲得結算金。因此，投資者出售 SAFE 可以獲利。至於採用兩種 SAFE 類型中的哪一種更有利，從計算結果看，ERA 和 FXA 的結果相當接近，兩者可以任選一種。

第二種情形：兩國貨幣利差擴大的同時，匯率也發生相應變化。

上面第一種情形假設一個月後，兩國貨幣利差擴大的同時，貨幣的匯率保持不變。但在現實生活中，這種情形並不多見。更為常見的是，隨著時間的推移，兩國貨幣利差擴大的同時，兩國貨幣的即期匯率也會發生相應的變化。在這種條件下，投資者該如何決策？

如果英鎊的走勢趨於強勁，SAFE 的出售方會獲得更多的利潤。因為隨著兩國利差的擴大，一方面，投資於英鎊有較高的投資利潤；另一方面，由於英鎊走強，同樣數額的英鎊投資所得可以轉換成更多的美元。反之，如果是英鎊趨於疲軟，SAFE 的出售方獲利將會減少。這是因為隨著兩國貨幣利差的擴大，投資於英鎊雖然有利可圖，但這種好處會被英鎊疲軟而形成的匯率所抵消。也就是在將英鎊投資收益轉換成美元時，其投資收益將會縮水。這種抵消程度將視匯率風險的大小而定。

假定如表 2.4 所示。

表 2.4　　　　　　　　　　　　匯率水平

	即期匯率	3 月期
美元/英鎊	1.7	166/169

由互換點數的計算公式可知，互換點數由 176 下降為 166。

$$\text{互換點數} = 1.7 \times \frac{1+(10\% \times \frac{90}{360})}{1+(6\% \times \frac{90}{360})} - 1 = 1.66$$

因此，可以計算出結算金為：

$$ERA = \$1\,000\,000 \times \frac{0.016\,2 - 0.016\,6}{1+(10\% \times \frac{90}{360})} = -390.24$$

$$FXA = \$1\,000\,000 \times \frac{1.821\,5 - 1.716\,6}{1+(10\% \times \frac{90}{360})} - \$1\,000\,000 \times (1.805\,3 - 1.700\,0)$$

$$= -2\,958.54$$

可以看出，在兩國貨幣利差擴大的同時，如果匯率水平也發生相應的變化，如發生有利於投資者的變化，則採用 FXA 的效果比 ERA 更為可取。

第六節　中國遠期市場的發展

一、中國遠期市場的發展現狀

改革開放以來，我國的遠期市場經歷了從無到有、逐步成長的過程。中國的遠期市場的發展成就主要集中在外匯遠期交易。中國人民幣遠期外匯市場始於 1997 年 4 月 1 日，爲了促進遠期外匯市場的發展，銀行間人民幣遠期外匯市場於 2005 年 8 月 15 日正式上線運行。截至當年 10 月 31 日，市場成員從最初的 3 家擴大到 54 家，包括國有控股商業銀行、股份制銀行、政策性銀行和外資銀行分行等主要的銀行類金融機構。2005 年 7 月 21 日，中國開始實行以市場供求爲基礎，參考一籃子貨幣進行調節、管理的浮動匯率制度，人民幣匯率機制更富彈性。此後，人民銀行擴大了遠期外匯市場參與主體、開辦銀行間遠期外匯市場，並於 2006 年 1 月 4 日起，在銀行間外匯市場引入做市商制度，增強市場流動性。截至 2015 年 6 月末，人民幣外匯遠期市場成員已經擴大到 105 家，遠掉期市場做市商共 27 家。

二、人民幣遠期結售匯

遠期結售匯業務是確定匯價在前而實際外匯收支發生在後的結售匯業務（即期結售匯中兩者是同時發生的）。客戶與銀行協商簽訂遠期結售匯合同，約定將來辦理結匯或售匯的人民幣兌外匯幣種、金額、匯率以及交割期限。在交割日當天，客戶可按照遠期結售匯合同所確定的幣種、金額、匯率向銀行辦理結匯或售匯。由於遠期結售匯業務可以事先約定將來某一日向銀行辦理結匯或售匯業務的匯率，因此對於在未來一段時間有收匯或付匯業務的客戶來說，可以起到防範匯率風險，進行外匯保值的作用。

人民幣遠期結售匯業務是中國銀行於 1997 年 4 月起在國內首家推出的外匯業務新品種。該業務自 1997 年 4 月開始辦理以來，在國際外匯市場數次劇烈波動的情況下，均起到了一定的規避風險的作用。中國銀行根據廣大客戶不斷增長的外匯保值需求，爲了更好地服務客戶，自 2003 年 4 月 1 日起，恢復辦理以實需原則爲基礎的資本項下遠期結售匯業務。同日，建設銀行和農業銀行也開通了遠期結售匯業務。遠期結售匯業務幣種包括美元、港幣、歐元、日元、英鎊、瑞士法郎、澳大利亞元、加拿大元，期限有 7 天、20 天、1 個月、2 個月、3 個月至 12 個月，共 14 個期限檔次。交易可以是固定期限交易，也可以是擇期交易。但在業務開展的初期，這三家銀行的交易量也很少。直到 2004 年 3 月《金融機構衍生產品交易業務管理暫行辦法》開始施行，國內才對遠期結售匯業務逐漸放開。交通銀行於 2004 年 12 月開通了遠期結售匯業務，隨後招商銀行和中信銀行於 2005 年也獲準開辦遠期結售匯業務。交易主體主要是中國境內的企事業單位等機構。2005 年 7 月 21 日，中國人民銀行宣布人民幣兌美元匯率升值 2.1％，達到 8.11 元/美元，並放棄單一盯住美元的匯率政策，開始實施以市場供需爲基礎、參考一籃子貨幣並進行調節、有管理的浮動匯率制度。爲配合人民幣匯率形成機制改革，2005年8月，中國人民銀行和國家外匯管理局發布了《關於擴大外匯指定銀行對客户遠期結售匯業務和開辦人民幣與外幣掉期業務有關問題的通知》，全面擴大遠期結售匯業務。主要改革的措施包括：第一，取消了原先在試點階段規定的非市場化準入標準，並按照審慎監管原則全面擴大經營遠期結售匯業務的銀行主體範圍，簡化市場準入的行政審批，實行備案制管理。第二，增强遠期結售匯業務管理的靈活性，包括擴大交易範圍、放開交易期限的限制以及允許銀行自主定價。在推動遠期結售匯市場全面發展的同時，中國人民銀行和國家外匯管理局發布了《中國人民銀行關於加快發展外匯市場有關問題的通知》，由此開始開辦銀行間遠期外匯交易，也使得國內人民幣對外幣遠期交易由零售市場擴大至批發市場。2005年11月24日，外匯交易中心在我國銀行間遠期外匯市場引入了做市商制度，做市商能通過自身的連續報價和交易爲市場提供流動性，從而能平滑市場價格波動和提高交易效率。同時，做市商在分散風險的過程中，也集中了市場供需信息，成爲重要的定價中心。與此同時，爲適應遠期外匯市場發展的實現需要，促進銀行完善匯率風險的防範機制，2006年1月起，銀行間外匯市場人民幣對外匯交易做市商的試點實行權責發生制頭寸管理，同年7月擴大至全部銀行。2006年4月，銀行間外匯市場又推出了人民幣與外幣之間的掉期交易，進一步爲遠期外匯市場的制度建設和風險防範方面打下了良好的基礎。隨後，2006年10月國家外匯管理局發布《國家外匯管理局關於外匯指定銀行對客户遠期結售匯業務和人民幣與外幣掉期業務有關外匯管理問題的通知》，進一步深化遠期結售匯市場發展。主要改革措施包括：第一，全面放開交易範圍限制，只要符合即期結售匯管理規定的外匯收支均可辦理遠期和掉期保值，充分滿足國內經濟單位外匯收支類型日益多樣化的保值需求。第二，簡化管理手續，提高業務效率。第三，明確銀行對因客户掉期業務違約形成的交易敞口處理，便利銀行風險管理。第四，允許居民個人辦理部分遠期和掉期業務，爲居民個人的人民幣購匯境外理財或投資項下外匯收支提供避險保值渠道。隨後，國家外匯管理局於2007年1月5日發布了《個人外匯管理辦法實施細則》。此次個人外匯制度的調整，放寬了年度購匯總額的管理，實現了現鈔帳户與現匯帳户合一，並允許個人對外貿易者開立外匯結算帳户，同時廢止了原來關於個人外匯的十餘條管理規定。上述這些舉措都是在減少外匯管制項目，推進了遠期結售匯業務的進一步發展。根據國家外匯管理局統計數據，截至2015年8月，年遠期結售匯簽約額中結匯7,256億元，售匯16,722億元，差額爲－9 467億元；本期末遠期結售匯累計未到期額中，結匯6,349億元，售匯12 597億元，差額爲-6,249億元。

三、人民幣外匯遠期交易

2005年8月10日，中國銀行間外匯市場推出人民幣外匯遠期交易，採用詢價交易模式並引入做市商制度，其靈活、個性化的交易特點雖然適應了當時的市場需求，但隨著人民幣匯率雙向波動成爲新常態，市場對提升外匯遠期交易效率的要求日益增強。

與全球市場的差距表明，我國的交易機制還難以滿足市場需求。截至2016年4月底，銀行間人民幣外匯遠期交易占市場總成交量的比例不足1%，而根據國際清算銀行的統計，全球外匯遠期交易量占總成交量的比例在2013年就已超過12%。從市場發展看來，外匯交易系統急需進一步改進，包括將市場意向性報價改爲可成交價格、簡化交易流程、增加報價帶量功能等。

爲活躍銀行間外匯市場遠期交易，提高市場交易效率，中國外匯交易中心於2016年5月3日在外匯交易系統中推出標準化人民幣外匯遠期交易C‐Forward。銀行間外匯市場人民幣外匯遠期會員均可參與C‐Forward交易。根據規定，C‐Forward交易時間爲每個交易日的9:30至23:30。從上線首日的情況看，C‐Forward運行良好。根據外匯交易中心的統計，當天共有25家機構對3個固定期限品種和6個固定交割日品種進行報價，共有21家機構在3個固定期限品種和4個固定交割日品種上達成交易。同時，人民幣外匯遠期市場成交量也呈現大幅增長，全天C‐Forward共達成62筆交易，其中中國民生銀行和匯豐銀行（中國）於當日9:30達成首筆交易。

與此前的制度有較大不同，"標準化交易"是C‐Forward最突出的特點。據瞭解，C‐Forward主要通過外匯交易系統的以雙邊授信爲基礎、自動匹配結合點擊成交的C‐Trade模塊實現，交易貨幣爲美元對人民幣，交易品種共計9個，包括一天（1D）、一周（1W）和一個月（1M）的固定期限外匯遠期品種以及3個最近的連續日歷月和隨後3個最近的連續季度月的固定交割日（到期月份的第三個星期三交割）外匯遠期品種。

四、人民幣外匯掉期交易

人民幣外匯掉期業務是指銀行與客戶協商簽訂掉期協議，分別約定即期外匯買賣匯率和起息日、遠期外匯買賣匯率和起息日。客戶按約定的即期匯率和起息日進行人民幣和外匯的轉換，並按約定的遠期匯率和起息日進行反方向轉換的業務。這也就是我們本章介紹的遠期外匯綜合協議。

2005年8月9日，中國人民銀行發布《關於擴大外匯指定銀行對客户遠期結售匯業務和開辦人民幣與外幣掉期業務有關問題的通知》，決定凡獲準辦理遠期結售匯業務6個月以上的銀行，向國家外匯管理局備案後即可在商業銀行對客户的櫃臺市場上辦理不涉及利率互換的人民幣與外幣間的掉期業務。"不涉及利率互換"指的是在互換合同中不含有利息支付的約定。因此，這種互換交易即相當於一筆人民幣外匯掉期業務。根據《關於擴大外匯指定銀行對客户遠期結售匯業務和開辦人民幣與外幣掉期業務有關問題的通知》的規定，掉期業務的定價方式、交易期限結構等管理規定與遠期結售匯業務一致。在交易範圍方面，除遠期結售匯業務規定的各項交易外，還根據掉期業務的特殊性，適當增加了部分交易範圍。因此，總體來說，企業做的掉期必須是一種貿易項下的業務，和實體經濟聯繫在一起，進行外匯保值。而銀行一般會通過兩種渠道對衝風險。一種是和另一企業做相反的掉期，另一種是在銀行間市場通過遠期交易等手段對衝。

2005年11月25日，中國人民銀行向包括工、農、中、建四大國有控股商業銀行還有交通銀行、中信銀行、浦東銀行、招商銀行、國家開發銀行和中國進出口銀行在內的國內10家主要商業銀行及政策性銀行進行貨幣掉期交易，即中國人民銀行用美元從各家銀行手中換入人民幣，約定到期以後，中國人民銀行再用人民幣從各家銀行手中回購等額美元，總規模為60億美元，約定到期後的人民幣兌美元價格為7.85元。該項操作被認為是中國人民銀行首次運用衍生工具進行公開市場操作。在這筆操作中，中國人民銀行只允許參與掉期交易的商業銀行將所獲美元投資於美元計價資產，而不能將美元兌換成人民幣。

中國人民銀行外匯掉期操作的推出開闢了指導匯率及利率走勢的新途徑。不過，中國人民銀行與商業銀行之間的貨幣掉期屬於貨幣政策操作，它與銀行之間以及銀行與客戶之間貨幣掉期的功能有本質區別。

2006年4月，根據《國家外匯管理局關於中國外匯交易中心發布人民幣外匯掉期交易規則的批復》的要求，中國外匯交易中心公布《全國銀行間外匯市場人民幣外匯掉期交易規則》。由此，中國銀行間外匯市場於2006年4月24日正式引入了人民幣掉期交易。交易的幣種包括美元、歐元、日元和港幣四種貨幣，主要集中O/N、T/N、S/N、1W、1M、3M、6M、1Y等標準期限。上述期限的交易量占外匯年掉期日均交易量的比例超過90%。在實際運行中，交易期限則由雙方確定。開市後的首筆交易由中國銀行和中國進出口銀行達成。這是自2005年8月推出遠期交易、2006年1月推出詢價交易和引入做市商制度後，中國又一次意義重大的外匯市場改革。

中國銀行間外匯市場的掉期交易報價採用國際通行做法，以掉期點來報價。由於掉期交易是一筆交易、兩次交割，離交易日近的交割稱為近端交易，離交易日遠的交割則稱為遠端交易，所以相應的掉期點也有近端和遠端之分。具體操作規則是：美元、日元和歐元以絕對價格的萬分之一為1個基點，即小數點後第四位。港幣以絕對價格的十萬分之一為1個基點，即小數點後第五位。系統允許美元、日元和歐元的掉期點保留兩位小數，港幣保留一位小數。帶正號的掉期點指的是升水；帶負號的掉期點指的是貼水。近端（或遠端）的絕對成交價格為雙方商定的即期匯率加上近端（或遠端）所報出的掉期點。

2014年，中國人民銀行發布了《銀行辦理結售匯業務管理辦法》，國家外匯管理局根據該文件制定了《銀行辦理結售匯業務管理辦法實施細則》。該細則自2015年1月1日起實施，規定對於衍生產品業務，可以一次性申請開辦全部衍生產品業務，或者分次申請遠期和期權業務資格。取得遠期業務資格後，銀行可自行開辦外匯掉期和貨幣掉期業務。

近年來，中國境內人民幣外匯衍生品一直保持較快的發展速度。2014年，境內銀行間外匯衍生品交易量首次超過外匯即期，其中外匯掉期成交額達4.5萬億美元，占外匯衍生品總量近96%。

2015年2月16日，中國外匯交易中心在銀行間外匯市場推出標準化人民幣外匯掉期交易，在報價品種方面，初期提供人民幣對美元外匯掉期最常用8個期限品種的市場最優行情和可成交報價。此次外匯交易中心推出的標準化人民幣外匯掉期交易通過外匯交易系統新增的以雙邊授信為基礎、自動匹配報價的C-Swap功能模塊實現。該功能模塊上線後與現有雙邊詢價交易模式並存。C-Swap功能模塊有三個特點：一是報價所見即所得，點擊即可成交。一旦買賣雙方訂單匹配，交易即可自動成交。二是具備報價帶量功能。在交易過程中交易員只需關註價格和量，其他要素全部由系統自動填補。三是 C-Swap 功能模塊實行匿名交易，任何人民幣外匯掉期會員均可主動報價。在參與機構方面，所有人民幣外匯掉期市場會員默認可以使用 C-Swap 功能模塊，新增掉期市場會員將自動開通 C-Swap 功能模塊的權限。

五、人民幣 NDF（無本金交割遠期外匯）

NDF 是指無本金交割遠期外匯，它是遠期外匯交易模式的一種，屬於無本金交割類產品（NDPs）的衍生金融工具，是一種典型的遠期外匯交易（OTC）產品，本質上是離岸產品。由銀行充當中介機構，供求雙方基於對匯率看法的不同，簽訂非交割遠期交易合約，該合約預先約定遠期匯率，合約到期時雙方只需根據交易總額交割清算預定匯率與實際匯率的差額，結算的貨幣是自由兌換貨幣，無須對 NDF 的本金進行交割。NDF 的期限一般在數月至數年之間，主要交易品種是一年期和一年以下的品種，超過一年的合約一般交易不夠活躍。

NDF 主要用於實行外匯管制國家的貨幣，目前亞洲地區的人民幣、韓元、新臺幣等貨幣的非交割遠期交易比較活躍。其興起的直接原因是各國限制非居民參與本國遠期市場。人民幣 NDF 之所以出現，一方面是由於中國一直實施外匯管制，人民幣在資本項目下不可自由兌換，境外投資者很難得到人民幣，中國缺少真正意義上的外匯遠期市場。另一方面，隨著中國經濟的發展，中國可能成為世界上最大的資本輸入國之一，那些在中國有大量人民幣收入的跨國公司，有規避可能面臨的人民幣匯率風險的需求。

人民幣 NDF 市場始於 1996 年 6 月，在新加坡開始交易，至今已有 20 多年的歷史。目前，新加坡、東京和香港均存在較為活躍的人民幣 NDF 市場，新加坡和香港人民幣 NDF 市場是亞洲最主要的離岸人民幣遠期交易市場，該市場的行情反應了國際社會對於人民幣匯率變化的預期。人民幣 NDF 作為亞洲六種主要 NDF 之一，主要參與者為歐美大銀行及投資機構，它們代理的客戶主要是跨國公司，也包括一些總部設在香港的中國內地企業。隨著 NDF 市場的發展，投資者的基礎也逐漸擴大，活躍在市場上的企業也包括投機性的企業，比如對衝基金。目前人民幣 NDF 已有 1 個月、2 個月、3 個月、6 個月和 1 年期的交易產品。人民幣 NDF 報價沿用標準的遠期外匯市場雙向價的慣例，以即期市場的升水或貼水表示。然而，與傳統遠期和掉期交易不同的是，NDF 報價並不基於抵補的利率平價理論，其價格與國內商業銀行由 CIP 理論計算而得的人民幣遠期價有顯著的區別。它是在理性預期的前提下，交易者對於風險貼補、利率等因素進行綜合考慮之後，經過市場參與者之間一系列的價格博弈後形成的報價，因此真實地反應了買賣雙方的市場預期。

人民幣 NDF 市場建立之初，交易並不活躍，市場規模的擴展和市場機制的完善也較為緩慢。然而，亞洲金融危機的出現給人民幣 NDF 市場的發展提供了有利契機。1998 年 1 月，人民幣無本金交割遠期升水達到峰值 17 509 點，而當時的美元兌人民幣即期匯率為 8.279 1，也就是說該市場預期人民幣一年後貶值 17.46%。由於危機期間人民幣面臨巨大的貶值壓力，人民幣 NDF 市場進入了發展期。隨後幾年利用人民幣 NDF 市場規避匯率波動風險的需求也逐漸上升。2006 年，國家外匯管理局出臺政策，禁止國內商業銀行和其他金融機構參與境外 NDF 市場交易，此後的一段時期內人民幣 NDF 市場的交易規模出現了顯著下降，但於 2007 年又恢復了上升趨勢。在 2008—2009 年的高峰時期，每日成交量高達 100 億美元左右。人民幣 NDF 市場的交易也更加活躍。

自 2008 年金融危機以來，我國一直積極尋求人民幣的國際化，最終目標是實現貨幣的完全可兌換，以此來促使人民幣成爲國際貿易貨幣的選擇之一。2010 年 6 月，新一輪的"匯改"重啓以後，人民幣升值的呼聲更加高漲。2010 年 7 月 19 日，中國人民銀行（PBOC）與香港金融管理局（HKMA）聯合宣布可在香港交割人民幣，香港銀行爲金融機構開設人民幣帳戶和提供各類服務不再面臨限制，個人和企業之間可通過銀行自由進行人民幣資金的支付和轉帳，這創造出一個新的離岸人民幣市場，被稱爲 CNH 市場。自 CNH 市場引入以來，該市場一直快速增長，吸引了廣泛的關注與大量的交投活動。與此同時，人民幣離岸 NDF 市場進入重大轉折期。CNH 市場的建立，加上離岸和在岸市場之間也有一定渠道互通，改變了整個離岸市場對人民幣匯率風險對衝工具的選擇，原來大家都只能被迫使用 NDF，2010 年之後隨著 CNH 市場的建立和發展，境外很多銀行可以提供遠期、掉期和跨貨幣掉期等多種風險對衝的產品，這些離岸人民幣產品又都是可交割的，在這種局面下，人民幣離岸 NDF 市場也就不斷萎縮，成爲邊緣化市場。2015 年，人民幣離岸 NDF 市場的每日成交量已經降至 8 億美元左右。

六、債券遠期交易

債券遠期交易指交易雙方約定在未來的某一日期，以約定價格和數量買賣標的債券的行爲。遠期交易標的債券券種應爲已在全國銀行間債券市場進行現券交易的中央政府債券、中央銀行債券、金融債券等。市場參與者進行遠期交易，應簽訂由中國人民銀行組織銀行間債券市場參與者擬訂的《全國銀行間債券市場債券遠期交易主協議》，以便加強銀行間債券市場行業自律行爲，明確債券遠期交易雙方的權利和義務。

2005 年 6 月，中國人民銀行推出的銀行間債券遠期交易，成爲我國銀行間債券市場第一個真正意義上的衍生金融工具。在適應市場現實需求的基礎上，進行了制度的創新，推出了賣空機制，完善了中國的債券市場結構。中國債券遠期交易市場結構方式如下：

（1）由中央銀行制定整個市場的規則，對遠期交易的概念、交易者的參與資格、市場組織者的職責等進行明確。

（2）作爲前臺的銀行間同業拆借中心制定遠期交易的交易規則，作爲後臺的國債登記結算中心制定遠期交易的結算規則。

（3）在中央銀行的監督下，前臺的銀行間同業拆借中心、後臺的國債登記結算中心以及市場最重要的角色——交易者共同簽署一份"遠期交易主協議"。

（4）由中央銀行制定遠期交易市場的風險披露與防範機制並進行監督管理。

在監管機構的大力推動與市場主體的積極參與下，人民幣債券遠期市場曾在一段時間內快速發展。中國人民銀行貨幣政策報告的數據顯示，自2005年推出債券遠期交易業務以來，交易筆數與交易量均一路走高並在2009年達到最高值。2009年，債券遠期業務交易筆數爲1,599筆，交易量達到6,556.4億元。2009年以前成交量年均增長率超過50%，多家銀行機構及證券公司參與交易。2010年成爲債券遠期交易由上升轉爲下滑的拐點。2013年全年，該項業務僅成交一筆。2014年，市場未發生一筆債券遠期交易業務。2015年4月7日，中國外匯交易中心在銀行間推出標準債券遠期，交易量得到一定的恢復。

七、人民幣遠期利率協議

2007年10月8日，中國人民銀行發布公告，決定在銀行間債券市場推出遠期利率協議業務。《中國人民銀行遠期利率協議業務管理規定》也於2007年11月1日起正式生效。根據管理規定，金融機構在開展遠期利率協議交易前，應將其遠期利率協議的內部操作規程和風險管理制度送交易商協會和交易中心備案。這是繼2005年6月的債券遠期交易和2006年2月的人民幣利率互換交易試點之後，中央銀行爲推動我國銀行間債券市場發展，完善市場避險功能，促進利率市場化進程的又一重要舉措。

中信銀行自2007年11月1日起通過路透社對以3個月Shibor[①]爲參考利率的遠期利率協議向全市場進行報價。之後，中信銀行與一家機構達成了一筆人民幣遠期利率協議，這是自《中國人民銀行遠期利率協議業務管理規定》生效後國內發生的首筆遠期利率協議。該交易本金爲2億元人民幣，參考利率是3個月Shibor，標的爲3個月後的3個月利率。2007年成交14筆，名義金額爲10.5億元，2008年交易筆數和交易金額急劇增長，成交137筆，名義本金額達113.6億元，隨後交易筆數與市場交易量持續下降，2013年只有一筆交易，2014年徹底被市場遺棄。

2014年11月3日，中國外匯交易中心推出標準利率衍生產品，標準利率衍生產品對利率互換、遠期利率協議等利率衍生產品的到期日、期限等產品要素進行了標準化設置，首批推出1個月標準隔夜指數互換、3個月標準Shibor1W利率互換、3個月標準七天回購利率互換和3個月標準Shibor3M遠期利率協議。

八、人民幣計價貴金屬遠期交易業務

2009年，中國民生銀行正式推出以人民幣計價的貴金屬遠期交易。該業務以人民幣本幣計價，也可以美元等外幣計價，使中國民生銀行成爲國內首家使用人民幣本幣爲貴金屬遠期交易報價的銀行機構。交易品種包括克黃金、克白銀、盎司黃金、盎司白銀等。貴金屬遠期業務的交易方式爲約定期限的遠期交易，即交割日爲協議約定的未來某一確定日的貴金屬買賣交易。客戶與中國民生銀行進行貴金屬遠期交易需按規定繳納一定比例保證金，或取得中國民生銀行相應授信額度，原則上客戶保證金比例

[①] 上海銀行間同業拆放利率（Shanghai Interbank Offered Rate，簡稱Shibor），是由信用等級較高的銀行組成報價團自主報出的人民幣同業拆出利率計算確定的算術平均利率，是單利、無擔保、批發性利率。目前，對社會公布的Shibor品種包括隔夜、1周、2周、1個月、3個月、6個月、9個月及1年。

不低於10%。貴金屬遠期業務在幫助客户進行貴金屬融資的同時，也爲客户提供鎖定貴金屬價格的機制，爲客户提供了應對貴金屬價格波動的有效避險工具。

本章小結

1. 遠期合約是指一個在確定的將來時刻按確定的價格購買或出售某項資産的協議。遠期價格是指使得遠期合約價值爲零的交割價格。

2. 商品遠期合約是一種在現在約定未來特定日交易特定標的物的合約，合約買方同意在未來約定日按約定價格支付一定金額，以購買賣方的特定商品。一般參與商品遠期交易的雙方主要是爲了鎖定未來的交易價格，銷售者通過遠期交易避免未來價格下跌風險，而商品購買者通過遠期交易避免價格上漲的風險。

3. 遠期外匯合約是指外匯買賣雙方在成交時先就交易的貨幣種類、數額、匯率及交割的期限等達成協議，並用合約的形式確定下來，在規定的交割日雙方再履行合約，辦理實際的收付結算。

4. 遠期利率協議是指交易雙方約定在未來某一日期，交換協議期間内一定名義本金基礎上分別以合同利率和參考利率計算的利息的金融合約。簽訂該協議的雙方同意，交易將來某個預先確定時間的短期利息支付。

5. 遠期外匯綜合協議是指雙方約定買方在結算日按照合同中規定的結算日直接遠期匯率用次級貨幣向賣方買入一定名義金額的初級貨幣，然後在到期日再按合同中規定的到期日直接遠期匯率把一定名義金額的初級貨幣出售給賣方的協議。

6. 已知銀行對6個月貸款利率標價爲9.500%，12月貸款利率標價爲9.875%，請計算6×12貸款的利率。

7. 某年4月2日，美國A公司跟德國B公司簽訂一份貿易合同，進口一套設備，金額爲180萬歐元，貸款結算日期爲7月4日。4月2日即期匯率爲EUR/USD = 1.080 0/10，3個月的遠期匯水爲30/40，A公司預測歐元3個月内會升值，於是在4月2日與銀行簽訂了遠期外匯交易合約。假設7月4日歐元對美元的即期匯率爲EUR/USD = 1.092 0/30。請比較A公司做與不做遠期外匯交易，那種方式對其更有利？

思考與練習題

1. 簡述遠期合約的含義和特徵。
2. 簡述遠期合約交易的功能。
3. 簡述遠期利率是如何決定的？
4. 遠期利率協議某交易日是2003年4月12日星期一，雙方同意成交一份1×4金額爲100萬美元，利率爲6%的遠期利率協議，確定日市場利率8%。請指出該合約的結算日、確定日和到期日。
5. 簡述遠期交易綜合協議和遠期利率協議的區別和聯繫。

第三章　期貨市場

內容提要：本章將對期貨的概念、類型、交易、功能，期貨市場以及我國期貨市場的發展狀況作系統全面的介紹，爲進一步學習期貨知識奠定基礎。

期貨交易是在現貨交易的基礎上發展起來的，期貨市場功能的有效發揮對經濟的良好運行起着十分重要的作用，期貨產品尤其是金融期貨成爲金融市場上不可或缺的重要角色。

第一節　期貨交易的相關概念

一、期貨交易的定義

期貨市場是在市場經濟發展過程中產生的，爲期貨交易者提供標準化期貨合約交易的場所和領域。

期貨交易是在期貨交易所內以公開競價的方式進行的標準化期貨合約的買賣。期貨交易的參加者主要是轉移價格波動風險的生產經營者和願意承擔價格風險以獲取風險利潤的投機者。由於交易的目的不是爲了獲得實物，而是爲了規避價格風險或者是進行投機獲利，因此交易的了結方式很少進行實物交割，在絕大多數情況下以對衝平倉的方式了結交易。

期貨合約是由交易所制定的，由交易雙方達成的，在將來某一個時間和地點交割一定數量和質量等級的商品或金融工具的標準化合約，它是期貨買賣的對象或標的物。

二、期貨交易的基本特徵

期貨市場的基本特徵主要有以下幾個方面：

(一) 期貨市場具有專門的交易場所

第一，期貨交易所爲期貨交易者提供專門的交易場所，使得交易者容易尋找到交易對手。

第二，期貨交易所爲交易者提供期貨交易所必需的各種設備和服務，保證交易有效率地進行。

第三，期貨交易所爲期貨交易制定了嚴密的規章制度，使得期貨市場成爲一個組織化、規範化程度很高的市場。

第四，交易所爲在期貨交易所內達成的交易提供合約履行方面的擔保，使得交易者不必擔心交易的安全性而專心於期貨合約的買賣，從而促進了期貨交易所買賣的活躍，提高了市場的流動性。

第五，交易所成爲市場信息發布的主要和重要平臺。

(二) 期貨市場的交易對象是標準化的期貨合約

期貨交易的買賣標的是標準化的期貨合約，現代期貨市場的產生正是以標準化期貨合約的出現爲標誌的，這也是期貨交易區別於遠期交易的又一個重要方面。正是鑒於遠期合約交易的非標準化特徵，在期貨交易產生之初，期貨交易所即爲期貨交易制定了標準化的期貨合約，這在期貨市場發展史上是一個重要的里程碑。期貨合約的交易對象、數量規模、質量等級、交割時間等條款都是標準化的，合約中唯一的變量是價格。標準化期貨合約的出現，既簡化了交易手續，降低了交易成本，又防止了因交易雙方對合約條款的不同理解可能出現的爭議和糾紛。同時，由於期貨合約是標準化的，這就爲合約持有者轉讓退出創造了便利條件。

(三) 作爲期貨交易的商品具有其特殊性

由於期貨市場自身的特點，決定了並非所有的商品都適合於進行期貨交易，大多數適合進行現貨即期和遠期合約交易的商品，並不一定適合進入期貨市場進行交易。一般而言，期貨商品上市交易的條件主要包括以下幾個方面：

第一，商品可以被保存相當長的時間而不易變質損壞，以保持現貨市場和期貨市場之間的流動性。

第二，商品的品質等級可以進行明確的細分和評價，並能爲公衆認可，以保證期貨合約的標準化。

第三，商品的生產量、交易量和消費量足夠大，以保證單個或者少數參與者無法操縱市場。

第四，商品的價格波動較爲頻繁，並且商品未來市場供求關係和動向不易估計，從而存在套期保值和投機的需求。

滿足以上條件的商品是有限的，但是對於金融工具或指數來說，這些特性大都是其與生俱來的。因此，金融產品最便於開發期貨產品。

(四) 期貨交易是通過買賣雙方公開競價的方式進行的

在期貨交易中，期貨合約的買賣是由代表買方和賣方的經紀人在交易所內通過公開喊價或計算機自動撮合的方式達成的。期貨市場是一個公開、公平、公正和競爭的場所，由於期貨交易和期貨市場的這種特徵，就使得期貨市場上的期貨價格能夠較準確地反應出現貨市場上真實的供求狀況以及變動趨勢。

(五) 期貨市場實行保證金制度

在期貨市場進行交易需要繳納一定數額的履約保證金（一般爲成交金額的5%~10%），並且在交易過程中，需要維持一個最低的保證金水平。隨著期貨合約交割期的臨近，要求的保證金水平會不斷提高，這種做法的目的是爲了給期貨合約的履行提供一種財務上的擔保，防範信用風險。如果交易者未能將其所持有的期貨合約在合約到期前對沖平倉，那麼他就必須在合約到期後根據合約的規定進行實物交割。保證金制度對於期貨合約來說至關重要。它增加了期貨交易的安全性，使得期貨交易所和結算所能夠爲在交易所內達成並經由清算所結算的期貨交易提供履約擔保。

（六）期貨市場是一種高風險、高回報的市場

期貨交易是一種保證金交易，投入5%~10%的資金量就可以從事100%的交易。正是由於這種槓桿原理，決定了期貨交易是一種高風險、高回報的交易。投入一定數量的資金，交易者可能獲得數倍甚至數十倍於這筆資金的收益，同時也面臨着巨大的投資風險。然而，也正是由於期貨市場的這種高風險、高回報的特點，吸引了衆多的投機者加入到期貨市場中來。

（七）期貨交易是一種不以實物交割爲目的的交易

交易者進行期貨交易的目的一般有兩種，即套期保值或進行投機。期貨交易的這兩種特定目的決定了期貨交易是一種不以實物交割爲目的的交易。在現實的期貨交易中，最後進行實物交割的比例很小，一般只有1%~3%，絕大多數期貨交易者都以對沖平倉的方式了結。

第二節　期貨交易規則

期貨市場是一種高度組織化的市場，爲了保障期貨交易有一個公開、公平、公正的環境，保證期貨市場平穩運行，對期貨市場的高風險實施有效的控制，期貨交易所制定了一系列的交易制度（即所謂的"遊戲規則"），所有交易者必須在承認並保證遵守這些"遊戲規則"的前提下才能參與期貨交易。與現貨市場、遠期市場相比，期貨交易制度是較爲嚴格和複雜的，只有如此才能保證期貨市場合理運行，有效發揮期貨市場的經濟功能。

一、保證金制度

保證金制度是期貨交易的特點之一，是指在期貨交易中，任何交易者必須按照其買賣期貨合約中標的價值的一定比例（通常爲5%~10%）繳納資金，用於結算和保證履約。

保證金分爲結算準備金和交易保證金。結算準備金是指會員爲了交易結算，在交易所專用結算帳戶中預先準備的資金，是未被合約占用的保證金。交易保證金是指會員在交易所專用結算帳戶中確保合約履行的資金，是已被合約占用的保證金。當買賣雙方成交後，交易所按持倉合約價值的一定比率向雙方收取交易保證金。交易所可根據期貨市場的具體情況調整交易保證金水平。

對於一般客戶來講，他們常常不是交易所的會員，必須通過期貨公司才能進行交易，因此交易所並不直接向客戶收取保證金。保證金的收取是分級進行的，即期貨交

易所向會員收取保證金和作爲會員的期貨公司向客户收取保證金，分別爲會員保證金和客户保證金。

期貨交易所會員、客户可以使用標準倉單、國債等價值穩定、流動性强的有價證券衝抵保證金進行期貨交易。有價證券的種類、價值的計算方法和衝抵保證金的比例，由期貨監督管理機構規定。

交易所可以調整交易保證金。交易所調整保證金的目的在於控制風險。在出現以下幾種情況時，交易所可以調整交易保證金比率，以提高會員或客户的履約能力。

第一，對期貨合約上市運行的不同階段規定不同的交易保證金比率。一般來説，距交割月份越近，交易者面臨到期交割的可能性就越大。爲了防止交割中可能出現的違約風險，促使不願進行實物交割的交易者盡快平倉了結，交易保證金比率應隨著交割臨近而提高。

第二，隨著合約持倉量的增大，交易所將逐步提高該合約交易保證金的比率。一般來説，隨著合約持倉量的增加，尤其是持倉合約所代表的期貨商品的數量遠遠超過相關商品現貨數量時，往往表明期貨市場投機交易過度，藴含著較大的風險。因此，隨著合約持倉量的增大，交易所將逐步提高該合約的交易保證金比率來控制市場風險。

第三，當某期貨合約出現漲跌停板的情況時，交易保證金比率相應提高，具體規定一般在漲跌停板制度中加以説明。

第四，當某品種某月份合約按結算價計算的價格變化，連續若干個交易日的累積漲跌幅達到一定程度時，交易所有權根據市場情況，對部分或全部會員的單邊或雙邊、同比率或不同比率提高交易保證金，限制部分會員或全部會員的交易，或者採取暫停部分會員或全部會員開新倉、調整漲跌停板幅度、限期平倉、强制平倉等措施中的一種或多種，以控制風險。

第五，當某期貨合約交易出現異常情況時，交易所可按規定的程序調整交易保證金比率。

二、當日無負債結算制度

期貨交易結算由期貨交易所統一組織進行。期貨交易所實行當日無負債結算制度，又稱逐日盯市制。它是指每日交易結束後，交易所按當日結算價結清所有合約的盈虧、交易保證金、手續費以及税金等費用，對應收應付的款項即時劃轉，相應增加或減少會員的結算準備金。

期貨交易所會員的保證金不足時，應當及時追加保證金或者自行平倉。會員未在期貨交易所規定的時間內追加保證金或者自行平倉的，期貨交易所會將該會員的合約强行平倉，强行平倉的有關費用和發生的損失由會員承擔。

同樣地，客户保證金不足時，要及時追加保證金或者自行平倉。客户未在期貨公司要求的時間內及時追加保證金或者自行平倉的，期貨公司會將該客户的合約强行平倉，强行平倉的有關費用和發生的損失由客户承擔。

三、漲跌停板制度

所謂漲跌停板制度，又稱每日價格最大波動限制，是指期貨合約在一個交易日中的交易價格不得高於或者低於規定的漲跌幅度，超過該漲跌幅度的報價將被視爲無效，不能成交。漲跌停板一般是以合約上一日的結算價爲基準確定的（一般有百分比和固定數量兩種形式）。也就是說，合約上一交易日的結算價格加上允許的最大漲幅構成當日價格上漲的上限，稱爲漲停板；而該合約上一交易日的結算價減去允許的最大跌幅則構成當日價格下跌的下限，稱爲跌停板。

制定漲跌停板制度，是因爲每日結算制度只能將風險控制在一個交易日之內，如果在一個交易日之內期貨價格發生劇烈波動，仍然可能造成會員和客戶的保證金帳戶大面積虧損甚至透支，期貨交易所將難以擔保合約的履行並控制風險。漲跌停板制度的實施，能夠有效地減緩、抑制一些突發性事件和過度投機行爲對期貨價格的衝擊而造成的狂漲暴跌，減緩每一交易日的價格波動。交易所、會員和客戶的損失也被控制在相對較小的範圍內。而且，由於這一制度能夠鎖定會員和客戶每一交易日所持有合約的最大盈虧，這就爲保證金制度的實施創造了有利條件。這是因爲向會員和客戶收取的保證金數額只要大於在漲跌幅度內可能發生的虧損金額，就能保證當日期貨價格波動達到漲停板或跌停板時不會出現透支情況。

四、持倉限額制度

持倉限額制度是指交易所規定會員或客戶可以持有的，按單邊計算的某一合約投機頭寸的最大數額。實行持倉限制制度的目的在於防範操縱市場價格的行爲和防止期貨市場風險過度集中於少數投資者。

經紀會員名下全部投資者的持倉之和超過該會員的持倉限額的，經紀會員原則上應按合計數與持倉數之差除以合計數所得比例爲參照，由該會員監督其有關投資者在規定時間內完成減倉；應減倉而未減倉的，由交易所按有關規定執行強行平倉。

五、大戶報告制度

大戶報告制度是與持倉限額有關的又一個防範大戶操縱市場價格、控制市場風險的制度。實施大戶報告制度，可以使交易所對持倉量較大的會員或投資者進行重點監控，瞭解其持倉動向、意圖，對於有效防範市場風險有積極作用。

六、交割制度

交割是指合約到期時，按照期貨交易所的規則和程序，交易雙方對該合約所載標的物進行所有權的轉移，或者按照規定結算價格進行現金差價結算，了結到期未平倉合約的過程。以標的物所有權轉移進行的交割爲實物交割，按結算價格進行現金差價結算的交割爲現金交割。一般來說，商品期貨以實物交割方式爲主，金融期貨則以現金交割方式爲主。

交割是聯繫期貨與現貨的紐帶。如果沒有交割，商品期貨合約就成了毫無基礎的空中樓閣。儘管期貨市場的交割率僅占總成交量的很小比例，但對整體期貨市場的正常運行卻起着十分重要的作用。如果交割制度得以貫徹執行，不斷完善，期貨交易的正常運行將有可靠保證，市場風險也能得到很好控制。

期貨交易的交割由期貨交易所統一組織進行。交割倉庫由期貨交易所指定。期貨交易所不得限制實物交割總量，並應當與交割倉庫簽訂協議，明確雙方的權利與義務。

七、強行平倉制度

強行平倉制度是指當會員、投資者違規時，交易所對有關持倉實行平倉的一種強制措施。強制平倉制度也是交易所控制風險的手段之一。

八、風險準備金制度

風險準備金制度是指為了維護期貨市場正常運轉，提供財務擔保和彌補因不可預見風險帶來的虧損而提取的專項資金的制度。

期貨交易是一種高風險的交易活動，尤其是當價格發生劇烈變動，有可能出現投資者大面積虧損以致不能履約等情況，這會直接影響期貨市場的正常運行，期貨市場的功能也會受損。為此，需要交易所、期貨經紀機構等相關機構提取一定的資金，用於提供財務擔保和彌補不可預見風險帶來的損失。

九、信息披露制度

信息披露制度是指期貨交易所按有關規定定期公布期貨交易有關的信息的制度。

期貨交易遵循公平、公正、公開的原則，信息的公開與透明是"三公"原則的體現。它要求期貨交易所應當及時公布上市品種期貨合約的有關信息及其他應當公布的信息，並保證信息的真實、完整和準確。只有這樣，期貨交易的所有交易者才能在公平、公開、公正的基礎上接受真實、準確、完整的信息，從而有助於交易者根據所獲信息作出正確決策，防止不法交易者利用內幕信息獲取不正當利益，損害其他交易者利益。

交易所期貨交易信息主要包括在期貨交易所交易活動中產生的所有上市品種的期貨交易行情、各種期貨交易數據統計資料、交易所發布的各種公告信息以及相應監管機構指定披露的其他相關信息。

第三節　期貨市場的功能

期貨市場的基本功能包括規避價格風險和價格發現。本節我們將具體介紹這兩種功能及其實現機制。

一、規避價格風險的功能

商品生產者和經營者在生產和經營過程中，會遇到各種各樣的風險，其中最為直接的是價格波動風險。價格不論往哪個方向變動，都會給一部分商品生產者或經營者造成損失。因此，產品能否以預期價格出售，原材料能否以較低價格購進是經常困擾生產者、經營者的主要問題。生產者、經營者可以在期貨市場上通過套期保值管理價格風險，從而按預期的價格出售商品，以合理的價格購進商品，這就是期貨交易的回避風險功能，即轉移價格風險的功能。期貨市場規避風險的功能，既為生產經營者轉移或者對沖風險提供了良好途徑，也成了期貨市場得以發展的主要原因。期貨市場是在逐步規範遠期交易的基礎上發展起來的。

(一) 遠期交易在規避價格風險上的局限

早期的期貨市場實際上是進行遠期交易的場所，遠期交易可以起到穩定產銷關係、固定未來商品交易價格的作用。與現貨交易相比，遠期交易確實起到一定的規避價格風險的作用，但是遠期交易也存在較大的局限性。交易雙方通過簽訂遠期合約確定了未來某一期間交易的商品價格，也就是說在規定的交割時間，交易雙方必須按照約定價格進行實物交割。如果在簽訂合約到實物交割期間，商品價格發生較大變動，如價格大幅上升或下降，可能會出現現貨價格遠遠高於或低於合約約定價格的情況，這將使商品的買方或賣方蒙受較大的損失。具體來講，對商品賣方而言，合約價格固定，而現貨價格大幅上漲，使賣方失去了以更高價格出售商品的機會。同理，在現貨價格大幅下跌時，買方由於合約價格固定，也失去了以更低價格購買商品的機會。因此，對於簽訂遠期合約的買賣雙方而言，交易是否有益，主要取決於對未來現貨市場價格走勢的判斷，如果判斷錯誤，仍將承擔較大的現貨市場價格變動的風險。

(二) 期貨市場在套期保值規避價格風險方面的優勢

套期保值（Hedging）又稱對沖交易，是指在期貨市場上採取與現貨等量而買賣方向相反的交易行為。具體而言，在期貨市場上買進或賣出與現貨數量相等但方向相反的期貨合約，在未來現貨進行交易的時間，通過賣出或買入期貨合約來對沖平倉，從而在期貨市場和現貨市場上建立一種盈虧相抵的機制。因此，套期保值顧名思義，包括兩層含義，一是期貨交易的目的在於價格保險；二是達到目的的方法是"套期"，即在現貨市場和期貨市場上同時採取相反的買賣行動，即在一個市場上買，同時在另一個市場上賣。

例如，某公司需在未來3個月後購進一批鋁錠，若當時現貨價格為2 250美元/噸，期貨價格是2 300美元/噸。依照現在的現貨價格該公司可以賺到相當的利潤，為了保證這一利潤，該公司預先在期貨市場上以2 300美元/噸的價格買進鋁錠期貨。假設3個月後價格上升，現貨價格為2 350美元/噸，期貨價格是2 400美元/噸。該公司從現貨市場中購得一批鋁錠，以2 350美元/噸價格成交，成本上升100美元/噸；同時，在期貨市場上以2 400美元/噸的價格對原來的期貨合約進行對沖平倉，賺回100美元/噸。現貨市場與期貨市場盈虧衝銷後，該公司最終依然是以2 250美元/噸購得鋁錠，規避了價格上漲的風險。

如果3個月後價格不升反降，假設現貨價格為2 150美元/噸，期貨價格是2 200美元/噸。該公司從現貨市場中購得一批鋁錠，以2 150美元/噸價格成交，成本下降100

美元/噸；同時，在期貨市場上以 2 200 美元/噸的價格對原來的期貨合約進行對沖平倉，虧損 100 美元/噸。現貨市場與期貨市場盈虧衝銷後，該公司最終依然是以 2 250 美元/噸購得鋁錠，但是該公司失去以下降的價格購進鋁錠的好處。

可見，套期保值是通過中和現貨和期貨價格波動的方法來衝銷價格風險，在市場出現較大價格變動時提供保護作用。它可以使套期保值者免受價格大幅波動造成的損失，但同時也可能使套期保值者失去了獲得最佳收益的機會。

與遠期交易相比，利用套期保值方式規避風險的優勢在於：套期保值是在期貨市場與現貨市場之間建立一種盈虧相抵的機制，可能是用期貨市場的盈利來彌補現貨市場的虧損，也可能相反。當然，盈虧數值並不一定完全相等，可能是盈虧相抵後還有盈利，也可能是盈虧相抵後還有虧損，還可能是盈虧完全相抵，最終效果取決於期貨價格與現貨價格的價差（稱爲基差）在期貨市場建倉和平倉時的變化。遠期交易承擔的是對現貨價格能否準確預期的風險，是單一的現貨市場價格變動的風險，而套期保值效果的好壞則取決於基差變動的風險。很顯然，差價的變化要比單一價格的變化小得多。

(三) 在期貨市場上通過套期保值規避風險的原理

期貨市場通過套期保值來實現規避風險功能的基本原理在於：對於同一種商品來說，在現貨市場和期貨市場同時存在的情況下，在同一時空內會受到相同經濟因素的影響和制約，因而一般情況下兩個市場的價格變動趨勢相同，即期貨與現貨存在價格的同向性；並且隨著期貨合約臨近交割，現貨價格與期貨價格趨於一致，即存在期貨與現貨價格的趨合性。套期保值就是利用兩個市場的這種關係，在期貨市場上採取與現貨市場上交易數量相同但方向相反的交易，從而在兩個市場上建立一種相互衝抵的機制，無論價格怎樣變動，都能取得在一個市場虧損的同時在另一個市場盈利的結果。最終虧損額與盈利額大致相等，兩者相抵，從而將價格變動的大部分風險轉移出去。

(四) 投機者參與是套期保值實現的條件

生產經營者通過套期保值來規避風險，但套期保值並不是消滅風險，而是將其轉移，轉移出去的風險需要有相應的承擔者，期貨投機者正是期貨市場的風險承擔者。在市場經濟條件下，商品的供給和需求在總量、結構、時間、空間上的矛盾是經常的、普遍的、客觀存在的，因而價格的波動以及由此帶來的風險是不可避免的，客觀上生產經營者存在規避風險的需求。由於期貨合約受供求等衆多因素影響而處於頻繁波動的狀態，並且期貨交易所特有的對沖機制、保證金制度等，吸引了大量的投機者加入。從客觀上看，投機者的加入對生產經營者參與套期保值提供了很大便利。因爲當套期保值者想在期貨市場進行買賣合約的交易，每筆交易的達成，必須有相應的交易對手，即存在願意賣出或買入合約的人。如果沒有投機者的參與，而完全依靠其他套期保值者的參與來完成每筆交易，那麼成交的可能性是微乎其微的。例如，當商品生產者想在期貨市場賣出期貨合約進行保值時，客觀上必須有一個或多個其他交易者正好在同一時間想要在期貨市場上買入期貨合約進行保值，並且交易數量、交割月份等應完全匹配。可以想象，在只有套期保值者參與的市場上，流動性是非常差的，反過來也會

衍生金融工具

影響到套期保值者的參與積極性。因此，從這個角度看，投機者在主觀上雖是出於獲取投機利潤的目的參與期貨交易，但在客觀上，他們卻為套期保值的實現提供了條件。

二、價格發現的功能

(一) 價格發現的過程

　　1. 價格信號是企業經營決策的依據

　　在市場經濟中，價格機制是調節資源配置的重要手段。價格是在市場中通過買賣雙方的交易活動而形成的，價格反應了商品的供求關係。與此同時，價格變化又影響供求的變動。例如，當產品市場供給大於需求時，產品價格下降，而價格的下降又會引起需求的增加和供給的減少，最終通過價格的下降使產品的供求達到平衡。在市場經濟中企業具有自主的經營決策權，為了實現利潤最大化，需要時刻關注相關商品的價格信息，以此來調整產品結構、數量以及行銷策略。可以說，價格信息是生產經營者進行正確決策的主要依據。如果收集到的價格信息失真或者不全面，則容易導致決策失誤，利潤下降，喪失市場競爭力。

　　2. 現貨市場中的信息是分散的、短暫的，不利於企業的正確決策

　　既然價格信號如此重要，企業從哪裡去收集價格信號呢？在沒有期貨市場之前，價格信號只能從現貨市場收集。但是現貨市場的交易大多是分散的，其價格是由買賣雙方私下達成的。企業決策者所能收集到的價格信息不僅十分零散，而且其準確程度也比較低。更為重要的是，現貨價格只反應某個時點的供求狀況，不能反應未來供求變化及價格走勢，因此可預測能力差。不過，自期貨交易產生以來情況大為改觀。在許多國家，期貨價格成為現貨生產經營、企業經營決策的主要依據。隨著期貨市場的不斷完善和發展，期貨市場價格發現的功能逐漸受到人們的重視。

　　3. 預期價值在有組織的規範市場中形成

　　價格發現功能是指在期貨市場通過公平、公正、公開、競爭和高效的期貨交易運行機制，形成具有真實性、連續性、預期性和權威性價格的過程。期貨市場形成的價格之所以為公眾所認可，是因為期貨市場是一個有組織的規範化市場，期貨價格是在專門的期貨交易所形成的。期貨交易所聚集了眾多的買者和賣者，通過場內出市代表，把自己掌握的對某種商品的供求關係及其變動趨勢的信息集中到交易場內。同時，按期貨交易所的規定，所有期貨合約的買賣都必須在交易所的交易場內通過公開競價的方式進行，不允許場外交易，這樣使得所有的買方和賣方都能獲得平等的買賣機會，都能通過場內出市代表表達自己的真實意願，從而使得期貨市場成為一個公開的自由競爭市場。這樣，通過期貨交易所就能把眾多的影響某種商品價格的供求因素集中反應到期貨市場內，形成的期貨價格能夠較準確地反應真實的供求狀況及其價格變動趨勢。

(二) 期貨市場價格發現的原因和特點

　　1. 預期性

　　期貨價格具有對未來供求關係及其價格變化趨勢進行預期的功能。期貨交易者大

56

都熟悉某種商品行情，有豐富的經驗知識、廣闊的信息渠道以及成熟的分析、預測方法。他們結合自己的生產成本、預期利潤對商品供求和價格走勢進行分析和判斷，報出自己的理想價格，與衆多對手競爭。這樣形成的期貨價格實際上反應了大多數人的預期，因而能夠反應供求變動趨勢。

2. 連續性

期貨價格是連續不斷地反應供求關係及其變化趨勢的一種價格。這是因爲期貨交易是一種買賣期貨合約的交易，而不是實物商品交易。實物交易一旦達成一個價格之後，如果買入實物的一方不再賣出該商品或不馬上賣出該商品，新的商品交易就不會產生或不會馬上產生，從而就不可能有一個連續不斷的價格。而期貨交易則不然，它是買賣期貨合約的交易，實物交割的比例非常小，交易者買賣期貨合約的本意大多不是爲了實物交割，而是利用期貨合約作套期保值交易或投機交易。因此，在買進或賣出後，必須再賣出或買進相同數量的期貨。同時，由於期貨合約是標準化的，轉手極爲便利，買賣非常頻繁，這樣就可以不斷地產生期貨價格。

3. 公開性

期貨價格是集中在交易所内通過公開競價達成的，依據期貨市場的信息披露制度，所有在期貨交易所達成的交易及其價格都必須及時向會員報告並公之於衆。通過傳播媒介，交易者能夠及時瞭解期貨市場的交易情況和價格變化，並迅速傳遞到現貨市場。

4. 權威性

正是由於期貨價格真實地反應供求及價格變動趨勢，具有較強的預期性、連續性和公開性，因此在期貨交易發達的國家，期貨價格被視爲一種權威價格，成爲現貨交易的重要參考依據，也是國際貿易者研究世界市場行情的依據。

第四節　期貨交易的種類

在美國的期貨市場上，大約有 100 餘種期貨合同在進行交易。一些期貨合同本質上與其基礎商品合同一樣。期貨交易中根據其標的物不同主要分爲兩大類：商品期貨和金融期貨。

一、商品期貨

商品期貨的標的物是大宗商品，常常有農產品、工業品、金屬材料和能源產品等類型。

(一) 穀物和菜籽油

最早的期貨合同是穀物和菜籽油期貨合同，它們在很多年中都是交易最活躍的期貨。然而，如今它們的交易額早已被金融期貨超過了。參與交易的主要是進行投機和套期保值的農場主、食品加工廠、穀物倉儲公司、出口商和外國穀物進口商。影響穀物和菜籽油期貨價格的主要因素是農產品產量、氣候、政府農業政策和國際貿易。

（二）牲畜和肉類

牲畜和肉類期貨曾被認爲是完美的投機工具。然而，在現實中豬五花肉期貨並不比其他期貨合同更具投機性。同樣，生豬、活牲畜等也不再有很大的投機性。牲畜和肉類期貨價格不但受明顯因素（如國內和國際肉類需求）的影響，還受到一些不太明顯因素的影響，如國際經濟形勢、政府政策、人們的預期等。參與交易的主要是農場主、肉類加工廠以及豬肉和牛肉的主要使用者，如快餐連鎖店。

（三）食品和纖維

食品和纖維是一個比較寬泛的種類，其中包括咖啡、可可、棉花、橙汁和白糖。其期貨價格受到氣候、國際國內政治經濟形勢的影響。特別是由於這一種類中的大多數商品是進口的，因此國際經濟和政治條件是一個重要的影響因素。

（四）金屬和石油

這類商品包括珠寶、工業用金屬和與能源相關的產品。每一個商品都被認爲是不可再生的自然資源。這類商品的大部分現貨和期貨是在倫敦、巴黎、阿姆斯特丹和蘇黎世進行交易。國際政治和經濟同樣是影響這個市場的重要因素。這類商品交易的風險，特別是政治風險非常大。

二、金融期貨

金融期貨是以金融產品或指標爲標的的期貨品種，其標的主要是利率、外匯、股票價格和股票指數等。

（一）外匯期貨

外匯期貨於1972年先於純利率期貨開始交易，現在其知名度和交易量已大大提高。交易主要是用美元、英鎊、日元、瑞士法郎、歐元等進行。

（二）短期國庫券和歐洲美元

短期國庫券和歐洲美元是在芝加哥商品交易所的國際金融市場進行交易的。它們是交易十分活躍的短期資金市場工具。

1. 短期國庫券

短期國庫券每周進行一次拍賣，其到期時間通常是91天。短期國庫券是一個純折現工具，其折現率通常是以360天計算的。

短期國庫券期貨的標的合同的面值爲1,000,000美元。合同的到期月份爲3個月、6個月、9個月和12個月。

2. 歐洲美元

歐洲美元是幾種短期利率期貨合約中最成功的。歐洲美元是存入外國銀行或者美國銀行的外國支行的美元。此種儲蓄的幣種爲美元，而不是銀行所在國的貨幣。歐洲美元躲避了美國準備金要求，並且受所在國的管制也要少很多，因此近年來廣泛地被美國公司和銀行使用。歐洲美元利率即爲倫敦同業拆放利率（LIBOR），它被認爲是最有效的短期借貸指示器。歐洲美元期貨取得了巨大的成功，它的交易量迅速超過了作爲第一個短期利率期貨的短期國庫券的交易量。歐洲美元的成功至少部分是由於其具有現金結算的特性。

短期國庫券與歐洲美元的主要區別在於它們的利率有不同的解釋。短期國庫券是一個折現工具（Discount Instrument），而歐洲美元是一種升水工具（Add-on Instrument）。

歐洲美元期貨合同是建立在 3 個月歐洲美元 LIBOR 的基礎上的。合同的面值是 1,000,000 美元。合同的到期時間爲 3 個月、6 個月、9 個月、12 個月直到 10 年。

（三）中長期國債

在芝加哥交易所交易的中期國債（Treasury Note）和長期國債（Treasury Bond）除到期時間不一樣外其他幾乎是一樣的。中期國債期限爲 1~10 年，一般有 2 年、5 年和 10 年期的。長期國債是指期限爲 10 年以上的國債。中期國債期貨合同和長期國債期貨合同交易都很活躍，其中長期國債期貨合同要更活躍一些。這兩種期貨合同除到期期限和保證金有所不同外，其他方面幾乎完全相同。同其他期貨合同一樣，中長期國債期貨合同的交割也很少發生。但是，正是交割可能性的存在才保持了合同價格與現貨市場條件相吻合。

（四）股票指數期貨

股票指數期貨是近年來市場上最爲成功的期貨品種之一。這種以現金清算的合同的標的資產是股票組合的指數。投資者用它來進行股票的套期保值、股市走向投機和對股票組合套利。

股票指數期貨合同的基礎是普通股票。最常交易的合同是在芝加哥商品交易所指數與期權市場進行交易的標準普爾 500（S&P 500）期貨。

（五）經濟指數期貨

第一個經濟指數期貨——消費者價格指數期貨，是在 1985 年 6 月隆重推出的。雖然它是作爲一種對通貨膨脹的不確定性進行套期保值的工具進行促銷的，但此合同從來沒有實現較大的交易額。交易官員把這種結果歸因於自此合同問世以來的低且穩定的通貨膨脹率，但是缺乏明確定義的現貨市場和無法隨時得到真實現貨市場信息也許是更爲嚴重的障礙。

這類期貨還包括商品研究局指數（Commodity Research Bureau Index）和高盛商品指數（Goldman Sachs Commodity Index）。這兩種期貨都以其他期貨指數爲基礎，並且兩者的交易額都不大。

第五節　期貨市場管理

期貨市場是一個高風險的場所，也是一個追逐利益的場所。因此，必須建立高效的管理機制，才能保證市場的正常運行與經濟功能的有效發揮。

期貨市場政府管理機構的主要職能有：第一，規定市場參與者經營期貨業務所必需的最低資本額標準。這是保證期貨市場財務完整性、保護客戶利益的重要措施。第二，規定嚴格的帳戶設立制度。政府主管部門明文規定，儲金商必須將客戶的履約保證金存款與該公司的資金分立帳戶，禁止任何形式的挪用。第三，核準交易所的有關業務活動，比如負責批準新合約的上市、審查交易所批準的會員資格、審查交易所作出的裁決等。

一、美國期貨市場管理

介紹期貨市場的管理，首先要從美國的期貨管理機構介紹起。美國的第一個期貨法是1914年的《棉花期貨法》，接下來是1922年的《谷物期貨法》。1936年的《商品交易法》締造了商品交易管理委員會（Commodity Exchange Authority，CEA），它是美國農業部下屬的一個部門。商品交易管理委員會被授權管理特殊的期貨合同。隨著期貨合同的增加，商品交易管理委員的管理範圍也擴大了。之後，貨幣期貨的問世和金融期貨的醞釀使美國國會認為需要新的法律。1974年，美國國會將《商品交易法》更新為《商品期貨交易委員會法》（Commodity Futures Trading Commission Act）。此法締造了商品期貨交易委員會（Commodity Futures Trading Commission，CFTC），宣告了美國期貨交易管理體制由聯邦政府監管、行業協會自律和交易所自我管理三級管理體制相結合的模式正式形成。此後，1999年11月4日，美國國會通過了《金融服務現代化法》。該法的通過使得美國的銀行、保險公司及其他金融機構可以在控股公司層面混業經營。鑒於美國在2007年發生的次貸危機，2010年，美國國會通過，並由總統歐巴馬簽署了《多德－弗蘭克法案》。該法案不僅對金融機構本身涉足的金融衍生品交易進行了限制，而且對金融機構為其他投資者從事金融衍生品交易提供諮詢和擔當顧問設置限制，要求這些金融機構承擔信用擔保連帶責任。該法案被媒體稱為美國"史上最嚴厲"的金融監管法案。

當前美國的期貨市場在聯邦政府一級是由商品期貨交易委員會（CFTC）來監管，該機構負責為期貨交易所發放執照並核準期貨合約。所有新合約以及現存合約的改變必須得到CFTC的批準，該合約必須具有某些經濟目的，通常這意味著它必須滿足對沖者和投機者的需求。CFTC關心大眾的利益，負責將價格傳遞給公眾。如果期貨交易者的頭寸超過某一確定數額，其必須報告所持有的流通在外的期貨頭寸。CFTC也向所有的為大眾提供期貨領域服務的個人頒發執照，要調查這些人的背景資料，並有最低的資本要求。CFTC處理公眾的投訴，如果投訴是正當的話，將採取某些懲罰措施。CFTC有權強迫交易所對違反交易規則的會員採取懲罰措施。

1982年，國家期貨協會（National Futures Association，NFA）成立，NFA是參與期貨行業的那些人的組織，是期貨業的一個行業協會，NFA要求其會員通過某種考試。這使得CFTC的部分職能轉移到期貨行業中去了。NFA的目標是防止欺詐並確保市場運作最有利於普通大眾的利益。NFA獲得授權去監測交易並在適當的時候採取懲罰措施，對個人與會員之間的糾紛作出公正裁決。

有時，證券交易委員會（Securities and Exchange Commission，SEC）、聯邦儲備委員

會（Federal Reserve Board, FRB）以及美國財政部等其他機構對期貨交易的某些方面也有管轄權。這些機構關註期貨交易對股票、短期國庫券、長期國債這些即期市場的影響。證券交易委員會具有投票權以決定是否批準新的股票及債券指數期貨合約。

在美國期貨市場監管體系中，CFTC、NFA、交易所及SEC、美聯儲、貨幣監管局享有對美國期貨市場的監管權，其中前三者構成了核心監管體系，CFTC享有最廣泛的市場監管權力，NFA在從業人員註冊、解決市場糾紛、維護業內秩序方面發揮了重要作用，交易所則在自律監管方面發揮了重要作用。

二、中國期貨市場管理

1995年2月25日國務院辦公廳批準了中國證券監督管理委員會（简稱證監會）機構編制方案，明確了中國證監會的性質、職能、機構，並根據《國務院關於批轉國務院證券委1995年證券期貨工作安排意見的通知》的精神和我國證券、期貨市場發展的實際情況，於1996年3月21日首批授予了全國24個地方期貨監管部門行使部分期貨市場監管職能。1998年8月26日，全國證券期貨工作會議在北京召開，會議傳達了《國務院轉批證監會證券監管機構體制改革方案的通知》。這說明中國的期貨市場集中統一的監管體系逐步完善和形成，也是期貨市場走向規範化的重要標誌。1999年9月，"一個條例、四個管理辦法"的正式實施，構建了期貨市場規範發展的監管框架。這樣，在經過幾年較大力度的結構調整和規範整頓，以《期貨交易管理暫行條例》及四個管理辦法爲主的期貨市場規劃框架基本確立，中國證監會、中國期貨業協會、期貨交易所三個層次的市場監管體系已經初步形成。2004年1月31日，國家發布了《關於推進資本市場改革開放和穩定發展的若干意見》，明確提出了穩步發展期貨市場，對期貨市場的政策也由規範整頓向穩步發展轉變。2014年10月29日，中國證監會第110號令公布《期貨公司監督管理辦法》（以下简稱《辦法》），同時廢止了2007年4月9日發布的《期貨公司管理辦法》和2012年5月10日發布的《關於期貨公司變更註冊資本或股權有關問題的規定》等法規。《辦法》落實了新"國九條"關於提高證券期貨服務業競爭力的有關意見，體現了功能監管與適度監管的理念，有利於提升期貨公司服務能力和國際競爭力。2015年10月9日，中國證監會發布《證券期貨市場程序化交易管理辦法（徵求意見稿）》，擬建立申報核查管理、接入管理、指令審核、收費管理、嚴格規範境外服務器的使用、監察執法六個方面的監管制度。

（一）中國證監會的性質和職責

中國證監會爲國務院直屬機構，是全國證券期貨市場的主管部門，按照法律、法規的規定對證券市場、期貨市場進行監督和管理。

中國證監會有關期貨市場監管的主要職責：研究和擬定證券期貨市場的方針政策、發展規劃；起草證券期貨市場的有關法律、法規；制定證券期貨市場的有關規章；統一管理證券期貨市場，按規定對證券期貨監管機構實行垂直領導；監管股票、可轉換債券、證券投資基金的發行、交易、託管和清算；批準企業債券的上市；監管上市國債和企業債券的交易活動；監管境內期貨合約上市、交易和清算；按規定監督境內機構從事境外期貨業務；監管上市公司及其信息披露義務股東的證券市場行爲；管理證券期貨交易所；按規定管理證券期貨交易所的高級管理人員；歸口管理證券業協會；監管證券期貨經營機構、證券投資基金管理公司、證券登記清算公司、期貨清算機構、證券期貨投資諮詢機構；與中國人民銀行共同審批基金託管機構的資格並監管其基金託管業務；制定上述機構高級管理人員任職資格的管理辦法並組織實施；負責證券期貨從業人員的資格管理；監管境內企業直接或間接到境外發行股票、上市；監管境內機構到境外設立證券機構；監管境外機構到境內設立證券機構、從事證券業務；監管證券期貨信息傳播活動，負責證券期貨市場的統計與信息資源管理；會同有關部門審批律師事務所、會計師事務所、資產評估機構及其成員從事證券期貨中介業務的資格並監管其相關的業務活動；依法對證券期貨違法違規行爲進行調查、處罰；歸口管理證券期貨行業的對外交往和國際合作事務；等等。

(二) 地方期貨監管部門的監管職責範圍和權限

地方期貨監管部門的監管職責範圍和權限如下：

負責對設立在本行政區域內的期貨經紀公司、期貨經紀公司的分支機構、從事期貨經紀業務的非期貨經紀公司會員從事期貨經紀業務的資格進行初審。

負責對設立在本行政區域內的期貨經紀公司、期貨經紀公司的分支機構、從事期貨經紀業務的非期貨經紀公司會員、期貨諮詢機構的業務活動進行日常監管。

負責查處設立在本行政區域內的期貨經紀公司、期貨經紀公司的分支機構、從事期貨經紀業務的非期貨經紀公司會員、期貨諮詢機構以及前述機構的從業人員，市場投資者（以下統稱爲被監管者）的有關期貨違法、違規行爲。

負責處理本行政區域內的有關期貨的信訪投訴和舉報、調解期貨糾紛和爭議。

地方監管部門有權查處各種違法、違規行爲，並根據國家有關法律、法規對違法、違規當事單位或個人進行處罰。

(三) 期貨業協會

2000年12月30日，中國期貨業協會成立。期貨業協會作爲期貨行業的自律性組織，致力於發揮自律組織功能，成爲會員和政府溝通聯繫的重要橋樑，保護投資者合法權益，促進期貨市場的規範運作，推動期貨市場的創新和發展。

中國期貨業協會協助證監會管理期貨市場，其主要作用體現在以下幾個方面：第一，負責會員的資格審查和登記工作；第二，監管已登記會員的經營情況；第三，調解糾紛，協調會員關係；第四，普及期貨知識、宣傳期貨業協會的作用等。

(四) 期貨保證金監控中心

2006年5月18日，中國期貨保證金監控中心成立。其基本職能是及時發現並報告期貨保證金被挪用的風險狀況，配合期貨監管部門處置保證金風險事件。其成立對於保證期貨交易資金安全、維護投資者利益具有重要意義。

第六節　中國期貨市場的發展

一、舊中國的期貨市場發展

1919年6月，當時中國的農商部批准同意設立上海證券物品交易所，該交易所於1920年7月宣告正式成立，於是誕生了中國的第一家商品期貨交易所。1921年，上海物品交易所成立半年後，盈利達50餘萬元。1921年，上海華商證券交易所、面粉交易所、雜糧油餅交易所、華商棉業交易所等相繼成立，也都盈利豐厚。人們見不僅有利可圖，而且盈利極易，於是爭相籌劃設立交易所。到了1921年10月間，上海先後設立交易所140餘家，上海辦交易所的熱潮席捲了全國。經營資本有的高達一兩千萬元，中等資本的有五六百萬元，也有少量資本在五六十萬元的。批准單位除少數幾家是由當時北平政府農商部批准外，有的是在外國駐上海的各個領事館註冊的，有的是由法庭核准的，還有的是受外國政府保護的。最後，由於方式極不一致，權限也不統一，1921年年終，各交易所結算帳目需要資金，缺乏資金的壓力使得衆多的交易所難以應付，陷入難以繼續經營的絕境。於是，短時間內，衆多交易所相繼倒閉。

1929年，各地又陸續設立了交易所，截至1936年年底，全國共有15家交易所。抗日戰爭勝利後，時局相對穩定，舊中國各地的證券交易所和期貨交易所逐步步入正軌。1946年9月，上海證券交易所股份有限公司成立，共有證券和物品兩個市場，經紀人23人。天津證券市場的原華北證券交易所也恢復營業，上市股票23種。剛開始由於股市疲軟，業務清淡，經紀人申請退出者不斷增多，因而人們舉辦了延期交割業務，又稱"遞交"，實爲變相的期貨交易。結果極大地促進了證券交易的活躍性，吸引了大量的社會遊資。許多居民都參加了證券與期貨交易，整個上海證券市場吸引遊資大約1,500萬~2,000萬元，出現了暫時的繁榮。上海解放後，爲了打擊投機商人的投機倒把行爲，中國政府於1949年6月10日查封了上海證券大樓，1952年7月天津證券交易所也宣布關閉。至此，交易所進入停止階段。

二、新中國的期貨市場發展

中國期貨市場自1990年發展以來，大體經歷了初期發展、清理整頓和規範發展三個階段。期貨市場的產生起因於20世紀80年代的改革開放。1987年前後，一些關於建立農產品期貨市場的文章見諸報端。爲了解決價格波動這一難題，使有限資源能夠得到更加合理的運用，黨中央和國務院領導先後作出重要指示，決定研究期貨交易。之後，經過一段時期的理論準備，中國期貨市場開始進入實際運作階段。1990年10月12日，中國鄭州糧食批發市場經國務院批准，以現貨交易爲基礎，引入期貨交易機制，作爲我國第一個商品期貨市場正式開業成立。1991年6月10日，深圳有色金屬交易所宣告成立，並於1992年1月18日正式開業；同年5月28日，上海金屬交易所開業。1992年9月，第一家期貨經紀公司——廣東萬通期貨經紀公司成立；同年年底，中國國際期貨經紀公司開業。到1993年，全國開業和在建的期貨交易所達50多家，代理客戶3萬多個，期貨公司300多家，有包括國債等七大類50多個品種上市交易。

到1993年，由於認識上存在的偏差、缺乏統一管理、且受各個部門和地方利益驅動，中國各地期貨市場建設一哄而起，盲目發展，期貨市場一度陷入一種無序狀態。如交易所過多、分布不平衡、品種重複設置、合約設計不合理、地下非法交易泛濫、盲目開展境外交易、運作不規範、大戶聯手交易、操縱市場、欺詐投資者等，造成投機過度，期貨價格難以實現合理回歸，多次釀成期貨市場風險，嚴重影響了市場功能的正常發揮。

隨後，中國期貨市場經歷了十多年的曲折歷程，1993年11月，國務院開始了第一次清理整頓。經過整頓，最終有15家交易所被確定為試點交易所，一些交易品種被停止交易。1998年8月，第二次整頓工作開始，全國15個期貨交易所合併為上海期貨交易所、鄭州商品交易所、大連商品交易所3家；上市運行的商品期貨合約確定為銅、鋁、天然膠、秈米、膠合板、大豆、豆粕、啤酒大麥、綠豆、小麥、花生仁、紅小豆12個品種。

2001年3月，"十五"規劃首次提出"穩步發展期貨市場"，之後期貨交易量呈現恢復性增長，新品種也恢復上市。2003年3月28日，優質強筋小麥期貨合約在鄭州商品交易所上市交易。2004年6月1日，棉花期貨合約在鄭州商品交易所上市交易；8月25日，燃料油期貨合約在上海期貨交易所上市交易；9月22日、12月22日，玉米、黃大豆2號期貨合約相繼在大連商品交易所上市交易。2006年1月6日，白糖在鄭州商品交易所正式上市交易；1月9日，豆油期貨合約在大連商品交易所正式上市交易；12月18日，全球首個精對苯二甲酸（PTA）期貨在鄭州商品交易所上市。2007年3月26日，鋅期貨在上海期貨交易所上市；6月8日，菜籽油期貨在鄭州商品交易所上市交易；7月31日，線型低密度聚乙烯期貨（LLDPE）在大連商品交易所掛牌交易；10月29日，棕櫚油期貨在大連商品交易所掛牌交易。2008年1月9日，中國期貨歷史上首個貴金屬期貨——黃金期貨在上海期貨交易所掛牌交易。2009年3月27日，鋼材期貨合約在上海期貨交易所正式掛牌交易。2009年4月20日，早秈稻期貨在鄭州商品交易所上市交易，這是我國第一個稻穀類期貨品種。2009年5月25日，聚氯乙烯（PVC）期貨合約在大連商品交易所正式交易。2011年3月24日，鉛期貨在上海期貨交易所上市交易。2011年4月15日，焦炭期貨在大連商品交易所上市交易。2011年10月28日，甲醇期貨在鄭州商品交易所掛牌上市交易。2012年5月10日，白銀期貨在上海期貨交易所上市交易。2012年12月3日，玻璃期貨在鄭州商品交易所上市交易。2012年12月28日，油菜籽期貨在鄭州商品交易所正式上市。2013年3月22日，焦煤期貨在大連商品交易所上市交易。2013年9月26日，動力煤期貨在鄭州商品交易所上市交易。2013年10月9日，瀝青期貨在上海期貨交易所上市交易。2013年10月18日，鐵礦石期貨在大連商品交易所掛牌交易。2013年11月8日，雞蛋期貨在大連商品交易所掛牌交易。2013年11月18日，粳稻期貨合約在鄭州商品交易所上市交易。2013年12月6日，纖維板、膠合板期貨在大連商品交易所上市交易。2014年2月28日，聚丙烯（PP）在大連商品交易所上市交易。2014年3月21日，熱軋卷板在上海期貨交易所上市交易。2014年7月8日，晚秈稻期貨在鄭州商品交易所正式上市交易。2014年8月8日，鐵合金期貨在鄭州商品交易所掛牌交易。2014年12月10日，玉米澱粉期貨在大連商品交易所上市交易。2015年3月27日，鎳、錫期貨在上海期貨交易所掛牌交易。2009年5月，鄭州商品交易所經中國證監會同意中止了名存實亡近十年的綠豆期貨交易。

截至2015年10月，商品期貨市場有40餘個交易品種，分別爲上海期貨交易所交易的銅、鋁、鋅、鉛、鎳、錫、天然橡膠、燃料油、黃金、螺紋鋼、線材、白銀、熱軋卷板、瀝青；鄭州商品交易所交易的動力煤、PTA、甲醇、玻璃、鐵合金、白糖、棉花、小麥、早秈稻、晚秈稻、粳稻、菜籽粕、油菜籽、菜籽油；大連商品交易所交易的黃大豆1號、黃大豆2號、玉米、玉米澱粉、豆粕、豆油、雞蛋、纖維板、膠合板、棕櫚油、聚乙烯、聚氯乙烯、聚丙烯、焦炭、焦煤、鐵礦石。

至此，中國期貨市場已形成以農產品、工業品爲主，兼顧能源產品的品種結構。

2006年9月8日，中國金融期貨交易所在上海掛牌成立。該交易所是由上海期貨交易所、大連商品交易所、鄭州商品交易所、上海證券交易所和深圳證券交易所共同發起成立的。這對於深化資本市場改革，完善資本市場體系，豐富資本市場產品，發揮資本市場功能，爲投資者提供更多的投資渠道具有重要意義，也爲適時推出金融期貨品種提供了基礎條件。

2010年4月16日，股指期貨在中國金融期貨交易所正式推出。股指期貨的推出對中國股票市場將帶來三方面的積極影響：抑制"單邊市"，完善股票市場內在穩定機制，降低市場波動幅度和減少市場波動頻率；提供避險工具，培育市場避險文化；完善金融產品體系，增加市場的廣度和深度，改善股票市場生態。2015年4月16日，上證50和中證500期貨合約在中國金融期貨交易所上市交易。上證50和中證500期貨的推出，與滬深300指數成分股形成了有效的互補關係，能有針對性地滿足不同投資者精確化、個性化的風險管理需求，有利於提高風險管理市場的廣度和深度，將股指期貨對現貨市場的覆蓋面提高到73%左右，進一步促進股票市場和股指期貨市場協調健康發展。

2013年9月6日，5年期國債期貨合約在中國金融期貨交易所正式掛牌交易。作爲一個利率衍生品，國債期貨的推出是利率市場化的重要環節和基石。2015年3月20日，10年期國債期貨合約也在中國金融期貨交易所上市交易。10年期國債期貨的上市後，機構的投資策略更爲豐富，市場流動性得到更大提升，同時填補了中國內地債券市場長端避險工具的空白。

本章小結

1. 期貨交易（Futures Transaction）是指交易雙方在集中性的市場以公開競價的方式進行的期貨合約的交易。

2. 期貨合約（Futures Contract）是兩個對手之間簽訂的一個在確定的將來時間、按確定的價格購買或出售某項資產的協議。

3. 期貨交易的特點在於：期貨市場具有專門的交易場所；期貨市場的交易對象是標準化的期貨合約；可進行期貨交易的期貨商品具有其特殊性；期貨交易是通過買賣雙方公開競價的方式進行的；期貨市場實行保證金制度；期貨交易是一種不以實物商品交割為目的的交易；期貨市場是一種高風險、高回報的市場。

4. 期貨市場是一種高度組織化的市場，為了保證期貨交易有一個公開、公平、公正的環境，保證期貨市場平穩運行，對期貨市場的高風險實施有效的控制，期貨交易所制定了一系列的交易制度。這些交易制度主要包括保證金制度、當日無負債結算制度、漲跌停板制度、持倉限額制度、大戶報告制度、交割制度、強制平倉制度、風險準備金制度、信息披露制度。

5. 期貨市場的基本功能包括規避風險和價格發現。

6. 通過期貨市場形成的價格具有連續性、預期性、公開性和權威性的特點。

7. 期貨交易的種類，按期貨合約標的資產的不同可以分為：谷物和菜籽油期貨合約、牲畜和肉類期貨合約、食品和纖維期貨合約、金屬和石油期貨合約、外匯期貨合約、短期國庫券和歐洲美元期貨合約、中長期國庫券期貨合約、經濟指數期貨合約、股票指數期貨合約。

思考與練習題

1. 為什麼不是所有商品都可以成為期貨商品，期貨商品有什麼特點？
2. 期貨合約為什麼必須是標準合約？
3. 期貨市場為什麼要實行保證金制度？
4. 我國期貨市場的監管部門有哪些？其主要職責有哪些？
5. 我國有哪幾個期貨交易市場？它們各有什麼特點？
6. 試論述我國期貨市場存在哪些問題？應該如何使其完善？
7. 如何利用期貨市場轉移價格風險和獲得投機收益？
8. 假定年利率為8%，年指數股息率為1.5%，6月30日是6月指數期貨合約的交割日。4月15日的現貨指數為1 450點，則4月15日的指數期貨理論價格是多少？

第四章　期貨品種

內容提要：期貨產品一經產生便獲得了迅速的發展和巨大的成功，市場需求不斷擴大，參與者逐漸增多。繼前一章對期貨和期貨交易的基本概念、發展歷史的學習之後，本章將從商品期貨、外匯期貨、利率期貨、股票指數期貨的基本概念、分類，以及各個期貨價格的影響因素等方面對期貨類衍生金融工具展開論述。

期貨交易是指在期貨交易所進行的買賣標準化的期貨合約的行為，這種交易很少進行實物交割，只是為了進行風險交易。它通常不涉及實物所有權的轉移，而只需要支付買賣期間價格波動的差額。這種交易由轉移價格波動風險的生產者、經營者和承受價格風險的投資者在交易所內依法公平競爭而形成。

第一節　商品期貨

一、商品期貨的概念

(一) 商品期貨的定義

商品期貨是指標的物為實物商品的期貨合約。商品期貨歷史悠久，種類繁多，可細分為農產品（如小麥、玉米、黃豆、谷物、亞麻和一些植物油等）期貨，畜產品（生豬、菜牛和其他牲畜或家禽以及鮮蛋等）期貨，熱帶產品（如糖、咖啡、可可、砂糖、椰干、棕櫚油和天然橡膠等）期貨，礦產品（如銅、鋁、錫、鉛、鎳以及黃金和白銀等貴金屬）期貨，能源產品（原油、無鉛汽油、取暖用油等）期貨，纖維和林產品（棉花、生絲、羊毛、木材和纖維板等）期貨以及商品價格指數期貨（如在CME交易的高盛公司的商品指數期貨）等幾個大類。

一般來說，商品期貨的投資者中有很大部分是商品的生產供應商或商品用戶，他們通過商品期貨交易來固定未來買賣的商品價格，從而規避了商品價格波動的風險。

(二) 商品期貨標準化合約的基本內容

期貨市場上買賣的對象是期貨交易所按照市場公認的規則制定的標準化合約。期貨合約存在的目的不在於約束持有者必須履行合約條款，而在於充當期貨交易的載體，使參加期貨交易的人能夠通過買進賣出期貨合約轉移價格風險，或者追求風險收益。期貨合約是標準化的、具有普遍性特徵的合約，每一種期貨合約的質量、數量、交割地點、時期等條款是既定的，只有價格是在交易過程中通過公開競價方式敲定的。期貨合約的轉讓無須背書，這便利了期貨合約的連續買賣、轉手，使其具有很強的市場流動性。市場主體只要能夠預測商品價格，具備承擔風險的能力就可以買賣。一張期貨合約中的主要內容有以下幾項：

（1）標準合約單位，即每份期貨合約都明確規定了所包含的商品數量和計量單位。

（2）標準商品，即每份期貨合約都有明確的質量要求，標明了品質標準。

（3）交貨期，交易雙方在期貨合約到期時按合約規定的商品數量和質量交付或接收貨物，以履行期貨合約。交貨期按月份計算，交貨月份的確定與該商品的生產特點有一定的聯繫，如金屬原料的生產沒有季節性，故交貨月份的季節性不強；而農產品交割月份規定卻有很強的季節性。另外，根據商品生產、保管、流通情況的不同，商品交易所規定的各種商品交貨期的長短也有所不同，一般可以分爲近期和遠期兩類，一般遠期期貨價格由於包含更多利息、倉租、保險費用而高於近期期貨價格。

（4）期貨交易時間。期貨交易所的交易時間是固定的，每個交易所時間都有嚴格的規定。一般每周營業5天，周六、周日休息，每個交易日還可以分爲兩盤，即上午盤和下午盤，每盤約1小時到3小時不等。倫敦金屬交易所每盤又分爲兩節，每節交易時間爲5分鐘，兩節間有15分鐘休息時間。在傳統交易時間外，現在有的交易所還在晚上某段時間內開展了夜盤交易，如中國的三家商品期貨交易所部分品種就有這類交易。另外，芝加哥商品交易所和倫敦金屬交易所等國外交易所仍保留喊價的場內交易，同時也實行了電子化期貨交易，並且在場內時間結束後，還有相當時間主要是由電子網路系統來完成，這種稱爲電子盤。由於其處在亞洲白天時段，交易者多是亞洲交易者，也有稱爲亞洲盤的。

（5）交割月份。從事商品期貨交易必須按照合約規定的某一時間從事期貨商品的交割。交割月份對於期貨交易的兩種主體即買者和賣者來說，有不同的意義。對於買方來說，在合約規定的特定時間里，他要購買一特定數量的期貨商品；對賣方來說，他要在特定時間內提供一特定數量的期貨商品給買方。買賣雙方交割時，就以他們最初買賣期貨合約時所議定的價格完成交易。對於投機者來說，他進行期貨交易的目的不在於交割日交收實物商品，而在於交割月份前的時間里謀求差價和利潤最大化。

具有代表性的商品交割月份不止一個，一般隔兩個月一次。美國的期貨交易所大多選擇2月、4月、6月、8月、10月、12月等雙數月份爲交割月份；日本的期貨交易所則多選擇最近的6個月爲交割月份。一般交割月份的第一個交易日爲第一個通知日，從這一天起買家會隨時收到一張交收或開標通知書。

（6）交收地點。期貨交易在實物交割時需要確定經交易所註冊的統一的交割倉庫，這是爲了防止商品儲存過程中的商品損壞或者詐騙事件，保證買方能接收到期貨合約規定的商品數量和質量。

以金屬銅爲例，交易所規定了銅的等級、交割地點與交割方式等。如表4.1所示是上海期貨交易所的陰極銅期貨的合約文本。

表 4.1　　　　　　　　　上海期貨交易所陰極銅標準合約
（2009 年 5 月修訂）

交易品種	陰極銅
交易單位	5 噸/手
報價單位	元（人民幣）/噸
最小變動價位	10 元/噸
每日價格最大波動限制	不超過上一交易日結算價 ±3%
合約交割月份	1～12 月
交易時間	上午 9:00～11:30；下午 1:30～3:00
最後交易日	合約交割月份的 15 日（遇法定假日順延）
交割日期	最後交易日後連續五個工作日
交割品級	標準品：標準陰極銅，符合國標 GB/T467—1997 標準陰極銅規定，其中主成分銅加銀含量不小於 99.95%。 替代品：高級陰極銅，符合國標 GB/T467－1997 高級陰極銅規定；或符合 BS EN 1978－1998 高純陰極銅規定。
交割地點	交易所指定交割倉庫
最低交易保證金	合約價值的 5%
交易手續費	不高於成交金額的萬分之二（含風險準備金）
交割方式	實物交割
交易代碼	CU
上市交易所	上海期貨交易所

資料來源：上海期貨交易所網站 http://www.shfe.com.cn/.

（三）商品期貨上市的條件

當前，在世界各地期貨交易所進行交易的商品約百餘種，但由於期貨交易的特點，並不是所有商品都適合於期貨交易。一般來說期貨上市商品須具備以下條件：

1. 可以進行大量的買賣交易

期貨上市要求有衆多的買主和賣主，以便交易所能提供大量的買賣機會，形成具有競爭性的市場。若市場上只有少量買主或賣主，則價格的主動權只能被一方掌握，難以形成公正的價格。

2. 價格多變，波動頻繁

由於期貨交易的目的是爲了轉移價格風險或從中牟利，沒有價格風險的商品，不適合期貨交易；反之，價格波動頻繁的商品，適合期貨交易。對價格的任何人爲控制，也將限制期貨交易市場的作用。

3. 商品的質量、等級、規格等可以明確劃分

爲了保證到期交割的實物商品符合期貨合約中的等級質量規定，避免在貨物標準方面發生糾紛，提高交割效率和透明度，要求進入期貨市場交易的期貨商品必須容易劃分出質量等級。那些品種複雜、技術指標繁多、等級劃分困難而且專業性很強的商

品不宜作爲期貨商品。

4. 期貨交易商品一般是可長期貯存和運輸的商品

儘管期貨交易的目的主要不在於實物交割，但是實物交割畢竟是交易的一個重要環節。適合期貨交易的商品，必須可以長期貯存和運輸，便於實物交割。

二、農產品期貨

農產品是最早進行期貨交易的品種。目前世界各地的期貨交易所的交易品種幾乎都有農產品。期貨交易中的農產品主要包括谷物、畜產品、林產品以及一些經濟作物。熟悉農產品期貨交易是理解商品期貨的一個必經階段。

（一）谷物產品期貨

谷物產品是最傳統的期貨商品，包括玉米、大豆、小麥、燕麥、大麥、黑麥和油菜籽等。

1. 玉米

玉米的主要產地是美國，其產量接近世界總產量的一半，玉米的期貨交易集中在美國。玉米的種植時間約在5月初至6月中旬，而收穫期在10月中旬至11月初。玉米的現貨價格在收穫季節後一段時間最低，而在收穫季節前一段時間達到高峰，呈週期變化；玉米的期貨價格也大致是這種趨勢。

2. 大豆

大豆的主要產地是美國、巴西和中國。大豆的播種時間約在5月初至6月底，收割時間約在10月底至11月初。大豆的價格通常是由收割期的低價上升至第二年初春的高點。

影響大豆價格的因素包括天氣情況、世界大豆的供應情況、農夫的存貨等。在需求方面，主要受牲畜飼養者的使用意向影響。

3. 小麥

小麥的價格通常由收割期的低價穩步上升至初春，天氣情況、美國的產量及出口量、美國小麥的存貨及大米的價格等都是影響小麥價格的因素。對貿易商來説，小麥是進行投機的一種很好商品，因爲一年兩季小麥，爲貿易商提供了較多機會。

（二）畜產品期貨

畜產品的期貨交易是隨著畜牧業的不斷發展，畜產品現貨市場不斷發育、完善而產生的。畜產品期貨交易與現貨交易協同，對穩定畜產品供求起着重要作用。

1. 豬、豬肚、豬腩期貨

美國於1966年在芝加哥商品交易所（CME）上市了生豬期貨之後開發了冷凍豬腩等品種。豬肚品種是在第二次世界大戰之前就在芝加哥商業交易所交易的期貨品種。我國目前也在積極準備生豬期貨的上市交易。我國養豬量居世界首位，占比爲40%左右。

2. 活牛期貨

期貨市場的活牛主要是用來屠宰以提供牛肉。飼料成本和肉牛銷售價格是影響肉牛生產決策的主要因素。

(三) 林產品期貨

林產品的期貨交易是農產品期貨交易的又一重要組成部分，其供求形式對工農業生產和民眾生活都有很大影響。

1. 木材期貨

木材的價格一般不會受到季節變化影響，其成長期限長，供給穩定，因此價格受需求量的影響較大。木材需求廣泛，以建築業為主，同時木材的質量穩定，庫存期較長，因此建築業的發展動向和木材庫存量是影響木材期貨價格的關鍵因素。木材的生產者和銷售商都通過賣出套期保值鎖定成本、保證有足夠的利潤，而建築商則希望做買入套期保值交易來回避價格風險。

2. 橡膠期貨

天然橡膠是重要的工業生產原料，多產於南北緯10度以內，多集中於東南亞地區。影響橡膠價格變動的因素是多方面的，主要有：

（1）自然因素，包括季節變化和氣候變化，如增產期、減產期、雨量大小及氣溫狀況。

（2）政治因素和政策變動，如戰亂時對橡膠的爭奪、橡膠進出口國的政策調整均會影響橡膠價格。

（3）經濟因素，包括泰國、印尼等主要生產國的產量、庫存與出口情況，美國、中國、日本等消費國的進口狀況，全球經濟景氣狀況等。

三、金屬期貨

黑色金屬和有色金屬是金屬的兩大組成部分。黑色金屬是指鋼鐵產品，鋼鐵工業發達與否已成為衡量一個國家經濟實力的重要指標。有色金屬是指黑色金屬以外所有金屬的總稱。它品種繁多，大約有70多種，其中以銅、鋁、鉛、鋅為主，產量占有色金屬總量的93%。當前，世界範圍內進入期貨市場交易的基本有色金屬包括銅、鋁、鉛、鋅、鎳、錫。黃金期貨和白銀期貨通常被作為貴重金屬列出，不歸為基本有色金屬。

(一) 黃金期貨

黃金期貨是以國際硬通貨作為合約標的的一種期貨。黃金既是國際上的流通手段而作為國際貨幣存在，又是作為貴金屬商品而存在，因此它既可以歸為商品期貨，也可以被視為金融期貨。在此，我們從質地角度出發，仍然把它歸為金屬期貨。

黃金期貨和外匯期貨一樣，也是因為布雷頓森林體系解體，導致國際黃金價格的急劇波動而產生的。黃金價格的劇烈波動，一方面使經營黃金的企業和金融機構面臨的市場風險加大，為此其急需市場提供一種為其經營保值的工具；另一方面，金價的劇烈波動又為黃金投機創造了條件。正是在這一國際背景下產生了黃金期貨交易。

(二) 銅

銅的主要產地在美國、讚比亞、智利、加拿大和秘魯等。銅的主要用途是電子產品、建築材料、工業機器和設備以及交通工具等。1978年，銅生產國成立CIPEC組織，該組織的銅產量占世界成熟市場經濟國家銅產量的35%，在國際貿易中占70%。

銅價一般來說，在夏季都趨於疲軟，因爲一般工廠都停止開工，以致銅的需求在夏季最低。影響銅價的因素包括工人的罷工及政局的不穩定、CIPEC 在市場的干預、社會的經濟情況、其他替代品的價格等。

（三）鋁

倫敦商業交易所是在 1977 年年底和 1978 年開始鋁的期貨交易的。現在，倫敦商業交易所在鋁工業中起着重要的價格作用，鋁已經成爲倫敦商業交易所的一個主要交易品種，其牌價已成爲世界鋁交易中的一個代表性價格。

（四）鉛、鋅、鎳和錫

成立於 130 多年前的倫敦金屬交易所（London Metal Exchange，LME）在成立伊始，就交易銅和大錫。1989 年 6 月份，LME 把大錫的交割標準提高到目前的 99.85%。1920 年，該交易所正式引進鉛、鋅，在此之前爲非正式交易。鉛的交割標準從開始交易至今基本沒有改變。鋅錠從引入該交易所後幾經提高交割質量，1986 年正式確定爲 99.995%。1979 年，該交易所引入鎳商品期貨。

目前上海期貨交易所有銅、鋁、鋅、鉛、鎳、錫基本有色金屬期貨品種在進行交易。還有黃金期貨、白銀和鋼材期貨。

四、能源期貨

能源期貨首創於 1978 年，1981 年有了汽油期貨，到 1983 年石油期貨也出現了。能源期貨是新興的期貨合約交易品種，其重要性僅次於農產品和利率期貨，超過了貴金屬期貨，目前穩居"第三把交椅"的位置。在工業化不斷深入發展的今天，經濟發展越來越離不開能源的保障。能源期貨包括以下幾種：

1. 原油期貨

石油是一種高效能源，其發熱量比煤炭高 1.6 倍，而且石油運輸比煤炭便捷、容易燃燒、烟塵少、無灰燼，是現代工業主要燃料，同時也是重要的戰略物資。

2. 取暖油、燃料油期貨

煤油、航空用油、柴油、汽油、餾分油是石油中煉出的基本產品，餾分油主要用於取暖，取暖油占餾分油總產量的 40%。

取暖油的價格波動比較頻繁，價格上漲的原因主要是進口油價上升或通貨膨脹所致。取暖油短期需求彈性較小，住宅規模、節能習慣、地區氣候差別和取暖油替代品價格的高低及其獲得的可能性，都會影響取暖油的價格。

3. 汽油期貨

汽油是石油制品的一種，分爲優質汽油和普通汽油兩種，又可分爲含鉛汽油和無鉛汽油以及其他精煉油品。

汽油主要用做運輸燃料，汽油供應量主要受原油產量的影響；同時，煉油廠開工率、儲藏能力、原油進口成本、國際事件以及政府有關政策等因素都對汽油供應量產生影響。汽油需求量大小主要受汽車消費、取暖需要及政府有關提高燃料使用效率和控制污染的規定影響。

五、商品期貨的運用實例

例 4.1（空頭套期保值） 義成銅業是一家生產有色金屬銅的公司，它在 6 個月後能生產出陰極銅（一種精煉銅）10 000 噸。當前陰極銅的市場價格為 14 200 元/噸，而且最近的銅價格一直處於下跌之中。該公司擔心銅價會一直下跌，如果 6 個月後的銅價跌破 13 000 元/噸時，該公司將無法實現預定的最低目標利潤。那麼，如何才能使該公司避免因市場銅價格的下跌而遭到的損失，至少保證該公司完成最低目標利潤？

答案是賣出 6 個月後到期的金屬銅期貨合約 2 000 手（1 手 5 噸）。假設當初賣出 1 份期貨合約的價格為 13 500 元/噸，到了 6 個月後，現貨市場的銅價格是 12 500 元/噸。對於義成公司來說存在兩種結束期貨合約的方式。一種是到期現貨交割，即在 6 個月後，按照當初賣出期貨合約時的約定以 13 500 元/噸的價格賣出生產出來的銅。這樣，儘管現貨市場上銅的價格跌至 12 500 元/噸，但由於當初賣出了期貨合約，因此仍然能夠以 13 500 元/噸的價格賣出銅，實現套期保值。

義成公司也可以到期買進期貨合約進行對沖平倉以實現套期保值的目的。如果現貨交割不方便且費用高，那麼該公司可以直接在現貨市場上按照 12 500 元/噸的價格賣出銅，同時買入期貨合約對沖持有的期貨空頭。由於是在交割時刻，此時期貨價格與現貨價格一致，因此買進期貨合約的價格也是 12 500 元/噸。這樣，在期貨市場上就賺取了 13 500 - 12 500 = 1 000 元的收益，剛好抵消了現貨市場的損失，一樣實現了套期保值。

例 4.2（多頭套期保值） 某廠商以白銀為主要生產要素，需要定期買入大量白銀，並且估計在未來兩個月需要白銀 50 000 盎司，此時白銀的市場價格是 1 052.5 美分/盎司。該廠商擔心白銀價格突然上漲到超過 1 068 美分/盎司，這將嚴重影響廠商獲利。於是，該廠商進行如下操作：5 月份買進白銀期貨合約，期貨價格為 1 068 美分/盎司，7 月份期貨合約到期時按現價 1 071 美分/盎司的價格（到期時期貨價格等於現貨價格）賣出相同數量的期貨合約對沖 5 月份的期貨多頭，期貨市場上獲利 1 071 - 1 068 = 3 美分；到期時，在現貨市場按照 1 071 美分/盎司買入白銀，損失 1 071 - 1 068 = 3 美分。損益互補，實現了按照 1 068 美分/盎司的價格購買白銀的目標。

廠家為什麼不以 1 052.5 美分/盎司的價格現在買入白銀然後存貯兩個月待用呢？因為期貨與現貨的差價 15.5 美分不足以彌補存儲成本。另外，即使以 1 068 美分/盎司的價格買進 7 月份白銀，廠商還是可以有不錯的利潤。

例 4.3（跨期套利） 某期貨經紀公司發現鄭州商品交易所明年 1 月小麥合約和 5 月小麥合約之間的差價有點不正常。1 月合約的價格為 1 140 元/噸，5 月合約的價格卻為 1 245 元/噸，5 月合約要比 1 月合約高過 105 元。這不是因為 5 月小麥的質量比 1 月小麥好而受到人們青睞，而是人為交易因素造成的。

該公司認為這種不正常的差價會隨著現貨交割日期的臨近而回歸正常，於是進行以下操作：在 10 月 30 日以 1 140 元/噸的價格買進明年 1 月合約，以 1 245 元/噸的價格賣出明年 5 月合約。而到了臨近 1 月合約交割的 12 月 31 日時，1 月合約價格下跌至 1 120 元/噸，而 5 月合約下跌至 1 180 元/噸，兩者差價縮小至 60 元。此時，該公司賣出1月合約，同時買進5月合約進行平倉。該公司的盈利情況爲：1月合約的利潤＝1 120－1 140＝－20元/噸，5月合約的利潤＝1 245－1 180＝65元/噸，總的獲利＝65－20＝45元/噸。

六、中國商品期貨市場的發展及問題

現在中國期貨行業整體來說已較爲規範，主要市場參與力量逐漸走向機構化、專業化道路，產業客戶也逐漸參與到期貨市場來規避風險，期貨市場逐漸發揮其服務產業、支持實體經濟發展的功能。中國期貨市場的發展突飛猛進，後發優勢明顯。目前中國商品期貨市場有如下幾個基本特徵，即合約標準化、場內集中競價交易、保證金交易、雙向交易、對衝瞭解、當日無負債結算。中國商品期貨市場也借鑒了發達國家成熟市場的大戶報告制度、限倉制度等。雖然中國商品期貨市場在短短20多年內取得了巨大成就，但仍然存在許多阻礙商品期貨市場發展的問題。總體來說有如下幾點：

（一）可交易品種較少，新品種上市進度緩慢，品種無退市機制

目前國內商品期貨品種較之前已豐富了很多，但總體可交易品種仍舊不多，不僅使得相應現貨市場參與者沒有對沖標的，而且造成已上市品種無法構築一些對衝套利頭寸，增加商品期貨市場的投機性質。目前中國的品種上市採取審批制，整個過程手續繁雜、耗時耗力，新品種的上市變得無比艱難。特別是遇到一些利益糾葛及矛盾時，新品種的上市變得更加遙遙無期。例如，在能源化工板塊，原油期貨至今都還沒上市。除此之外，中國商品期貨市場尚無品種退市機制。對於一些得不到市場認同和不適合市場發展的品種，如燃料油、纖維板、膠合板等非常缺乏流動性的品種，應該建立一套合理的退市機制予以優化配置。

（二）市場參與主體以國內投資者爲主，對外開放性不夠

目前中國商品期貨交易所的參與力量主要爲境內投資者，境外投資主體有限。我國的商品期貨交易市場如果無法吸引國際主流機構參與市場交易，那麼中國商品期貨市場形成的價格受到國際市場認可的程度就低，國際定價能力就弱。通過引進國際投資主體參與國內期貨交易，可以發揮中國商品期貨市場在國際大宗商品市場的影響力，構築多品種、跨市場的套利模式，與國際市場的價格體系有效連接，規避國際市場價格大幅波動對國內商品價格的巨大衝擊，讓國內產業客戶在面對國際市場價格大幅波動時，有一個可以對衝的機制和選擇，爲國內的產業經濟建立起一個價格保護墊與防火牆。除此之外，我們還可以借鑒國外成熟的機構投資者的先進經驗，學習其投研體系、風險管理等技術。

（三）產業客戶參與較少，期貨市場套期保值功能發揮有限

目前中國商品期貨市場的境內參與主體主要以機構投資者資、現貨貿易商、個人投者爲主，產業客戶的參與程度在不同板塊之間占比差距較大，而且產業客戶對商品期貨的認知水平也非常不一致，走在市場前列的較爲成熟的產業人士能正確認識期貨市場的價格發現功能與套期保值功能，積極參與到商品期貨交易市場，爲其實體產銷

保駕護航，在控制風險的基礎上，取得了良好的經濟效益，這方面農產品板塊的產業客戶就做得最爲成熟。但有的產業客戶的參與程度就非常低，如能源化工板塊的產業客戶。商品期貨市場要實現良好的套利保持功能，必須鼓勵產業客戶積極參與市場，讓實體產業去引導和影響真實的價格走向。

(四) 期貨公司業務結構單一，創新不夠

期貨經紀業務是期貨市場、期貨交易的基礎力量。其數量、代表性和分布狀況是衡量期貨市場規模的重要指標，國外成熟的期貨市場的經紀公司業務範圍包括經紀、結算、場外交易、期權發售、基金管理、顧問服務、融資等。相比之下，我國期貨經紀業務較爲單一，主要集中在經紀、結算業務。近年來蓬勃發展的資管業務，也主要是通道業務，自主管理的規模占比很小，源於期貨公司專業投資顧問人才較爲缺乏。期權業務的缺失，使得我國的商品期貨市場還處於結構單一、對衝機制不完善的狀態。另外，期貨公司的業務對外開放性不夠，目前難以參與到國外期貨市場的經紀業務中（自身水平也有限），使得國內客戶參與國外市場時，利益保障程度較低。

(五) 市場監管仍舊不完善

中國商品期貨市場在 20 多年的發展中也醞釀出了一系列的法律法規來規範市場主體的交易行爲，但整個監管體系仍舊不完善，期貨法仍未正式出臺，行業協會雖然有自律管理的職責，但有時僅僅流於形式，對一些市場違法違規行爲的定義不明確、不清晰，容易導致市場參與主體進行一些"擦邊球"的交易行爲，並且事後還不會受到處罰。

第二節　外匯期貨

一、外匯期貨的概念

(一) 外匯期貨的定義

外匯期貨（Foreign Currencies Futures）是以特定的外幣爲合約標的的一種金融期貨，由合約雙方約定在未來某一時間，依據現在約定的比例以一種貨幣交換另一種貨幣。芝加哥商品交易所在 1972 年開辦了世界上第一個外匯期貨市場。外匯期貨是浮動匯率制的產物，它能有效地轉移匯率風險，也可以爲投機者所利用來進行外匯投機交易。目前世界上主要的外匯期貨交易所有芝加哥商品交易所、倫敦國際金融交易所、紐約證券交易所和 1984 年創立的新加坡國際貨幣交易所。

(二) 外匯期貨的特點

外匯投資交易中，具有避險功能的工具，並不只有外匯期貨一種。例如，遠期外匯交易也常爲人所用，但外匯期貨有許多優於遠期外匯的特點，使其成爲多數人選用的工具。根據外匯期貨的定義，我們可以總結出外匯期貨的如下特點：

1. 外匯期貨屬於有形商品

外匯期貨的交易品種貨幣是商品的一種特殊形式，仍然是有形的商品，有着實際的價值。這是外匯期貨合約和商品期貨合約一致的地方，同時也是它與股票指數期貨合約所不一致的地方。股票指數是人爲規定的指數點與貨幣的折算標準，並無具體的內容。

2. 外匯期貨合約代表匯價預測

外匯期貨合約代表交易雙方有關貨幣匯價變動方向的一種預測。因此，當交易一方買入或者賣出一份期貨合約時，它無須實際付出買入合約面值所標明的外匯，而只需支付手續費和保證金。合約生效後，如果當天收市的實際外匯期貨市價小於該期貨合約上標明的價格，則期貨合約的買方需支付差價，賣方獲得差價；反之，則買方受益，賣方虧損。

3. 外匯期貨價格實際上是預期的現貨市場價格

投機者希望期貨價格會朝預期的現貨市價移動，因此在投機者的參與下，現貨與期貨的差價會保持一定，即期貨的價格與現貨的價格呈同一方向變動，並且幅度大致相同。當兩者的變動幅度完全相同時，避險者可以完全規避價格變動的風險。事實上，由於預期因素的變化，兩者的變動幅度一般都有差異，因此利用外匯期貨交易並不能規避價格變動的全部風險，而只能迴避部分風險。

外匯期貨合約越接近交割日，現貨與期貨的差價越小，到交割日時，賣方可從現貨市場購入即期外匯，交給買方以履行交割的義務。因此，在外匯期貨合約最後交易日收盤時，現貨與期貨間的差價必等於零；否則，投機者就可以套取其間的利益。

二、外匯期貨的交易規則

外匯期貨爲標準化的合約，每個交易所對外匯期貨合約的交易幣種、數量、交割月份、地點等都作了統一規定。以國際上主要的外匯期貨合約爲例子，外匯期貨合約的具體規定如表4.2所示。

表4.2　　　　　　　國際上主要的外匯期貨合約（IMM）

	歐元	日元	加元	英鎊	澳元	瑞士法郎
通用代碼	EUR	JPY	CAD	GBP	AUD	SFR
交易單位	12.5萬歐元	1 250萬日元	10萬加元	6.25萬英鎊	10萬澳元	12.5萬瑞士法郎
報價	以1外幣等於多少美元表示					
最小變動價位	0.000 1（1點）	0.000 001（1點）	0.000 1（1點）	0.000 2（2點）	0.000 1（1點）	0.000 1（1點）
最小變動值	U$12.5	U$12.5	U$10	U$12.5	U$10	U$12.5
漲跌限制每份合約限制	200點 U$2 500	150點 U$1 875	100點 U$1 000	400點 U$2 500	150點 U$1 500	150點 U$1 875
交易月份	3月、6月、9月、12月					
交易時間	芝加哥時間上午7:00～下午2:00					
最後交易日	交割日期前第二個營業日的上午9:16（通常爲星期一）					
交割日	合約交割月份的第三個星期三					
交割地	結算所指定的各貨幣發行國銀行					

資料來源：黃海滄．期貨交易精要及案例［M］．杭州：浙江大學出版社，2005．

（一）交易幣種

目前，在期貨交易所進行外匯期貨交易的幣種主要包括英鎊、歐元、瑞士法郎、加拿大元、澳大利亞元、日元以及3個月期的歐洲美元等貨幣。

（二）交易單位

外匯期貨的交易單位都以各種貨幣的某一特定數量來表示。這一特定的數量由交易所根據各種標的貨幣同結算貨幣之間的某一正常的匯率指定。

（三）標價方式

外匯期貨統一以每種外幣折合多少美元標價，報價採取小數形式，小數點後一般是四位數（日元除外，雖然日元期貨也是四位數的形式報價，但實際上省略了兩位數。如果報價為0.513 6，則實際價格為0.005 136）。

（四）最小變動價位

外匯期貨的最小變動價位通常以一定的"點"（Point）來表示。所謂點，是指外匯市場所報出的外匯匯率中小數點之後最後一位數字。但是由於各種貨幣對美元的匯率中小數點以後的位數不同，因此同為一個點，不同的貨幣有不同的含義。在IMM，英鎊、加拿大元和澳大利亞元這幾種貨幣的1個點為0.000 1；對日元而言則是0.000 001。

外匯期貨的最小變動價位是指每一單位標的貨幣的匯率變動一次的最小幅度。這一最小幅度與交易單位的乘積便是每份外匯期貨合約的最小變動價位。

（五）每日價格波動限制

外匯期貨的每日價格波動限制，一般也是以一定的點數來表示的。但是需要注意的是，不同貨幣點數的含義不同，因此外匯期貨的每日價格波動限制不能根據點數的絕對值來比較大小。還應注意的是，IMM對各種外匯期貨規定的每日價格波動限制只適用於開始後的15分鐘，15分鐘以後就不再有任何限制。

三、影響外匯期貨價格的因素

外匯期貨的價格與人們對未來交付時的某種外匯的匯率預期有關，影響人們對匯率的預期的因素主要包括對價格變動的預期、一國國內經濟因素、一個國家的國際貿易和資本餘額、一國的政府政策和國內政局等。

（一）對價格變動的預期

對價格的變動的預期本身也會影響一國的外匯市場。例如，在英國進入歐共同市場之前，人們預期英鎊在1972年年底將貶值，因此早在那年年初，外匯市場就按照預期的方向發生了變化，迫使英國政府在那年夏天實行了浮動匯率。相似地，人們預期在1976年後半年墨西哥比索將貶值，這種預期必然影響外匯市場，使得外匯市場比預期時間早幾個月就按照預期變動的方向進行了調整。到1976年9月1日，墨西哥比索已經貶值了大約40%。

(二) 國內經濟因素

在分析外匯期貨價格的決定時，不僅要對每個國家進行單獨研究，而且應該對它們作出比較研究。衡量一國經濟狀況好壞的因素主要如下：

(1) 一國國內生產總值的實際增長率（指扣除了通貨膨脹影響的增長率）。穩定的增長率表明了一國經濟的健康發展。

(2) 貨幣供應增長率和利息率水平。它是影響未來經濟發展狀況的因素，短期內，利息率的變動會引起資本的流動，而資本的流動又會直接影響對該國貨幣的需求。

(3) 通貨膨脹率。通貨膨脹率的不同是影響一國貨幣匯率的又一重要因素。由於通貨膨脹的最終結果是削弱該種貨幣的購買力，所以若其他國家沒有經歷相同幅度的通貨膨脹，那麼該種貨幣就會貶值，匯率就會下降。

(4) 一國的物價水平影響着該國的進出口。例如，在國際市場上，對一些美國和日本都能生產的商品，由於日本物價比美國低，就會減少日本對美國的出口，增加美國對日本的進口，從而導致美國的貿易逆差，進而影響外匯市場。

(三) 一個國家的國際貿易和資本餘額

(1) 從長期來看，決定一國貨幣匯率的最重要的因素是這個國家的貿易餘額，它反應出該國進出口商品的相對價值。若出口額大於進口額，即存在貿易順差時，該國貨幣則很堅挺；若出口額小於進口額，即存在貿易逆差時，該國貨幣就會疲軟。

(2) 一個國家的官方貨幣儲備也影響着該國貨幣的匯率變化。官方貨幣儲備一般包括黃金儲備、國際貨幣基金帳戶上的特別提款權儲備和外國貨幣儲備等。當出現貿易順差時，官方儲備就會增加，而當出現貿易逆差時，官方儲備就會減少。

(3) 一個國家的資本餘額也影響着該國貨幣匯率的變化。資本餘額包括直接的外國投資和短期投機資金餘額。由於世界金融體系的發達，資金幾乎可以在世界任何地方流動。一方面，資本的流動主要受短期利息率的影響；另一方面，資本的流動又對短期匯率的變化產生巨大的影響。

(四) 政府政策和國內政局

政府可以通過採取促進或者妨礙該國的國際貿易的政策影響該國貨幣的匯率，如進口稅政策、負利息率政策、禁止通商政策等。

國內政局是否穩定也會影響該國貨幣的匯率。即使在一個很穩定的發達國家，總統的換屆選舉也會影響該國的外匯市場，事實上，很多經濟政策的變化包括貨幣的升值或貶值，經常都與下一屆總統的選舉有關。此外，政黨力量的變化也會經常影響該國的經濟發展。

四、外匯期貨的應用

例4.4 假設美國人大衛準備6月份到中國旅遊，為期6個月。他預計此次旅行將花費100,000元人民幣。為防止屆時人民幣升值而使他多支付美元，他便在IMM買進了6月份交割的人民幣期貨合約，匯率為1：8.134（1人民幣等於0.123美元）。到了

6月1日他準備啓程，在外匯市場上以美元買進100,000元人民幣，可那時人民幣匯率已經漲到了1:7.5（1人民幣等於0.133美元）。這樣他爲買進100,000人民幣多支付了1,000美元。這就是因爲人民幣升值而使他在現貨市場蒙受的損失。萬幸的是，由於他提前按照原來的匯率買進了人民幣期貨合約，現在他可以賣出合約，從中賺取1 000美元的收入。這樣，他在現貨市場蒙受的損失正好通過期貨市場的收益抵補，從而避免了匯率波動的風險。這一過程可以用表4.3來表示。

表4.3　　　　　　　　　　　　外匯期貨多頭的套期保值

日期	現貨市場	期貨市場
1月20日	計劃於6月啓程，預計花費100 000元人民幣，按照目前匯率0.123，需支付12 300美元	買進6月份交割的人民幣外匯期貨合約，匯率爲0.123。合約總成本是12 300美元
6月1日	人民幣即期匯率升至0.133，買進100 000元人民幣，支付了13 300美元	賣出人民幣期貨合約，匯率爲0.133，合約總值13 300美元
盈虧	12 300 - 13 300 = -1 000美元	13 300 - 12 300 = 1 000美元

例4.5　中國某貿易公司於3月10日跟德國公司簽訂了絲綢出口合同共值625萬歐元，約定在當年的12月10日德國公司以歐元支付貨款，貿易公司準備收取這筆貨款後換成美元支付給另一家公司作爲購買紡織設備的資金。3月10日期貨市場匯率是1美元 = 2.5歐元。在這個案例中，貿易公司收進的是歐元，還要換成美元，中間還有9個月的時間差，因而存在匯率波動的風險，即擔心歐元貶值，美元升值。此貿易公司決定用外匯期貨來保值。

它可以在3月10日時，在外匯期貨市場上賣出10份歐元期貨合約（假定每份期貨合約金額爲62.5萬歐元），匯率爲1美元 = 2.5歐元，交割期爲12月10日，到了12月10日如果歐元升值，比如說匯率變爲1美元 = 3歐元，則在現貨市場上625萬歐元只能換成208.33萬美元，按3月10日的匯率損失了625/2.5 - 208.33 = 41.67萬美元。但是由於進行了外匯期貨空頭套期保值，因此在期貨市場上的盈利可以彌補現貨市場的損失，具體操作過程如表4.4所示。

表4.4　　　　　　　　　　　　外匯期貨空頭的套期保值

日期	現貨市場	期貨市場
3月10日	計劃於12月收到625萬歐元，按照目前匯率1美元 = 2.5歐元，到時可以得到250萬美元	以1美元 = 2.5歐元的匯率賣出價值625萬的歐元期貨合約，預計到期可以收到250萬美元
12月10日	收到625萬歐元，市場匯率變爲1美元 = 3歐元，只能收到208.33萬美元	以1美元 = 3歐元的匯率買進價值625萬的歐元期貨合約，收到208.33萬美元
盈虧	208.33 - 250 = -41.67萬美元	250 - 208.33 = 41.67萬美元

五、中國外匯期貨的發展現狀

1992 年 7 月，上海外匯調劑中心建立了中國第一個外匯期貨市場，進行人民幣兌換美元、日元、英鎊、德國馬克和港元的外匯期貨交易。但是由於當時外匯的現貨市場還不成熟，匯率沒有市場化，監管制度和體系不夠完善等原因，中國人民銀行總行和國家外匯管理局在 1996 年 3 月 27 日最終宣布《外匯期貨業務管理試行辦法》完全失效並加以廢止。

2005 年，我國對人民幣匯率形成機制進行了改革，從長期近乎固定的匯率向有管理的浮動匯率轉變，人民幣匯率雙向波動浮動增大。同時，隨著人民幣國際化的進程加快，特別是 2016 年 10 月 1 日人民幣正式加入國際貨幣基金組織（IMF）特別提款權（SDR）貨幣籃子，人民幣國際化進程邁出關鍵一步。在此情況下，各經濟主體對人民幣外匯期貨交易的需求逐漸增大。海外交易所紛紛推出人民幣外匯期貨產品，離岸人民幣外匯市場快速發展，倒逼中國加快發展境內的人民幣外匯期貨市場。截至 2015 年 8 月，全球範圍內已經有 8 個國家或地區的交易所上市了人民幣外匯期貨。其中，包括美國芝加哥商品交易所（CME）、CME 歐洲交易所、新加坡交易所、香港交易所、臺灣期貨交易所、南非約翰內斯堡證券交易所、巴西商品期貨交易所和莫斯科交易所。具體品種既有人民幣兌美元匯率期貨，也有人民幣兌本地幣種匯率期貨。目前我國人民幣外匯衍生品場內場外發展失衡，人民幣外匯場外衍生品發展較成熟，我國於 2005 年、2006 年和 2011 年在銀行間市場先後推出了人民幣遠期交易、人民幣外匯掉期交易和場外人民幣外匯期權。近十年來，人民幣場外衍生品的交易規模日趨龐大，但是在國內人民幣外匯期貨或場內期權還是空白。現在我國推出外匯期貨的條件已經基本成熟，中國金融期貨交易所正在爲此進行積極的準備，相信不久的將來，人民幣期貨就會在國內市場出現。

第三節　利率期貨

一、利率期貨的概念

利率期貨（Interest Rates Futures）是指標的資產價格依賴於利率水平的期貨合約，如長期國債期貨、短期國債期貨和歐洲美元期貨等。利率期貨交易是指在有組織的期貨交易所中，通過競價方式形成的在未來某一時間買賣債券的交易合約。

由於可以作爲利率期貨標的物的利率相關商品（亦即各種債務憑證）的種類很多，所以利率期貨的種類很多。一般來說，按照標的物的期限長短不同，利率期貨可以分爲由短期固定收入證券衍生出來的短期利率期貨和由長期固定收入證券衍生出來的長期利率期貨兩大類。

二、短期利率期貨的種類和交易規則

短期利率期貨是指期貨合約的標的物的期限不超過 1 年的各種利率期貨，也就是

以貨幣市場的各種債務憑證作爲標的物的利率期貨,如各種期限的商業票據期貨、短期國庫券期貨以及歐洲美元定期存款期貨等。

(一) 短期國庫券期貨 (Treasury Bills 或 T－Bills)

短期國庫券期貨是交易最活躍的利率期貨之一。短期國庫券既是廣義上的商業票據 (Commercial Paper) 的一種,又是由各國政府出面發行的期限最短、到期可以依面額清償的一種融通票據。它的期限短,流動性強,具有最活躍的二級市場。短期國庫券以拍賣的方式折價發行,一般每周進行一次拍賣,其到期時間通常是 91 天;同時,短期國庫券並無利息或者利率的記載,是純折現工具,其折現率通常以 360 天計算。

國庫券期貨以 91 天的短期國庫券交易較多,但期貨合同也允許 90 天或者 92 天的短期國庫券進行交易,不過期貨合同的價格總是用 90 天期的短期國庫券來報價。利息基期按 360 天爲基準計算,發行價＝面值－折扣利息金額。其中,折扣利息金額＝面值×期限/360×年折現率。

在美國,標準的短期國庫券期貨合約面值爲 100 萬美元,最小價格變動幅度爲年利率一個百分點的 1%,稱爲一個基本點,價值 25 美元 (100 萬美元×0.01%×90/360)。不同的交易所規定的每日限價也不完全相同,芝加哥期貨交易所爲 60 個基本點 (1 500 美元),紐約期貨交易所爲 100 個基本點 (2 500 美元)。

3 個月期國庫券期貨合約如表 4.5 所示。

表 4.5　　　　　　　　　　IMM 3 個月期國庫券期貨合約

交易單位	1 000 000 美元面值的短期國庫券
最小變動價位	0.01
最小變動值	25 美元
每日交易限價	0.60,即每張合約 1 500 美元
合約月份	3 月、6 月、9 月、12 月
交易時間	芝加哥時間 8:00～14:00
最後交易日	交割日前一天
交割日	交割月份中 1 年期國庫券尚餘 13 週期限的第一天
交割等級	還剩餘 90、91 或 92 天期限,面值爲 1 000 000 美元的短期國庫券

短期國庫券期貨以指數的形式報價,具體報價方式爲 100 減去短期國庫券利率 (貼現率),得出的指數便是短期國庫券期貨的價格。這一報價方式爲 IMM 首創,亦稱 IMM 指數。例如,假設某一短期國庫券期貨合同的標的折現率爲 8.25%,則其貼水爲 8.25,這一合同的 IMM 指數就是 100－8.25＝91.75。指數與利率期貨合約的價值成正比,指數越高,合約價值相應越大;反之,指數越低,合約價值越小。

然而,它並不是合同交易的真正價格,實際上,每 100 美元的期貨價格是用如下公式計算的:$f = 100 - (100 - \text{IMM 指數}) \times (90/360)$

在上例中,IMM 指數爲 91.75,$f = 100 - (100 - 91.75) \times (90/360) = 97.937\ 5$,則

合同的價格爲979,375美元 (標準合同的面值 1,000,000×97.937 5%）

若IMM指數上升到91.76，則期貨價格將是979,400美元。這樣，利率期貨的交易者在期貨價格出現變動時，能迅速知道其手持利率期貨合約價值的變動情況。

短期國庫券期貨合約的到期月份爲3月、6月、9月和12月，最後交易日是當月第三個星期短期國庫券發行日之前的工作日，交割可在最後交易日的第二天或在此後的到期月份的任何一天進行。

(二) 歐洲美元期貨

歐洲美元定期存款單期貨是短期利率期貨中交易發展最快的利率期貨，其標的資產是自期貨到期日3個月期的歐洲美元定期存款。所謂"歐洲美元存款"，是指存放於美國境外的非美國銀行或美國銀行境外分支機構的美元存款，其利率是3個月期的倫敦銀行同業拆借利率（London Interbank Offered Rate，LIBOR）的美元利率。由於歐洲美元不受美國法律的限制，歐洲美元期貨的交易十分活躍，交易量迅速超過了作爲第一個短期利率期貨的短期國庫券的交易量。

歐洲美元期貨合約的面值是100萬美元，報價是以（100－期貨利率×100）給出的，即以IMM指數法報價。不過，歐洲美元期貨合約是用現金結算的，最後交易日的結算價格是芝加哥商業交易所的清算所決定的LIBOR利率，合約到期時間爲3月、6月、9月、12月直到10年，最後交易日是當月第三個星期三之前的第二個倫敦工作日。此外，還有30天歐洲美元利率的期貨合約。

3個月期歐洲美元利率期貨合約如表4.6所示。

表4.6　　　　　　　　IMM 3個月期歐洲美元期貨合約

交易單位	1,000,000 美元
最小變動價位	0.01
最小變動值	25 美元
合約月份	3月、6月、9月、12月
交易時間	芝加哥時間 8:00～14:00
最後交易日	交割日前一天
交割日	交割月份第三個周三之前第二個倫敦銀行交易日
結算方式	現金結算

短期國庫券與歐洲美元的主要區別還在於對它們的利率有着不同的解釋。短期國庫券是一個折現工具，而歐洲美元是一種升水工具。因此，歐洲美元的利率通常比短期國庫券的利率要高。

(三) 商業票據期貨

商業票據期貨是一種以商業票據爲交易對象的短期利率期貨。商業票據是一些大公司爲籌措短期資金而發行的無擔保本票，期限一般都少於270天，最常見的期限是30天。這種信用工具沒有發行公司的任何資產作爲保證，安全性不高，但由於發行公司的信譽不同，其信用也有高低之分。

1977 年，90 天期的商業票據期貨開始在芝加哥交易所掛牌上市。1979 年，30 天期的商業票據期貨也開始在芝加哥交易所掛牌上市。根據統一規定，30 天期的商業票據期貨合約的基本交易金額為 100 萬美元。這兩種期限的商業票據期貨合約所代表的商業票據都必須經標準普爾公司和穆迪公司予以資信評級。

（四）港元利率期貨

港元利率期貨是以香港同業拆放利率為交易對象的利率期貨。其標的物是面值 100 萬港元的 3 個月香港同業拆放利率，交易期限為 3 個月、6 個月、9 個月、12 個月，最長期限可達 2 年。同其他短期利率期貨一樣，港元利率期貨也以貼現的方式報價，即報價數為 100 減去市場利率。例如，3 個月香港同業拆放利率為 7%，則報價為 93.00，若利率上升到 10%，報價為 90.00。利率越高，報價越低。

港元利率期貨的最低價格變動幅度為一個基本點，即 25 港元（100 萬港元 × 0.01% × 3/12），每日限價為 125 點，但當某一日交易因達到限額而收市時，隨後 3 個營業日放寬到 250 點。保證金為 3,000 港元，當波幅超過保證金的 75%，即已損失 90 點時，需追加保證金。當日交割的每份合約的佣金為 30 港元，非當日交割的每份合約的佣金為 50 港元。港元利率期貨也以現金進行交割。

（五）定期存單期貨

定期存單期貨是以定期存單為交易對象的利率期貨。定期存單是一種存在銀行的固定利率的定期存款，是一種可轉讓的資金收據，它在 20 世紀 60 年代出現後就以其不到期便可轉讓的特點吸引了大批的公司存款和銀行的短期資金。目前，定期存單已是一種十分重要的信用工具，在金融市場上占據了相當的份額。

定期存單的期限為 30 天到 90 天不等，面值為 10 萬到 100 萬美元不等。定期存單到期的年利率以 360 天為基礎計算，出售時以面值為準，到期時一並償還本金和利息。一張定期存單的價值就是其面值加上利息。

定期存單期貨合約交易始於 1981 年 7 月，可在芝加哥交易所國際貨幣市場和紐約期貨交易所進行。但是由於交易商對定期存單本身的信用沒有把握以及歐洲美元期貨的崛起，定期存單期貨交易很快就減少了。

三、短期利率期貨的應用

例 4.6 某化工企業，其原材料需要從國外進口。2000 年 11 月，該公司在做 2001 年財務預算時，預計公司在 2001 年 5~12 月由於進口原材料而需要向銀行借款 200 萬美元，假設該公司可以直接使用美元貸款和還款，不考慮匯率問題。該公司應該如何避免美元利率波動的影響，把半年後的貸款利率固定下來？答案是該公司可以在短期利率期貨市場上賣出一個利率期貨（相當於以固定利率借款）。

例 4.7 假定某投資管理者在歐洲市場上連續地進行英鎊的短期投資，直至與長期投資的戰略目標相吻合為止。2 月 18 日（星期一），該投資者以為，英鎊利率在年底將會下跌。他希望對這種預期的利率下跌進行保值，並希望在年底以前進行一筆規格為

2 500 萬英鎊的投資。當前（2月18日）現貨市場和期貨市場利率標價爲：英鎊的3個月LIBOR爲13.125%，12月份期貨價格是89.58。我們知道12月份的歐洲英鎊期貨合約價格爲89.58，由此可知12月份3個月期的利率水平爲10.42%，與2月份時通行的市場3個月期利率13.125%相比低了許多。在這種情況下，現實市場的利率將下降，該投資者的看法與市場表現一致。因此，該投資者買入50份12月份歐洲英鎊合約（每份合約的交易單位或名義本金爲50萬英鎊，以防市場利率跌得更低）。通過這樣的交易他可以確保2 500萬的投資回報固定在10.42%的水平上。

四、長期利率期貨的種類及交易規則

所謂長期利率期貨，是指期貨合約標的物的期限超過1年的各種利率期貨，即以資本市場的各種債務憑證作爲標的物的利率期貨。在美國，主要的長期利率期貨交易的標的物有四種：長期國債期貨、中期國債期貨、房屋抵押債券期貨和市政債券期貨。

（一）長期國債期貨

長期國債期貨（T-Bond）是以長期國債作爲交易對象的利率期貨。美國的長期國債是美國財政部爲籌集長期資金而向公衆發行的，其本質與中期國債一樣，兩者的區別僅在於期限的長短不同。長期國債的期限從10年到30年不等。從1981年起，20年期的國債每季度出售一次，30年期的國債每年不定期出售三次。美國的長期國債由於具有富於競爭性的利率、保證及時還本付息的信譽、市場流動性強等特點，因此每一次拍賣都可從國內外籌集到數千億美元的巨額資金。

1977年，芝加哥商業交易所開始長期國債期貨合約的交易，此後一直被認爲是最成功的利率期貨交易品種之一。這種期貨的基本交易單位爲面值10萬美元、收益率爲8%的長期國債。其期限是從期貨合約交易日算起，至少15年到期，最低價格波動幅度是31.25美元，交易月份爲3月、6月、9月和12月。

長期國債期貨合約如表4.7所示。

表4.7　　　　　　　　　　長期國債期貨合約

交易單位	100,000美元面值的長期國債
最小變動價位	1/32
最小變動值	31.25美元
每日交易限價	0.03，即每張合約3,000美元
合約月份	3月、6月、9月、12月
交易時間	芝加哥時間周一至周五7:00~14:00；晚場交易周一至周四17:00~20:30
最後交易日	交割月份最後營業日前7個營業日
交割等級	剩餘期限或不可贖回期至少爲15年的長期國債
交割方式	聯儲電子過戶簿記系統

長期國債期貨的報價方式與短期利率期貨的報價方式不同，採取價格報價法，而不採取指數報價法。長期國債期貨以合約規定的標的債券爲基礎，報出其每100美元面值的價格，並且以1/32爲最小報價單位。例如，標的物爲標準化的期限爲20年、息票利率爲8%的美國長期國債的期貨合約，若期貨市場報出的價格98－22，則表示每100美元面值的該種國債的期貨價格爲 $P = 98 + 22/32$，若以小數點來表示，則爲98.6875美元。

在長期國債期貨的交割日，現貨市場上總是有着數十種可供期貨合約賣方選擇的可交割債券，交易所的結算單位將根據賣方所選擇的交付債券確定買方應支付的發票金額。然而，由於各種可交割債券在現貨市場的相對價格與它們在期貨市場的相對價格往往不太一致，因此在實際交割時，期貨合約的賣方可以在這數十種可交割債券中選出一種對其最爲有利的債券用於交割，這就是最便宜可交割債券的概念。所謂最便宜可交割債券（Cheapest－to－delivery Bond），是指發票價格[1]高於現貨價格最大或低於現貨價格最小的可交割債券，換句話說，最便宜可交割債券是相對於發票價格而言的，其現貨價格最低的可交割債券。期貨合約的賣方選用這種債券交割可獲得最大的利潤或發生最小的損失。

(二) 中期國債期貨

中期國債期貨（T－Note）是以中期國債作爲交易對象的利率期貨。美國政府的中期國債是財政部以面值或相近價值發行的，在償還時以面值爲準，其期限爲1～10年不等。和短期國庫券一樣，中期國債由聯邦儲備委員會以拍賣方式出售，以政府的信用作爲擔保。但不同的是，中期國債不按折扣價發行，而是以面值或相近的價格發行，償還時以面值爲準。另外，其付息方式是在債券期滿之前，每半年付息一次，最後一筆利息在期滿之日與本金一起償付，而短期國庫券的利息是在還本時一次付清。

中期國債期貨合約交易始於1979年，由芝加哥期貨交易所和國際貨幣市場同時推出。現已開辦的中期國債期貨合約交易主要有3～4年期、4～6年期和10年期。

(三) 房屋抵押債券期貨

房屋抵押債券期貨是以房屋抵押債券作爲交易對象的利率期貨。房屋抵押債券是以房屋抵押方式，允許經批準的銀行或金融機構發行的一種債券。它是一種標準化的、流通性很好的信用工具，平均期限在12年左右，最長可達30年。房屋抵押債券期貨合約是最早作爲利率期貨進行交易的標準化合約，1975年10月由芝加哥商業交易所開辦，在此之後，其他各種利率期貨才相繼進入期貨交易所。

房屋抵押債券期貨交易的基本單位是面值爲10萬美元、息票收益爲8%的房屋抵

---

[1] 國債期貨合約交割時，賣方要向買方支付可交割債券，買方也要向賣方支付一定的金額。由於賣方選擇用於交割的券種和交割時間不同，買方向其支付的金額也有差別。買方接收每百元面額國債，支付給賣方的實際金額稱爲發票價格。發票價格由兩部分組成，一部分是由期貨價格和轉換因子決定的金額，另一部分是該債券交割時的應計利息。國債期貨交割時發票價格的計算公式爲：

發票價格 ＝ 期貨價格×轉換因子＋應付利息

押債券。這種期貨合約的交易月份為3月、6月、9月和12月，合約價格的最小波動幅度為1個百分點的1/32，即31.25美元。

（四）市政債券期貨

市政債券期貨是以市政債券作為交易對象的利率期貨。市政債券是由美國各州或市等地方政府為籌集各種不同目的的資金而發行的一種長期債券工具。市政債券不同於其他債券之處是這種債券的持有人在收取利息時可免除聯邦稅收，其中一些種類的債券持有人甚至可以免納州、市稅款。不過，由於發行者各自的信用狀況不同，市政債券的安全性也有很大差別。

從類別上分，市政債券主要有兩種：由發行方的稅收和信貸作保的一般義務公債和為資助某些特殊用途的建設項目而發行的收入公債。這種收入公債不由州、市等地方政府作擔保，償還這種公債所需的款項來自於這些建設項目的收益。

由於市政債券的種類繁多、面值不同，期限差別也非常大，因此對於要求標準化、規範化的期貨交易而言，市政債券作為金融期貨進行交易的進程就不如美國政府債券期貨那樣順利。為了交易的順利進行，芝加哥交易所創造了一種"市政債券指數"，這種指數是通過每天選擇有代表性的50種長期市政債券經計算而得出的。芝加哥交易所於1985年正式運用市政債券指數進行市政債券期貨合約交易。可見，市政債券期貨交易的標的物並不是哪一種市政債券，而是市政債券指數。所以說，市政債券期貨實際上應該稱為市政債券指數期貨。因此，其在交割時與股票指數期貨一樣，以現金交付，並無具體的債券實物經手。

五、中國國債期貨市場的發展及問題

1992年12月28日，上海證券交易所（以下簡稱上交所）首次設計並試行推出了12個品種的期貨合約。上交所認為通過金融工具創新，能夠帶動國債市場的發展，從此拉開了我國金融期貨品種上市交易的序幕。隨後，北京商品交易所、鄭州商品交易所等十幾家交易所陸續推出了國債期貨。

由於受到國債現貨市場及整個金融資本市場發展的限制，國債期貨交易初期較為冷清。1993年7月10日，財政部頒布了《關於調整國庫券發行條件的公告》（以下簡稱《公告》）。《公告》稱，在通貨膨脹居高不下的背景下，政府決定將參照人民銀行公布的保值貼補率給予一些國債品種保值補貼。國債收益率開始出現不確定性，國債期貨市場的炒作空間擴大了。1994年10月以後，中國人民銀行提高3年期以上儲蓄存款利率和恢復存款保值貼補，國庫券利率也同樣保值貼補，保值貼補率的不確定性為炒作國債期貨提供了空間，大量機構投資者由股市轉入債市，國債期貨市場行情火爆。然而，事實是，國債期貨市場逐步演化成超級機構運用巨資相互抗衡以攫取巨大投機利潤的沃土。終於，在1995年2月23日發生了國債期貨惡意炒作的"327風波"和隨後的"319風波"，加之各交易所發生的不正常的交易狀況終於促使中國證監會於1995年5月18日發布了《關於暫停國債期貨交易試點的緊急通知》，結束了國債期貨的試點。

雖然國債期貨試點失敗了，但是也產生了一定的積極意義。國債期貨的巨大成交量和較強的流動性，帶動了整個國債市場的發展。

第一，促進了國債現貨市場的發展。統計資料顯示，國債期貨推出前的1993年1～5月，國債現貨成交總額爲21億元，日成交0.19億元；國債期貨推出後的1994年同期國債現貨成交總額達到378億元，日均成交3.74億元，分別是前者的18.5倍和19.7倍，大大提高了市場的流動性。

第二，促進了國債價格的發現。國債期貨推出後，對現貨的價格帶動明顯，市場中以1992年5年期爲代表，國債現券從1994年1月開始走出長期滯留的面值最低谷，並在隨後一年出現了25％的升幅。一些合約價格得到了正常發現，國債期貨市場價格發現爲中國國債發行規模、年收益的確定、期限結構安排等都提供了決策依據。

隨著中國宏觀經濟的高速發展，作爲國債期貨市場依託的國債現貨市場得到了長足的發展，加之利率市場化進一步深化，爲恢復國債期貨創造了條件。

在國債期貨停止交易18年之後，2013年8月30日，中國證監會批準中國金融期貨交易所5年期國債期貨合約（見表4.8）於2013年9月6日上市。2015年3月20日，10年期國債期貨成功上市，國債期貨市場由此實現了從單品種到多品種的突破。目前，總體來看，國債期貨市場成交持倉顯著增加，價格震蕩上行，期、現緊密聯動，交割平穩順暢。但是，國債期貨市場的發展是一個長期培育、逐步推進的過程。中國國債期貨剛剛起步，雖然市場功能得以逐步發揮，但是與海外成熟國債期貨市場和中國債券現貨市場相比，還存在較大差距。2015年，中國國債期貨日均成交量僅爲美國國債期貨的0.9％，中國國債期貨日均成交額僅爲利率債現貨的12％。爲滿足現貨市場發展要求，提升國債期貨服務債券市場和國民經濟的功能，需進一步推動國債期貨健康持續發展。

表4.8　　　　　　　　　　　　5年期國債期貨合約

合約標的	面值爲100萬元人民幣、票面利率爲3％的名義中期國債
可交割國債	合約到期月首日剩餘期限爲4～7年的記帳式附息國債
報價方式	百元淨價報價
最小變動價位	0.002元
合約月份	最近的三個季月（3月、6月、9月、12月中的最近三個月循環）
交易時間	09:15～11:30，13:00～15:15
最後交易日交易時間	09:15～11:30
每日價格最大波動限制	上一交易日結算價的±2％
最低交易保證金	合約價值的2％
最後交易日	合約到期月份的第二個星期五
最後交割日	最後交易日後的第三個交易日
交割方式	實物交割
交易代碼	TF
上市交易所	中國金融期貨交易所

第四節 股票指數期貨

一、股票指數期貨的概念

(一) 股票指數期貨的定義

股票指數期貨（Stock Index Futures）是指期貨交易所同期貨買賣者簽訂的、約定在將來某個特定的時期，買賣者向交易所結算公司收付等於股價指數若干倍金額的合約。

(二) 股票指數期貨的特點

股票指數期貨一方面是期貨的一種，在期貨市場上進行買賣；另一方面由於它所買賣的是與股票有關的指標，又與股票市場有關。它的特點主要體現在以下幾方面：

1. 現金結算而非實物交割

這是股票指數期貨與其他形式的期貨之間的最大區別，它使得投資者未必一定要持有股票才能參與股票市場。一般來說，投資者在購買股票時經常遇到的難題就是雖然知道整個股票市場的總趨勢，但仍不能真正把握購買哪一種股票為好。這是因為雖然整個股市的走向可以預測，但個別股票的變化卻完全可能與之背離，從而造成投資者在股票投資上的風險或損失。股票指數期貨的出現正好解決了這一難題，它使得投資者參與了股票市場而又不必擁有股票，同樣獲利而又可以省去挑選股票所冒的風險。

股票指數期貨合約交易，實際上只是把股票指數按點數換算成現金進行交易。合約到期時，以股票市場的收市指數作為結算的標準，合約持有人只需交付或收取按購買合約時的股票指數的點數和到期時的實際指數的點數計算的點數差折合成的現金數，即可完成交收手續。這種結算方法避免了從股票市場上收集股票進行交收的繁瑣步驟，同時也省去了不少交易費用。不過，實際上，真正到期交收的合約只占整個股票指數期貨合約的 1%~2%，絕大多數股票指數期貨合約的持有者在合約期滿前就以對沖方式結束了手中的合約。

2. 高槓桿作用

股票指數期貨交易並不是當即實現，而是採用保證金的形式來進行。保證金只是交易金額的一小部分，約占總價值的10%。少量的保證金就可以進行大量數額的交易，這就產生了槓桿作用，使投資者可以以小本獲大利。在英國，對於一個初始保證金只有 2 500 英鎊的期貨交易帳戶來說，它可以進行的金融時報三種指數期貨的交易量可達 70 000 英鎊，槓桿比率高達 28：1。當然，這種以小本獲大利的買賣不僅存在大賺的可能性，而且也潛伏大虧的危險，一旦交易者的預測與市場的走勢相反時，這種情況就會發生。

3. 交易成本較低

相對於現貨交易而言，股指期貨交易的成本是相當低的。

股指期貨交易的成本包括交易佣金、買賣價差、用於支付保證金的機會成本和可能支付的稅項。例如，在英國，股指期貨合約是不用支付印花稅的，並且購買股指期貨只需要進行一筆交易，而想購買多種（如 100 種或者 500 種）股票則需要進行多筆、大量的交易，交易成本很高。而在美國，進行一筆股指期貨交易（包括建倉並平倉的完整交易）收取的費用只有 30 美元左右。據有關專家測算，股指期貨的交易成本僅為股票交易成本的 10%。

4. 市場的流動性較高

有研究表明，股指期貨市場的流動性明顯高於股票現貨市場。例如，在 1991 年，FTSE-100 指數期貨交易量就已達 850 億英鎊。

所以說，股票指數期貨是期貨市場與股票市場的共同產物，它既具備了期貨的特點，又包含了股票的特色。不過，正是由於股票指數期貨結合了兩者的特點，它與一般意義上的期貨和股票都有着很大的不同。

二、股票指數期貨的種類和交易規則

股票價格指數是用以表示多種股票平均價格水平及其變動並衡量股市行情的指標。在股票市場上，成百上千種股票同時進行交易，各種股票價格各異、價格種類多種多樣。因此，需要有一個總的尺度標準來衡量股市價格的漲落，觀察股票市場的變化。用股票價格平均數指標來衡量整個股票市場總的價格變化，能夠比較正確地反應股票行情的變化和發展趨勢。股票價格指數一般是由一些有影響的金融機構或金融研究組織編制的，並且定期及時公布。世界各大金融市場都編制相應股票價格指數，將一定時點上成千上萬種此起彼落的股票價格表現為一個綜合指標，代表該股票市場的一定價格水平和變動情況。

股票指數期貨簡稱股指期貨，是以股票市場的指數為標的資產的期貨。指數每變動一點時期貨價格變動的值稱為合約乘子，即一份期貨的價值等於指數的點數與合約乘子的乘積。股指期貨一般實行現金結算，結算金額等於合約交割日的基礎股票的指數結算點數與當初期貨價格點數的差值，與合約乘子的乘積。例如，一個投資者在 8 月 1 日以 8 000 點的價格購買了一份 9 月份到期的香港恒生指數期貨合約。到交割日，香港恒生指數收在 8 100 點，則收益等於結算的恒生指數點數與買入期貨的點數之差再乘以合約乘子 50 港幣/點，即 50×(8 100－8 000)＝5,000 港幣。下面介紹幾種主要的股票指數期貨合約及相關交易規則。

（一）標準普爾 500 股票指數期貨（S&P500 期貨）

標準普爾 500 股票指數是當今世界金融期貨主要的交易對象。S&P500 於 1923 年開始編制。1957 年，該指數包括了 500 種股票，其中工業股 400 種、公用事業股 40 種、交通運輸股 20 種、金融股 40 種。500 種股票基本上固定不變，如遇其中上市公司重組併購等事件，相應的股票要進行調整。標準普爾指數於 1982 年開始在芝加哥商業交易所進行期貨交易，當時該指數為 117。15 年後即 1997 年該指數上升為 900，期貨交易單位也從最初的每點 500 美元下調為每點 250 美元。該指數的基期為 1941—1943 年間

500 種股票的平均價格，並將其定爲 10。這樣，如果該指數爲 258.00，則意味着當前的 500 種股票價格爲 1941—1943 年期間的 25.8 倍。它的合約規定如表 4.9 所示。

表 4.9　　　　　　　　　　　　S&P500 期貨合約

交易所名稱	芝加哥商業交易所（CME）
交易單位	250 美元×S&P500 股價指數
開盤價格限制	在開盤期間，成交價格不得高於或低於前一交易日結算價格 5 個指數點，若在交易的最初 10 分鐘結束時，主要期貨合約的買入價或者賣出價仍受到 5 個指數點的限制，則交易將停止 2 分鐘後以新的開盤價重新開盤
最小變動價位	0.10 個指數點（每張合約 25 美元）
合約月份	3 月、6 月、9 月、12 月
交易時間	上午 10:00~下午 4:15（美國東部時間）
最後交易日	每個合約交易月份的第三個星期四
交割方式	以最後的結算價格實行現金結算，此後的結算價格根據合約月份第三個星期五特別報出的 S&P500 股價指數之成分股票的開盤價格確定

（二）紐約證券交易所綜合指數期貨（NYSE 綜合指數期貨）

NYSE 綜合指數是紐約證券交易所編制的股票指數，包括在紐約證券交易所上市的 1 500 家公司的 1 570 種股票。具體的計算方法是將這些股票按價格高低分開排列，分別計算工業股票、金融業股票、公用事業股票和運輸業股票的價格指數。NYSE 綜合指數從 1965 年 12 月 31 日開始編制，並把基數指數定爲 50。在 1985 年時，指數達到近 100 點，説明紐約證券交易所的股票價格在 20 年間翻了 1 番。NYSE 綜合指數期貨合約規定如表 4.10 所示。

表 4.10　　　　　　　　　　　NYSE 綜合指數期貨合約

交易所名稱	紐約期貨交易所（NYFE）
交易單位	500 美元×NYSE 綜合指數點
最小變動價位	0.05 個指數點（每張合約 25 美元）
合約月份	3 月、6 月、9 月、12 月
交易時間	上午 10:00~下午 4:15（美國東部時間）
最後交易日	每個合約交易月份的第三個星期五
交割方式	合約到期時以現金結算，最後結算價格根據構成 NYSE 綜合指數的所有上市股票在合約月份的第三個星期五的開盤價格，經特別計算確定

（三）價值線指數期貨

價值線指數是股票指數期貨合約最常用的一種股價指數，包括近 1,700 種股票，這些股票大約占到美國股市總量的 96%，反應了美國股市整體價格水平。該指數的計算採用幾何平均法，規定 1961 年 6 月 30 日的基期指數為 100，這樣價值線指數上升到 250 點表明此時組成該指數的股價是基期的 2.5 倍。價值線指數期貨的合約規定如表 4.11 所示。

表 4.11　　　　　　　　　　價值線指數期貨合約

交易所名稱	堪薩斯期貨交易所（KCBT）
交易單位	500 美元 × 價值線指數點
最小變動價位	0.05 個指數點（每張合約 25 美元）
合約月份	3 月、6 月、9 月、12 月
交易時間	上午 10:00～下午 4:15（美國東部時間）
最後交易日	每個合約交易月份的第三個星期五
交割方式	根據合約月份的最後交易日收盤時的實際的價值線算數平均指數確定

（四）主要市場指數期貨

主要市場指數是通過對在紐約證券交易所上市的 20 種"藍籌股"的價格進行平均而成的，其中的 17 種成分股為道瓊斯工業平均指數列名公司的股票。主要市場指數期貨（MMI 期貨）的合約規定如表 4.12 所示。

表 4.12　　　　　　　　　　主要市場指數期貨合約

交易所名稱	芝加哥期貨交易所（CBOT）
交易單位	250 美元 × 主要市場指數點
最小變動價位	0.05 個指數點（每張合約 12.50 美元）
交易時間	上午 10:00～下午 4:15（美國東部時間）
最後交易日	每個合約交易月份的第三個星期五
交割方式	主要市場指數期貨根據主要市場指數期貨收盤價實行逐日結算，並於最後交易日根據主要市場指數的收盤價實行現金結算

（五）金融時報指數期貨（FT－SE 指數期貨）

倫敦金融時報指數是英國最具權威和代表性的股票價格指數。作為國際金融中心之一的倫敦，其指數與紐約的道瓊斯股票指數具有同等重要地位，同時它也被稱為英國經濟形勢的"晴雨表"。金融時報指數期貨有三種類型，分別包括 30 種、100 種、500 種股票。以金融時報 100 種股票指數期貨為例，其合約規定如表 4.13 所示。

表 4.13　　　　　　　　　　金融時報指數期貨合約

交易所名稱	倫敦國際金融期貨交易所（LIFFE）
交易單位	25 英鎊 × FT－SE100 指數點
最小變動價位	0.05 個指數點（每張合約 12.50 英鎊）

表4.13(續)

合約月份	3月、6月、9月、12月
交易時間	上午9:05~下午4:15（倫敦時間）
最後交易日	每個合約交易月份的第三個星期五
報價方式	FT－SE100 指數/10
交割方式	在合約到期日，由交易雙方收付由合約成交時約定的期貨指數與實際的 FT－SE100 指數發生偏差而引起的價差

(六) 日本證券市場指數期貨

日本證券市場有兩個主要股價指數，即日經－道瓊斯指數和東京證券交易所股價指數，前者是利用修正的美國道瓊斯公司股票價格平均數的計算方法，按東京證券交易所第一部登記交易的 225 家公司股票價格算出的平均股價。而東京證券交易所股價指數誕生於 1969 年 7 月 1 日，包括在東京證交所上市的 250 種較活躍的股票，採取加權平均法計算，以交易額為權數。該指數以 1968 年 1 月 4 日作為基期，基期指數定為 100。以日經 225 指數期貨為例，介紹其合約規定，如表 4.14 所示。

表 4.14　　　　　　　　　　日經 225 指數期貨合約

交易所名稱	大阪證券交易所（LIFFE）
交易單位	1 000 日元×日經 225 平均數
最小變動價位	10 點（每張合約 10 000 日元）
合約月份	3月、6月、9月、12月之中最近的 5 個月份
交易時間	上午 9:00~11:15，下午 13:00~15:15，半休日 9:00~11:15（日本時間），最後交易日比平時早 15 分鐘收盤
最後交易日	每個合約交易月份的第二個星期五之前的一個交易日（假日提前一天）
交割方式	依最後交易日的第二日早上，日經 225 指數的 225 支成分股開盤價來計算

(七) 香港恒生指數期貨

香港恒生指數是香港恒生銀行與財經人士共同選出的 33 種股票編制的指數。該指數以 1964 年 7 月 31 日為基期（這一天香港股市正常，交易值均勻，可反應香港股市的基本情況），基期指數為 100。恒生指數包括 33 種股票，其中金融業 4 種，公用事業 6 種，地產業 9 種，其他行業 14 種（包括航空和酒店）。香港恒生指數期貨的合約規定如表 4.15 所示。

表 4.15　　　　　　　　　　香港恒生指數期貨合約

交易所名稱	香港期貨交易所
交易單位	50 港元×恒生指數
最小變動價位	1 個指數點（每張合約 50 港元）

表4.15(續)

合約月份	現貨月份，現貨月份隨後的一個月份以及最近期的兩個季末月份
交易時間	周一至周五上午10:00~12:30，下午14:30~15:45（香港時間）
最後交易日	交易月份的第二個營業日
結算日	最後交易日之後的第一個營業日
交割方式	以最後交易日每5分鐘報出的恒生指數的平均值去掉小數點後的整數作爲最後結算價格

（八）滬深300股指期貨

2010年3月26日，中國金融期貨交易所正式公布關於滬深300股指期貨合約上市交易有關事項的通知。滬深300股指期貨合約自2010年4月16日起正式上市交易，首批上市合約爲2010年5月、6月、9月和12月合約；滬深300股指期貨合約的掛盤基準價由中國金融期貨交易所在4月15日公布；滬深300股指期貨合約交易保證金，5月、6月合約暫定爲合約價值的15%，9月、12月合約暫定爲合約價值的18%，後來確定爲合約價值的12%；上市當日漲跌停板幅度，5月、6月合約爲掛盤基準價的±10%，9月、12月合約爲掛盤基準價的±20%，之後確定爲上一交易日結算價的±10%；每個交易日結束後，交易所發布單邊持倉達到1萬手以上和當月（5月）合約前20名結算會員的成交量、持倉量。滬深300股指期貨合約規定如表4.16所示。

表4.16　　　　　滬深300股指期貨合約文本

合約標的	滬深300指數
合約乘數	每點300元
報價單位	指數點
最小變動價位	0.2點
合約月份	當月、下月及隨後兩個季月
交易時間	09:15~11:30，13:00~15:15
最後交易日交易時間	09:15~11:30
每日價格最大波動限制	上一交易日結算價的±10%
最低交易保證金	合約價值的12%
最後交易日	合約到期月份的第三個周五，遇法定節假日順延
交割日期	同最後交易日
手續費	手續費標準爲成交金額的0.000 025
交割方式	現金交割
交易代碼	IF
上市交易所	中國金融期貨交易所

三、股指期貨的應用

(一) 利用股指期貨套期保值

例4.8 以某位投資者持有升華拜克（600 226）股票爲例來說明賣出套保的實際操作。這位投資者在8月1日時持有的升華拜克股票收益率達到10%，鑒於後市不明朗，下跌的可能性很大，決定利用滬深300股指期貨進行套期保值。滬深300每點價值爲300元人民幣，假定其持有的升華拜克現值爲500萬元，經過測算，升華拜克與滬深300指數的β系數爲1.6。8月1日現貨指數爲2 882點，12月份到期的期指2 922點。那麼該投資者賣出期貨合約數量：

期貨合約數量＝現貨總價值/（期貨指數點×每點乘數）×β系數

本例賣出期指合約數爲＝5 000 000/（2 922×300）×1.6＝9.126，即9張合約。12月1日，現指跌到2 657點，而期指跌到2 694點，兩者都跌了約7.8%，但該股票價格卻跌了7.8%×1.6＝12.48%，這時候該投資者對買進的9張股指期貨合約平倉，期指盈利（2 922－2 694）×300×9＝615 600元；股票虧損5 000 000×12.48%＝624 000元，兩者相抵還虧8 400元盈利。基本上達到保值的目的。

(二) 利用股指期貨套利

例4.9 1月1日，滬深300對應的3月期股指期貨合約爲3 113，6月期股指期貨合約爲3 113，投資者預期6月期的合約漲勢更強，故買入6月期的合約，拋出3月期的合約。滬深300每點價值爲300元人民幣。如果到2月1日，3月期和6月期滬深300股指期貨合約分別爲3 112和3 118，那麼隨著3月合約與6月合約之間基差擴大，於是產生利潤。交易狀況如表4.17所示。

表4.17　　　　　　　　　　股指期貨套利情況

日期	3月份期貨	6月份期貨
1月1日	賣出5張合約,價格:3 110×300＝933 000元 總價值933 000×5＝4 665 000元	買入5張合約,價格:3 113×300＝933 900元 總價值933 900×5＝4 669 500元
2月1日	買入5張合約,價格:3 112×300＝933 600元 總價值933 600×5＝4 668 000元	賣出5張合約,價格3 118×300＝935 400元 總價值935 400×5＝4 677 000
盈虧	虧損:4 668 000－4 665 000＝3 000元	盈利:4 677 000－4 669 500＝7 500元
	淨盈利:4 500元	

四、中國股票指數期貨的發展和現狀

1993年，海南證券交易中心首次推出了中國股票指數期貨合約交易。標的物爲深圳綜合指數和深圳A股指數，每種標的物均有3月、6月、9月、12月份交割合約，共計8個品種，每個合約爲股指乘以500元。由於當時國內資本市場條件還非常不成熟，投資者對這一投資方式認識不足，加上中國股市發展的不穩定性，管理與運作不規範，出現了大戶聯手操作，打壓指數的投機行爲。到 1993 年 9 月底，爲維護股市的健康發展，股指期貨交易被中止。

隨著中國經濟的發展和金融市場的國際化進程，創立股指期貨的呼聲越來越高。我國證券市場的發展無論是從外部環境還是從內在需求來看，都急需新的金融工具出現。在中國推行股指期貨交易能夠有效地完善資本市場的功能與機制，爲國際投資資本的進入提供回避風險的場所，這有利於我國對外資的吸引以及應對金融國際化的挑戰。而且中國股指波動幅度較大，因而系統風險大，這種風險很難通過股票市場的分散投資加以回避，特別是股價連續下跌時，風險將不斷加劇，而股指期貨卻能夠滿足投資者管理系統風險的要求。

中國證監會於 2010 年 3 月 26 日批準中國金融期貨交易所滬深 300 股指期貨合約上市。同日，中國金融期貨交易所發布《關於滬深 300 股指期貨合約上市交易有關事項的通知》（以下簡稱《通知》）。《通知》顯示，首批上市合約爲 2010 年 5 月、6 月、9 月和 12 月合約。同時，中國金融期貨交易所順利完成了技術系統上線切換和各項測試演練，逐一協調落實了分級結算業務。中國金融期貨交易所按照"高標準、穩起步"的原則，在防範和妥善化解可能出現的市場風險，確保滬深 300 股指期貨合約的平穩推出和安全運行方面做了大量的準備工作。2010 年 4 月 16 日，滬深 300 股指期貨合約正式上市交易。在上市初期，中國金融期貨交易所對滬深 300 股指期貨合約的保證金標準、交割、市場監控等方面和環節從嚴要求，切實防範市場操縱，確保了市場的平穩運行。

2015 年 4 月 16 日，上證 50 和中證 500 股指期貨在中國金融期貨交易所上市。上證 50 股指期貨主要覆蓋了金融、地產、能源等支柱產業，能夠更好地追蹤大盤藍籌；中證 500 股指期貨則包括了眾多市值小、成長性好的高新技術企業，代表着我國產業結構轉型的未來方向。在滬深 300 股指期貨上市 5 年之際，開展上證 50 和中證 500 股指期貨交易，使股市又多了新的風險管理工具。三者既相互競爭又互爲補充，有效拓展了股指期貨市場的深度和廣度，豐富投資工具和投資策略，增強爲中國資本市場和實體經濟保駕護航的能力，同時也順應了境內資本市場風險管理精細化的要求。

本章小結

1. 期貨交易就是在特定的交易所買賣未來某一特定時期、交收特定規格等級現貨商品的標準化合約。期貨交易雖然是在現貨交易的基礎之上發展起來的，但是它與現貨交易"一手交錢、一手交貨"的形式不同。期貨交易的歷史淵源可以追溯到公元前的古希臘和古羅馬時期，現代期貨交易則以美國芝加哥期貨交易所和英國倫敦的金屬交易所爲開端。

2. 期貨市場的交易可以大致分爲商品期貨、金融期貨兩大類。

3. 商品期貨交易是伴隨著商品現貨市場的發展而興起的。由於這一交易形式具有現貨市場所不具備的特殊功能，因此交易品種不斷增加，交易規模不斷擴大，已形成了全球性的商品期貨交易網路。商品期貨的交易品種不斷變化，從傳統的小麥、玉米、到各種貴金屬，交易商品的範圍不斷擴大。

4. 外匯期貨是以特定的外幣為合約標的的一種金融期貨。合約雙方規定在未來某一時間，依據現在約定的比例以一種貨幣交換另一種貨幣。外匯期貨是浮動匯率制的產物，它能有效地轉移匯率風險，也可以進行外匯投機交易。

5. 利率期貨是以特定的債權工具為合約標的的一種金融期貨。利率期貨可以分為短期利率期貨與中長期利率期貨。國債期貨是指在未來約定的期限以現在約定的價格交付或收受一定數量、一定品質的債權，使未來的債券賣方避免債券價格下跌的風險，並使未來的債券買方避免債券價格上揚的風險。

6. 股價指數期貨是以特定的股票價格指數為合約標的的一種金融期貨。它是依據股票指數的走勢為標準，規避未來股票賣方遭到股價下跌的損失或未來股票買方遭到股價上揚的損失。股指期貨的參與者可以利用期貨交易轉移股市風險，也有投機者利用股指期貨交易賺取利潤。

思考與練習題

1. 商品期貨標準化合約的基本內容包括哪些？
2. 簡述利率期貨的概念與種類。
3. 簡述外匯期貨的特點與特徵。
4. 5月，一個投資者以0.690 4的價格買入100手6月瑞士法郎期貨合約。一周後，美元貶值，6月瑞士法郎期貨合約的價格變為0.696 0，該投資者將合約賣出平倉。計算其損益情況。
5. 假設無風險利率為每年8%（連續復利計息），某股票指數的紅利支付率在年內經常發生變化。在2月、5月、8月及11月紅利年支付率為6%。其他月份紅利年支付率為2%。假設當前為2013年7月31日，其指數價值為2 000。那麼2013年12月31日交割的期貨合約的期貨價格為多少？
6. 假設無風險利率為每年10%（連續復利計息），某股票指數的紅利收益率為每年4%。現在指數為400，4個月後交割的期貨合約的期貨價格為405。請問存在什麼樣的套利機會？
7. 試述股票指數期貨的概念與特點。
8. 試述影響外匯期貨價格的因素。

第五章　期貨交易策略

內容提要： 在本章中，我們將主要闡述期貨交易的策略，主要包括套期保值策略、基差策略和投機策略的相關概念。通過本章的學習，要求理解套期保值和投機的定義、原理、作用、分類，掌握基差、基差風險等的含義，並且熟練掌握各種策略的運用，能夠進行盈虧分析。

期貨交易者參與交易的主要目的是保值或獲利。期貨交易策略主要包括套期保值策略和投機策略，前者主要是爲了規避價格波動帶來的風險，後者則是以獲利爲目的的不做實物交割的買空賣空策略。期貨作爲一種投資工具，具有較強的投機性，它有著現貨交易所不具有的特點，能夠爲參與者規避風險，同時也能夠爲投機者所利用從而獲得收益。

第一節　套期保值策略

一、套期保值的基本原理

（一）套期保值的概念

套期保值是指把期貨市場當作轉移價格風險的場所，利用期貨合約作爲將來在現貨市場上買賣商品的臨時替代物，對其現在買進準備以後售出商品或對將來需要買進商品的價格進行保值的交易活動。一般做法是在現貨市場和期貨市場對同一種類的商品同時進行數量相等但方向相反的買賣活動，即在買進或賣出現貨的同時，在期貨市場上賣出或買進同等數量的期貨，經過一段時間，當價格變動使現貨買賣上出現盈虧時，可由期貨交易上的虧盈得到抵消或彌補。從而在"現"與"期"之間、近期和遠期之間建立一種對衝機制，以使價格風險降低到最低程度。

設套期保值者需要保值的現貨資產數量爲 Q_S，在期貨市場上爲套期保值而持有期貨合約相應的標的資產數量爲 Q_F，則 Q_F 稱爲套期保值的期貨持倉量，或套期量。令 $h = Q_F / Q_S$，則 h 稱爲套期保值率，或稱爲套頭比。只要確定了套頭比 h，就可以確定套期保值的期貨持倉量 Q_F。

（二）套期保值的分類

根據不同的劃分方式，可以將套期保值作出如下分類：

1. 按套期保值比率不同可分爲等量套期保值和不等量套期保值

（1）等量套期保值。如果套頭比 $h=1$，則稱其套期保值爲等量套期保值。等量套期保值的期貨持倉量與需要保值的現貨資產數量是相等的。例如，要保值 100 噸銅的現貨，則套期保值量就是 100 噸，如果在倫敦金屬交易所（London Metal Exchange, LME）進行交易，則需要 4 手合約來進行套期保值。因爲在倫敦金屬交易所，每手合約的銅期貨資產量是 25 噸。在早期的期貨市場上，凱恩斯（Keynes, 1923）和希克斯（Hicks, 1946）就提出套期保值策略要遵守"數量相等"的原則，可見等量套期保值策略是最先採用的傳統的套期保值策略，目前在我國期貨界流行的還是這種策略。

（2）不等量套期保值。如果套頭比 $h \neq 1$，則稱其套期保值爲不等量套期保值。因爲等量套期保值不見得是最好的，因此保值時不一定要遵守"數量相等"的原則，也可採用不等量套期保值的策略。要使套期保值達到較好的效果，就必須考慮其他相關因素來確定最佳保值合約數，也就是要確定最佳的套頭比。

2. 按選擇參加保值的期貨品種數的多少可分爲 1-1 套期保值和組合套期保值

（1）1-1 套期保值。僅選擇一種期貨對一種現貨進行的套期保值稱爲 1-1 套期保值，或單一套期保值。目前大多數套期保值都是選擇與現貨種類相同或相近的一種期貨資產進行套期保值。爲了確保 1-1 套期保值效果，套期保值交易就要求期貨資產必須和現貨資產在種類上相同或非常類似。

（2）組合套期保值。選擇幾種期貨資產共同對一種現貨進行的套期保值稱爲組合套期保值或多對一套期保值。由於期貨市場是非常規範化的市場，它對期貨資產的種類和期貨合約的規模都有明確的規定，因此對有些需要保值的現貨資產，在期貨市場上不一定能找到種類相同或非常類似的期貨資產來進行套期保值。這時，可以在期貨市場上選擇和現貨資產相關性很強的幾種期貨資產進行組合套期保值。有時雖然能找到種類相同或非常類似的期貨資產，但是也可以通過組合套期保值來提高保值的效率。

3. 按交易方向不同可分爲買入套期保值和賣出套期保值

（1）買入套期保值。爲將來要買入現貨而保值的套期保值稱爲多頭套期保值（Long Hedge）。如果套期者要在將來某時買入某種現貨資產，則可以先在期貨市場上買入期貨資產，到買入現貨時再賣出期貨進行期貨平倉，通過這樣完成買入套期保值交易。將來要購買原材料的生產商和簽訂了賣出合同的貿易商都可以考慮利用買入套期保值來防止現貨價格波動所帶來的風險。

（2）賣出套期保值。爲將來要賣出現貨而保值的套期保值稱爲空頭套期保值（Short Hedge）。如果套期保值者要在將來某時賣出某種現貨資產，則可以先在期貨市場上賣出期貨資產，到賣出現貨時再買入期貨進行期貨平倉，這樣來完成賣出套期保值交易。

二、套期保值的經濟原理

套期保值之所以能夠規避現貨價格風險，其基本原理是以下兩大經濟邏輯。

（一）期貨價格與現貨價格走勢的相同性

同一種商品的期貨價格與現貨價格均受到相同的經濟因素影響和制約，因而它們的價格變動方向和趨勢應該具有一致性，即同一種類商品的期貨價格和現貨價格之間保持大致相同的走勢。雖然期貨價格和現貨價格的波動幅度會有所不同，但要漲都漲，要跌都跌。這是因為期貨市場賴以生存和發展的基礎就是現貨市場，期貨市場是在現貨市場的基礎上發展起來的，其發展規模受現貨市場的發展規模制約。這兩個市場有如此密切的聯繫決定了它們的價格走勢趨於一致。如圖5.1所示，同一品種現貨價格與期貨價格走勢一致。當套期保值者在一個市場上"虧損"時，另一個市場上就有"盈利"。因此，當套期保值者對價格變動有正確預測時，便可用期貨價格的變化 Δf 來彌補現貨價格的變化 Δs。

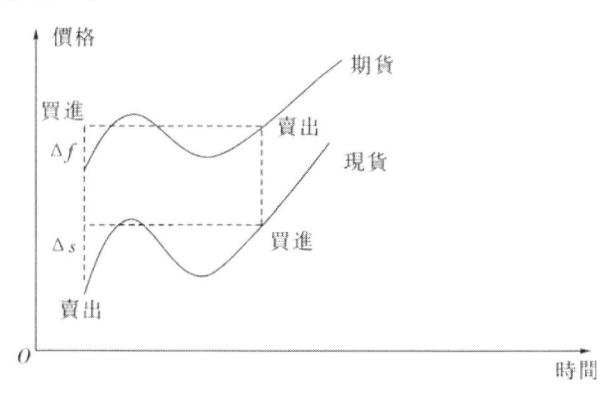

圖5.1　同一品種的期貨價格與現貨價格走勢

（二）期貨價格與現貨價格的趨合性

在第一個基本經濟邏輯中，同一種商品的期貨價格和現貨價格之間保持基本相同的走勢，一漲俱漲，一跌俱跌。但隨著期貨合約到期日的臨近，現貨價格和期貨價格之間會出現互相趨合的趨勢，即在期貨合約的到期日，期貨價格和現貨價格大致相等。因為在期貨合約到期日，要進行"一手交錢，一手交貨物倉單"的實物交割，此時的交易與現貨市場上的交易一樣，期貨合約已經沒有了"未來"的含義。如果期貨價格與現貨價格不一致，則在期貨市場和現貨市場之間就存在套利的機會，會引發衆多交易者低買高賣，使兩市場間的價差大大縮小，最後趨於同一。這樣，期貨價格與現貨價格之間的差距消失，成為一個價格。如圖5.2的後半部分所示，即為兩個價格的趨合性。

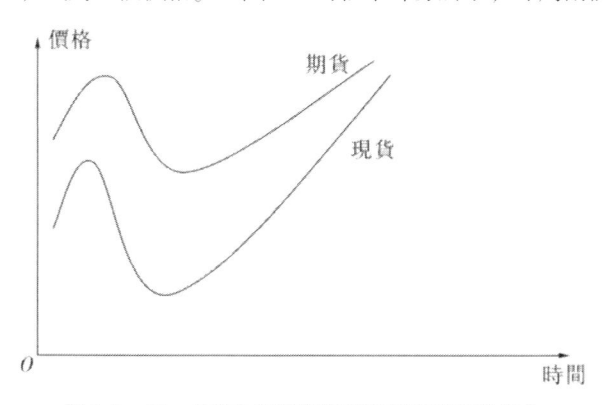

圖5.2　同一品種的期貨價格與現貨價格走勢趨合

在這兩個經濟邏輯的作用下，套期者根據自己在現貨市場賣出或買進商品的地位，在期貨市場上反向操作買進或賣出該種商品的期貨合約，並在該合約到期前將其對衝（期貨平倉）。由於現貨價格與期貨價格的走勢相同且逐漸聚合，無論價格怎樣變動，套期保值者都能取得在此市場上虧損，而在彼市場上必定盈利的效果。因此，期貨價格與現貨價格走勢的相同性和趨合性可以使套期保值的功能得以實現。

三、套期保值的作用

一般來說，套期保值有以下作用：

（一）套期保值可以規避現貨價格波動風險

在市場上現貨商品的價格是波動的，企業在經營中時刻面臨著價格波動的風險，而價格風險會直接影響到企業的正常生產經營活動。企業可以通過套期保值，將現貨價格波動的風險轉移到期貨市場上，通過在期貨市場上的相反交易衝抵現貨的損失，從而達到保值的目的，保障企業正常的生產和加工利潤。

（二）套期保值是期貨市場價格發現的基礎

企業在生產經營中對相關產品的價格往往有較為理性的預測。其只有在產品價格變動的趨勢對自己不利時才會作出套期保值的決策，這樣就增強了市場價格發現的功能，制約過度的投機行為，使企業在生產經營中更加理性化。

（三）套期保值能鎖定產品的成本、穩定產值和利潤

企業生產、加工的目的就是獲得正常的預期利潤，為了預防利潤的損失，生產企業可以利用期貨市場預先賣出，達到穩定收入的目的；而加工企業可以利用期貨市場預先買入，達到鎖定進貨成本、保證加工利潤的目的。要實現這兩個目的，其途徑就是套期保值。

（四）減少企業資金的占用

資金對企業來說是至關重要的，期貨交易的保證金具有槓桿作用，參加套期保值的企業可以用少量的資金來控制大量的現貨資產。這樣企業既能保證今後正常生產經營所需要的資金，又能避免現貨的庫存，減少資金占用，降低經營成本，加快資金周轉。

（五）提前安排運輸和倉儲，降低儲運成本

企業生產出的產品和購買的原材料一般都需要庫存，進行套期保值後，企業可以根據套期保值的預期信息，提前安排運輸和倉儲，這樣就大大降低了儲運費用。

（六）靈活選擇購買和銷售時機

由於套期保值能夠根據現貨計劃提前在期貨市場上交易，對現貨提供了某種程度的價格保護，使得現貨買賣者可根據需要選擇購買和銷售時機。

（七）提高借貸能力

由於企業進行套期保值後，其經營更加保險、更加穩定，因此往往更容易從銀行

取得融資，從而提高了企業的借貸能力。例如，做了套期保值的外貿進出口商更容易從銀行開出信用證。

四、套期保值交易的目標和策略

期貨市場中的套期保值交易分爲兩個步驟：第一，根據自己在現貨市場中的交易情況，通過買進或賣出期貨合約，建立一個與現貨方向相反的期貨交易部位；第二，在期貨合約到期之前，通過建立一個與先前所持合約相反的交易部位，來對衝在手的持倉部位。兩個部位的交易商品種類、合約張數以及合約月份必須是一致的。

根據這一基本操作原理，套期保值有兩類交易策略：如果套期保值者首先買進期貨合約，然後在合約到期前再賣出相同的合約予以對衝，稱爲買入套期保值或多頭套期保值；如果操作相反，則稱爲賣出套期保值或空頭套期保值。我們通過下面的例子來介紹這兩種策略。

（一）賣出套期保值

由於天氣、經濟等各種因素影響大豆的供給與需求，大豆價格在其種植期、生長期和收穫期總處於不斷變化之中。生產者在種子、化肥、設備、勞動力等方面投入了相當的貨幣資金，潛在的低價格將使生產者承受低價銷售從而難以支付相應的成本並獲得利潤。通過 CBOT 大豆期貨交易，農場主可以在大豆種植之前即鎖定銷售價格以規避價格下跌的風險。假定在 5 月份現貨價和期貨價均爲 7.00 美元/蒲式耳[①]，如果在大豆收穫期 10 月份大豆現貨和期貨價格都降低 1 美元/蒲式耳，則賣出套期保值的盈利情況如表 5.1 所示。

表 5.1 　　　　　　　　　價格下降時賣出套期保值盈利情況

	現貨市場	期貨市場
5 月份	現貨大豆 7.00 美元/蒲式耳	賣出 11 月份大豆期貨 7.00 美元/蒲式耳
10 月份	現貨大豆下跌爲 6.00 美元/蒲式耳	買入 11 月份大豆期貨 6.00 美元/蒲式耳
變化	虧損 1.00 美元/蒲式耳	盈利 1.00 美元/蒲式耳

銷售大豆時的現貨價　　　　　6.00 美元/蒲式耳
期貨頭寸盈利　　　　　　　　+1.00 美元/蒲式耳
淨銷售價格　　　　　　　　　7.00 美元/蒲式耳

假如由於收穫期大豆大幅減產現貨市場大豆價格上升 1 美元/蒲式耳，則淨銷售價格仍爲 7.00 美元/蒲式耳，因爲空頭期貨頭寸的損失被現貨頭寸的盈利所彌補。價格已經通過套期保值鎖定了，情況如表 5.2 所示。

---

① 據美國大豆協會統計單位換算表，1 蒲式耳大豆重量爲 27.216 千克。

表 5.2　　　　　　　　價格上升時賣出套期保值的虧損情況

	現貨市場	期貨市場
5 月份	現貨大豆 7.00 美元/蒲式耳	賣出 11 月份大豆期貨 7.00 美元/蒲式耳
10 月份	現貨大豆上漲爲 8.00 美元/蒲式耳	買入 11 月份大豆期貨 8.00 美元/蒲式耳
變化	盈利 1.00 美元/蒲式耳	虧損 1.00 美元/蒲式耳

銷售大豆時的現貨價　　　　　8.00 美元/蒲式耳

期貨頭寸虧損　　　　　　　　-1.00 美元/蒲式耳

淨銷售價格　　　　　　　　　7.00 美元/蒲式耳

上面例子的兩種情形，套期保值均達到了其預定的目標：在 10 月份以 7.00 美元/蒲式耳的價格銷售大豆。爲了得到防止價格下跌的保護，賣出套期保值放棄了由於價格可能上漲所帶來的獲利機會。

（二）買入套期保值

7 月份飼料加工廠計劃在 11 月份購買玉米。7 月份時，11 月份交貨的玉米現貨價格爲 2.50 美元/蒲式耳[①]，飼料加工廠出於擔心到購買時價格會上升很多，購買了 12 月份玉米期貨，價格爲 2.50 美元/蒲式耳，如果到 11 月份玉米現貨和期貨價格都上漲 0.50 美元/蒲式耳，情況如表 5.3 所示。

表 5.3　　　　　　　　價格上升時買入套期保值的盈利情況

	現貨市場	期貨市場
7 月份	現貨玉米 2.50 美元/蒲式耳	買進 12 月份玉米期貨 2.50 美元/蒲式耳
11 月份	現貨玉米上升 3.00 美元/蒲式耳	賣出 12 月份玉米期貨 3.00 美元/蒲式耳
變化	虧損 0.50 美元/蒲式耳	盈利 0.50 美元/蒲式耳

購買玉米時的現貨價　　　　　3.00 美元/蒲式耳

期貨頭寸盈利　　　　　　　　+0.50 美元/蒲式耳

淨購買價格　　　　　　　　　2.50 美元/蒲式耳

相反，如果玉米現貨和期貨價格在 11 月份下跌了 0.50 美元/蒲式耳，現貨玉米的低成本將被期貨市場的損失所抵消，淨購買價格仍爲 2.50 美元/蒲式耳，情況如表 5.4 所示。

---

① 1 蒲式耳玉米重量爲 25.401 千克。

表 5.4　　　　　　　　　　價格下跌時買入套期保值的虧損情況

	現貨市場	期貨市場
7 月份	現貨玉米 2.50 美元/蒲式耳	買進 12 月份玉米期貨 2.50 美元/蒲式耳
11 月份	現貨玉米上升 2.00 美元/蒲式耳	賣出 12 月份玉米期貨 2.00 美元/蒲式耳
變化	盈利 0.50 美元/蒲式耳	虧損 0.50 美元/蒲式耳

購買玉米時的現貨價　　　　　2.00 美元/蒲式耳
期貨頭寸虧損　　　　　　　　-0.50 美元/蒲式耳
淨購買價格　　　　　　　　　2.50 美元/蒲式耳

上述兩個例子表明：生產者或加工廠在管理其價格風險時，首先通過期貨市場價格發現的機制，獲得相關商品的未來價格趨勢；其次，為了保障正常的生產活動，作為風險厭惡者，要規避目前至將來實物交易發生時價格波動的風險，可以通過遠期現貨合約和期貨交易進行套期保值，以鎖定價格，從而鎖定利潤或成本。在此，我們假設現貨市場和期貨市場兩個市場的價格變動方向一致且變化幅度相同，即所謂基差不變的情形。從而一個市場的盈利正好是彌補另一個市場的虧損，達到完全保值的目標。但實際情形遠沒有如此簡單。

在實際經濟活動中，期貨市場和現貨市場的價格走勢雖然大致相同，但是由於受時空差異的制約以及生產週期等因素的影響，現貨價格和期貨價格的變動幅度不一定相等，有時甚至出現現貨價格和期貨價格反向運行的情況。這樣，就會影響套期保值的效果，使保值者仍需承擔一部分價格風險，可能還有一部分損失無法避免。

現在我們以買入套期保值為例，來分析這種價格變動幅度上的差異對套期保值效果的影響。對於買入套期保值來說，它是交易者為避免將來在現貨市場上買入現貨商品時遭受價格上漲所帶來的損失而採取的交易行為。如果該種商品的未來價格果真上漲了，那麼套期保值會出現三種可能的結果：一是如果到保值者在現貨市場上購買實物商品時，價格不僅像他所擔心的那樣上漲了，而且現貨價格和期貨價格的上漲幅度一致，那麼他所做的買入套期保值交易就能取得完美的效果，即期貨市場上賣出合約後的盈利正好補償現貨市場上買入實物商品的虧損。二是如果現貨市場上價格上漲幅度大於期貨市場，由於保值者要在現貨市場上買進實物商品而在期貨市場上賣出期貨合約，那麼他在期貨市場上雖然盈利了，但在現貨市場上的虧損額要比在期貨市場上的盈利額稍大。因此，只能規避一部分價格風險，免遭一部分損失。三是如果期貨市場價格的上漲幅度比現貨市場價格上漲幅度大，那麼套期保值者不僅在期貨市場上盈利，而且其盈利額要比在現貨市場上的虧損額大，從而套期保值者不僅達到了保值的目的，而且還有額外盈利。以上三種可能性結果的出現，對套期保值者來說都是可以接受的，因為都轉移了價格風險。但是，其中第三種結果為最佳，不僅保了原值，還取得了增值，這也是套期保值者所追求的。他們的首要目標是"保值"，在"保值"之後，能取得"增值"是令人更愉快的事情。

在另一種情況下,如果現貨商品未來價格並未像套期保值者擔心的那樣上漲,而是下跌了,那麼該套期保值者仍然做了買入套期保值,實際上是做反了,其結果亦有三種可能。一是如果價格不僅在兩個市場都下跌,而且跌幅都一致,則在現貨市場的盈利額正好等於在期貨市場的虧損額,兩相完全衝抵。二是如果現貨市場的價格跌幅比期貨市場大,則保值者不僅在現貨市場會盈利,而且在現貨市場上的盈利額會大於在期貨市場的虧損額。這時,保值者會用現貨市場的盈利彌補期貨市場的虧損。三是如果現貨市場的價格跌幅比期貨市場小,則保值者在期貨市場上的虧損額要比在現貨市場上的盈利額大。這時,套期保值者不能用現貨市場上的盈利彌補期貨市場上的虧損,出現了淨虧損。如果說前兩種可能性結果是在允許值範圍之內的,那麼第三種可能性結果則是套期保值者們想盡量避免的。

以上是買入套期保值會出現的各種情況,對於賣出套期保值來説,原理相同,情況相反。

第二節　基差策略

一、基差及其對套期保值效果的影響

在第一節裡我們已經初步體會到,影響套期保值效率的一個關鍵即現貨價格變化幅度與期貨價格變化幅度的差異。這一節中,我們專註於與此有關的一個概念——基差,這一概念很好地衡量了套期保值的效果。

基差(Basis)是套期保值中相當重要的概念。基差是指計劃使用套期保值資產的現貨價格與所使用的合約的期貨價格之差。由於等量套期保值的期貨持倉量與要保值的現貨資產量相等,看待現貨價格與期貨價格的態度是平等的,所以在某一時間、同一地點、同一品種的現貨價格與期貨價格之差就是等量套期保值的基差。

$$基差 = 現貨價格 - 期貨價格 \tag{5.1}$$

如果要進行套期保值的資產與期貨合約的標的資產一致,在期貨合約到期日基差應為零。但現貨價格與期貨價格的變化並不一定完全同步,而且多數時候變動幅度是不一樣的,這就會引起基差的不斷變動,只不過其變動幅度比其價格的變動幅度要小得多。當現貨價格的增長大於期貨價格的增長時,基差也隨之增加,稱為基差擴大或基差變強(Strengthening of the Basis);當期貨價格的增長大於現貨的價格增長時,基差減小,稱為基差減少或基差變弱(Weakening of the Basis)。

基差可以是負數,也可以是正數,主要取決於現貨價格是低於還是高於期貨價格,如圖5.3所示。如果基差從10轉到5,説明基差由強轉弱,現貨價格相對於期貨價格是下跌的;如果基差從-10轉到-5,説明基差由弱轉強,現貨價格相對於期貨價格是上升的;如果基差為零,説明當時的現貨價格等於期貨價格,當然,基差一般很難等於零。基差為正數、負數和零,分別標誌着三種市場情況,如圖5.3所示。

對於農產品、有色金屬和能源等商品而言,由於供需之間的不平衡及有時存儲商

品的困難，可能會導致基差的大範圍變化；對於黃金、外匯、股票指數等投資資產來說，基差變動就比較小。基差的不可預期的變動可能會給套期保值者帶來盈利，也可能使其產生虧損。我們以一個持有小麥的空頭套期保值為例。

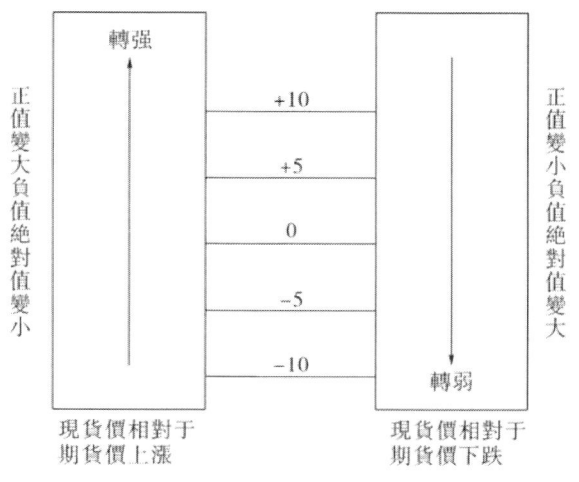

圖 5.3 基差變化情況

例 5.1 假設一個儲藏者於 9 月 1 日買入 1 蒲式耳[1]小麥，並通過賣出 12 月 1 日的期貨合約來套期保值，並且不考慮任何保證金、手續費、佣金及倉儲費等的影響，如表 5.5 所示。

表 5.5　　　　　　　　　　　基差變動對空頭套期保值的影響

日期	現貨市場		期貨市場				基差
	交易	價格	交易	可供選擇的價格			
9月1日	買入1蒲式耳	3.00	賣出期貨合約	3.09	3.09	3.09	-0.09
11月1日	賣出1蒲式耳	2.70	買入期貨合約	①2.79	②2.84	③2.75	①-0.09
盈利		-0.30		0.30	0.25	0.34	②-0.14
淨盈利				0.00	-0.05	0.04	③-0.05

在 9 月 1 日，該儲藏者在現貨市場買入 1 蒲式耳小麥，價格為 3.00 美元，賣出 12 月的期貨合約，價格為 3.09 美元，基差為 -0.09 美元（3.00 - 3.09）。在 11 月 1 日，在現貨市場將小麥賣出，現貨價格為 2.70 美元，同時對沖其持倉合約，期貨價格為 2.79 美元（表內①），基差仍為 -0.09 美元（2.70 - 2.79）保持不變。這樣，該儲藏者在現貨市場上的損失 0.30 美元被期貨市場上的盈利 0.30 美元補償，實現了完全的對沖，保值有效。

若在 11 月 1 日，期貨價格為 2.84 美元（表內②），則基差變為 -0.14 美元

---

① 1 蒲式耳小麥等於 27.216 千克。

(2.70−2.84)，基差的負值增大了0.05，即基差變弱，這時該儲藏者在期貨市場上的盈利只有0.25美元（3.09−2.84），不足以補償他在現貨市場上的0.30美元的損失，影響了保值的效果。

若在11月1日，期貨價格爲2.75美元（表内③），則基差變爲−0.05美元(2.70−2.75)，基差的負值縮小了0.04，即基差變強，在期貨市場上盈利0.34美元(3.09−2.75)，不僅補償了現貨市場上0.30美元的損失（保值有效），還有0.04美元的淨盈利。

此例説明，基差減弱削弱了空頭套期保值的作用，而基差增強則加強了這種作用。對於多頭套期保值來講，基差的變化對保值作用發揮的影響正好相反：基差增強削弱了多頭套期保值的作用，而基差減弱則加強了這種作用。

二、基差風險的含義

從例5.1中我們還可以看出，基差的變化就是套期保值的利潤。當11月1日期貨價格爲2.79美元（表内①）時，基差沒有發生變化，套期保值的利潤，也就是表内的淨利潤爲0；當期貨價格爲2.84美元（表内②），基差的變化值爲−0.05，此時保值的效果是虧損了0.05美元；當期貨價格爲2.75美元（表内③）時，基差的變化爲+0.04，保值的效果是盈利了0.04美元。

基差的變化是不確定的，這種基差變化的不確定性被稱爲基差風險（Basis Risk）。我們使用以下一些符號來説明基差風險的本質：

S_1——在t_1時刻現貨的價格；

S_2——在t_2時刻現貨的價格；

$\Delta S = S_2 - S_1$；

F_1——在t_1時刻期貨的價格；

F_2——在t_2時刻期貨的價格；

$\Delta F = F_2 - F_1$；

b_1——在t_1時刻的基差；

b_2——在t_2時刻的基差；

$b_1 = S_1 - F_2$；

$b_2 = S_2 - F_2$。

假定保值者在t_1時刻入市開倉建立第一個期貨頭寸，在t_2時刻平倉出市。

對於空頭套期保值者，平倉時在現貨市場的損益爲$S_2 - S_1$，在期貨市場的損益爲$F_1 - F_2$，這時候的保值利潤是：

$$\begin{aligned}\text{空頭套期保值者的利潤} &= (S_2 - S_1) + (F_1 - F_2) \\ &= \Delta S - \Delta F \\ &= (S_2 - F_2) - (S_1 - F_1) \\ &= b_2 - b_1 \end{aligned} \quad (5.2)$$

若$b_2 - b_1 = 0$，則爲完全保值；若$b_2 - b_1 > 0$，則爲有盈保值；若$b_2 - b_1 < 0$，則爲

減虧保值。保值者賣出套期保值資產獲得的有效價格是：

$$空頭套期保值資產的有效價格 = S_2 + F_1 - F_2 = F_1 + (S_2 - F_2) = F_1 + b_2 \quad (5.3)$$

在 t_1 時刻，F_1 是已知的，若 b_2 也是已知的，就可以進行完全的套期保值，也就是說，套期保值可以消除價格的所有不確定性。

對於多頭套期保值者，與上述情形就相反，平倉時在現貨市場的損益為 $S_1 - S_2$，在期貨市場的損益為 $F_2 - F_1$，這時候的保值利潤是：

$$多頭套期保值者的利潤 = (S_1 - S_2) + (F_2 - F_1)$$
$$= (S_1 - F_1) - (S_2 - F_2) = b_1 - b_2 \quad (5.4)$$

若 $b_1 - b_2 = 0$，則為完全保值；若 $b_1 - b_2 > 0$，則為有盈保值；若 $b_1 - b_2 < 0$，則為減虧保值。保值者買入套期保值資產實際支付的有效價格是：

$$多頭套期保值資產的有效價格 = S_2 - (F_2 - F_1) = F_1 + (S_2 - F_2) = F_1 + b_2 \quad (5.5)$$

現在，我們得出結論，在現貨與期貨數量相等的情況下，基差變強對空頭套期保值有利，這意味著賣出現貨收到的有效價格升高；基差變弱對多頭套期保值有利，這意味著實際支付的有效價格降低。其實，從（5.2）式和（5.4）式可以看出，套期保值的利潤，我們也可以統一表示為 $\pm (\Delta S - \Delta F)$，這說明其結果是由於現貨與期貨價格變動的幅度決定的。如果兩者變動幅度一樣，即 $\Delta S = \Delta F$，就是完全的套期保值；如果 $\Delta S \neq \Delta F$，則結果就不是完全對沖，其形成的盈虧大小由兩者變化幅度的差確定。另外，還要注意，套期保值時會產生期貨交易成本，如保證金、手續費、傭金等。如果持有資產還要發生儲存成本，如倉儲費。這些成本會降低利潤。

三、基差交易

由於有基差風險的存在，套期保值交易並不能完全抵消價格風險。一般來講，基差變動的風險比單純價格變動的風險要小得多，但它畢竟還是會給交易者、消費者和生產者帶來不利影響。基差交易策略是提高套期保值效果的較好的方法。基差交易是指為了避免基差變化給套期保值交易帶來不利影響，採取的以一定的基差和期貨價格確定現貨價格的方法。通常基差交易的雙方至少有一方進行了套期保值，但其最終的實際現貨交易價格並不是交易時的市場價格，而是根據下面這一公式確定的：

$$交易的現貨價格 = 商定的期貨價格 + 預先商定的基差 \quad (5.6)$$

基差交易成功的關鍵在於確定合理的對沖基差，估計的原則有：第一，必須保證收回成本；第二，能夠確保合理的利潤；第三，充分研究基差的變動規律以找到合適的交易對手。我們以一個空頭套期保值者的基差交易為例，說明基差交易策略的操作。

例 5.2 某食品批發商在 1 月份以 2,000 元/噸的價格購入白糖若干噸，您在 5 月份銷售出去，同時，該批發商以 2,100 元/噸的價格做了空頭套期保值，基差為 -100。據估計，在對沖時基差至少要達到 -50 才可以彌補倉儲、保險等成本費用，並可保證合理利潤，即根據空頭套期保值者的利潤 = $b_2 - b_1$，則：

批發商的盈利 = $(-50) - (-100) = 50$（元/噸）

考慮到若以後基差變弱會於已不利，該批發商保值後便考慮是否尋求基差交易以避免基差變動造成的不利影響。

如果不進行基差交易，5 月份的現貨價格、期貨價格分別爲 2,010 元/噸、2,080 元/噸，該批發商在現貨上的盈利爲 10 元/噸（2,010－2,000），加上期貨合約對衝盈利 20 元/噸，則賣出現貨實際收到的有效價格爲 2,030 元/噸，即根據空頭套期保值資產的有效價格 $=F_1+b_2$，則：

賣出白糖的有效價格 $=2,100+(-70)=2,030$（元/噸）

該批發商仍然面臨風險，不能達到預先制定的 50 元/噸的盈利目標。

若批發商能夠找到一家食品廠，進行基差交易，也就是說，雙方在 5 月份按當時的期貨價格和 -50 的基差成交現貨，即：

成交價格 $=2,080+(-50)=2,030$（元/噸）

則可以完全實現既定目標，如表 5.6 所示。在本例中，食品廠願意以 "5 月份期貨價格 -50" 定價，而不直接以 2,030 元/噸定價，是因爲該廠通過分析認爲白糖價格將下跌 並且 5 月份基差將弱於 50 元/噸。如果先將價格固定下來不一定有利，按基差定價，比較靈活機動，富有彈性。這樣，既保證了有可靠的白糖供應來源，又有可能使價格向有利於己的方向轉化。

表 5.6　　　　　　　　　　　基差交易

		現貨價格	期貨價格	基差	交易盈利
1 月		2,000	2,100	-100	
5 月	不做基差交易	2,010	2,080	-70	30
	做基差交易	2,030	2,080	-50	50

第三節　投機策略

期貨交易一向被認爲是投機性十足的金融工具，由於這種交易採取保證金方式，吸引了大量只想賺取價差，根本沒有套期保值需求的投資者。一般來說，人們把在期貨市場上廣義的投機分爲兩類，一類是正常的單項式投機，即普通的買空賣空活動，純粹利用單個期貨品種價格的波動進行的投機交易，這就是一般意義上的投機；另一類是利用期貨合約之間、現貨和期貨之間反常的價格關係進行的投機，也就是套利交易。本節將以第一種正常的單項式投機，即一般意義上的投機進行介紹，下一節將針對第二種套利交易進行詳細介紹。

一、投機策略的特點

投機策略與套期保值策略相比，具有以下特點：

（一）以獲利爲目的

投機者制定投機策略，試圖在期貨市場上低價買進高價賣出或高價賣出低價買進來賺取利潤，他們的根本目的是獲利，這一點也是投機與套期保值的根本區別。

(二) 不需實物交割，只做買空賣空

投機策略只關註期貨合約的買賣價差，頻繁買進賣出合約以賺取價差，並沒有什麼商品需要保值，也不關心實物交割。

(三) 承擔價格風險，結果有盈有虧

期貨市場中的風險是客觀存在的，套期保值需要轉移價格風險，投機則必須承擔風險。投機者大量介入，使期貨市場的流動性大大增加，又使套期保值成爲可能。買空賣空的風險是很大的，因而投機交易有盈也有虧。

(四) 利用對沖技術，加快交易頻率

期貨投機的操作條件在於期貨合約的對沖性。投機者在發現價格變化有利時，可以方便地對沖已有頭寸，以獲取價差帶來的盈利；在價格發生不利變化時也可以方便地對沖已有頭寸，迅速退出市場避免更大損失。另外，對沖技術的應用方便投機者加快交易頻率，加速資金周轉，從交易量的增加中獲得更多的收益。

(五) 交易量較大，交易較頻繁

投機爲市場提供了大量交易資金，同時降低了市場的交易成本。這樣又吸引新的投機者加入，從而使市場的交易量大爲增加，交易比較頻繁，使市場具有更大的流動性。

投機交易除了上述主要特點外，還有交易時間短、信息量大、覆蓋面廣的特點。這些爲投機交易的迅速發展奠定了基礎，也爲期貨市場的發展創造了條件。

二、單項式投機策略

單項式投機（Speculation）是指人們根據自己對期貨市場的價格變動趨勢的預測，通過看漲時買進、看跌時賣出而獲利的交易行爲。

根據投機者持倉時間的長短，投機分爲一般頭寸投機（Position Trade）、當日投機（Day Trade）和逐小利投機即搶帽子（Scalp）。一般頭寸投機者持倉時間較長，他們以多種商品期貨爲對象，一般利用較長時間的價差來獲利，交易量較大。當日投機者只進行當天平倉期貨交易，交易對象爲他們認爲有利可圖的各種期貨，希望利用較大差價獲利。逐小利投機者是隨時買進或賣出，賺取很小的差價，他們交易頻繁，往往一天內買賣合約數次，其交易期貨品種較爲單一，但交易量一般較大，對增強市場流動性具有十分重要的意義。

按具體的操作手法不同，投機可分爲多頭投機和空頭投機。空頭投機是指投機者預期某期貨合約的市場價格將下跌，從而先行賣空合約，並於合約到期前伺機平倉，以從價格下跌中獲取利潤的交易策略。

例5.3 11月2日，CBOT主要市場指數期貨的市場價格爲472，某投機者預期該指數期貨的市場價格將下跌，於是以472的價格賣出20張12月份到期的主要市場指數期貨合約。市場指數每點價值250美元。這樣，在合約到期前，該投機者將面臨三種不同的情況：市場價格下跌、市場價格不變和市場價格上漲。

若市場價格下跌至456，他可獲利80,000美元〔(472－456)×250×20〕。

若市場價格不變，該投機者將既無盈利也無損失。

若市場價格上漲至488，他將損失80,000美元〔(472－488)×250×20〕。空頭投機的盈虧特徵如圖5.4所示。

由圖5.4可以看出，當投機者建立了空頭投機部位後，其盈虧狀況將完全取決於期貨市場價格的變動方向和幅度。若期貨市場價格下跌，則投機者可以獲利，市場價格下跌越多，投機者獲利也越多；反之，若市場價格上漲，則投機者將受損，市場價格上漲越多，投機者受損也就越多。

多頭投機是指投機者預期期貨合約的市場價格將上漲時買進期貨合約，在合約到期前平倉獲利的交易策略。多頭投機在期貨市場上處於多頭部位。與空頭投機的盈虧特徵相反，若市場價格上漲，則投機者將獲利，市場價格上漲越多，投機者獲利也越多；若市場價格下跌，則投機者將受損，市場價格下跌越多，投機者受損也就越多，如圖5.5所示。

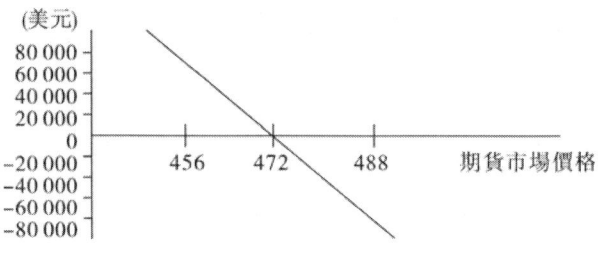

圖5.4 空頭投機的盈虧特徵

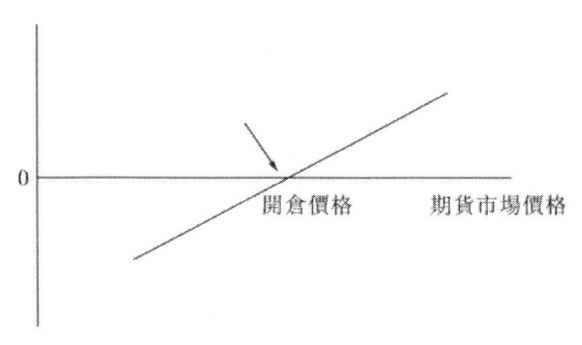

圖5.5 多頭投資的盈虧特徵

第四節　套利策略

一、套利的概念與基本原理

現代金融學對套利的定義是圍繞資產價格來進行的，套利是指利用一個或多個市場存在的各種價格差異，在不冒任何損失風險且無須投資者自有資金投入的情況下就有可能賺取利潤的交易策略（或行為）。套利行為有三個基本特徵：第一，沒有自有資金投入，所需資金通過借款或賣空獲得；第二，沒有損失風險，最糟糕的情況是終點又回到起點；第三，存在正的賺錢概率，但不存在虧錢的概率。然而實際套利行為與以上三個特徵是有一定出入的。

金融套利的定義可以分為廣義和狹義兩種。廣義金融套利就是泛指市場主體利用金融市場運行中存在的非均衡來獲取利益的行為。狹義的金融套利就是金融價格套利，它是指一種投資策略，即利用各種金融工具（包括貨幣）之間失衡的價格聯繫來獲取收益的交易活動。套利是市場無效率的產物，而套利的過程則促使市場效率的提高。

各種套利行為的基本原理是一致的，都是利用金融市場的運行缺陷。金融市場的運行因為自然和人為等多種原因存在諸多的非均衡狀況，如價格失衡、風險的不對稱、成本的非對稱、期限的不對稱、制度的非均衡等。當市場主體利用這些非均衡來獲取利益的時候，套利活動就產生了。儘管不同的套利活動其外在的表現形式有所不同，但它們之間存在緊密的聯繫，眾多的套利行為以價格套利為中心形成一個龐大的套利網路。價格套利的中心地位是由價格機制在金融市場運行中的中心作用所決定的。另外，價格套利在規模、深度和對整體經濟的影響來講都超過了其他套利形式，而且其他各種套利行為最終也將通過價格差異使套利者獲益，所以它們與價格套利有著千絲萬縷的聯繫。

二、套利與投機的區別

與套利不同，投機是指人們根據自己對市場的價格變動趨勢的預測，通過看漲時買進、看跌時賣出而獲取利潤的交易行為。投機是金融市場中不可或缺的，其功能表現在以下幾方面：第一，承擔價格風險，使套期保值者迴避和轉移的風險成為可能；第二，提高市場流動性，投機者頻繁建倉、對沖手中的合約，增加了金融市場的交易量，這既可使其他交易者容易成交，同時也減少了交易者進出市場所帶的價格波動；第三，保持價格穩定，形成合理的價格水平，資產的衍生產品價格與現貨市場價格具有高度相關性，投機者的參與促進衍生產品與現貨市場各資產價格的調整，有助於使資產價格趨向穩定合理。

投機與套利的區別具體體現在以下幾方面：

第一，交易的方式不同。投機交易只是利用單一合約價格的上下波動賺取利潤，而套利是從不同的兩個合約彼此之間的相對價格差異套取利潤。

第二，投機交易在一段時間內只做買或賣，而套利則是在同一時間買入並賣出合約，同時扮演多頭和空頭的雙重角色。

第三，一般來說，套利者獲得利潤低於投機者，但套利者沒有風險或風險很小，而投機者風險較大。

第四，交易的成本不同。由於需要在兩個市場同時操作，如果兩個市場都存在交易費用問題，顯然套利者交易成本高於投機者。

套利和投機都是市場無效率的產物，與套利不會引起所有者權益變化不同，投機是一種"敞口頭寸交易"，它是指投機者依據對未來不確定性和風險的預測來構築單向頭寸並希望從中獲利的行為。與套利相比，投機組合並沒有實現對衝，因此具有很大的風險。

投機和套利一樣，都需要經過買賣交易之後才能獲利，理論上套利是通過同時進行買賣交易來鎖定無風險收益，而實際的套利行為因為買賣交易需間隔很小的時間進行而往往帶有一定風險。相對於套利交易而言，投機買賣交易間的時間間隔是很長的。套利與投機的連接點正是在於買賣交易之間的時間間隔，時間間隔的大小決定了交易行為的性質。時間間隔由大到小的變化過程就是由投機向套利的轉變過程。投機的風險來源於對敞口頭寸的持有，隨著持有時間的減小，風險也隨之降低，當這一時間縮小到足夠小的程度，買賣幾乎同時進行，風險也就可以忽略不計，實現了由投機到套利的轉變。從這個意義上講，套利是精練、成熟的投機，也是達到定點的投機，買賣之間很短的間隙減少至零，兩個行為變成同時發生。

從市場操作的角度看，套利就等於被保險了的投機交易，因此如果能對投機頭寸進行套期保值，那麼就形成了一個套利組合。從這個意義上講，套利 = 投機 + 套期保值。從市場的角度看，套利、投機和套期保值三者具有非常強的"共栖性"。一方面，市場的流動性允許套期保值在經濟上可以存在，而流動性取決於市場上活躍的套利和投機行為；另一方面，若沒有套期保值行為，套利者和投機者就會失去利用其可靠的信息而牟利的機會，三者共同促進市場效率的提高。

三、套利的種類

一般說來，套利有五種基本形式：空間套利、時間套利、工具套利、風險套利和稅收套利。下面，我們對這五種基本形式套利行為分別加以介紹。

(一) 空間套利

空間套利是最早、最明顯、最直觀的套利形式，它是指在一個市場上低價買進某種商品，而在另一市場上高價賣出同種商品，從而賺取兩個市場間差價的交易行為。

根據一價定律，兩個市場處於均衡時有：

$$P_i = P_j + \varepsilon \tag{5.7}$$

其中，P_i 和 P_j 分別表示 i 市場和 j 市場的價格，ε 表示在由相關費用 C 確定的區間內變動的隨機數，且 $-C \leq \varepsilon \leq C$。

如果是多種貨幣的情形，根據一價定律有：

$$P_i = P_j E_{i,j} + \varepsilon \tag{5.8}$$

其中，$E_{i,j}$ 表示用貨幣 i 表示的貨幣 j 的價格。

只要兩個市場的價差超過套利活動將產生的相關費用，套利活動就有利可圖。而且套利活動買低賣高的結果將使低價市場的價格升高和高價市場的價格回落，直到兩個市場的價差小於相關費用。

例如，假設 A 公司已經在香港和美國兩地上市，其價格分別是 P_i 和 P_j，用直接法表示的港幣匯率是 $E_{i,j}$。

如果不考慮交易費用，則當 $P_i > P_j E_{i,j}$ 時，交易者會同時在香港股市做空、在美國股市做多，以賺取無風險利潤；當 $P_i < P_j E_{i,j}$ 時，交易者則會進行相反操作。

(二) 時間套利

時間套利是指在同一市場同時買入、賣出同種商品不同交割月份的期貨合約，以期在有利時機同時將這兩個交割月份不同的合約對衝平倉獲利，是最普遍的一種套利。

不同交割月份的期貨價格之間存在一定關聯，而影響這種價格關係最大的是持有成本。持有成本等於標的資產的存儲成本加上融資購買標的資產所支付的利息，再減去資產收益。如果用 $F_i(t,T)$ 表示 t 時刻 i 市場某種標的資產 T 時刻到期的遠期或期貨價格；$P_i(t)$ 表示 t 時刻標的資產在 i 市場的現貨價格；$G_i(t,T)$ 表示在 $T-t$ 期間的持有成本，則 t 時刻現貨價格與 T 時刻到期的遠期或期貨價格的均衡條件為：

$$F_i(t,T) = P_i(t) + G_i(t,T) \tag{5.9}$$

同樣，用 T^* 代替 T，可得：

$$F_i(t,T^*) = P_i(t) + G_i(t,T^*) \tag{5.10}$$

令 $G_i(T,T^*) = G_i(t,T^*) - G_i(t,T)$，並將 5.9 代入 5.10 式，得：

$$F_i(t,T^*) = F_i(t,T) + G(T,T^*) \tag{5.11}$$

5.9 式、5.10 式、5.11 式是時間均衡條件。當等式不成立時，就意味着市場存在時間套利機會。如果等式左邊大於右邊，則說明在市場上，供給不足，需求相對旺盛，導致現貨價格的上升幅度大於遠期或期貨合約，或者現貨價格的下降幅度小於遠期或期貨合約，交易者可以通過買入現貨同時賣出遠期月份合約而進行時間套利，或者買入近期的遠期或期貨，賣出較遠的遠期或期貨；若等式右邊大於左邊，說明在市場上供大於求，導致現貨價格的上升幅度小於遠期或期貨合約，或者現貨價格的下降幅度大於遠期或期貨合約，套利者可進行相反操作以獲得無風險利潤。

如果將 5.8 式代入 5.9 式，可得時空同時均衡的條件：

$$F_i(t,T) = P_j(t)E_{i,j} + G_i(t,T) + \varepsilon \tag{5.12}$$

其中，$-C \leq \varepsilon \leq C$。

(三) 工具套利

工具套利就是利用同一標的資產的現貨及各種衍生金融工具的不合理價格差異，通過低買高賣來賺取無風險利潤的行為。

各種衍生金融工具的定價取決於它們的標的資產現價、執行價格、利率、期限、波動率等變量，通過這些變量我們可以推出各種衍生工具均衡價格之間的關係。而且，遠期利率期限結構取決於即期利率期限結構，不同期限的利率期貨價格中也隱含着遠期利率期限結構，遠期和即期利率期限結構又決定了匯率的期限結構。可以這樣說，各種金融工具之間的價格聯繫是多渠道且緊密的，它們之間普遍存在着或簡單或複雜的平價關係。當這種平價關係被打破時，市場就提供了工具套利的機會。

即使在同類衍生工具之間，也可以進行工具套利。例如，看漲期權與看跌期權之間存在平價關係，如果市場上期權的真實價格打破了這一平價關係，交易者就可以進行相關操作，買入被低估的期權，賣出被高估的期權，以獲得利潤。

在工具套利形式中，多種資產或金融工具組合在一起，形成一種或多種與原來有着截然不同性質的金融工具，這正是創造複合金融工具的過程。這個過程反過來也成立。一項金融工具可以拆分為一系列的金融工具，並且每一個都有着與原來的金融工具不同的特性，金融工具的拆分組合正是金融工程的主要運用。

(四) 風險套利

風險套利是指利用分散化能降低非系統性風險的特性，通過出售低風險債務為購買風險資產籌資以獲取其中的利益的套利行為。根據高風險高收益原則，風險越高，所要求的風險補償就越多。根據資本資產定價模型，風險可分為系統性風險和非系統性風險，非系統性風險可以通過分散化組合予以抵消，因此只有系統性風險才能獲得風險報酬，並且兩者之間有一個嚴格的平價關係。如果現實生活中各種風險資產的定價偏離了這個平價公式，就存在風險套利機會。

實際上，風險套利是對風險非對稱的利用，套利者通過購買單個高風險的負債進行組合分散化形成整體上低風險的負債，而後投資於較高風險的資產，高風險資產產生高收益，而其融資成本卻較低。保險和再保險業是風險套利最生動的例子，保險公司為許多面臨較高風險的公司和個人提供保險，即前者為後者承擔風險，作為回報，後者要向前者支付保險費，作為前者承擔風險的報酬。保險公司通過把這些風險集中起來，使各個風險中所含的非系統性風險互相抵消，從而大大降低了風險總量。這樣，保險公司就可通過收取相對較高的保險費，並投資於風險水平與所保風險總水平相當的資產而獲得風險套利的利潤。此外，證券投資基金、商業銀行都在進行風險間套利。

(五) 稅收套利

稅收套利就是指利用稅法中對不同的課稅事項，如不同的納稅人、不同類型的收益等所規定的不同的稅收待遇，牟取稅收利益的行為。最典型的稅收套利行為是兩個或兩個以上的納稅人聯合起來，進行一些旨在獲取稅收收益的交易活動，通常這種事前設計好的交易使合作雙方或者多方能從中得到好處。常見的稅收套利行為有貸款購買免稅國庫券、資產的售出租回等。企業貸款購買國庫券是比較常見的。根據企業所得稅有關法規的規定，企業貸款購買國庫券，一方面貸款利息可以在所得稅前扣除，另一方面國庫券的利息收益可以免繳所得稅。這樣對於企業來說，通過這種投資，可以增加稅前扣除額，減少所得稅，增加收益。

例5.4 設某企業當年應納稅所得額預計為100 000元。在所得稅稅率25%的情況下，若不從事稅收套利則應繳納所得稅 25 000 元，稅後淨利潤 75 000 元。若該企業決定進行稅收套利，年初從銀行按年利率 10% 借入 1 000 000 元，當期應支付利息 100 000 元，這筆利息扣除就把企業應納稅所得額減少為零，應納所得稅額也為零，節約所得稅稅款 25 000 元。該企業再用這筆貸款 1 000 000 元購買年利率為 9% 的政府債券，當年取得免稅的政府債券利息收入 90 000 元，因此該企業通過稅收套利交易共獲 115 000 元（免稅的政府債券利息收入 90 000 元加上所得稅節稅額 25 000 元），減去利息費用 100 000 元，淨獲稅後所得 15 000 元。

上述稅收套利交易的產生就是由於稅法對政府債券和銀行貸款利息在稅收待遇上的規定存在差別，即銀行貸款利息應納所得稅，政府債券利息免繳所得稅。該企業用從銀行取得的貸款購入政府債券，一方面銀行貸款利息可以在企業所得稅前扣除，另一方面政府債券的利息收益可獲免稅，這樣企業就能從事稅收套利了。如果沒有政府債券和銀行貸款利息稅待遇上的這種差異，則上述稅收套利行為就不可能發生。當然如果企業沒有應納稅所得額的話，利息扣除就不會減少應納稅所得額，套利的意義就不大。

四、套利的應用

本書將著重對時間套利和工具套利進行應用案例分析，為便於分析起見我們作出如下假設：

第一，沒有交易費用和稅收。

第二，套利者可按無風險利率自由借貸。

第三，套利者可按市場中間價格買賣資產。

基於遠期和期貨合約的套利是指利用遠期或期貨與現貨價格或較近期限遠期或期貨合約的異常差異進行套利，屬於時間套利。

（一）針對一般遠期或期貨套利

支付收益證券的遠期或期貨與現貨價格之間存在如下關係：

$$F = Se^{(r-q)(T-t)} \tag{5.13}$$

其中，F 為遠期或期貨價格，S 為現貨價格，r 為無風險利率，q 為從現在到期貨到期時間標的資產支付的收益。t 為現在時刻，T 為期貨到期時刻。

如果遠期和期貨與現貨價格的均衡關係被打破，就會出現套利機會，如果 $F > Se^{(r-q)(T-t)}$，交易者可以買入現貨，同時賣出遠期或期貨，以獲得無風險利潤；如果 $F < Se^{(r-q)(T-t)}$，交易者可進行相反操作，便可獲得無風險利潤。關於期貨與現貨之間的套利較為簡單，下面我們來看一個利用不同期限遠期合約套利的例子。

例 5.5 假設上海期貨交易所銅 2 月份合約的價格為 18 300 元/噸，而 7 月份合約價格為 19 300 元/噸，升水達到 1 000 元/噸。通過測算我們知道 2 月到 7 月的持倉費約為 500 元/噸，而如果進行現貨交割的套利，成本則約為 750 元/噸，因此進行跨期套利毫無風險且最小收益將大於 250 元/噸。而且通過分析我們認為價差在不久後將會縮小的可能性很大，那麼最終套利的完成很可能不需進行現貨交割並且收益極大。

總體思路：以 18,300 元/噸的價格買入 1,000 噸 2 月份銅，同時以 19,300 元/噸的價格賣出 1,000 噸 7 月份銅，完成套利的入場步驟。退場的方式可能有兩種：第一，當價差在 2 月份銅最後交易日（2 月 15 日）之前大幅縮小時，同時平倉退場以獲取利潤，這是我們最希望採用的方式；第二，如果價差在 2 月 15 日前沒有縮小或者縮小的程度不理想時，交割 2 月到期的合約並在 7 月份到期時交貨，完成套利過程，這是最壞的結果，但仍然可以保證獲利。而且即使 2 月份交割之後仍然可以有諸如倉單抵押、擇機賣現貨等許多靈活的操作方案可以選擇。但我們必須設想到最壞的情況，因此我們設計交割套利方案如下：

預算資金：按 1,000 噸的數量進行跨期套利並進行交割，所需資金為 1,846 萬元。取得銀行的支持獲得封閉式貸款 1 292.2 萬元，占 70%，自有資金占 30%，為 553.8 萬元，資金使用期限為 6 個月。

成本核算：
(1) 交易手續費：100 元/手。
(2) 交割費：2 元/噸。
(3) 倉儲費：7.5 元/噸/月。
(4) 過戶費：3 元/噸。
(5) 利息：6.5%/年 × 貸款金額 × 0.5。
(6) 增值稅：利潤 × 14.5%。

盈利測算：投資 553.8 萬元，最小獲利 19.05 萬元，最低年收益率 6.9%。

通過以上方案的設計，我們可以確切地知道此次套利操作的最小收益約為 6.9%，實際結果也可能會好出許多，而唯一的風險只是資金是否能夠到位。

(二) 股指期貨套利

股價指數可以近似看成支付連續收益率的資產，股價指數期貨價格與股價指數現貨價格之間符合一般遠期、期貨與現貨價格之間的關係，其套利基本思路也一致。

例 5.6 假設 S&P500 指數現在的點數為 1 000，該指數所含股票的紅利收益率預計為每年 5%（連續複利），3 個月期 S&P500 指數期貨的市價為 950 點，3 個月期無風險連續複利年利率為 10%，請問如何進行套利？

在本例中，$F < Se^{(r-q)(T-t)}$，因此投資者可以通過賣主成分股買入指數期貨來套利。其具體步驟如下：

(1) 確定套利的金額（假定為 1 000 萬美元）。
(2) 按各成分股在指數中所占權重賣空成分股，總計金額為 1 000 萬美元。
(3) 將賣空成分股所得款項 1 000 萬美元按無風險利率貸出 3 個月。
(4) 買入 40 份 3 個月期 S&P500 指數期貨。
(5) 3 個月後收回貸款本金，其利息收入為：

$1\ 000(e^{0.1 \times 0.25} - 1) = 25.32$（萬美元）。

(6) 3 個月後按市價買回成分股，平掉股票的空倉，假設此時指數現貨點數為 S_T，則股票現貨盈虧為：

$$\left(\frac{1\,000-S_T}{1\,000}\right)\times 1\,000(萬美元)=1\,000-S_T(萬美元)。$$

（7）3 個月買空股票者需要支付的紅利收益：

$1\,000(e^{0.05\times0.25}-1)=12.6$（萬美元）。

（8）3 個月後按指數現貨點數 S_T 對期貨頭寸進行結算，其盈虧爲：

$(S_T-950)\times250\times40$（美元）$=S_T-950$（萬美元）。

（9）此次套利的總盈虧爲：

$25.32-12.6+(1\,000-S_T)+(S_T-950)=62.72$（萬美元）。

與股票期貨相比，股指期貨存在更大風險，這是因爲在實際操作中，股市行情瞬息萬變，而買入賣出成分股票所用時間較多。在發生金融恐慌時，即使利用計算機程序自動完成指令，也難以應對瞬息萬變的行情。1987 年 10 月 19 日"黑色星期一"，美國股市發生大崩盤的當天，收市時，S&P500 指數爲 225.06 點，而 12 月份交割的 S&P500 指數期貨價格卻只有 201.50 點，比現貨價格低 23.56 點；而在第二天紐約證交所對程序交易實行臨時性限制措施後，12 月份的指數期貨價格最多時比現貨價格低了 18%。

（三）利率遠期或期貨套利

根據公式（2.2），遠期利率的計算公式爲：

$$\hat{r}=\frac{r^*(T^*-t)-r(T-t)}{T^*-T} \tag{5.14}$$

可見，遠期利率和不同期限的即期利率（r 和 r^*）保持着密切的聯繫，如果上述關係被打破，就存在套利機會。上式的 $\hat{r}$ 表示理論上的遠期利率，如果實際遠期利率高於理論遠期利率，套利者就可通過借長貸短並做空遠期利率協議來獲利；如果實際遠期利率低於理論遠期利率，套利者則可通過借短貸長並做多遠期利率協議來獲利。

例5.7 假設 45 天期短期國債的年利率爲 10%，135 天期短期國債的年利率爲 10.5%，還有 45 天到期的短期國債期貨價格中隱含的遠期利率爲 10.6%（所有的利率均爲連續復利率）。短期國債本身隱含的 45 天到 135 天中的遠期利率爲（135×10.5－45×10）/90＝10.75%，這就高於短期國債期貨價格中隱含的 10.6% 的遠期利率。投資者應如何進行套利？

顯然，套利者應在 45 天到 135 天的期限內以 10.6% 的利率借入資金並按 10.75% 的利率進行投資。這可以通過以下的策略來實現：

（1）賣空期貨合約。

（2）以 10% 的年利率借入 45 天的資金。

（3）將借入的資金按 10.5% 的利率進行 135 天的投資。

以上策略稱爲第一類套利。如果情況與此相反，即短期國債期貨的隱含利率爲 10.80%，高於 10.75%，則運用第二類套利策略：

（1）買入期貨合約。

（2）以 10.5% 的年利率借入 135 天的資金。

（3）將借入的資金以 10% 的利率進行 45 天的投資。

以上兩類套利策略都包含了以短期國債利率或接近的利率借入資金。實際上，爲了驗證短期國債市場是否存在套利機會，交易者經常計算所謂的隱含回購利率。它是與短期國債到期日相同的國債期貨價格和比該短期國債的期限長 90 天的另一短期國債價格所隱含的短期國債利率。如果隱含回購利率高於實際的短期國債利率，理論上就可能進行第一類套利。如果隱含回購利率低於實際的短期國債利率，理論上就可能進行第二類套利。

（四）匯率遠期或期貨套利

外匯遠期或外匯期貨的定價公式如下（公式表明遠期匯率與現貨匯率之間必須保持如下平價關係，否則就存在套利機會）：

$$F = Se^{(r-r_f)(T-t)} \tag{5.15}$$

其中，t 爲現在時刻，T 爲合約到期時刻；S 爲即期匯率，F 爲 T 時的遠期匯率；r 爲本幣的無風險利率，r_f 爲外幣的無風險利率。

如果 $F > Se^{(r-r_f)(T-t)}$，套利者就可以通過買入外匯現貨，賣出外匯遠期或期貨來獲取無風險利潤；如果 $F < Se^{(r-r_f)(T-t)}$，套利者就可以通過賣出外匯現貨，買入外匯遠期或期貨來獲取無風險利潤。

例 5.8　免費的午餐——人民幣升值預期下的零風險套利機會。

讓我們來看看進口企業中常見的一種業務類型。假設 A 企業有一筆進口信用證業務，到期需購匯後對外支付美元。通常情況下，A 企業在付匯日 7 個工作日內備足人民幣後，以銀行即期賣出價向銀行購匯後直接對外付匯。如果 A 企業以購匯人民幣全額質押、以所貸外匯對外付匯，然後再續做一筆同金額同期限的遠期購匯業務，情況又會如何呢？以下是交通銀行 2005 年 6 月的一筆實例：

2005 年 6 月 30 日，A 企業有一筆金額爲 260 萬美元的即期信用證須購匯後對外付匯。當日銀行美元即期售匯價爲 8.288 9，一年期遠期售匯價爲 8.036 5，一年期人民幣存款利率爲 2.25%，一年期美元貸款利率爲 LIBOR＋70BP（6 月 30 日一年期美元 LIBOR 爲 3.86%）。該行經測算，爲 A 企業設計了一年期人民幣質押項下外匯貸款業務。具體做法爲：先以購匯資金合計 2,155.11 萬人民幣全額質押，向 A 企業貸款 260 萬美元後對外付匯，同時做一年期遠期購匯業務，一年後，以遠期所購美元全額還貸，則：

A 企業到期需支付美元爲 260 萬美元×(1＋3.86%＋0.7%)＝271.856 萬美元。按遠期購匯價，到期需支付人民幣爲 271.856 萬美元×8.036 5＝2 184.77 萬元。扣除一年期人民幣定存 48.49 萬元（2 155.11×2.25%＝48.49 萬），實際支付人民幣爲 2 136.28 萬元。與直接即期購匯後對外付匯比，A 企業產生套利 2 155.11－2 136.28＝18.83 萬元。在不影響企業資金流動性的情況下，無風險收益率達 8.74%。

本章小結

1. 套期保值是指在現貨市場某一筆交易的基礎上，在期貨市場上做一筆價值相當、期限相同但方向相反的交易，以期保值。套期保值按其操作方法的不同，可以分爲空頭（賣出）套期保值、多頭（買進）套期保值。

2. 確定套期保值需要的期貨合約的規模，最重要的是要決定使用期貨合約的數量與現貨數量的比例，即最佳套期保值比率。

3. 基差是期貨市場的一個重要概念，它是指在某一時間、同一地點、同一品種的現貨價格與期貨價格的差，基差變化的不確定性稱為基差風險。

4. 基差交易是指為了避免基差變化給套期保值交易帶來的不利影響，所採取的以一定基差和期貨價格確定現貨價格的方法。

5. 投機是指人們根據自己對金融期貨市場的價格變動趨勢的預測，通過看漲時買進、看跌時賣出而獲利的交易行為。按具體的操作手法不同，投機可以分為多頭投機和空頭投機。

6. 套利是指人們利用暫時存在的不合理的價格關係，通過同時買進和賣出相同或相關的商品或期貨合約，以賺取其中的價差收益的交易行為。

思考與練習題

1. 投機的功能有哪些？
2. 典型的套利有哪些特徵？
3. 簡述套利與投機的區別。
4. 試述套期保值的經濟原理。
5. 2005 年 8 月，國內某豆油壓榨企業計劃在兩個月後購進 1 000 噸大豆，此時現貨價格為 2 900 元/噸，11 月的大豆期貨合約的價格為 3 050 元/噸。由於擔心價格繼續上漲，該企業決定通過期貨市場進行買入套期保值，在大連商品交易所買入 11 月合約 100 手（每手 10 噸），到 10 月份，現貨價格上漲至 3 100 元/噸，而此時期貨價格為 3,250 元/噸，於是該企業賣出期貨合約對衝平倉。請計算該企業的盈虧情況。
6. 一位交易員的長期投資證券組合中包括黃金。交易員可以以每盎司 1,450 美元買入黃金，並以每盎司 1,439 美元賣出黃金。該交易員可以以年利率 6% 借款，並可以以年利率 5.5% 投資（兩個利率都是每年計一次復利）。黃金的一年期遠期價格在什麼範圍內時，該交易員沒有套利機會（不考慮遠期價格的買賣差價）？
7. 利用滬深 300 股指期貨的市場數據，尋找期現套利的機會，並設計套利方案，計算套利成本和收益。
8. 與套期保值策略相比，投機策略的特點有哪些？

第六章 金融互換

內容提要： 與期貨、期權交易相比，互換交易可以省去對頭寸的日常管理麻煩。正因為互換交易優點突出，所以成為衆多金融交易者進行長期保值和風險管理的重要工具。本章我們將對互換的原理、類型和功能作詳細的介紹。

金融互換是買賣雙方在一定時間內，交換一系列現金流的合約。具體說，金融互換是指兩個（或兩個以上）當事人按照商定的條件，在約定的時間內，交換不同金融工具的一系列支付款項或收入款項的合約。其可以看成一系列遠期合約的組合，因此對互換的學習很自然地成為對期貨和遠期合約學習的擴展。

第一節 互換市場的起源和發展

金融互換是在20世紀80年代平行貸款和背對背貸款的基礎上發展起來的。但它們之間既有聯繫又有區別。互換市場的起源可以追溯到20世紀70年代末，當時的貨幣交易商為了逃避英國的外匯管制而開發了貨幣互換。1981年，國際商業機器公司（IBM）與世界銀行簽署的利率互換協議是世界上第一份利率互換協議。從那以後，互換市場發展迅速。利率互換和貨幣互換的名義本金金額從1987年年底的8 656億美元猛增到2002年年中的823 828.4億美元，15年增長了近100倍。可以說，這是增長速度最快的金融產品市場。

一、金融互換的雛型

貨幣互換的前身採取過平行貸款及背對背貸款等多種形式。這種交易常用做規避而非逃避外匯管制的手段。因為在交易安排中無須實際出售某種受管制的貨幣，所以監管當局就沒有理由拒絕這種交易。例如，若在1979年10月英國取消外匯管制措施以前，殼牌公司想貸款給其美國子公司，需出售英鎊購買美元，而這需要花費一筆額外的費用，這就使得貸款成本不經濟；有了平行貸款，殼牌公司可以貸英鎊款項給美國公司的英國子公司，同時美國公司貸美元款項給殼牌公司的美國子公司，則雙方均無須支付額外費用。

（一）平行貸款

20世紀70年代初，由於國際收支惡化，英國實行外匯管制並採取了對外投資扣稅的辦法，以控制資金的外流。於是一些銀行為滿足企業規避外匯管制的需求，推出了平行貸款（Parallel Loan）：兩個母公司分別在國內向對方公司在本國境內的子公司提供金額相當的本幣貸款，並承諾在指定的到期日各自歸還所借貸款。例如，英國母公司向美國母公司在英國境內的子公司貸款，美國母公司相對應地貸款給英國母公司在美國境內的子公司，結構如圖6.1所示。

平行貸款既可滿足雙方子公司的融資需要，又可規避外匯管理，因此深受歡迎。但平行貸款存在信用風險問題，這是因為平行貸款包含兩個獨立的貸款協議，它們分別具有法律效力，其權利、義務不相聯繫，當一方出現違約時，另一方仍不能解除履約義務。

圖6.1　平行貸款結構圖

這種融資方式的主要優點是可以繞開外匯管制的限制，不會發生跨國界的資金轉移。但運用這種方式融資，需要有兩個母公司和兩個子公司，而且雙方需要融資的數額相同，並且都願意承擔所包含的信貸風險。

(二) 背對背貸款

為了解決平行貸款中的信用風險問題，產生了背對背貸款（Back to Back Loan）。它是指兩個國家的公司相互直接貸款，貸款幣種不同但幣值相等，貸款到期日相同，各自支付利息，到期各自償還原借款貨幣。其流程如圖6.2所示。

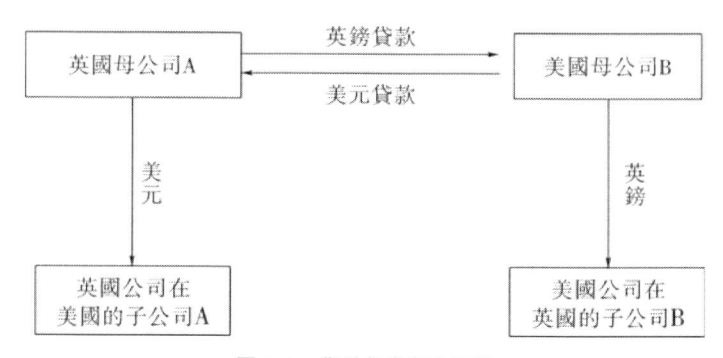

圖6.2　背對背貸款流程圖

背對背貸款儘管有兩筆貸款，但只簽訂一個貸款協議，協議中明確若一方違約，另一方有權抵消應盡的義務。這就大大降低了信用風險，向貨幣互換大大邁進了一步。但是，背對背貸款涉及跨國借貸，存在外匯管制問題。因此，背對背貸款只是在1979年英國取消外匯管制後才作爲一種金融創新工具出現。

背對背貸款雖然已非常接近現代貨幣互換，但兩者仍有本質的區別。前者是一種借貸行爲，在法律上會產生新的資產和負債（雙方互爲對方的債權人和債務人）；而後者是不同貨幣間負債或資產的互換，是一種表外業務，並不產生新的資產與負債，因而也就不改變一個公司原有的資產負債結構。這也是互換交易之所以受到人們青睞並得以飛速發展的重要原因。

二、互換的產生和發展

金融互換是約定兩個或兩個以上的當事人按照商定條件，在約定的時間內，交換一系列現金流的合約。它是在平行貸款及背對背貸款基礎上發展起來的，與這兩者的不同之處在於金融互換是表外業務。

互換產生的條件有兩方面：一是交易者在不同地域或不同資金上的籌資成本存在差異。由於籌資者信用等級不同、所處地理位置不同、對於不同金融工具使用的熟練程度不同、取得資金的難易程度不同等原因，在籌資成本上往往存在比較優勢。二是交易者存在着不同的風險偏好。

互換一經產生，就因其適應了市場的巨大需求而獲得了很大成功。此後，世界性互換行業協會——國際互換交易者協會成立，互換二級市場出現，24小時交易與市場製造者誕生。互換參與者隊伍不斷擴大，互換創新形式不斷出現，使互換獲得了快速的發展。

（一）國際互換交易者協會成立

儘管互換業務產生以來發展迅速，但也存在一些互換業務進一步發展的障礙，具體表現如下：

第一，缺乏普遍接受的交易規則和合約文本；

第二，對互換交易的信用風險普遍缺乏深刻的理解；

第三，互換交易的參與者必須借鑒類似的市場交易準則去設計每次交易的合約內容與帳務處理條款。

爲了消除上述障礙，促進互換業務健康發展，1985年2月，以活躍在歐洲市場的大銀行、大證券公司爲中心，加上衆多的互換業務參與者組建了旨在促進互換業務標準化和業務推廣活動的國際互換交易者協會（International Swap Dealers Association，ISDA），並在《國際金融法規評論》上發表了該協會會員克里斯托弗·斯托克關於互換業務標準化的著名論文，擬定了標準文本"利率與貨幣互換協議"（Interest Rate and Currency Exchange Agreement，簡稱"ISDA主協議1987"）。該協議要求交易雙方在達成第一筆互換交易之前（或之後）簽訂這樣一個"主協議"，同時可對各項條款進行討論、修改和補充。這樣，在以後每筆互換交易時，就省去了擬定、討論文本的大量時間。在"主協議"項下，交易雙方的每一筆互換交易僅需要一個信件或電傳來確定每筆互換的交易日、生效日、到期日、利率、名義本金額、結算帳户等即可成交，大大提高了交易效率。

國際互換交易者協會的創始人包括花旗銀行、銀行家信託公司、美林公司、第一波士頓公司、高盛公司、克林沃德金融公司、摩根擔保信託公司、摩根斯坦利公司、所羅門兄弟公司、希爾森－萊曼兄弟公司等。目前，該協會的會員已超過200個。美國、日本及歐洲的多數銀行、證券公司都已成爲該協會的會員，這爲互換交易能運用共同語言、共同計算方式交易打下了堅實的基礎，爲互換交易的深入發展創造了良好的條件。

(二) 互換二級市場出現

伴隨互換一級市場的迅速發展和互換交易向標準化的改進，互換二級市場應運而生。該市場包括三種截然不同的交易方式，即互換轉讓（或再互換）、互換自動終止、反向（轉讓）互換。據統計，互換交易二級市場的交易量占總交易量的20%～30%。互換交易在資產和負債管理上的廣泛運用是其重要因素。互換二級市場的興起，大大增強了互換交易市場的流動性，使互換交易變得更爲靈活。

在二級市場的三種交易方式中，只有第一種方式，即互換轉讓或再互換類似於證券二級市場。互換轉讓的目的主要是實現互換交易的已有收益，即通過再互換，將已有收益的合約按當時的市價轉讓出去，從而鎖定已有的收益。當然，由於互換合約的非標準化、互換對手的反對以及互換轉讓中的稅收和會計處理問題，互換轉讓的數量還處於較低水平。在上述障礙排除後，互換轉讓數量將會大大增加。

對於互換交易中出現的互換暴露問題（與外匯交易一樣，安排互換的機構由於買入和賣出的互換合約的數額和期限不相匹配，也會產生互換的暴露），一般採取互換自動終止或反向（轉讓）互換方式彌補。

互換自動終止由於不存在互換轉讓方式的信用風險問題，因此相對比較簡單。在原互換合約中一般已特別列出"互換自動終止"條款，互換交易雙方通過談判確定互換自動終止所需支付的費用。這使互換自動終止變得不夠實用和流行。

與前兩種方式不同，反向互換無須支付大量現金而能鎖定一段時期的現金支付。它包括兩種方式：在互換市場上簽訂一個反向互換合約或與原互換對手簽訂一個反向互換合約（又稱鏡子互換）。

在互換市場上簽訂一個反向互換合約是互換二級市場上最早的交易方式，但該方式也存在兩種缺陷：一是使締約人的信用暴露程度又增大一倍；二是若原互換合約設計過於特殊，那麼在互換市場上將難以找到恰好能對衝原互換交易的對手。

鏡子互換則可以避免上述大部分問題。由於鏡子互換是與原交易對手簽訂的，不僅完全對衝掉原有風險，而且不存在訂立協議方面的操作性困難。作爲互換自動終止的替代物，鏡子互換還避免了大筆現金的支付。

近年來，英國、美國一些安排互換交易的大銀行越來越傾向於把互換合約規範成可以買賣的"證券"，並爲此做了大量努力，如促使互換合約標準化、促進互換市場慣例化等。伴隨著互換標準化的發展，會出現一筆互換交易有多個中介機構和最終用戶介入的情況，這將促使二級市場出現較大發展。

(三) 24小時交易與市場製造者誕生

由於互換的迅速發展，互換也出現了像證券市場、外匯市場的24小時交易場面。一些世界性的商業銀行與投資銀行在其互換業務部門中，雇傭了很多精通互換交易的交易員，他們在24小時輪班工作，密切注意遍布全球各地的分支機構傳來的互換需求信息，並盡力去滿足這些需求。這不僅僅因為安排互換交易利潤豐厚，更主要的是，互換業務與企業的債務管理、債券發行等重要的財務活動有著非常密切的聯繫，誰能安排互換業務，降低企業的籌資成本，誰就能獲得證券發行代理、承銷等業務。無法提供有吸引力的互換業務的銀行，將會失去原有的客戶。

以此為背景，互換市場的市場製造者也要在同業市場上報出有吸引力的互換合約買賣價格，以承擔互換暴露風險為代價來爭取更多與客戶做生意的機會。市場製造者的誕生，大大增強了互換市場的流動性，使互換業務獲得深入發展。

(四) 互換參與者隊伍不斷擴大

伴隨互換交易規模的不斷擴大，互換參與者隊伍也不斷擴大。銀行最初參與互換交易是幫助跨國公司避稅（如逃避英國政府海外投資扣稅）並收取0.5%~1%的手續費，但像接受任何新鮮事物一樣，其行動十分謹慎。世界銀行與IBM公司第一筆公開的貨幣互換的巨大成功、德意志銀行盧森堡分行和瑞士第一信貸銀行波士頓分行內部利率互換細節的公開，為互換的發展做了有力的宣傳。許多銀行開始利用其聯繫廣泛、信息靈敏、通信設施發達等優勢，居間安排互換交易，這使傳統經紀人（Broker）的角色為商業銀行互換中介人（Intermediate）的角色所代替。商業銀行還直接成為互換交易的一方，一些銀行還成為市場製造者。這大大增加了互換交易的流動性和復活性。以前互換合約很難找到交易對手，而目前只需幾分鐘即可完成互換交易。

保險公司也認識到互換的優越之處，開始將這種產品應用到租賃範圍，並期望更多的人使用它，以使自己的業務更適應於國際化的要求。養老基金也開始在有限範圍內使用該項技術。

出口信貸機構中，最初只有瑞典的出口信貸機構對互換較感興趣，其他絕大多數出口信貸機構都態度審慎地看待這一新事物。伴隨著互換的發展和受瑞典出口信貸機構運用互換交易的成功經驗的啟示，許多出口信貸機構終於認識到利用互換減少資金成本、靈活轉換幣種、合理調整固定利率和浮動利率借款結構的好處，也開始大量介入互換交易以使其處於富有應變能力的地位。

政府及政府機構出於將浮動利率資金轉換為固定利率資金和追求負債結構多元化的需要，也開始大量介入互換交易。

這樣，互換成為全社會各個機構踴躍參與的交易活動，出現了互換廣泛普及、空前繁榮的局面。

(五) 互換創新形式不斷出現

金融創新的不斷深入，使互換技術更為完善和複雜。交叉貨幣利率互換於1984年開始在歐洲資本市場出現，促進了互換種類的豐富。在此基礎上，將互換與其他金融工具甚至衍生工具進行組合，或將互換方式稍作變化形成的新的互換方式層出不窮，主要有互換期權、遠期互換、分期攤還互換、指數互換、零息票債券互換、可展式互換、多邊互換、卡特爾互換等。

（六）互換交易的規模迅速擴大

互換獨特的優勢使其規模增長迅速，銀行由中介到當事人的角色轉換、計算機和互聯網技術的運用、合約的標準化、風險管理技術的不斷完善，更為互換的迅速發展創造了條件，導致互換交易額急劇膨脹。據估計，國際債券的發行有70%是由互換交易驅動的。換言之，債券的發行和時間的選擇，是由互換交易的套利機會決定的。

第二節　互換的類型和功能

金融互換的發展歷史雖然較短，但品種不斷創新。除了傳統的貨幣互換和利率互換外，各種新的金融互換品種不斷湧現。

一、互換的類型

（一）利率互換

利率互換（Interest Rate Swap）是指雙方同意在未來的一定期限內，根據同種貨幣的同樣的名義本金交換不同利息的現金流，其中一方的現金根據浮動利率計算，而另一方的現金流根據固定利率計算。互換的期限通常在2年以上，有時甚至在15年以上。雙方進行利率互換的主要原因是雙方在固定利率和浮動利率市場上具有比較優勢。由於利率互換只交換利息差額，因此信用風險很小。

（二）貨幣互換

貨幣互換（Currency Swap）是將一種貨幣的本金和固定利息與另一種貨幣的等價本金和固定利息進行交換。貨幣互換的主要原因是雙方在各自國家中的金融市場上具有比較優勢。由於貨幣互換涉及本金互換，因此當匯率變動很大時，雙方將面臨一定的信用風險。當然這種風險比單純的貸款風險小得多。

（三）非標準互換

從最普遍的意義來說，互換實際上是現金流的交換。由於計算或確定現金流的方法有很多，因此互換的種類就很多。前面我們介紹的都是基本的金融互換，都具有本金固定、利率明確、定期支付利息、立即起算以及不附帶特殊風險等特點，而如果上述情況發生變化，可以派生出多種金融互換類型，我們稱之為非標準互換。除了上述最常見的利率互換和貨幣互換外，其他主要的非標準互換品種如下：

1. 交叉貨幣利率互換

交叉貨幣利率互換（Cross-currency Interest Rate Swaps）涉及不同貨幣、不同利率

的互換新方式，是利率互換和貨幣互換的結合，是以一種貨幣的某種利息交換另一種貨幣的某種利息。標準的交叉貨幣互換與貨幣互換相似：第一，互換雙方的貨幣不相同；第二，到期需要交換本金；第三，在生效日本金可交換也可不交換；第四，互換雙方既可以是固定利率互換，也可以是浮動利率互換，或者是浮動利率與固定利率互換。交叉貨幣利率互換的典型代表形式是美元浮動利率與非美元固定利率的互換。

我們也可以把利率互換理解成雙方使用同種貨幣的交叉貨幣互換。從這個角度看，本金的互換是無關緊要的，因為採用同種貨幣，其本金互換的最終結果總是為零。本金在期末總是交換的，這是交叉貨幣互換的一個顯著特點。本金既可以是實際金額也可以是名義金額，最初互換本金後，根據本金計算利息。接下來是一連串的利息互換，在到期日，再按事先規定的匯價換回本金。

2. 增長型互換、減少型互換和滑道型互換

在標準的互換中，名義本金是不變的，而在這三種互換中，名義本金是可變的，即可以在互換期內按照預定方式變化。其中，增長型互換（Accreting Swap）的名義本金在開始時較小，而後隨著時間的推移逐漸增大。減少型互換（Amortising Swap）則正好相反，其名義本金隨時間的推移逐漸由大變小。近年來，互換市場又出現了一種特殊的減少型互換，即指數化本金互換（Indexed Principal Swap）。指數化本金互換，其名義本金的減少幅度取決於利率水平，利率越低，名義本金減少幅度越大。滑道型互換（Roller-coaster Swaps）的名義本金則在互換期內時而增大，時而變小。

增長型互換比較適合借款額在項目期內逐漸增長的情形，如建築工程融資。減弱型互換則比較適合於以發行債券來融資的借款方。就項目融資來看，初期借款可能逐漸增加，此後隨著對承包者的階段性支付的累積，借款額會逐漸減少，因此可以考慮採用滑道型互換與各期借款本金相對應。在上述每一種情況下，名義本金的變化不一定是有規律的，可以在每一期互換開始之前對名義本金加以確定。

3. 基礎互換

在普通的利率互換中，互換一方是固定利率，另一方是浮動利率。而在基礎互換（Basic Swaps）中，雙方都是浮動利率，只是兩種浮動利率的參照利率不同，通常一方的浮動利率與某一時期的倫敦銀行同業拆放利率掛鉤，而另一方的浮動利率則與另一類市場利率相聯繫，如商業票據利率、存款利率或聯邦基金利率等。例如，某公司通過商業票據的滾動發行籌集資金，並將籌得的資金投資於收益率為倫敦銀行同業拆放利率的資產，那麼一筆基礎互換交易就可以防範或消除由於採用不同利率而產生的收入流與支出流不相吻合的風險。或者，發行商業票據的公司可能希望鎖定借款成本，那麼該公司可以將基礎互換與普通互換相結合，先把浮動商業票據利率轉化成倫敦銀行同業拆放利率，再把倫敦銀行同業拆放利率轉變成固定利率。

還有一種基礎互換與上面所述的基礎互換略有不同，雙方的浮動利率與同一種市場利率掛鉤，但期限不同。例如，1月期倫敦銀行同業拆放利率與6月期倫敦銀行同業拆放利率互換。在這種情況下，付息次數或頻率也會出現不一致。因此，對於按6月期倫敦銀行同業拆放利率收息並按1月期倫敦銀行同業拆放利率付息的一方來說，在收取半年期利息減去支付的最後1月期利息的淨額之前，要連續5個月支付月息。比

起付息次數或頻率相同的互換來，此類互換來自對方的風險要大一些。

4. 議價互換

大多數互換的初始定價是公平合理的，不存在有利於交易一方而不利於交易另一方的問題，也就是說沒有必要從互換一開始就由交易一方向另一方支付利息差。然而在議價互換交易中，固定利率不同於市場的標準利率，因此交易一方必須向另一方進行補償。議價互換（Off-marker Swap）的應用價值在於：當借款方以發行浮動利率債券籌資，並希望利用互換既能將浮動利率債券轉換成固定利率債券，又能支付發行債券的前端費用時，就可以設計一份議價互換。借款方（債券發行公司）收取一筆初始資金和定期浮動利息，同時以略高於普通互換市場利率的固定利率支付利息。高出固定利率的邊際額可以在互換期內將發行債券的前端費用有效地加以分攤。

5. 零息互換與後期確定互換

在零息互換（Zero-coupon Swap）中，固定利息支付的現金流被一次性的支付所取代，一次性支付可以在互換初期，但更常見的是在期末。而在後期確定互換（Back-set Swap）中，互換確定日不是在計息期開始之前，恰好是在結束之際。因此，浮動利率的確定是滯後的而不是提前的，這種互換也稱為倫敦銀行同業拆放利率滯後互換（LIBOR-in Arrears Swap）。如果某交易方認為利率走勢將與市場預期有出入，那麼這種互換就很有吸引力。例如，在收益率曲線上升的條件下，遠期利率要高於當前的市場利率，在制定互換固定利率時就要反應出這一點，後期確定互換的定價就可以定得更高一些。如果固定利率的收取方認為市場利率的上升要比遠期利率所預期的慢，那麼後期確定互換同樣要比常規互換更為有利。

6. 邊際互換

邊際互換（Margin Swap）採用的浮動利率是在 LIBOR 基礎上再加上或減去一個邊際額，而不是直接用倫敦銀行同業拆放利率本身，因此將其稱為邊際互換。一個按倫敦銀行同業拆放利率 LIBOR +50 個基點籌資的借款人當然希望能從互換中獲得倫敦銀行同業拆放利率 LIBOR +50 個基點的利率，而不僅僅是倫敦銀行同業拆放利率，否則浮動利率的現金流量就不一致。因此，邊際互換的結果類似於普通互換中對固定利率加上一個邊際額。例如，一個普通互換是 7% 的固定利率對倫敦銀行同業拆放利率，則與此相應的邊際互換的報價可能就是 7.5% 的固定利率對倫敦銀行同業拆放利率 LIBOR +50 個基點。只有當互換雙方天數計算慣例或付息次數各不相同時，如固定利率方以實際天數/365 計算，而浮動利率方以 30/360 計算，邊際互換與普通互換的結果才會出現差異。

7. 差額互換

差額互換（Differential Swap）是對兩種貨幣的浮動利率的現金流進行交換，只是兩種利息現金流均按同種貨幣的相同名義本金計算。例如，在一筆差額互換交易中，互換一方以 6 月期美元倫敦銀行同業拆放利率對 1 000 萬美元的名義本金支付利息；同時對同樣一筆數額的名義本金以 6 月期馬克倫敦銀行同業拆放利率減去 1.9% 的浮動利率收取以美元表示的利息。在 20 世紀 90 年代初期，差額互換非常流行，當時美元利率很低，但收益率曲線上升得非常陡峭；而馬克利率很高，收益率曲線卻向下大幅度傾斜。因此，按美元倫敦銀行同業拆放利率付利息，並按馬克倫敦銀行同業拆放利率LIBOR－1.9％收取以美元表示的利息的交易方在互換初期會有淨收入。如果利率按遠期收益率曲線所示發生變化，那麼這些淨收入最終會轉變成淨支出。但是許多投資者堅信美元利率會低於遠期利率所預示的水平，而德國馬克利率依然會維持在高水平上。因此，通過差額互換獲利的時間將大大延長，甚至可能在整個互換期間都獲利。

差額互換究竟屬於貨幣互換還是屬於利率互換很難加以定義，因爲它既像交叉貨幣互換一樣涉及兩種貨幣的利率，又像利率互換一樣僅以一種貨幣支付或收取利息。另外，當銀行要爲差額互換進行保值時，還會涉及一種複雜的金融工具——數量調整期權的定價的問題。

8. 遠期啟動互換

遠期啟動互換（Forward－start Swap）是指互換生效日不是在交易日後一兩天，而是間隔幾周、幾個月甚至更長時間。這種互換適用於爲未來某時進行的浮動利率籌資，但希望在現在就確定實際借款成本的借款人。例如，某家公司可能剛剛獲得對一個項目的委託管理，並正忙於籌集資金以備將來支用。如果這家公司拖到以後才安排互換交易，就可能面臨利率上漲的風險。

9. 股票互換

股票互換（Equity Swaps）是把股票指數產生的紅利和資本利得與固定利率或浮動利率交換。投資組合管理者可以用股票互換把債券投資轉換成股票投資，反之亦然。

二、金融互換的功能

互換交易屬於表外業務，不計入資產負債表，因此具有降低籌資成本，提高資產收益；優化資產負債結構，轉移和防範利率風險和外匯風險；空間填充等功能。

（一）降低籌資成本，提高資產收益

互換交易是以比較優勢爲基礎的，交易者通過互換，可以充分利用雙方的比較優勢，降低籌資成本，也可以通過資產互換來提高資產收益。交易雙方最終分配由比較優勢產生的全部利益是互換交易的主要動機。例如，具有信用級別差異的雙方，進行數額、幣種、期限相同的負債互換，雙方都可以用低於自己單獨籌資的利率成本獲得資金，以較低的成本滿足其最終需求。

（二）優化資產負債結構，轉移和防範利率風險和外匯風險

互換交易使企業和銀行能夠根據市場行情的變化，靈活地調整其資產負債的風險結構和期限結構，以實現資產負債的最佳配置。由於互換是以名義本金爲基礎進行的，利用互換對資產和負債的利率風險或匯率風險進行管理比利用貨幣市場和資本市場進行管理更爲便捷，它可以不經過真實資金運動而對資產負債的風險及其期限結構進行表外重組，靈活地改變資產或負債的風險特徵，以適應交易者的風險偏好。

（三）空間填充

空間填充功能從理論上講是指金融機構依靠衍生工具提供一種金融特性的交換，

以彌合總體空間中存在的缺口和消除在此範疇內的不連續性，形成一個理想的各種工具的不同組合，創造一個平滑連續的融資空間。例如，發行形式間（證券籌資和銀行信貸間）存在的差異、工具運用者信用級別的差異、市場進入資格限制等。事實上，這種缺口的存在正是互換交易能夠進行的基礎。從本質上講，互換就是對不同融資工具的各種特徵進行交換，它就像融資空間中的一架梭機，有人稱之爲金融交易中的"集成電路"。貨幣互換把一種通貨負債換爲另一種通貨負債，從而彌合了兩種通貨標值間的缺口；利率互換將將浮動利率負債換爲固定利率負債，等於在浮動利率債券市場上籌措資金，而得到固定利率債券市場的效益。受到進入某一特定市場限制的機構或信用級別較低的機構可以通過互換，得到與進入受限制或信用級別要求較高的市場的同樣機會，從而消除了業務限制和信用級別差異而引起的市場阻隔。互換交易具有明顯的對融資工具不同特徵的"重新組合"的特徵。

第三節　利率互換

利率互換是20世紀80年代初在貨幣互換業務的基礎上發展起來的，而且由於當時國際貨幣借貸市場上利率的頻繁波動，使得利率互換在一開始出現之後就蓬勃發展起來，其全球交易量已經遠遠超過其他金融衍生品的交易量，一直排在第一位。

一、利率互換的概念

利率互換（Interest Rate Swaps）是指雙方同意在未來的一定期限內，根據同種貨幣的同樣的名義本金交換不同利率的現金流，其中一方的現金根據浮動利率計算出來，浮動利率通常以LIBOR爲基礎；另一方的現金流根據固定利率計算。在利率互換中，交易雙方無論在交易的初期、中期，還是末期都不交換本金。本金可能是交易雙方的資產或負債。交換的結果只是改變了資產或負債的利率特徵。利率互換的基本結構如圖6.3所示。

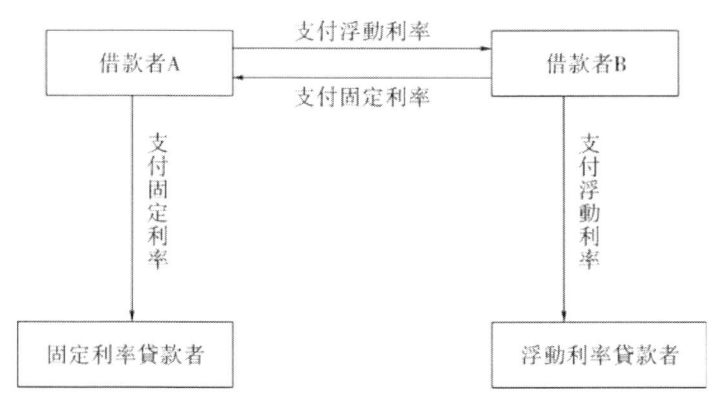

圖6.3　利率互換的基本結構圖

二、利率互換的基本特徵

雙方進行利率互換的主要原因是雙方在固定利率和浮動利率市場上具有比較優勢。由於利率互換只交換利息差額，因此信用風險很小。

利率互換以名義本金爲基礎。例如，一次典型的互換交易的名義本金額可能是 50,000,000 美元。通常，互換交易額是 50,000,000 美元的倍數，一般不進行名義本金額低於 1,000 000 美元的交易，大多數交易額在 50,000,000～100,000,000 美元。利率互換在一定時間內進行，利率互換的標準期限是 1 年、2 年、3 年、4 年、5 年、7 年與 10 年，30 年與 50 年的交易也較常見。隨著市場的發展，利率互換變得越來越靈活，使許多派生交易成爲可能。大體而言，交易越特殊，交易價格就越貴。

假定 A 公司、B 公司都想借入 5 年期的 1 000 萬美元的借款，A 公司想借入與 6 個月期相關的浮動利率借款，B 公司想借入固定利率借款。但兩家公司的信用等級不同，因此市場向它們提供的利率也不同，如表 6.1 所示。

表 6.1　　　　　　　市場提供給 A 公司、B 公司的借款利率

	固定利率	浮動利率
A 公司	10%	6 個月期 LIBOR +0.3%
B 公司	11.2%	6 個月期 LIBOR +1%

從表 6.1 可以看出，A 公司的借款利率均比 B 公司低，即 A 公司在兩個市場上都具有絕對優勢。但在固定利率市場上，A 公司比 B 公司的絕對優勢爲 1.2%，而在浮動利率市場上，A 公司比 B 公司的絕對優勢爲 0.7%。這就是說，A 公司在固定利率市場上有比較優勢，而 B 公司在浮動利率市場上有比較優勢。這樣，雙方就可以利用各自的比較優勢爲對方借款，然後互換，從而達到共同降低籌資成本的目的，即 A 公司以 10% 的固定利率借入 1 000 萬美元，而 B 公司以 LIBOR +1% 的浮動利率借入 1 000 萬美元。由於本金相同，故雙方不必交換本金，而只交換利息的現金流，即 A 公司向 B 公司支付浮動利息，B 公司向 A 公司支付固定利息。

通過發揮各自的比較優勢並互換，雙方總的籌資成本降低了 0.5%（即 11.2% + 6 個月期 LIBOR +0.3% -10% -6 個月期 LIBOR -1%），這就是互換利益。互換利益是雙方合作的結果，理應由雙方分享。具體分享比例由雙方談判決定。我們假定雙方各分享一半，則雙方都將使籌資成本降低 0.25%，即雙方最終實際籌資成本分別爲 A 公司支付 LIBOR +0.05% 的浮動利率，B 公司支付 10.95% 的固定利率。

這樣，雙方就可以根據借款成本與實際籌資成本的差異計算各自向對方支付的現金流，即 A 公司向 B 公司支付按 LIBOR 計算的利息，B 公司向 A 公司支付按 9.95% 計算的利息。在上述互換中，每隔 6 個月爲利息支付日，因此互換協議的條款應規定每 6 個月一方向另一方支付固定利率與浮動利率的差額。假定某一支付日的 LIBOR 爲 11%，則 A 公司應付給 B 公司 5.25 萬美元，即 10 000 000 ×0.5 ×（11% -9.95%）。利率互換的流程圖如圖 6.4 所示。

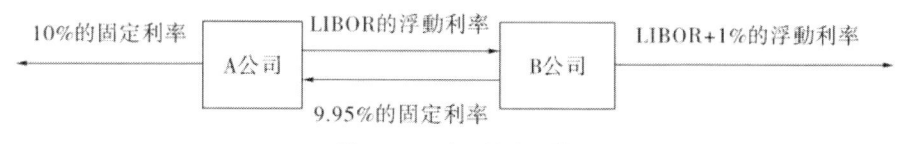

```
 ←── 10%的固定利率 ── [A公司] ── LIBOR的浮動利率 ── [B公司] ── LIBOR+1%的浮動利率 ──→
                            ←── 9.95%的固定利率 ──
```

圖6.4　利率互換流程圖

由於利率互換只交換利息差額，因此信用風險很小。

利率互換交易的產生一般基於以下幾種情況：交易者所需要的利率計算和支付方式的資產和負債很難得到；交易者在市場上籌集某種資金具有比較利益優勢；根據對利率走勢的判斷和預測，交易者希望改變自己手頭資產或負債的利率性質，把手頭的浮動利率資產換成固定利率資產，但又不需要交換資產本身。這些方面通過利率互換都可以得到滿足。利率互換有以下基本特徵：

第一，利率互換與其他互換交易一樣是一種表外業務，它能夠改變給定資產或負債的風險與收益的特徵，而不必出售原始資產或負債，這樣就可以在不影響資產負債表結構的情況下給各方帶來收益或減少風險。

第二，利率互換交易採用同一種貨幣，計息金額也相同。交易雙方從頭到尾都不必進行本金互換，而且互換現金流（利息）的交換只對其利息差額進行支付。

第三，對於互換交易中的任何一方而言，互換交易和它實際發生的借款行為是相互獨立的，即融資的來源、形式及時間上的選擇都與互換行為沒有關係。通過互換只是可以降低已經發生的融資成本或規避利率變動的風險。

第四，利率互換的雙方具有相同的身份，或者雙方都是債務人，或者雙方都是債權人。互換的對象是不同種類的利率，包括固定利率與浮動利率的互換、浮動利率與浮動利率的互換等，可以是利息支出的互換，也可以是利息收入的互換。

三、利率互換的應用

利率互換是表外業務，不會改變現有資產和負債的狀況，但是卻能使資產的收益和負債的成本發生有利的改變。利率互換本身不是一種債務或資產工具，它與其他資產或負債結合使用以改變相關工具的現金流，由此合成所需要的資產或負債。因此，利率互換最重要的用途之一就是進行資產負債的利率管理，將固定利率的債權（債務）與浮動利率的債權（債務）進行轉換。下面分別舉例說明利率互換在負債和資產管理中的各種應用。

（一）利率互換在負債管理中的運用

1. 合成固定利率或浮動利率負債

假定某家公司發行固定收益的債券，該公司於是暴露在利率下降的風險之中，因為未來利率如果下降，它將支付較高的利息。如果該公司預期利率下降並希望從中受惠，則它必須在利率下降之前，將固定利息的債務換成浮動利息的債務。該公司雖然可以在資產負債表上用新的浮動利率債務取代其固定收益債券，但這種轉換即使可能也是相當繁瑣或困難的。然而，該公司如果通過利率互換交易就可以很容易達到所需要的效果，如圖6.5所示。

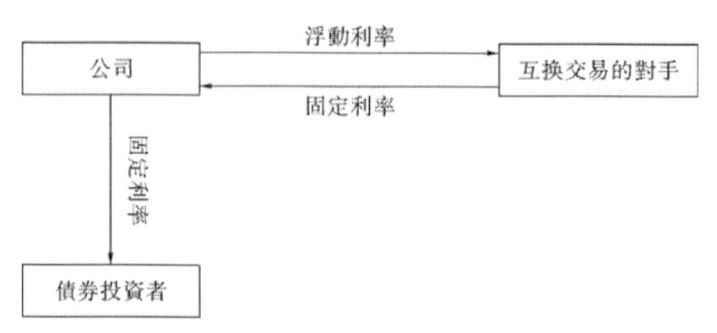

圖6.5　通過息票互換交易將固定收益風險合成爲浮動利率的負債

建立一筆息票互換交易，收取固定利息，支付浮動利息，該公司即可有效地將固定收益債券轉換爲浮動利率的債務。在互換交易中，收取的固定利息可以用來衝銷債券的固定利息支出，該公司最後只需要支付浮動利息。固定收益債券雖然仍列在資產負債表中，但互換交易已經改變了這筆負債的現金流特性。因此，這筆互換交易創造了一筆合成的浮動利率債務。

同樣，如果某一公司認爲市場利率將上升，也可以通過利率互換將現有的浮動利率負債轉換成固定利率負債，改變其負債的利率風險特徵。

2. 管理浮動利率負債

借款者還可以通過利率互換管理其現有的浮動利率負債的利息成本。與前面降低固定利率負債的利息成本相似，當借款者預期未來市場上利率上漲時，爲了降低其浮動利率債務的利息成本，運用互換將浮動利率債務轉換成固定利率債務。下面的例子就是通過兩個利率互換來管理浮動利率負債的。

借款者先做一個付固定利率收浮動利率的互換，然後再做一個相反的利率互換，即收固定利率付浮動利率。假設兩個互換中的浮動利率是一樣的，只要第二個互換交易中的固定利率超過第一個互換中的固定利率，有了差價就能降低負債的利息成本。

在圖6.6中，公司與互換對手A做了一個支付12%的固定利率收取6個月LIBOR的互換。之後如果市場固定利率上升，公司又與互換對手B做了一個支付6個月LIBOR收取12.25%的固定利率的互換。經過兩個利率互換以後，該公司獲得一個正的0.25%的利差。但是，這樣的兩個互換還應該考慮其是否同時進行，如果不是同時發生的，就不會有這麼多的利差，因爲第一個互換發生後可能會產生更高的利息成本。這一利息水平將取決於收益曲線的形狀、第一個互換與第二個互換的時間間隔以及負債的剩餘期限。只有兩個互換同時進行時，才能剛好產生0.25%的利息差額。

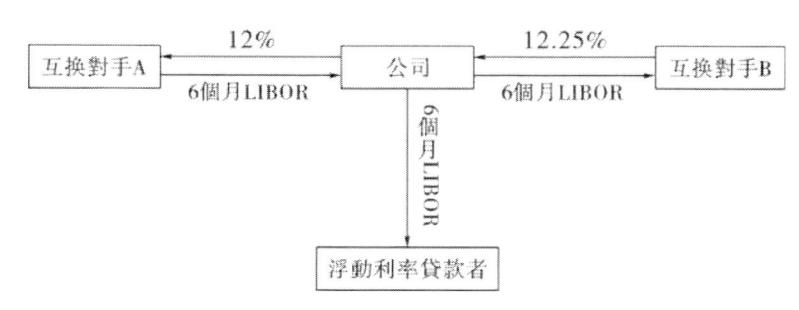

```
互換對手A ←―12%――  公司  ←―12.25%―― 互換對手B
          ――6個月LIBOR→      ――6個月LIBOR→
                    ↓ 6個月LIBOR
                  浮動利率貸款者
```

圖 6.6　管理浮動利率債券的利息成本

3. 管理固定利率負債

假設一個公司有一筆利率爲 10% 的固定利率債務，其剩餘期限爲 5 年。目前市場上 5 年期的固定利率爲 12.5%，並預期有下跌的趨勢。此時，該借款者浮動利率融資成本爲 LIBOR +0.5%。

在上述情況下，該公司可以利用利率互換管理其固定利率融資的利息成本。其具體做法是：先做一個收入固定利率並付出 6 個月期 LIBOR 的利率互換。這樣，浮動利率就變爲 LIBOR－2.5%，該利率比借款者通常借入的浮動利率融資成本節省 3% 的利率。如果 6 個月後，固定利率正如先前預期的那樣開始下跌，假設 4 年半（4.5 年）的固定利率爲 11.50%，那麼借款者再做一個反向的互換，即支付固定利率並收入 6 個月 LIBOR，結果將會使借款者的固定利率融資的利息成本爲 9%，如圖 6.7 所示。當市場利率下跌時，上述的交易也可以使借款者達到使債務利率低於市場固定利率的目的。

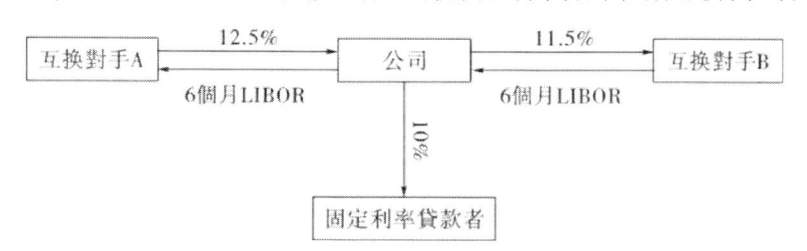

```
互換對手A ←―12.5%― 公司  ―11.5%→ 互換對手B
          ―6個月LIBOR→      ←6個月LIBOR―
                    ↓ 10%
                  固定利率貸款者
```

圖 6.7　管理固定利率債券的利息成本

(二) 利率互換在資產管理中的應用

1. 創造合成固定利率資產或浮動利率資產，增加或確保投資組合的回報

如圖 6.8 所示，甲公司從浮動利率投資那里得到一個 6 個月 LIBOR +0.25% 的浮動利率資產。通過和互換對手進行利率互換，實際上這項資產的收益變成了一個固定利率爲 12.75%（12.50% +0.25%）的利息收入。很明顯，甲公司是在沒有改變基礎資產的情況下，通過利率互換把該資產的浮動利息收入改變爲了固定利息收入，即通過互換合成了固定利率資產。如果市場上固定利率高於浮動利率 LIBOR 時，甲公司的收益率會得到提高。

衍生金融工具

```
浮動利率投資 ──6個月LIBOR+0.25%──> 甲公司 <──12.5%/6個月LIBOR── 互換對手B
```

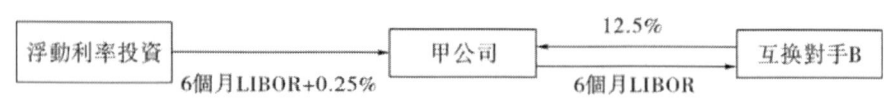

圖 6.8　甲公司合成一個固定利率資產

同樣，甲公司也可以通過利率互換將現有的固定利率資產轉換成浮動利率資產，改變其資產的利率風險特徵。

2. 增加投資回報

當某公司擁有一個浮動利率投資組合時，可以先後從事兩個方向相反的利率互換來增加其資產的投資回報，如圖 6.9 所示。該公司在第一個互換中，支付浮動利率 6 月期 LIBOR 並收入一個固定利率 11.5%。在隨後的反向利率互換中，該公司收入一個 6 月期 LIBOR 並支付一個固定利率。如果該公司在第二個互換交易中支付的固定利率低於第一個互換中的固定利率，那麼它的浮動利率投資回報將增加。例如，第二個互換中的固定利率是 10.5%，該公司從事了兩個互換之後的實際回報率為 LIBOR + 1%。此外，當正收益曲線出現時，由於該公司在從事反向互換交易之前從第一個互換中收入的固定利率較高，因此將獲取更高的投資收益。

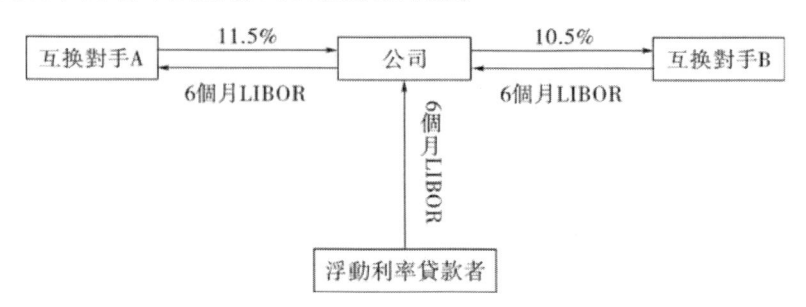

```
互換對手A <──11.5%/6個月LIBOR── 公司 ──10.5%/6個月LIBOR──> 互換對手B
                                  ↑
                              6個月LIBOR
                                  │
                             浮動利率貸款者
```

圖 6.9　管理浮動利率資產的利息收益

隨著利率互換交易技術的不斷進步以及其他衍生金融產品的不斷發展，利率互換的應用範圍也在不斷擴大。人們把利率互換、貨幣互換和期權等各種衍生產品結合起來，將更有效地管理資產和負債。

第四節　貨幣互換

貨幣互換是將一種貨幣的本金和固定利息與另一種貨幣的等價本金和固定利息進行交換。一方同意以一種貨幣按一定本金數量支付給對方利息，作為回報，它從另一方收取以另一種貨幣按一定本金計算的利息。

一、貨幣互換的概念

在貨幣互換中，交易兩方按即期匯率在期初交換不同貨幣的本金，然後按照預定的日期，進行利息和本金的分期交換。在某些情況下，也可以不交換本金或者到期日不交換本金。簡言之，就是交換不同幣種、相同期限、等值資金債務或資產的貨幣及利息。貨幣互換是雙方基於不同的交易目的和各自對市場行情趨勢的分析基礎上達成的交易。

我們將互換中雙方交換的資產數量稱爲"名義本金"（Notionals），以便與現金市場上"實際本金"（Actuals）的交換區別開來。在貨幣互換中，交易對手按照當時的即期匯率交換不同幣種貨幣的本金，在以後的反向交換中仍以同樣的匯率將本金換回。通常這類本金的交換是實際發生的，在個別情況下，它也可以是名義上的。

貨幣互換的基本業務流程通常分爲三個步驟：初始本金交換、利息的定期支付和到期本金的再次交換。

二、貨幣互換的特徵

貨幣互換的主要原因是雙方在各自國家的金融市場上具有比較優勢。假定英鎊對美元的匯率爲1英鎊=1.5美元。A想借入5年期的1 000萬英鎊，B想借入5年期的1 500萬美元。由於A的信用等級高於B，兩國金融市場對A、B的熟悉程度不同，因此市場向它們提供的固定利率也不同，如表6.2所示。

從表6.2可以看出，A的借款利率均比B低，即A在兩個市場都具有絕對優勢，但絕對優勢大小不同。A在美元市場上的絕對優勢爲2%，在英鎊市場上的絕對優勢只有0.4%。這就是說，A在美元市場上有比較優勢，而B在英鎊市場上有比較優勢。這樣，雙方就可利用各自的比較優勢借款，然後通過互換得到自己想要的資金，並通過分享互換收益（1.6%）降低籌資成本。

表6.2　　　　　　　　　　市場向A、B公司提供的借款利率

	美元	英鎊
A公司	8%	11.6%
B公司	10%	12%

註：此表中的利率均爲一年期一次復利的年利率。

於是，A以8%的利率借入5年期的1 500萬美元借款，B以12%的利率借入5年期的1 000萬英鎊借款。然後，雙方先進行本金的交換，即A向B支付1 500萬美元，B向A支付1 000萬英鎊。

假定A、B商定雙方平分互換收益，則A、B都將使籌資成本降低0.8%。雙方最終實際籌資成本分別爲：A支付10.8%的英鎊利率，B支付9.2%的美元利率。

這樣雙方就可以根據借款成本與實際籌資成本的差異計算各自向對方支付的現金流，進行利息互換，即A向B支付10.8%的英鎊借款的利息計108萬英鎊，B向A支付8%的美元借款的利息計120萬美元。經過互換後，A的最終實際籌資成本降爲10.8%的英鎊借款利息，而B的最終實際籌資成本變爲8%的美元借款利息加1.2%的英鎊借款利息。若匯率水平不變的話，B的最終實際籌資成本相當於9.2%的美元借款利息。若擔心未來匯率水平變動，B可以通過購買美元遠期或期貨來規避匯率風險。

在貸款期滿後，雙方要再次進行借款本金的互換，即 A 向 B 支付 1 000 萬英鎊，B 向 A 支付 1 500 萬美元。到此，貨幣互換結束。若不考慮本金問題，上述貨幣互換的流程圖如圖 6.10 所示。

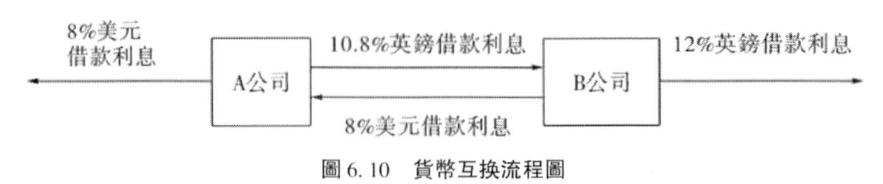

```
     8%美元                10.8%英鎊借款利息              12%英鎊借款利息
    借款利息   ┌─────┐ ──────────────→ ┌─────┐ ──────────────→
   ──────→    │ A公司 │                  │ B公司 │
              └─────┘ ←──────────────  └─────┘ ←──────────────
                        8%美元借款利息
```

圖 6.10　貨幣互換流程圖

由於貨幣互換涉及本金互換，因此當匯率變動很大時，雙方就將面臨一定的信用風險。當然這種風險仍比單純的貸款風險小得多。

三、貨幣互換交易的運用

貨幣互換通常被用來將一種貨幣的資產、負債或未來收益現金流轉換成另一種貨幣相應的現金流。因此，貨幣互換交易通常可以運用在以下幾個方面。

(一) 規避匯率風險和利率風險

通常在貨幣互換中，借款人可以不斷調整資產和負債的貨幣結構，規避匯率、利率變動帶來的風險，達到保值的效果，還可以改變收益流、支出流的貨幣種類，對債務、債權的結構進行重組。

在經濟日益全球化的今天，許多公司的經濟活動開始向國外擴展，公司的資產和負債開始以多種貨幣計價，貨幣互換可用於實現與這些貨幣相關的匯率風險最小化，對現存資產或負債的匯率風險保值，鎖定收益或成本。

例如，一家以英鎊為其主營收益計值的英國公司，由於業務原因，需要以固定利率借進美元。該公司預期美元將對英鎊升值。美元如果持續升值，該公司清償美元借款時，必須以較多的英鎊來購買美元。另外，以英鎊計值的美元借款利息也將增加。

因此，該英國公司可以用英鎊/美元的貨幣互換交易來規避美元升值的風險。這筆貨幣互換交易可以鎖定匯率，當合約到期時，該公司可以根據這一匯率，將英鎊收益兌換為美元，以清償美元借款。

假定這家英國公司不僅預期美元將升值，而且認為英國利率將下降。該公司可以簽訂一筆貨幣互換交易——收取固定利率的美元，並支付浮動利率的英鎊，以鎖定英鎊利率下降的利潤，並規避美元升值的匯率風險。更確切地說，這家英國公司可以簽訂一筆交叉貨幣的息票互換交易（固定利率對浮動利率）。

當該英國公司採用貨幣互換交易的最單純結構，即合約簽訂當初不交換本金。如圖 6.11 所示，此貨幣互換交易的過程如下：

```
                                       英鎊浮動利率
  ┌─────────┐              ┌─────────┐ ──────────→ ┌─────────┐
  │美元借款者│ ←──────────  │ 英國公司 │              │ 互換對手 │
  └─────────┘  美元固定利率 └─────────┘ ←────────── └─────────┘
                                       美元固定利率
```

圖 6.11　用貨幣互換交易管理外匯和利率風險（期初不交換本金）

（1）在交易之初，該公司決定到期交換本金所適用的英鎊/美元匯率，這可能是當時的即期匯率；同時，決定互換交易的利率。

（2）在合約到期之前，該公司支付一組浮動利率的英鎊利息流量，並收取一組固定利率的美元利息流量，所收取的美元利息將用以支付美元借款的利息，支付的英鎊的利息則由該公司的營運收益來補償。

（3）當合約到期時，公司將支付英鎊本金，收取美元本金。本金的交換是根據簽約當初同意的英鎊/美元匯率來完成。所支付的英鎊本金將來自該公司自身的營運收益累積，所收取的美元本金則用以清償美元借款。

(二) 負債的避險

某借款人擁有以外幣計值的固定利率負債，並需進行避險，而且計值外幣預期（或已經）開始升值，本國貨幣的利率預期（或已經）開始下降。

在這種情況下，當借款人償還外幣時，其以本國幣種計值的成本將增加。為了規避這方面的風險，並同時能夠從本國利率下降趨勢中受益，借款人可以利用交叉貨幣的息票互換交易（固定利率對浮動利率的互換交易）。其過程為：

（1）將負債由升值的外幣互換成貶值的本國貨幣。

（2）將外幣利率互換成下降中的本國利率。在互換交易中，借款人支付本國的浮動利率，而收取外幣的固定利率，並以此支付外幣的借款利息，如圖6.12所示。

```
外幣負債 ← 外幣固定利率 ─ 借款人 ─ 本幣浮動利息 → 互換對手
                              ← 外幣固定利率 ─
```

圖6.12　利用貨幣互換交易對負債進行避險

（3）當合約到期時，該借款人將支付本幣本金，收取外幣本金。本金的交換是根據簽約當初同意的外幣/本幣匯率來完成。所支付的本幣本金將來自公司自身，所收取的外幣本金則用以清償外幣負債。

(三) 資產的避險

當資產面臨利率和匯率風險時，有以下四種避險方法可以運用。

（1）某投資人擁有以外幣計值的固定利率資產，並未進行避險，而且計值外幣預期（或已經）開始貶值，本國貨幣的利率預期（或已經）開始下降。

在這種情況下，投資人以本國貨幣計值的資產價值將減少。為了規避這方面的風險，並同時能夠規避本國利率下降所造成的損失，投資人可以採用貨幣互換交易（固定利率對固定利率的互換交易）。其過程如下：

①將貶值的外幣資產互換成升值的本國貨幣。

②將外幣固定利率互換成固定的本國利率。在互換交易中，投資人收取本幣的固定利率，而支付外幣的固定利率，後者可以由外幣資產的利息收益來支付。

（2）某投資人擁有以外幣計值的浮動利率資產，並未進行避險，而且計值外幣預期（或已經）開始貶值，本國貨幣的利率預期（或已經）開始下降。

在這種情況下，投資人以本國貨幣計值的資產價值將減少。爲了規避這方面的風險，並同時能夠避開本國利率下降造成的損失，投資人可以採用交叉貨幣的息票互換交易（浮動利率對固定利率的互換交易）。其過程如下：

①將資產由貶值的外幣互換成升值的本國貨幣。

②將外幣浮動利率互換成固定的本國利率。在互換交易中，投資人收取本國的固定利率，而支付外幣的浮動利率，後者可以由外幣資產的利息收益來支付。

（3）某投資人擁有以外幣計值的固定利率資產，並未進行避險，而且計值外幣預期（或已經）開始貶值，本國貨幣的利率預期（或已經）開始上升。

在這種情況下，投資人以本國幣種計值的資產價值將減少。爲了規避這方面的風險，並同時能夠由本國利率上升的走勢中受惠，投資人可以採用交叉貨幣的息票互換交易（固定利率對浮動利率的互換交易）。其過程如下：

①將資產由貶值的外幣互換成升值的本國貨幣。

②將外幣利率互換成上升中的本國利率。在互換交易中，投資人收取本國的浮動利率，而支付外幣的固定利率，後者可以由外幣資產的利息收益來支付。

（4）某投資人擁有以外幣計值的浮動利率資產，並未進行避險，而且計值外幣預期（或已經）開始貶值，本國貨幣的利率預期（或已經）開始上升。

在這種情況下，投資人以本國貨幣計值的資產價值將減少。爲了規避這方面的風險以及避開外幣利率下降所造成的損失，並在本國利率的上升走勢中受益，投資人可以採用交叉貨幣的基差互換交易（浮動利率對浮動利率的互換交易）。其過程如下：

①將資產由貶值的外幣互換成升值的本國貨幣。

②將下降中的外幣利率互換成上升中的本國利率。在互換交易中，投資人收取本國的浮動利率，而支付外幣的浮動利率，後者可以由外幣資產的利息收益來支付。

第五節　中國互換市場的發展

隨著中國市場經濟的發展，管理風險和經營風險的需求日益增長，尤其是在對外開放的過程中所面臨的匯率風險亟待解決。在此基礎上，多種匯率風險管理的工具應運而生，金融互換就是其中之一。

一、中國互換市場未建立之前互換業務的發展

與國際互換市場相比，中國的互換交易發展緩慢，雖然中國銀行早在1984年就接受客戶委託，代理客戶在境外從事互換業務，但由於當時中國的資本市場、貨幣市場剛剛起步，利率、匯率都處於嚴格的管制之中，因此互換業務一直沒有形成規模。1994年1月1日，中國開始實行匯率並軌和以市場供求爲基礎的單一的有管理的浮動匯率。國內利率和匯率風險的增大促使中國的經濟主體開始積極尋求規避風險的有效工具。在管理風險的需求驅動下，互換交易逐漸被我國的企業和金融機構採用，但主要局限於一些最簡單的利率互換和貨幣互換形式。

2001年6月21日，中國人民銀行通過了《商業銀行中間業務暫行規定》，其中第七條規定適用審批的中間業務品種包括金融衍生業務。這意味着商業銀行可以突破其傳統的中間業務，可以在中國人民銀行的批準下涉足衍生金融產品交易，從事諸如票據發行便利、貨幣或利率互換、期權和期貨等業務。這一規定的出臺爲中國商業銀行開展衍生業務提供了法規依據與強有力的政策支持，同時也爲以後政策的通過做好了鋪墊。

二、中國互換市場的初步發展

隨著中國改革開放的深入，中國金融業的開放程度更高，面臨的風險也更大。與國外金融機構相比，中國的金融機構可利用的金融避險工具十分有限，因此潛在的風險也相對較高。互換交易是國際金融市場上成熟的規避利率、匯率風險的工具，我國金融機構迫切需要這樣的金融工具來加強自身的風險管理能力。

(一) 我國開展利率互換的情況

2006年2月9日，中國人民銀行發布了《關於開展人民幣利率互換交易試點有關事宜的通知》，面向銀行間債券市場投資者推行人民幣利率互換交易試點，標誌着人民幣利率互換交易在國內誕生。在參與機構方面，經相關監督管理機構批準開辦衍生產品交易業務的商業銀行可根據監督管理機構授予的權限與其存貸款客户及其他獲準開辦衍生產品交易業務的商業銀行進行利率互換交易，或爲其存貸款客户提供利率互換交易服務；其他市場投資者只能與具有存貸款業務關係且獲準開辦衍生產品交易業務的商業銀行進行以套期保值爲目的的互換交易。

中國人民銀行作爲銀行間市場管理部門，中國外匯交易中心暨全國銀行間同業拆借中心（以下簡稱交易中心）和上海清算所作爲市場中介服務機構，中國銀行間市場交易商協會（以下簡稱交易商協會）作爲市場自律組織，分別對人民幣利率互換交易的市場準入、交易備案、做市及結算代理、清算結算等制定了相關制度措施和安排。目前，國內人民幣利率互換市場實行嚴格的市場準入和交易備案制度。

2008年1月，中國人民銀行發布了《關於開展人民幣利率互換業務有關事宜的通知》，要求市場參與者開展利率互換業務應與對手方簽署由中國人民銀行授權交易商協會制定並發布的《中國銀行間市場金融衍生品交易主協議》，並應建立健全相應的內部操作規程和風險管理制度，同時要求金融機構在開展利率互換交易前應將其利率互換交易的內部操作規程和風險管理制度送交易商協會和交易中心備案。2008年1月，交易商協會發布了《關於利率互換交易內部操作規程和風險管理制度備案有關事項的通知》。2008年2月和6月，交易中心分別發布了《關於人民幣利率互換交易備案有關事項的通知》和《關於發布〈人民幣利率互換交易操作規程〉的通知》，進一步對有關事宜進行了詳細規定。

在交易和清算方面，人民幣利率互換的交易模式採用詢價交易與雙邊報價兩種交易方式，報價皆具有約束力。人民幣利率互換可以通過交易中心的交易系統進行，也可以由交易雙方通過電話、傳真等其他方式進行。未通過交易中心系統達成的交易，金融機構必須在利率互換交易達成後的下一工作日12點前將交易情況送交易中心備案。同時，人民幣利率互換主要採取逐筆雙邊的資金清算方式，交易不需要實際交割本金只需要在交割日支付利息淨額。

在業務發展方面，2006年2月9日，國家開發銀行與中國光大銀行完成了首筆人民幣利率互換交易，協議的名義本金爲50億元，期限爲10年，標誌着我國的人民幣利率互換業務正式拉開了序幕。2008年1月之後，人民幣利率互換業務交易量得以快速增長。2006年，即業務推出的當年，人民幣利率互換成交103筆，名義本金額爲308.20億元。2014年，人民幣利率互換成交43 019筆，名義本金額達4.03萬億元，分別是2006年的417.7倍和130.9倍，名義本金額年均增長83.9%。截至2014年年末，人民幣利率互換市場未償合約名義本金額達3.85萬億元（單邊計），較2013年年末增加47.70%。

2014年1月，中國人民銀行發布了《關於建立場外金融衍生產品集中清算機制及開展人民幣利率互換集中清算業務有關事宜的通知》，推動建立人民幣利率互換等場外金融衍生產品交易的集中清算機制。《關於建立場外金融衍生產品集中清算機制及開展人民幣利率互換集中清算業務有關事宜的通知》要求自2014年7月1日起，金融機構之間新達成的，以FR007、ShiborO/N和Shibor3M爲參考利率的，期限在5年以下（含5年）的人民幣利率互換交易，凡參與主體、合約要素符合上海清算所有關規定的，均應提交上海清算所進行集中清算。截至2014年年末，由上海清算所進行集中清算的人民幣利率互換業務共有24 106筆，名義本金額達2.25萬億元（單邊計）。

2014年11月3日，中國銀行間市場推出標準利率衍生產品。其中，首批推出的涉及利率互換的交易品種包括1個月標準隔夜指數互換、3個月標準Shibor1W利率互換和3個月標準7天回購利率互換。新產品上市首日成交踴躍，多家金融機構積極參與。2014年，3個標準利率互換產品共報價4 718筆，成交204筆，交易量405.5億元。標準利率互換產品的推出，進一步提升了中國場外衍生品市場的標準化程度，提高了電子化交易水平和市場效率，增強了金融機構的風險管理能力。2015年，其交易規模達8.29萬億元（名義本金）。利率互換等利率衍生工具的發展，對提升金融機構風險管理能力和服務實體經濟產生了較強的正面推動力。

(二) 貨幣互換在我國的應用和發展

貨幣互換作爲國際金融衍生品中應用最廣泛的工具之一，在西方國家獲得飛速發展，交易規模已達到萬億美元，成爲金融衍生品市場的重要組成部分。在中國最早使用這一工具的是中國人民銀行開展的與境外國家和地區的中央銀行或政府進行的貨幣互換，其目的在於通過貨幣互換拓展中國與其他國家和地區的貨幣合作，加強雙邊貿易和投資活動，提供流動性支持，促進合作區域的金融穩定。中國雖然在20世紀80年代就有了互換交易，但發展緩慢，直到2001年中國加入世界貿易組織後，經濟活動日益國際化，匯率風險日益成爲影響成本和收益的重要因素，在這種情況下，中國金融衍生品市場不斷開放，貨幣互換逐漸獲得發展。

中國人民銀行開展的貨幣互換可以分爲兩個階段：

第一階段，2001年加入世界貿易組織後，貨幣互換在中國獲得初步發展。2000年5月，基於亞洲金融危機的慘痛教訓，東盟十國和中、日、韓財政部部長在泰國清邁共同簽署了建立區域性貨幣互換的協議，即《清邁倡議》。2001年12月，中國人民銀行與泰國銀行簽署了總額爲20億美元的第一份雙邊貨幣互換協議。2002年3月，中國人民銀行行長與日本銀行總裁簽署了人民幣和日元之間的雙邊貨幣互換協議，根據協議，中國人民銀行和日本銀行在必要時可向對方提供總額相當於30億美元的貨幣互換安排，以幫助其維護金融市場的穩定。這一時期，中國還相繼與包括俄羅斯、蒙古、越南、緬甸等在內的周邊國家簽訂了自主選擇雙邊貿易結算的協議。

第二階段，自2008年年底以來，中國與阿根廷、韓國、印度尼西亞、馬來西亞和白俄羅斯五國以及我國香港地區簽訂了總額達6 500億元的貨幣互換協議，貨幣互換市場得到了進一步發展。2008年12月12日，中國人民銀行和韓國銀行宣布簽署雙邊貨幣互換協議，規模是1 800億元人民幣／38萬億韓元，該協議是爲了向兩國經濟體的金融體系提供短期流動性支持，並推動雙邊貿易發展。2009年1月20日，中國人民銀行與香港金融管理局簽署了有效期爲三年的貨幣互換協議，經雙方同意可以延期，協議提供的流動性支持規模爲2 000億元人民幣。2009年2月8日，中國人民銀行宣布與馬來西亞國民銀行簽署雙邊貨幣互換協議，互換規模是800億元人民幣或400億林吉特（馬來西亞貨幣單位）。2009年5月，中國和巴西首次探討啟用本幣（非美元）來進行雙邊貿易結算，中巴雙方討論的貨幣互換將直接與貿易有關，巴西用雷亞爾（巴西貨幣單位）支付中國商品，而中國用人民幣支付巴西商品。2010年10月，香港金融管理局與中國人民銀行簽署了200億元人民幣貨幣互換，使得香港的公司能夠用人民幣進行貿易結算。2014年7月21日，在中國國家主席習近平訪問阿根廷期間，阿根廷與中國簽署了人民幣700億元的貨幣互換協議。中國人民銀行與瑞士國家銀行簽署了規模爲1 500億元的人民幣互換協議。中國人民銀行數據顯示，截至2015年5月末，中國人民銀行與32個國家和地區的中央銀行或貨幣當局簽署了雙邊本幣互換協議，協議總規模約3.1萬億元，覆蓋東南亞地區、西歐地區、中東地區、北美洲、南美洲和大洋洲等地區。

在中國的銀行間市場，人民幣與外國貨幣的互換業務也稱爲人民幣外匯貨幣掉期業務。2007年8月，在《中國人民銀行關於在銀行間外匯市場開辦人民幣外匯貨幣掉期業務有關問題的通知》中，中國人民銀行允許具備銀行間遠期外匯市場會員資格的境內機構在銀行間外匯市場開展人民幣外匯貨幣掉期業務。現階段，在銀行間外匯市場開辦有人民幣兌美元、歐元、日元、港幣、英鎊五個貨幣對的貨幣掉期交易。掉期中人民幣的參考利率爲具有基準性質的貨幣市場利率或者基準存貸款利率，外幣的參考利率由交易雙方協商約定。

2011年1月，國家外匯管理局發布了《關於外匯指定銀行對客戶人民幣外匯貨幣掉期業務有關外匯管理問題的通知》，在銀行對客戶市場推出人民幣外匯貨幣掉期業務，2011年3月1日起實施。國家外匯管理局規定，凡取得對客戶人民幣外匯掉期業務經營資格滿1年的銀行，可以直接對客戶開辦貨幣掉期業務，國家外匯管理局不再實施事前資格審批。這進一步便利了市場交易，銀行對客戶辦理貨幣掉期業務的幣種、期限等交易要素由銀行自行確定。《關於外匯指定銀行對客户人民幣外匯貨幣掉期業務有關外匯管理問題的通知》對利率的規定明顯放鬆，要求貨幣掉期中的利率由交易雙方協商確定，並符合中國人民銀行關於存貸款利率的管理規定。2011 年 3 月 1 日，美國銀行上海分行與一家亞洲食品行業跨國公司在上海簽署共計 4 筆外匯人民幣貨幣掉期業務合約。此交易爲中國國內首筆對客户人民幣外匯貨幣掉期交易。據悉，這筆交易美國銀行與客户共計 4 筆，本金合計約 800 萬美元，期初期末交換本金，交易期限爲 1 年，交換利率爲客户收取人民幣固定利率 3.00%，同時支付美元固定利率。

2014 年，中國人民銀行發布了《銀行辦理結售匯業務管理辦法》，人民幣外匯貨幣掉期業務的備案權限全面放開。2016 年 5 月 30 日，中國銀行上海分行爲上海自貿區張江高科技片區內某企業在其 FTE 帳户下敍做分帳核算單元下的首筆人民幣外匯貨幣掉期業務。該筆 CCS 業務爲美元兑人民幣品種，期限爲 5 年。

在國際金融市場一體化的背景下，互換交易作爲一種靈活、有效的避險和資產負債綜合管理的衍生工具，越來越受到各經濟主體的高度重視，用途也日益廣泛。尤其對我國目前來說，互換將會在金融開放、銀行創新中發揮重要的作用。因此，推進和完善我國的互換市場，對於未來我國金融業的發展有着至關重要的作用。

本章小結

1. 金融互換是指兩個（或兩個以上）當事人按照商定的條件，在約定的時間內，交換不同金融工具的一系列支付款項或收入款項的合約。金融互換是在平行貸款和背對背貸款基礎上發展起來的，其理論基礎是比較優勢理論。在存在比較優勢的情況下，互換雙方分別籌集自己具有優勢的資金，並通過互換，獲得自己所需的資金，從而降低籌資成本。

2. 互換一經產生，就因其適應了市場的強大需求而獲得了巨大發展。此後，世界性互換行業協會——國際互換交易者協會成立，互換二級市場出現，24 小時交易與市場製造者誕生。互換參與者隊伍的不斷擴大，互換創新形式的不斷出現，使互換獲得了深入的發展。

3. 金融互換的種類主要有貨幣互換和利率互換，此外還有交叉利率互換、增長型互換、減少型互換、滑道型互換、基礎互換、議價互換、零息互換、後期確定互換、邊際互換、差額互換、遠期啓動互換、互換期權和股票互換等。互換交易具有降低籌資成本，提高資產收益；優化資產負債結構，轉移、防範利率風險和外匯風險；空間填充等功能。

4. 利率互換指兩筆債務以利率方式相互調換，一般期初或到期日都沒有實際本金的互換，而是把它當做名義本金，交換的只是雙方不同特徵的利息。對一項標準的利率互換的定義至少包括以下幾項內容：一是由互換雙方簽訂一份協議；二是根據協議雙方分別向對方定期支付利息，並預先確定付息日期；三是付息金額由名義本金額確定，以同種貨幣支付利息；四是互換一方是固定利率支付者，固定利率在互換之初商定；五是互換另一方是浮動利率支付者，浮動利率參照互換期內某種特定的市場利率加以確定。雙方互換利息，不涉及本金的互換。

5. 在貨幣互換中，在互換開始時，外幣本金和本國貨幣本金要進行交換，互換結束後，外幣和本金再交換回來。對支付外幣利息的一方而言，在互換開始時，收取外幣本金並支付本國貨幣本金，在互換結束時，支付外幣本金，收回本幣本金。貨幣互換交易一般有三個基本步驟：本金的初期互換、利率互換、到期日本金的再次互換。

思考與練習題

1. 金融互換的含義是什麼？
2. 金融互換產生的條件有哪些？
3. 金融互換的種類有哪些？
4. 金融互換的功能有哪些？
5. 利率互換的基本原理是什麼？
6. 利率互換的作用有哪些？
7. 貨幣互換的基本原理是什麼？
8. 貨幣互換的步驟有哪些？
9. 簡述我國當前利率互換和貨幣互換的情況。
10. 根據以下資料設計一個利率互換，並收取10個基點作為手續費。說明通過利率互換兩家公司可分別節省多少利息成本。

信用等級　甲：AAA，乙：A

固定利率借款成本　甲：10%，乙：10.7%

浮動利率借款成本　甲：LIBOR－0.10%，乙：LIBOR＋0.30%

財務需求　甲：需要浮動利率資金，乙：需要固定利率資金。

第七章 期權市場

內容提要：本章對期權及期權市場的產生及其發展進行了詳細的介紹。本章學習的重點是期權的各種分類、期權價值的計算方法以及期權市場的各項制度安排。要熟悉期權的特點、功能、用途及其在我國的發展情況。通過本章的學習，讀者應該對期權有一個較爲基本的瞭解。

第一節 期權市場概述

期權市場是各種期權合約交易的場所。期權交易與期貨交易不同，不一定有固定的、集中的交易場所。期權市場既包括場內市場（即交易所市場），也包括場外市場（如客戶與銀行、證券公司之間形成的交易市場）。

期權交易的思想由來已久，18世紀，期權交易在美國和歐洲的農產品交易中已經十分流行。期權交易被引入金融市場，首先是從現貨股票市場開始的。19世紀20年代初期，倫敦股票交易所已開始零星地交易股票期權，到19世紀60年代，美國已出現股票場外期權交易市場。伴隨著20世紀70年代的各種經濟、政治事件和外匯與利率衍生工具的引入，現代股票期權交易得到進一步發展。1973年4月26日，全球第一個集中性的場內期權市場——芝加哥期權交易所（Chicago Bond Options Exchange，CBOE）正式宣告成立，從此開始了集中性的場內期權交易以及期權合約標準化、期權交易規範化的進程。

隨著世界經濟的增長，自20世紀70年代末以來，期權市場獲得了極大的發展。股票期權交易帶動並促進了整個期權市場的發展，新的期權交易所不斷創建，期權合約種類大大增加，期權交易量更是有了突飛猛進的增長。

在交易所方面，目前全世界主要的衍生品交易所不少都在進行金融期權交易。這些交易所中，除了美國的幾個交易所成立得比較早之外，其餘絕大多數都是在20世紀70年代末80年代初創建的，有些甚至在20世紀90年代才成立，並且建設速度明顯加快，建設週期一般在3～5年間。例如，德國期貨交易所於1988年8月成立，到1990年1月就開始設立期權市場，推出股票期權交易；比利時期貨交易所於1990年成立，1993年4月推出BEL-20指數期權交易；新加坡商品交易所於1992年5月開業，1993年8月推出了橡膠期權交易。各期貨交易所對推出期權交易步伐的加快，表明了期權交易具有強大的吸引力，它對於發展期貨交易、促進資本市場的完善有着重要的意義。

美國期權市場競爭格局由9家期權交易所組成，分屬六大控股集團。芝加哥期權交易所集團控股CBOE和CBOE2（成立於2010年10月29日，主要針對高頻交易者，它提供其他8個交易所上市的股票期權，包括CBOE上市的股票期權）兩家期權交易所占市場份額最大，約爲30%。紐約泛歐交易所集團控股的NYSE AMEX和NYSE ARCA兩家期權交易所排名第二。隨後是納斯達克OMX集團控股的NASDAQ OMX（OPTIONS）和NASDAQ OMX（PHLX）兩家期權交易所，它們是芝加哥期權交易所最大的競爭對手，原因是紐約泛歐交易所部分交易履行監管機構的委派義務，無盈利。此外，還有德意志證券衍生品交易所控股的ISE期權交易所，TMX集團控股的BOX期權交易所、BATS期權交易所，其所占市場份額相對較小。

在期權合約品種方面，根據美國期權清算公司（The Options Clearing Corporation，OCC）的統計數據，美國一些交易所掛牌的期貨及期權品種數量，已經從1973年的32只躍升至2013年12月18日的4 076只。表7.1是美國主要的期權交易所及其期權品種。除股票期權早在20世紀70年代就已經存在外，其他各種金融期權合約幾乎都是在20世紀80年代以後產生的。在期權品種中，交易量最大的主要是股票類期權。圖7.1顯示了2013年美國期權交易量占比情況。

表7.1　　　　　　　　美國主要的期權交易所及其期權品種

交易所	主要期權品種
CBOE	股票期權、股指期權、國債期權、ETFs期權、HOLDRS期權、長期期權（LEAPS）、靈活期權、信用期權、週期權（Weeklys）、季節期權（Quarterlys）等
ISE	股票期權、ETFs期權、股指期權、外匯期權、季節期權
PHLX	股票期權、股指期權、外匯期權、期貨期權、商品期權、長期期權、靈活期權、季節期權
AMEX	股票期權、股指期權、ETFs期權、HOLDRS期權、長期期權、靈活期權等
CBOT	基於農產品、稀有金屬、股指和債務工具的期貨期權等
CME	期貨以及基於農產品、股指、債務工具和外匯的期貨期權
ICE	農產品期貨期權、美元指數期貨期權、股指期貨期權、外匯期權
KCBT	農產品期貨期權、股指期貨期權
MGE	期貨和農產品期貨期權
NYME	能源期貨期權

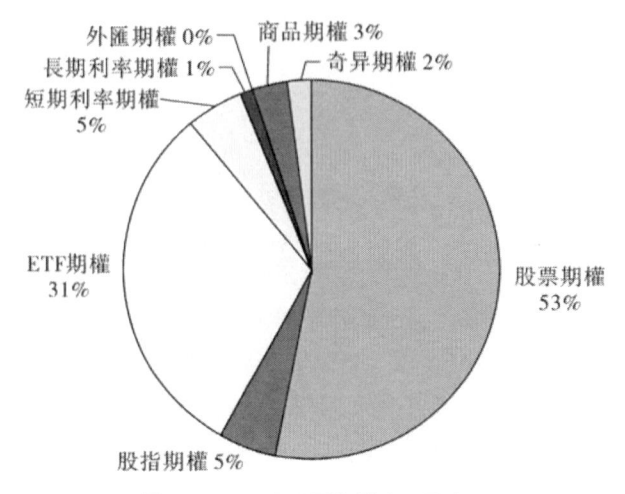

图7.1 2013年美国期权交易量占比

金融期权市场的发展最突出的表现是在交易量的扩大上。期权自1973年产生以来，交易量一直呈现稳定的增长趋势。1999年，全球期权量突破10亿张。2000年以来，全球期权交易发展更为迅猛。2000年，全球期权交易量突破15亿张，2001年，全球期权交易量又突破25亿张，2008年，全球期权交易量更是达到了93.61亿张，2011年达到120.27亿张的峰值。之后受金融危机的影响，期权交易量开始下滑，但在2013年交易量仍达到了99亿张，近10年来期权合约成交量基本保持了稳步上升的态势，显示了极强的发展势头。新兴国家和地区为期权的发展做出了重要贡献，如韩国的KOSPI200指数期权、中国香港的恒指期权，都是近年来发展极快的品种。韩国股票交易所凭借指数期权已成为全球衍生品交易量最大的交易所。美国期货业协会的统计数据表明，2001—2005年，全球期权的交易量连续超过了期货交易量，2013年，期权交易量更是超过了期货交易量8亿多张，而期权持仓总量从1999年开始就超过了相应的期货持仓总量，期权已经成为国际上交易所交易的衍生产品的生力军。

第二节　期权合约及其分类

期权种类的划分有很多种方法。按期权购买者拥有的权利来分，期权可以分为看涨期权和看跌期权。赋予期权购买者购买标的资产权利的期权合约是看涨期权，而赋予期权购买者出售标的资产的期权合约是看跌期权。

按期权合约的执行期限来分，期权可以分为欧式期权和美式期权。欧式期权只允许期权购买者在期权到期日才能行使权利，而美式期权允许期权购买者在期权到期前的任何时候执行。

按期权合约的标的资产来分，期权可以分为金融期权和商品期权。其中，金融期权是我们重点讨论的内容，它又可以分为利率期权、货币期权（外汇期权）、股票期權、股價指數期權以及金融期貨期權。

按期權合約的執行價格與市場價格的關係來分，期權可以分爲實值期權、平價期權和虛值期權。實值期權是指如果期權立即執行，購買者具有正值的現金流；平價期權是指如果期權立即執行，購買者的現金流爲零；虛值期權是指如果期權立即執行，購買者的現金流爲負。以看漲期權爲例，S 代表股票現在的市場價格，X 代表期權的執行價格，則當 $S > X$ 時，該看漲期權爲實值期權；當 $S = X$ 時，爲平價期權；當 $S < X$ 時，爲虛值期權。

下面我們對期權的介紹以合約標的資產的種類來劃分。

一、金融期權

金融期權是一種契約，它賦予購買者在規定期限內按合約規定的執行價格或雙方約定的價格買進或賣出規定數量的某種金融資產（即標的資產）的權利。作爲獲得這種權利的代價，期權購買者要向期權出售者支付一定金額的期權費。

(一) 股票指數期權

股票指數期權（Stock Index Option）是一種賦予合約購買者在某一時期、以一定的指數點位買入或賣出一定數量的某種股票指數現貨或股票指數期貨的權利的衍生金融產品。與股票指數期貨一樣，股票指數期權也是以現金的方式進行交割，股票指數期權的購買方有權利但無義務去執行交易，而出售方有義務按購買方的要求履行合約，這與股票指數期貨的合約買賣雙方均有履行合約的義務存在較大的區別。由於股票指數期權的買方實際上是購買一份處理（買或賣）某種股票指數資產的權利，因此他必須爲這種權利的購買支付一定的成本費用，這就是期權費。

其實，在股票指數期貨問世不久，國際上便推出了股票指數期權方面的產品。最早的股票指數期貨包括價值線指數期貨、S&P500 指數期貨於 1982 年分別在堪薩斯市交易所、芝加哥商品交易所登臺亮相後不久，有關的指數期權也開始上市交易。例如，最早以股票指數期貨爲標的物的期權於 1982 年便開始上市交易。到了 1983 年 2 月，芝加哥期權交易所推出了標準普爾 S&P100 指數期權，這是一種以指數現貨爲標的物的指數期權。後來，紐約證券交易所的綜合指數期權、芝加哥期權交易所的 S&P500 指數期權、美國證券交易所的主要市場指數期權、費城股票交易所的價值線指數期權相繼成爲主要的指數期權交易品種。股指期權是期權中發展最迅速的品種。從交易地區分布來看，股指期權的交易區域主要分布在亞洲、歐洲以及美國；從交易量來看，股指期權在亞洲交投十分活躍，亞洲交易量占所有交易量的 80% 以上，韓國交易所的 Kospi200 股指期權合約具有絕對優勢。

一份指數期權合約的價值＝指數點×乘數。例如，S&P100 指數期權的乘數爲 100 美元，則當指數點爲 500 時，其合約價值代表 500×100＝5 萬美元。日本的 Nikkei225 股票指數期權的乘數爲 5 美元；歐洲的 Top100 指數期權的乘數是 100 美元；等等。

按照標的物的不同，股票指數期權可以分爲以股票指數現貨爲基礎資產的期權和以股票指數期貨爲基礎資產的期權。但目前股票指數期貨的期權不如股票指數現貨的期權使用得廣泛。因此，我們通常討論的股票指數期權主要指的是指數現貨的期權。

對於看漲期權和看跌期權來說，看漲期權的持有人有權利在某一時間以某一確定的指數點（價格）買入某股票指數；而看跌期權的持有人則有權利在某一時間以某一確定的指數點（價格）賣出某股票指數。事實上，股票指數期權執行的時候是計算出執行價格和股指現值的差額後直接現金交割的。

而對於歐式期權和美式期權來說，歐式期權的持有人只能在期權到期日當天進行交割，如S&P500指數期權是歐式期權；而美式期權可以在到期日之前的任何時間執行期權，如S&P100指數期權、主要市場指數期權等是美式期權，機構投資者一般喜歡出售歐式期權，因為其不必擔心為完成投資目標而被提前執行已出售的期權；而其比較喜歡購買的是美式期權，因為根據市場變化狀況隨時可以放棄或執行買入或賣出協議。

(二) 貨幣期權

以往，要在外匯市場上投資獲利，只能靠外匯買賣或遠期外匯合約交易；現在，貨幣期權已成為不少投資者的新寵兒，無論在投資、套利或風險對衝活動中都占有很重要的地位。20世紀70年代，期權交易已在歐美等地發展成熟，當這種投資工具被引入中國香港後，產生了恒生指數期權和貨幣期權等產品，"期權旋風"一度席捲香港。

貨幣期權市場可分為兩類：場內市場（Exchange-traded）與場外市場（Over-the-counter）。目前國際上最重要的場內市場分別是費城證券交易所、芝加哥交易所以及倫敦國際金融期貨交易所。顧名思義，場內期權交易均在交易所內進行，以合約形式買賣，期限、金額及貨幣種類都是固定的。場外市場則由衆多商業銀行、投資銀行及商人銀行所組成，如同外匯現貨市場（無形市場）通過電子交易系統直接買賣，交易雙方可自行決定貨幣種類、協定匯率、期限及金額等，彈性遠較場內期權高，因此目前大部分貨幣期權交易都在場外進行。

看漲期權的買方擁有權利以協定匯率向期權賣方買入指定數量的貨幣，但必須付出期權費作為代價；相反，看漲期權的賣方有責任以協定匯率賣出該種貨幣。舉例來說，假設某投資者買入一個英鎊看漲期權，協定匯率為1.56美元，期限是一個月。若在到期日，英鎊兌美元匯率在1.56美元以上（如1.58美元），投資者便會行使期權，以協定匯率1.56美元買入英鎊，賺取價差；相反，如果英鎊處於1.56美元或以下，投資者則選擇不行使期權合約，損失買入期權時所付出的期權費。

看跌期權的概念同看漲期權相似，不同的是看跌期權買方擁有以協定匯率向期權賣方賣出指定數量貨幣的權利。假設甲方買入的是一個英鎊看跌期權，協定匯率為1.56美元，期限是一個月，如果到期日英鎊兌美元匯率在1.56美元以下（如1.55美元），甲方便會行使期權，以協定匯率1.56美元賣出英鎊，賺取價差；相反，如果英鎊在1.56美元或以上，甲方便選擇不行使期權合約，損失期權費。

(三) 利率期權

利率期權是一種與利率變化掛勾的期權。買方支付一定金額的期權費後，在到期日或期滿前，獲得以協定利率借入或貸出一定金額貨幣的權利。這樣當市場利率向不利方向變化時，買方可固定其利率水平；當市場利率向有利方向變化時，買方可獲得利率變化的好處。利率期權的賣方向買方收取期權費，同時承擔相應的責任。利率期權有多種形式，常用的產品有利率上限（利率頂）、利率下限（利率底）、利率雙限（利率套）等。最早在場外市場交易的利率期權是 1985 年推出的利率上限期權，當時銀行向市場發行浮動利率票據，需要金融工具來規避利率風險。利率期權合約通常以政府短期、中期、長期債券，歐洲美元債券，大面額可轉讓存單等利率工具爲標的物。

（四）期貨期權

期貨期權是繼 20 世紀 70 年代金融期貨之後，在 20 世紀 80 年代的又一次期貨革命。1984 年 10 月，美國芝加哥期貨交易所首次成功地將期權交易方式應用於政府長期國債期貨合約的買賣，從此產生了期貨期權。相對於商品期貨爲現貨商提供了規避風險的工具而言，期權交易則爲期貨商提供了規避風險的工具。目前，國際期貨市場上的大部分期貨交易品種都引進了期權交易。

期貨期權是對期貨合約買權、賣權的交易，包括商品期貨期權和金融期貨期權。一般所說的期權通常是指現貨期權，而期貨期權則是指"期貨合約的期權"，期貨期權合約表示在到期日或之前，以協議價格購買或賣出一定數量的特定商品或資產的期貨合同。期貨期權的基礎是商品期貨合同，期貨期權合同實施時要求交易的不是期貨合同所代表的商品，而是期貨合同本身。如果執行的是一份期貨看漲期權，持有者將獲得該期貨合約的多頭頭寸外加一筆數額等於當前期貨價格減去執行價格的現金。如果執行的是一份期貨看跌期權，持有者將獲得該期貨合約的空頭頭寸外加一筆數額等於執行價格減去期貨當前價格的現金。鑒於此，期貨期權在執行時也很少交割期貨合同，而是由期貨期權交易雙方收付期貨合同與期權的協議價格之間的差額。

與現貨期權相比，期貨期權具有以下優點：

（1）資金使用效益高。由於交易商品是期貨，因此在建立頭寸時，是以差額支付保證金，在清算時是以差額結帳，從這個意義上講，期貨期權可以較少的資金完成交易，因而也就提高了資金的使用效益。

（2）交易方便。由於期貨期權的交易標的已經標準化、統一化，具有較高的流動性，因此便於進行交易，不僅提高了現貨市場套期保值的成功率，而且還能增加盈利機會。

（3）信用風險小。由於期貨期權交易通常是在交易所進行的，交易的對方是交易所清算機構，因此信用風險小。

與現貨期權相比，期貨期權也有明顯的缺點，其最大的缺點是由於是在交易所進行交易，上市的商品種類有限，協議價格、期限等方面的交易條件不能自由決定。

（五）認股權證

認股權證最早起源於美國。1911 年，美國電燈和能源公司發行了全球第一個認股權證。1970 年 4 月 13 日，權證開始在紐約證券市場交易。20 世紀 80 年代，日本公司在歐洲發行了大量認股權證，掀起了全球認股權證的高潮。20 世紀 80 年代後，認股權證開始在我國香港地區的股票市場流行。20 世紀 90 年代中後期以來，認股權證市場取得了巨大的發展，在亞洲和歐洲市場，認股權證產品交易十分活躍。我國臺灣地區也在 1997 年推出了個股型和組合型認股權證。

認股權證本質上是一種期權，它是發行人賦予權證持有者可於特定的到期日，以特定的價格，購入或賣出相關資產的一種權利。

按買賣的方向，權證可以分爲認購權證和認沽權證。認購權證是指持有者在特定的日期，以事先約定的價格買入標的證券的一種權利；認沽權證是指持有者在特定的日期，以事先約定的價格賣出標的證券的一種權利。

按行權期限，權證可以分爲歐式權證、美式權證和百慕大型權證。歐式權證的行權期限只有一天，美式權證的行權期限爲自上市開始後所有的交易時間。而百慕大式權證的行權期限既不是每一天，也不是一天，而是一段時間，即權證投資者可以在一段時間內行使權證所賦予的這項權利。

按發行者的不同，權證可以分爲股本型權證和備兌型權證。如果權證由上市公司自己發行，就稱爲股本認股權證。它授予持有人一項權利，在到期日前以行使價購買公司發行的新股或庫藏的股票。它的特點一是期限比較長，可能長達數年；二是如果權證的執行是由公司發行新股來滿足的，這樣每股的權益會被攤薄；三是不一定都可以上市交易或自由轉讓，比如流行的給對公司做出貢獻的人發的認股權，一般就是股本認股權證。

備兌權證是指在權證交易時間內，由交易所認可的證券公司、基金管理公司、保險公司等機構投資者(一般爲證券公司)在提供相應證券或資金履約擔保的情況下，以上市交易的特定權證爲基礎創設的權證。其主要目的不是爲了籌集資金，而是視市場情況及時進行資產管理，事先控制證券投資風險，在本質上是投資風險的管理工具。當權證價格失衡的時候，發行人可以增加二級市場權證供給量，防止權證價格暴漲脫離合理價格區域。

二、商品期權

商品期權是期權交易中的一個重要分支，是當前資本市場最具活力的風險管理工具之一。商品期權指標的物爲實物的期權，如農產品中的小麥大豆、金屬中的銅等。基於農產品、金屬、能源的商品期權合約雖然在交易量上遠遠小於金融期權合約，但對於農產品、金屬、能源的國際價格決定起着重要作用。

第三節　期權合約的性質

一、期權合約的盈虧分布

期權合約的盈虧情況可以簡單地用折線來表示，這裡爲了簡單起見，只考慮歐式期權，並且不考慮時間價值和未來的利息。

看漲期權買方的盈虧情況如圖 7.2 所示，縱軸表示期權合約的盈利，橫軸表示標的資產的現貨市場價格，X 表示執行價格。在標的資產的市場價格 S 到達執行價格 X

之前，期權合約不會被執行，此時損失了期權費，在圖 7.2 中表示為橫軸下方的平行線那一段。當標的資產的市場價格 S 到達並超過執行價格 X 時，期權被執行，買方的盈利為市場價格高於執行價格的部分 $S-X$，在圖 7.2 中表示為斜線那一段。作為看漲期權的買方，其虧損是有限的，最多不超過期權費，而盈利是無限的，取決於市場價格和執行價格的差額。

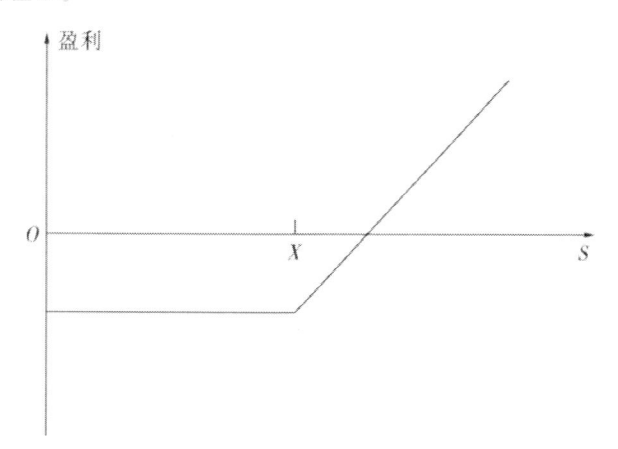

圖7.2　看漲期權買方盈虧分布

看漲期權賣方的盈虧情況如圖 7.3 所示。在標的資產的市場價格 S 到達執行價格 X 之前，期權合約不會被執行，所以賣方的盈利為買方支付的期權費，在圖 7.3 中表示為橫軸上方的平行線那一段。當標的資產的市場價格 S 到達並超過執行價格 X 時，期權被執行，賣方的虧損為市場價格高於執行價格的部分 $S-X$，在圖 7.3 中表示為斜線那一段。作為看漲期權的賣方，其盈利是有限的，最多不超過期權費，而虧損是無限的，取決於市場價格和執行價格的差額。

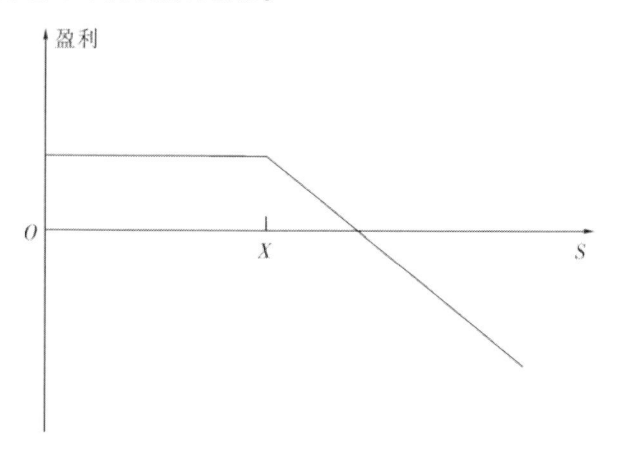

圖7.3　看漲期權賣方盈虧分布

看跌期權買方的盈虧情況如圖 7.4 所示。在標的資產的市場價格 S 小於執行價格 X 時，看跌期權的買方有權將標的資產按執行價格賣給看跌期權的賣方，買方的盈利為

$X-S$。在圖7.4中表示為斜線那一段。當標的資產的市場價格S大於執行價格X時，期權不會被執行，買方支付的期權費是他的損失。在圖7.4中表示為橫軸下方平行線那一段。作為看跌期權的買方，其盈利有限，不超過執行價格。而虧損也是有限的，最多不超過期權費。

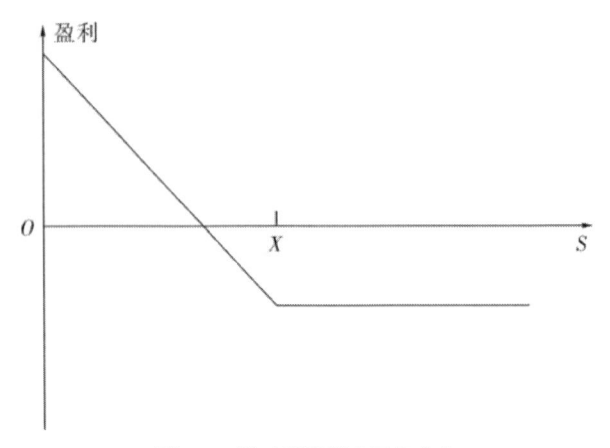

圖7.4　看跌期權買方盈虧分布

看跌期權賣方的盈虧情況如圖7.5所示。在標的資產的市場價格S小於執行價格X時，看跌期權的買方有權將標的資產按執行價格賣給看跌期權的賣方，賣方的虧損為$X-S$。在圖7.5中表示為斜線那一段。當標的資產的市場價格S大於執行價格X時，期權不會被執行，賣方收取的期權費是他的盈利。在圖7.5中表示為橫軸上方平行線那一段。作為看跌期權的賣方，其盈利有限，最多不超過期權費，而虧損也是有限的，不超過執行價格。

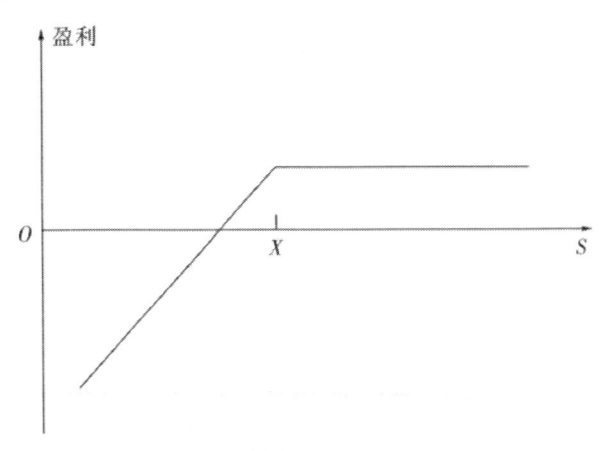

圖7.5　看跌期權賣方盈虧分布

需要注意的是，在期權交易中，交易雙方具有零和關係。就是說當標的資產的市場價格發生變動時，期權合約的買方和賣方必有一方盈利而另一方虧損，並且盈利和虧損的數量相等。因此，對同一看漲期權或看跌期權來說，買賣雙方的盈虧圖形總是對稱的。

二、內在價值和時間價值

在前文中提過，期權可以分爲實值、平價和虛值三類。一般情況下，只有當期權爲實值時，期權的買方才要求執行期權，而當期權爲虛值或平價時會放棄執行期權。然而我們發現，在期權合約到期前，尤其是在離到期日還有較長一段時間時，即使期權爲平價甚至爲虛值，其期權費也還是大於零。爲什麼人們會去購買一個處於虛值的期權呢？因爲期權的價值由兩部分構成：內在價值和時間價值。

（一）期權的內在價值

期權的內在價值是指期權買方行使期權時可以立即獲得的收益的現值。定義當前時刻爲 t，期權到期日時刻爲 T，用 S 表示標的資產當前市價，S_T 表示期權合約到期時標的資產市價，X 表示期權合約的執行價格，r 爲無風險年利率。

對於歐式看漲期權，由於只能在到期日執行，因此內在價值爲到期時標的資產市價與執行價格的差額折現到現在時刻的現值，即 $(S_T - X)$ 的現值。

對於在期權有效期間沒有收益的標的資產而言，S_T 的現值即爲當前市價 S，把執行價格 X 按連續時間復利折現，則無收益資產歐式看漲期權的內在價值爲 $S - Xe^{-r(T-t)}$。

對於在期權有效期內有現金收益的標的資產而言，如果用 D 表示該現金收益的現值，S_T 的現值即爲 $S - D$，則有收益資產歐式看漲期權的內在價值爲 $S - D - Xe^{-r(T-t)}$。

對於美式看漲期權，雖然期權可以在任意時刻執行，但我們可以證明，在到期日前執行無收益的標的資產的美式看漲期權是不明智的。因此，對於在期權有效期間沒有收益的標的資產而言，其美式看漲期權的內在價值爲 $S - Xe^{-r(T-t)}$。對於在期權有效期內有現金收益的標的資產而言，其美式看漲期權的內在價值爲 $S - D - Xe^{-r(T-t)}$。

同樣，對於歐式看跌期權，內在價值爲 $(X - S_T)$ 的現值。無收益標的資產的歐式看跌期權的內在價值爲 $Xe^{-r(T-t)} - S$，有收益標的資產的歐式看跌期權的內在價值爲 $Xe^{-r(T-t)} - (S - D)$，即 $Xe^{-r(T-t)} + D - S$。

對於美式看跌期權，提前執行有可能是合理的，因此無收益標的資產的美式看跌期權的內在價值爲 $X - S$，有收益標的資產的美式看跌期權的內在價值爲 $X + D - S$。

當然，當期權爲虛值時，期權權利方是不會行使期權的，此時內在價值爲 0。因此期權的內在價值應大於等於 0。

（二）期權的時間價值

期權的時間價值是指在期權有效期內因標的資產價格波動爲期權買方帶來收益的可能性的價值。以一看漲期權爲例，假設執行價格爲 10 元，現在標的資產市價爲 9 元，有效期還有 6 個月，在這 6 個月中，標的資產市價會波動，如果市價超過 10 元，則該看漲期權就有可能爲買方帶來收益，這種可能性在期權的價值中就是以時間價值的形式表現出來的。

有兩個因素影響時間價值，第一個因素是標的資產價格的波動率，波動率越高，期權的時間價值越高。第二個因素是期權的價值狀態。一是 X 與 S 的差距越大，時間價值越小；X 與 S 的差距越小，時間價值越大。二是期權處於極度實值或極度虛值時，時間價值總是趨於零。三是期權處於平價時，時間價值最大。

三、期權合約價格的影響因素

期權合約作爲一種金融商品，其價格由內在價值和時間價值構成，凡影響內在價值和時間價值的因素都影響期權的價格。這些因素有標的資產的市場價格、期權的執行價格、標的資產的波動率、無風險利率、期權的有效期和期權有效期內標的資產派發的收益六種。下面我們考慮當這些因素之一發生變化而其他因素保持不變時期權價格的變化。

(一) 標的資產的市場現價和期權合約的執行價格

對於看漲期權，執行時的收益等於標的資產當時的市價與合約的執行價格之差。因此，標的資產市價越高，執行價格越低，看漲期權的價格就越高。

對於看跌期權，執行時的收益等於合約的執行價格與標的資產當時的市價之差。因此，執行價格越高，標的資產市價越低，看跌期權的價格就越高。

(二) 期權的有效期

對於美式期權而言，當期權的有效期增加，無論看漲還是看跌期權的價格都會增加。這是因爲有效期長的期權包含了有效期短的期權的所有執行機會，因此有效期越長，期權價格越高。

對於歐式期權而言，隨著期權有效期增加，期權的價格不一定必然增加。因爲歐式期權只能在到期日執行，所以有效期長的期權不一定包含了有效期短的期權的執行機會。舉例來說，假設同一股票的兩種歐式看漲期權，一個有效期爲 1 個月，另一個有效期爲 2 個月。假定 5 周後股票會有大量紅利支付，因爲紅利的影響，股票價格會下跌，在這種情況下，有效期短的期權的價格可能會高於有效期長的期權的價格。

(三) 標的資產價格的波動率

波動率是用來衡量標的資產未來價格變動的不確定性。隨著波動率的增加，標的資產價格上升或下跌的機會也會隨之增加。從前面期權的盈虧分布中我們知道，期權買方的虧損是有限的，而盈利則取決於市場價格與執行價格的差額，因此波動率越大，對期權買方越有利，期權價格越高。

(四) 無風險利率

無風險利率對期權價格的影響不是那麼直接，當整個經濟中的利率增加時，一方面標的資產價格的預期增長率也會增加，另一方面貼現率會上升導致期權買方收到的未來現金流的現值將減少。對於看跌期權來說，這兩方面的影響都會減少看跌期權的價格。因此，隨著無風險利率的增加，看跌期權的價格會降低。而對於看漲期權來說，前一方面的影響會增加其價格，而後一方面的影響會減少其價格，通常前者的影響更大，因此隨著無風險利率的增加，看漲期權的價格會增加。當利率下降時，其影響導致的結果相反。

（五）標的資產的收益

標的資產分紅付息等收益將減少標的資產的價格，因此在期權有效期內標的資產產生收益將使看漲期權價格下降，看跌期權價格上升。

第四節　期權交易制度

一、有組織的期權交易

有組織的期權交易是在交易所進行的。交易所是從事證券、期權和期貨等交易的有形場所。交易所對其所從事的交易商品提供交易設施並制定交易規則。芝加哥期權交易所（Chicago Board Options Exchange，CBOE）是第一個建立的有組織的期權交易所，並建立了使期權市場化的交易程序。CBOE 的建立也爲美國交易所、費城交易所、太平洋交易所和紐約股票交易所的建立鋪平了道路。下面我們討論一下 CBOE 的有關期權合同的規定。

（一）上市要求

期權交易所對期權所依賴的基礎資產是有規定的。例如，對於股票期權，交易所的上市要求規定了可交易期權的股票的標準。有一個時期，交易所只允許大公司的股票進行期權交易。後來這一要求放鬆了，一些規模較小的公司的股票也可以進行期權交易。交易所還對上市股票提出了最低限額的要求，只有達到這一要求，才能在此股票上進行期權交易。總之，交易所有權決定哪些股票可以進行期權交易和哪些股票不可以進行期權交易。

1993 年，CBOE 推出了 FLEX（Flexible 的縮寫，意爲靈活）期權。這是一種與標準期權有很大區別的新型期權，即交易所的期權交易商採用非標準期權合同。這些非標準期權合同條款包括與交易所通常規定有所不同的執行價格或者到期時間，也可以規定期權是歐式期權而不是美式期權。FLEX 期權的推出反應了期權交易所收復場外業務的意圖。此外，交易所還規定了 FLEX 期權的最低交易量（如 100 個合同）。

（二）合約規模

交易所交易的一個標準的期權合約由 100 個期權構成。凡是在場內市場上交易的期權合約都是標準化的合約。合約的交易單位由交易所規定，各有不同。在美國，股票期權的交易單位是 100 股標的股票。因此，如果一個投資者購買了一個合約，它實際上代表可以購買 100 股股票的期權。但是，當公司宣布股票分割或支付股息時，這一規則就出現了例外情況。在這種情況下，標準合約代表的股票數量要進行調整來反應公司的資本變化。例如，如果公司支付了 15% 的股息，標準合約代表的股票數量就要從 100 調整到 115，而執行價格就要乘以 $1/1.15 = 0.869\,6$。如果支付紅利或股票分割使得合約所代表的股票數是 100 的倍數，合約持有者就會被給予更多的合約。比如當股票由一股被拆分爲兩股時，交易所就會對每一個合約追加另一個合約，同時執行價格則會減半。

股票指數和一些其他金融工具的期權合約規模則由一個合約乘數決定。例如，S&P100 的乘數是 100，購買了一個合約的投資者實際上購買了 100 個期權。

(三) 執行價格

在期權交易所，期權的執行價格也是標準化的。交易商必須接受交易所規定的執行價格。而場外期權市場的執行價格是由交易雙方商議而定的。交易所對期權的執行價格進行標準化的目的是爲了吸引更多的交易商。期權交易主要集中在標的資產的市場價格與期權執行價格相近的合約上。因此，在交易所上市的期權通常是標的資產價格與期權執行價格比較接近的。交易所要對標的資產價格與期權執行價格是否接近作出判斷。如果標的資產價格上漲了或者下跌了，交易所就要增添新的接近標的資產價格的期權執行價格。

對於股票來講，在確定執行價格時，交易所遵循的規則通常是股票價格低於 25 美元時，執行價格以 2.5 美元爲間隔；當股票價格在 25～200 美元之間時，執行價格以 5 美元爲間隔；當股票價格超過 200 美元時，執行價格以 10 美元爲間隔。對於股票指數，期權執行價格是以 5 美元爲間隔的。然而，當交易所認爲必要時，也可以不按這一規則報價。

當股票支付紅利時，股票價格就會在除息日減少與紅利等量的價值。因爲看漲期權的持有者不接收紅利並在股票價格上漲時受益，而看跌期權持有者在股票價格下跌時受益，除息日股票價格的下跌會損害看漲期權持有者的利益，而看跌期權持有者因此受益。在過去的場外交易市場中，期權的價格是對紅利進行保護的，即當公司支付了 1 美元的紅利時期權的執行價格就下調 1 美元。由於場外交易市場期權並不上市交易，頻繁發生的紅利調整並沒有造成問題。然而，對於在交易所上市的期權來說，紅利調整便會產生一些非標準的執行價格。因此，交易所選擇當發生紅利支付時，並不調整執行價格的方式。目前的場外交易市場也是這樣操作的。

(四) 到期日

在場外交易市場，期權的到期日是由期權的買賣雙方商議而定的。在期權交易所內，每一個期權都有一個特定的到期時間週期。到期時間週期有：1 月、4 月、7 月和 10 月；2 月、5 月、8 月和 11 月；3 月、6 月、9 月和 12 月。其分別稱爲 1 月份、2 月份和 3 月份循環週期。在每一個週期內，到期月份有當前月、下一個月及同週期內的下兩個月。例如，在 1 月初，被指定爲一月週期的 IBM 公司期權，在交易所交易的是到期月份爲 1 月、2 月、4 月和 7 月的期權。當 1 月期權到期了，3 月期權將被加上；當 2 月期權到期了，4 月期權將被加上；當 3 月期權到期了，5 月期權將被加上。這樣一直由當月、下一個月及一月週期裡的下兩個月到期的期權在進行交易。

一般股票期權的到期時間爲 9 個月，很少有例外。建立在某些股票和指數上的長期期權 LEAPS (Long-Term Equity Anticipation Shares) 最長的到期時間爲 3 年。LEAPS

期權在 CBOE 的交易量很大，雖然 LEAPS 存在股票指數期權，推出 LEAPS 期權是建立在個股上的。

如前所述，股票和指數的 FLEX 期權允許投資者確定任意執行價格。FLEX 的有效期可以長達 5 年。

在期權交易所交易的期權的到期日是到期月份第三個星期五的下午 4 點 30 分（美國中部時間）。經紀人必須在第二天（星期六）的晚上 10 點 59 分完成相關工作。因爲許多資產管理經理是在每個季度末被評審一次，因此有些股指期權是在每季度的最後一天到期。

（五）交易限制

美國證券交易委員會要求每個期權交易所執行頭寸限制。頭寸限制規定了某一投資者能夠持有某一單邊市場的最大期權數量。例如，由於採取牛市戰略，一個多頭看漲期權與一個空頭看跌期權就是屬於在市場的同一邊。同理，一個空頭看漲期權與一個多頭看跌期權由於同樣採取了熊市戰略，也屬於在市場的同一邊。期權交易所還公布每一個股票的頭寸限制。每個股票的頭寸限制取決於股票的交易量和市場上的股票數量。股票指數的頭寸限制數額大一些，而且做市商具有一定的頭寸限制豁免權利。

執行限制類似於頭寸限制。執行限制就是任何個人或者一組人可以在連續 5 個工作日執行期權的最大數量。執行限制的數量與頭寸限制是一樣的。

規定頭寸限制和執行限制的目的是爲了避免某一個人或者某一部分人承受過大的風險或對市場有過大的操縱能力。但是，這些限制又確確實實阻礙了一些大的投資者使用交易所的期權，並且減少了期權的流動性。這些限制很可能迫使一些大投資者進行場外期權交易，從而阻礙了期權交易所的發展。因此，這些限制是否有必要至今仍是一個有爭議的話題。

二、期權交易商

在場外交易市場中，期權交易商主要是一些投資機構（如銀行和股票經紀公司）。在期權交易所從事期權交易的有個人，也有公司。期權交易所的成員資格被稱爲席位。雖然各個交易所的組織結構有所不同，但一般一個席位只允許一個人去交易大廳交易。

（一）做市商

購買了 CBOE 席位的人可以申請成爲做市商或交易大廳經紀人。做市商有義務滿足公衆對期權交易的需求。當有人要買（或賣）這個期權時，做市商就要完成這筆交易。因此，做市商爲大衆提供了立即進行期權交易的便利。

實質上，爲了生存下去，做市商必須要以某一價格買進，而以更高的價格賣出期權，從中賺取利潤。因此，期權價格被標爲買價和賣價。買價是做市商願意支付的最高期權價格。賣價是做市商願意接受的最低期權價格，賣價比買價要高。交易所規定兩者最大的差，即買價－賣價差。舉例來說，期權價格低於兩美元，期權買賣價差不得超過 0.25 美元；期權價格在 2 美元到 5 美元之間，期權買賣價差不得超過 3/8 美元；期權價格高於 20 美元，最高期權買賣價差就上升至 1 美元。

買價-賣價差就是通過做市商進行交易的必需的交易費用。而對於做市商而言，買價-賣價差是其爲公衆提供交易便利所得到的回報。做市商通常有不同的交易風格。有些被稱爲"搶帽子商"，他們是以買價買進，並在價格下跌之前或價格上漲一點之後以賣價賣出。"搶帽子商"通常只保留頭寸幾分鐘。而"頭寸商"則要在更長的時間內保持其頭寸。很多其他期權交易商，包括一些"搶帽子商"和"頭寸商"，被稱爲"差價商"，他們買進一種期權的同時賣出另一種期權，以較低的風險賺取利潤。

（二）場內經紀人

場內經紀人是另外一種在期權交易所進行交易的商人。場內經紀人爲其公衆進行交易，他們僅代表他們的客戶買賣期權，而沒有爲期權市場"做市"的義務。如果某人要買賣期權，此人首先要在經紀公司處建立帳戶。經紀公司則要麼自己雇傭場內經紀人，要麼與獨立的場內經紀人或其他公司的經紀人簽合同。場內經紀人的收入要麼是固定工資，要麼是賺取傭金。場內經紀人通常不用擔心價格的漲落。但是，精明的經紀人會精心經營，爲其客戶取得最佳價格。

（三）指令登記員

指令登記員（Order Book Official, OBO）又稱交易所經紀人（Board Broker），是交易所的雇員，協助場內經紀人工作以記錄那些不能立即執行的限價指令，確保市場價格一旦達到限價，指令就會得到立即執行。

許多傳遞給場內經紀人的指令是限價指令，即其只能在特定的價格或更爲有利的價格上執行指令。當場內經紀人收到限價指令與當時的市場價格不一致時，該指令不能立即執行，經紀人將該指令傳遞給指令登記員記錄，後者會將該指令輸入計算機，其記錄向所有的交易者公開。如果條件發生了變化，至少有一個做市商願意以限價指令或者更優的價格進行交易，指令登記員就會執行客戶的指令。

（四）其他期權交易系統

CBOE和太平洋股票交易所（Pacific Stock Exchange）採用的是做市商競爭機制。美國交易所和費城股票交易所採用的體制略有不同，是專家負責買進和賣出期權。專家的工作是盡量滿足公衆的限價指令，但不把信息透露給其他人。而且，有些專家被稱爲註冊期權交易商（Registered Option Traders, ROTs），他們爲自己買賣期權，也做其他人的經紀人。與CBOE的做市商不同，ROTs並沒有義務"造市"，這是專家的工作。在交易大廳工作的還有辦事員、跑單者和交易官員。

（五）場外期權交易商

場外期權交易商是指在交易所外進行期權買賣的交易商。期權市場擁有衆多的交易商，其中一些是代表公衆進行交易的經紀公司。多數經紀公司雇傭經紀人進行期權交易。但是，一些專業的期權交易公司擁有專門的部門進行期權價格分析，一旦發現套利機會，便加以利用以賺取利潤。許多大金融機構，如退休基金、信託公司和共同基金，都進行期權交易。現在進行期權交易的外國金融機構越來越多，而且很多個人也在從事期權交易。還有一些富有的投資者讓專業投資經理來管理其資金，這樣既可以參與期權之類的交易，本人又無須過多參與交易的具體過程。

（六）交易所會員的成本與盈利性

取得會員資格並繳納足夠的席位費後，即可取得證券交易席位，席位購買後只能轉讓，不能撤銷，會員可以通過席位進行自營或代理期權交易。

交易商可以通過不同途徑來購買交易所的席位。其中最簡單的方法就是從現有的會員手中購買。當交易所席位的費用達到 50 萬美元時，就會對大多數人具有限製作用。但是，還有其他方法得到交易所席位。一些席位擁有者將席位租給其他人，每月租金大約是其席位費用的 0.5%~0.75%。還有一些席位擁有者允許其他人使用其席位進行交易，並收取交易利潤的一定比例。

交易所席位費用並非是期權交易的全部成本，交易商還需要準備金以支付損失，並且還要由其他公司作爲其信用擔保人，資金最少爲 5 萬美元。會員還必須參加培訓並通過考試以證明會員瞭解交易規則和程序，並且要同意遵守交易所和證券交易委員會的所有規定。此外，還有起始成本和月費用。

確定交易席位的盈利性是十分困難的。有資料表明，做期權做市商是一個高風險的職業。但是，承擔超常風險迅速致富是很有吸引力的。因爲這一行業的巨大壓力，所以期權交易者通常是二三十歲的年輕人。

三、保證金制度

期權交易也有保證金制度。與期貨交易的保證金制度不同的是，只有期權的賣方需要繳納保證金，而買方並不需要。因爲繳納保證金的目的是確保履約，而期權的買方並沒有必須履約的義務。賣方可以用現金繳納保證金，也可以將合約的標的資產作爲履約的保證。

在場內期權交易中，交易者在最後交易日之前都可以通過反向操作即對衝來了結頭寸平倉。如果沒有平倉，那麼期權的買方就有權要求賣方履約。一般來說，基於現貨的期權在履約時以約定的執行價格進行實物交收，指數期權則根據市場價格與執行價格之差進行現金結算，期貨期權則以執行價格將期權頭寸轉化爲相應的期貨頭寸。

第五節　期權的功能

一、期權的特色與功能

同其他金融產品相比，期權有其自身的特色與功能。

（一）期權是減少信息不確定性的選擇

期權概念所蘊含的內涵遠遠比這個定義從字面上表達的含義要深刻和廣泛得多。從本質上講，期權實際上賦予期權的購買者一段時間，使其能夠進一步利用所獲得的新信息，降低對未來的預期中不確定性的程度，進而作出更加合理的判斷和決策。因此，期權的價格包含了一段時間中信息的價值，或者說期權的價值反應了不確定性的降低，決策更加科學合理所帶來的收益的增加或損失的減少。

(二) 期權的價格行爲依附於標的資產

期權的價格行爲與其標的資產的價格行爲有密切的關係。由於其權利與義務的不對稱，期權所能帶來的報酬形態無法簡單地由標的資產來復制。例如，看漲期權的價格與其標的資產的價格會有同向變動的現象，但變動金額遠遠大於其標的資產價格變動的百分比。即使標的資產價格不變，期權的價格也會因其他因素而變動。理論上，某些標的資產和無風險證券的組合，加上連續的動態調整策略，的確可以創造出與期權一樣的報酬形態，但其交易成本費高，比不上直接交易期權經濟。期權的價格雖然與標的資產價格密切聯繫，但它們之間不是線性關係，而是非線性、不成比例和不對稱的關係。

(三) 看漲期權隱含着低利率的融資行爲

從某些角度而言，看漲期權隱含着融資購買標的資產的槓桿作用，並且融資的成本等於無風險利率，融資的比率也不受任何限制。相對來說，通過購買看漲期權來達到在將來某一時刻購買一定數量的標的資產，比現在通過融資來購買要容易，也方便和簡單得多。

(四) 看跌期權隱含着融券行爲

看跌期權在理論上猶如借進標的資產來出售，以取得現金，並且無保證金的限制，類似於證券市場的融券行爲，但比融券方便的是，出售標的資產所得期權金的應用，也不受到任何限制。但是，既然是融券行爲，就有返還標的資產的過程，因而有保證金的要求。

(五) 期權的交易策略具有極爲靈活的避險功能

雖然期權只有看漲期權和看跌期權兩種類型，但如果與期權價格、時間、交易方式、資產等組合起來，其交易策略與方法不但多樣，而且極爲靈活，可以滿足多種不同的需求。如果對標的資產的價格走勢有獨到的分析與準確的判斷能力，利用期權來交易將比直接在標的資產市場上交易獲得更高的回報率。

期權除了可以用來規避標的資產價格變動的風險外，還可以用來規避標的資產價格波動性改變的風險，或股利改變的風險，這些功能是其他金融商品所無法實現的。

(六) 期權使資本市場更完善

在完善的市場上，人們可以利用市場上的證券，創造出任何損益的報酬形態，因而使整個資本市場達到帕羅托最優境界（Pareto Optimum）。期權的出現，正好扮演了這類角色，將資本市場變得較具帕羅托最優性（Pareto Superiority）。

在某些前提之下，我們可以證明市場投資組合，或是一個較具市場代表性的指數型共同基金，加上一組以該投資組合或該指數型共同基金爲標的資產的看漲期權和看跌期權，便可創造出完善的資本市場。

（七）期權可能有較低的交易成本和稅負

各國的交易手續費與稅制不盡相同，在某些國家的制度下，交易期權的手續費比直接交易其標的資產的手續費更低，獲利時應繳的稅負也較低。

鑒於期權自身的特殊性質，期權市場才得以成長與成功。當然，期權市場的成長也得益於期權市場的制度性建設，它們在期權市場的成長中功不可沒。

二、期權的用途

期權的用途主要體現在以下幾個方面：

（一）風險性

期權最重要的特徵是其風險的性質。期權持有者僅承擔有限的風險。如果行使期權買入或賣出標的資產無利可圖，期權持有者無須行使其權利，他最多損失期權金；然而期權賣出者承擔的風險可能是無限的。

正因為如此，期權的利潤和風險同時並存，投資者在未採取適當保護措施之前就賣出期權，風險可能極高，有時甚至遠遠超過該期權費收入。因此，在賣出期權時，應該採取適當的規避風險的措施。

（二）利潤

無論投資者認為股票市場將會上升、下跌或盤整，運用期權都可為其提供獲利良機。如果投資者預期某一股票價格上升，就可以買入看漲期權，即有權按預定價格買入該股票。如果他的預測正確，股票確實上升並超過執行價格，那麼就可以行使期權，以低於市價的執行價格買入該股票。

如果投資者預期股票價格將下跌，就可以買入看跌期權，即有權按執行價格賣出該股票。一旦股價跌穿執行價格，他就可以行使期權，以高於市價的執行價格賣出該股票。

如果投資者預期到期日之前市場不會有太大波動，他就可以賣出看漲期權，或者賣出看跌期權，或者同時賣出兩者，從中獲利。

（三）保險

期權可為標的資產持有人提供保險。例如，某股票持有人計劃在某一時期持有某種股票，卻又擔心該股票價格下跌而遭受巨大損失。該股票持有者可購買看跌期權，從而有權以特定價格賣出該股票。執行價格即為該股票的底價，無論該股票價格怎樣下跌，它總可以按執行價格將其賣出。同時，在股票價格上升的情況下，他因持有該股票，可享有股價上升帶來的利潤。因此，他既避免了股價下跌的風險又有可能享有股價上升的利潤。同理，投資者可以購買看漲期權來避免股票做空時因價格上升而造成的風險。

（四）增加收益

以現有資產為基礎的期權可增加總體收益。一個持有股票投資組合的投資者可以賣出這些股票的看漲期權，即讓買家有權買入該投資組合中的股票。如果該看漲期權未被執行,即可賺取期權費爲額外利潤。當然,一旦股價上升超過執行價格,看漲期權的多頭就會執行期權,看漲期權的空頭則必須以執行價格賣出標的股票,不能享有股價繼續上升所帶來的利潤。

(五)槓桿效應

投資者可以利用期權的槓桿效應來達到投資的目的。以看漲期權爲例,投資者付出期權費買入在未來某一時間按某一指定價格購買期權標的股票的權利。與買入股票所需的全部資金相比,期權費是很小的一部分。如果股價上升一定的百分比,大部分看漲期權上升的幅度都會超過這一百分比。雖然從期權中所賺取的利潤可能低於直接投資該股票所賺取的利潤,但其回報率卻高得多;而且投入的資金較少,承受的風險也小得多。當然槓桿作用亦有其弊。如果股價大幅下挫,看漲期權成爲"虛值期權"時,期權費下跌的百分比會高於股票下跌的百分比。但是這種虧損有限,至多損失期權費而已。如果從相對數來講,期權費的損失率可能是百分之百,風險亦不可小覷。

第六節 期權在中國的發展

中國的期權交易是從認股權證開始的。在20世紀90年代中國證券市場發展初期,爲了保護老股東在配股中的權益,使不願或無力認購配股的老股東能夠有償轉讓其配股權,深圳證券交易所和上海證券交易所曾推出配股權證。但是,由於定價和機制設計上的不合理以及投資者的認識不足,大多數權證市場反應較爲平淡,沒有再持續下去。2005年,認股權證交易又重新出現在中國的證券市場上,並且多爲配合股權分置改革而發行的產品,引起了市場的強烈關注。2005年7月8日,深圳證券交易所和上海證券交易所分別推出了經中國證監會核準通過的《權證管理暫行辦法》,標誌着權證這一金融衍生產品在我國的推出進入了實質性階段。2005年8月12日,寶鋼股份臨時股東大會通過引入權證進行股權分置改革的方案;8月22日,寶鋼權證在上海證券交易所掛牌上市,寶鋼股份成爲我國第一家引入權證爲對價方式的上市公司。隨後,長江電力、新鋼釩、武鋼股份、萬科等也借助權證的方式解決股權分置問題。根據上海證券交易所的統計,2007年,上海證券交易所和深圳證券交易所權證市場成交超過萬億元,在世界權證市場上的排名位居前三。2011年8月11日,隨著長虹CWB1權證最後一個交易日的到來,權證再次退出中國市場。

中國商品期貨市場近幾年發展迅猛,僅2012—2015年,三大商品期貨交易所就新增品種達20多種。與蓬勃增加的商品期貨品種相比,中國商品期權顯得較爲落後,但是商品期權仿真交易在2013年已經啓動。2015年2月,上海黃金交易所上線的黃金實物詢價期權是中國首個商品現貨期權。

2011年4月,人民幣外匯期權在銀行間市場啓動。數據顯示,2015年,銀行間人民幣外匯期權成交已達2 888億美元;銀行對客户交易已達到1 159億美元。客户通過期權進行套期保值的交易日益增多。2015年以來,中國外匯交易中心積極推進標準化人民幣外匯期權系統的建設，計劃推出的標準化期權交易模塊將在外匯交易中心的頁面上呈現出常用的固定期限和固定到期日的期權產品的交易期限、起息日、交割日、報價、交易金額等交易要素。交易貨幣對爲美元對人民幣。

2015年2月9日，上海證券交易所正式掛牌上證50交易型開放式指數基金（ETF）期權合約，開啓境內資本市場的期權時代。其上市以來，市場運行平穩有序，定價較爲合理，流動性不斷提升，投資者參與理性、保險、套利、方向性交易和增強收益四類交易行爲分布較爲均衡，未出現"爆炒"、過度投機等風險事件。特別是在2015年股票市場出現異常波動的情況下，股票期權市場運行平穩，經受住了市場的考驗。隨著投資者對期權產品日漸熟悉，投資者參與數量與交易量穩步增長，上市首月投資者帳戶數達4 316戶，日均合約成交面值和交易量分別爲5.45億元、2.33萬張。2015年12月，投資者帳戶數增加至81 557戶，日均合約成交面值和交易量分別達到47.69億元、19.81萬張。隨著市場規模的逐步擴大，期權市場經濟功能開始得到初步發揮。一方面，爲股票持有者提供有效的保險工具，投資進入立體化交易時代，靈活的期權交易策略能滿足不同風險偏好的投資者需求；另一方面，對標的證券產生了積極的影響，在提高標的證券流動性和定價效率、降低波動性、提升標的證券規模等方面發揮了較好作用。此外，期權業務的推出也爲證券、期貨行業帶來了新的業務發展機會，在拓展經紀業務範圍、促進財富管理創新、培育行業人才隊伍、提升行業國際競爭力等方面起到了積極作用。

從以上中國期權市場狀況中可以看出中國期權市場具有以下特點：

第一，中國期權品種不完善，商品期權僅有黃金實物期權，金融期權中只有人民幣兌外匯期權和上證ETF50期權。隨著利率、匯率市場化程度加深，金融類期權市場將得到進一步發展。

第二，中國期權市場中場內市場和場外市場發展不協調，我國已推出的期權品種中除了上證ETF50期權在交易所場內交易外，人民幣兌外匯期權交易在銀行間外匯交易市場交易，黃金實物期權在上海黃金交易所交易，後兩種均爲場外交易，因此中國期權場內交易有待發展。

第三，中國期貨市場的發展和期權市場的匹配性不強，期貨與期權的發展是緊密相聯的，國外期權市場的發展歷程表明很多期貨品種產生於相應的期權品種之前，我國除了黃金之外的商品期貨品種都沒有相應的期權市場，由此說明期貨品種和期權品種缺乏連貫性。

第四，中國期權參與者門檻較高，國內人民幣兌外匯期權的參與者必須有真實交易背景，並且交割方面只允許全額交割，原則上不進行差額交割。上證50ETF期權參與者需具備"雙融"或金融期貨交易經歷，資產方面也有門檻限制。目前，黃金期權的參與者也只能是機構投資者。

本章小結

1. 期權是指賦予其買者在規定期限內按雙方約定的價格買或賣一定數量某種資產的權利的合約。

2. 按期權購買者擁有的權利來分，期權分爲看漲期權和看跌期權兩大類，這兩大類期權又有歐式期權和美式期權之分。期權買者只有權利沒有義務，賣者只有義務沒有權利，因此買者要向賣者支付期權費。

3. 按期權合約的標的資產來分，期權可以分爲金融期權和商品期權。其中，金融期權是我們要重點討論的，它又可以分爲利率期權、貨幣期權（外匯期權）、股價指數期權、金融期貨期權、認股權證。

4. 期權的內在價值是指期權買方行使期權時可以立即獲得的收益的現值。

5. 期權的時間價值是指在期權有效期內因標的資產價格波動爲期權買方帶來收益的可能性的價值。期權時間價值在內在價值爲零時最大，並隨標的資產市價與執行價格之間差額的絕對值變大而遞減。隨著時間的延長，期權時間價值是遞增的，但增幅是遞減的。標的資產價格波動率越高，時間價值也越大。

6. 期權價值等於內在價值與時間價值之和。

7. 期權價格的影響因素有標的資產的市價、期權的執行價格、期權有效期、標的資產價格的波動率、無風險利率、標的資產的收益。

8. 期權交易的保證金制度。期權交易也有保證金制度，與期貨交易的保證金制度不同的是，只有期權的賣方需要繳納保證金，而買方並不需要繳納保證金。

9. 期權的特色與功能包括期權可以減少信息不確定性、期權的價格依附於標的資產、看漲期權隱含着低利率的融資行爲、看跌期權隱含融券行爲、期權交易策略具有避險功能、期權使資本市場更完善、期權可能有較低的交易成本和稅負。

思考與練習題

1. 簡要回答一下期權與期貨的異同。
2. 簡要回答一下期權市場與期貨市場的異同。
3. 什麼是金融期權，它主要包括哪些種類的期權？
4. 期權的時間價值是什麼，它受哪些因素的影響？
5. 期權的做市商制度指的是什麼？
6. 有如下三種有價證券組合，畫出簡圖說明投資者收益和損失隨最終股票價格的變化情況。
　（1）一份股票和一份看漲期權的空頭。
　（2）兩份股票和一份看漲期權的空頭。
　（3）一份股票和兩份看漲期權的空頭。
在每種情況中，假設看漲期權的執行價格等於目前股票的價格。
7. 我國的期權發展歷程有幾個階段？各有什麼典型特徵？
8. 與現貨期權相比，期貨期權有什麼優缺點？
9. 期權市場存在的意義及作用。

第八章 金融期權交易

內容提要： 金融期權有許多不同的種類，本章主要按照期權合約的標的資產進行劃分，金融期權可分為利率期權、貨幣期權（或稱外匯期權）、股價指數期權、股票期權以及金融期貨期權，而金融期貨期權又可分為利率期貨期權、外匯期貨期權和股價指數期貨期權三種。我們將依次介紹這些不同期權種類的特徵、合約內容、交易慣例以及在風險配置中的應用。

期權是非常重要的衍生金融工具，它既是衍生金融工具的核心工具，也是構造其他複合衍生金融工具的基礎工具。期權可以用於套期保值，也可以用於投資和投機，但是期權的核心作用在於配置風險。下面我們依期權標的資產的不同類型分別加以討論。

第一節 外匯期權交易

外匯期權作為保值和投機工具已經得到越來越廣泛的應用。跨國公司及金融機構為防範匯率變動風險已非常普遍地利用各類外匯期權品種，以適應不同的風險管理需求。美國的許多銀行及世界上許多資本市場均可提供非常靈活方便的外匯期權交易。外匯期權的場外交易市場可為各類客戶提供世界上主要幣種、期限在一年以上的外匯期權交易，每筆交易達百萬美元，甚至更多。外匯期權為防範匯率風險提供了除遠期外匯及外匯期貨合約之外的另一種有效的保值手段。

一、外匯期權交易概述

以往要在外匯市場上投資獲利，只能靠外匯買賣或遠期外匯交易，但時至今日，貨幣期權已成為投資者的新寵兒，無論在投資、套利或風險對沖活動中都占有很重要的地位。

1982年12月，外匯期權在美國費城股票交易所首先進行，其後芝加哥商品交易所、阿姆斯特丹的歐洲期權交易所、加拿大的蒙特利爾交易所和倫敦國際金融期貨交易所等都先後開辦了外匯期權交易。目前，美國費城股票交易所和芝加哥期權交易所是世界上具有代表性的外匯期權市場，經營的外匯期權種類主要有英鎊、歐元、瑞士法郎、日元、加拿大元等對美元的貨幣期權交易。

(一) 定義

外匯期權交易是在一定的期限内，以某種外國貨幣或外匯期貨合約爲交易對象，以商定的價格和數量進行"購買權"或"出售權"的買賣交易。[①] 如果期權合約的標的物爲某種外幣本身，則稱爲外幣現貨期權（簡稱現貨期權）；如果期權合約的標的物爲某種外匯期貨合約，則稱爲外匯期貨期權。

外匯期權合約的買方或持有者有權利（但無義務）在期權合約到期之前或到期日以事先確定的價格（期權的協定價格或稱執行價格）買進或賣出某一特定數量外匯（期權的標的資產）。

(二) 交易場所

外匯期權市場可分爲場内市場和場外市場。

場内市場是指買賣期限、金額以及貨幣種類都是固定的，以合約形式的標準化期權合約的交易市場。目前國際上最重要的場内市場有美國的費城股票交易所（Philadelphia Stock Exchange，PHLX）、芝加哥期權交易所（Chicago Board Options Exchange，CBOE）、芝加哥商品交易所（Chicago Mercantile Exchange，CME）、倫敦國際金融期貨交易所（London International Financial Future Exchange，LIFFE）、倫敦股票交易所（London Stock Exchange）、荷蘭阿姆斯特丹歐洲期權交易所（European Options Exchange）、澳大利亞悉尼期貨交易所（Sydney Future Exchange）和新加坡國際貨幣交易所（Singapore International Monetary Exchange，SIMEX）等。

場外市場是指由衆多商業銀行、投資銀行以及商人銀行所組成的交易市場。場外市場通過電子交易系統直接買賣，交易雙方可自行決定貨幣種類、協定匯率、期限以及金額等，彈性遠比場内期權高。因此，目前大部分貨幣期權交易都在場外進行。其中，紐約和倫敦是最活躍的場外貨幣期權交易市場。

場外貨幣期權可以滿足客户對合約金額及期權期限的不同要求。此外，場外貨幣期權還可提供特種期權交易，如回望期權（Look Back Option）、亞式期權（Asian Option）等。場外交易貨幣期權期限可長達1年以上。與交易所的貨幣期權交易相比，場外貨幣期權交易流動性也相當好。當然，場外交易貨幣期權買方需承擔賣方的信用風險，而交易所内進行交易的賣方風險則由期權清算公司承擔。

(三) 外匯期權的優點

外匯期權交易是規避外匯匯率波動風險的有效工具，從某種意義上説，是外匯遠期與期貨交易的延伸，具有後兩者没有的優點。外匯期權的優點如下：

(1) 外匯期權買方的最大損失是可預知的，爲購買期權所支付的期權費。

(2) 外匯期權將權利和義務分離，買方没有必須履約的義務。

(3) 外匯期權的靈活性很大，它提供了一系列的協定匯率，而遠期外匯和期貨交易只能以市場上的某個固定匯率成交。

[①] 張元萍．金融衍生工具教程 [M]．北京：首都經濟貿易大學出版社，2003：149．

（4）外匯期權為投機和保值提供了更多的選擇工具。

二、外匯期權合約

為使外匯期權交易的買賣雙方以公開競價的方式進行交易，並且活躍外匯期權的二級市場，交易所對外匯期權合約進行了標準化。除了期權費之外，對外匯期權合約的其他內容也進行了規範。下面我們以美國的交易所為例介紹外匯期權合約的相關內容。

（一）合約協定價格

外匯期權的協定價格也稱執行價格，是在買賣期權合約時雙方認可的，在執行合約時所使用的買賣相關貨幣的匯率。

（二）期權費

期權費又稱期權價格權利金，是指買入外匯期權時買方支付給賣方的費用。通常買方以預先支付方式交付給賣方，賣方將此作為所繳納保證金的一部分。外匯期權的價格按交易數量的百分數來表示。外匯期權的期權費是按每份期權合約總共多少美元報出的，通常以每單位某種貨幣需要多少美分來表示，一筆貨幣期權合約的期權費即等於期權費報價乘以合約規模。

例如，費城交易所報出的歐元期權合約的期權費為1.86，表示每歐元的期權費是1.86美分。因此，一份價值€10 000的歐元期權合約的期權費等於$186（1.86 × $0.01 × 10 000 = $186）。

（三）到期月份及到期日

外匯期權的到期月份一般為3月、6月、9月和12月。芝加哥期權交易所的到期日為到期月份第三個星期三之前的星期六。此外，外匯期權還可進行兩個近期月份的期權交易。例如，在10月，可進行到期月為10月、11月、12月、3月、6月和9月份的期權交易。外匯期權最長期限一般不超過1年。

芝加哥商品交易所國際貨幣市場分部的貨幣期貨期權到期月一般為3月、6月、9月以及12月份，到期日為到期月第三個星期三之前的第二個星期五。

（四）保證金

交易所內進行的外匯期權交易，賣方履約義務或違約風險由交易所的清算公司承擔，而清算公司將通過清算公司會員對具體賣方制定相應的保證金要求。同股票期權一樣，外匯期權買方只需支付期權價格作為買方保證金，而賣方則有不同的保證金要求。

（五）交割方式

交易所進行的外匯期權交易由清算公司進行清算交割，不需要買賣雙方直接接觸。清算公司作為買方的賣方以及賣方的買方承擔了買賣雙方的信用風險，並確保賣方履行交割義務。以費城股票交易所外匯期權為例，若買方執行1手瑞士法郎期權合約，则买方通过与之相联系的清算公司会员在代理行银行帐户上按协定价支付相应美元；同时，卖方通过与之相联系的清算公司会员经设在瑞士的代理行银行帐户支付每手合约相应数量的瑞士法郎。

(六) 头寸限制

为了防止大户操纵市场及过度投机，外汇期权交易所对买卖双方所持头寸数量加以一定控制。如美国费城股票交易所及芝加哥期权交易所外汇期权最大头寸持有数量为25 000手。

(七) 交易数量

外汇期权合约明确规定了合约持有人有权买入或卖出标的外汇资产的数量。对于每种货币其规定各有不同。通常情况，几种主要货币每一合同交易单位分别为12 500英镑、62 500瑞士法郎、6 250 000日元、50 000加拿大元。

三、外汇期权管理风险

外汇期权是目前为止运用广泛的管理外汇风险的一种外汇衍生产品。尤其是对无法确定未来现金流的情形，外汇期权或外汇期权的期权的风险控制作用非常明显。当然，对于期权买方而言，外汇期权要支付期权费，买方承担最大的风险是有限的，也就是期权费的损失。好处在于可以充分利用汇率的有利变动获益，这是外汇期货及远期汇率合约所无法比拟的。外汇期权防范汇率风险主要包括下列策略：

(一) 外汇看涨期权多头

外汇看涨期权价格随期权标的货币汇率上升而上涨，可以运用外汇看涨期权进行汇率风险保值或进行投机。

例8.1 某投资者买入1手欧式瑞士法郎看涨期权合约，每手合约金额为62 500瑞士法郎，期权执行价或协定价为0.83美元/瑞士法郎，期权的期限为6个月。期权价格为0.008美元/瑞士法郎，即每手瑞士法郎看涨期权买入成本为500美元。此处暂不考虑利息成本及佣金。如果在期权到期日瑞士法郎即期汇率大于期权协定价0.83美元/瑞士法郎，则执行看涨期权，即以汇率0.83美元/瑞士法郎买入瑞士法郎；看涨期权买方也可以用看涨期权空头头寸对冲抵消，即卖出升值的看涨期权获利。如果在期权到期日瑞士法郎即期汇率小于期权协定价0.83美元/瑞士法郎，则放弃执行看涨期权。该投资者的最大损失为买入该外汇看涨期权的期权费。

(二) 外汇看涨期权空头

看涨期权空头策略需承担较大的风险，从理论上说可能是无限的。得到的收益是期权费，是有限的。这种策略主要适用于预计期权标的货币汇率基本不变或预计其将下跌的情形。如果近期内期权标的货币汇率果如所料并未上升，则买方将不会执行看涨期权，而直接在外币现货市场买入外币，期权卖方可净得期权费收入。

值得注意的是，对期权卖方而言，所预测期权标的货币汇率趋势与实际值的偏离程度对其损益影响甚大。如果期权标的货币市场价格因突发事件急剧波动，而所卖出期權恰好為美式期權，則期權買方可能利用獲利良機執行期權，期權賣方則可能承受較大損失。即使在期權到期時外匯市場已趨回穩，但對美式期權而言，已經無濟於事。因此，對於美式期權賣方，要求對期權標的貨幣匯率預測不至於偏差太大。如果市場相對平穩，賣方可以在期權市場以相當價格對賣方頭寸進行對沖。

例8.2 接例8.1，歐式瑞士法郎看漲期權的期權執行價為0.83美元/瑞士法郎，期權期限為6個月，期權價格為0.008美元/瑞士法郎。

若期權到期時瑞士法郎即期匯率低於期權協定價0.83美元/瑞士法郎，則看漲期權價值為零，買方將放棄執行期權合約，賣方淨得期權費收入500美元；當期權到期時瑞士法郎即期匯率大於期權協定價0.83美元/瑞士法郎，期權買方將執行期權，即賣方按協定價賣出標的貨幣62 500瑞士法郎，若賣方手中無瑞士法郎，則必須在即期市場以較高匯率買入瑞士法郎並交付買方，市場買入價與執行價格的差價是賣方不得不承受的損失。

到期日瑞士法郎即期匯率越高，則瑞士法郎看漲期權賣方損失越大。即使賣方實際持有相應數量的外幣，也將承受機會成本的損失，即賣方損失了可將所持外幣以高於看漲期權協定價的匯率賣出帶來的收益。

（三）外匯看跌期權多頭

若投資者預計近期期權標的貨幣匯率趨於下跌，則可以利用該貨幣看跌期權多頭頭寸防範匯率下跌風險，即當期權標的貨幣匯率下跌時，看跌期權價格上升。如果期權標的貨幣匯率上升，則看跌期權買方可以放棄所持期權合約，進而以較高現貨匯率賣出標的貨幣。看跌期權多頭收益有限，承受的風險也有限。其最大風險僅為買入看跌期權所支付的期權費。

與外匯看漲期權多頭相反，外匯看跌期權多頭在期權標的貨幣匯率低於期權協定價時將執行看跌期權。期權到期時標的貨幣即期匯率低於期權協定價越多，則買方收益越大。從理論上講，在即期匯率為零時，其收益為最大。

（四）外匯看跌期權空頭

看跌期權空頭頭寸策略需承擔的風險是有限的，得到的收益也有限。這種策略主要適用於預計期權標的貨幣匯率近期將持平或預計有上升的情形。

如果近期內期權標的貨幣匯率果如所料持平或略有上升，則買方將不執行看跌期權，賣方可獲得期權費收入。對賣方而言，所預測期權標的貨幣匯率走勢與實際情形的偏差應不至於有較大出入。尤其對美式期權，這一點尤其重要，因為買方有可能利用期權有效期內匯率短時間的有利變動執行期權，而使賣方承受損失，即使期權到期時相關貨幣匯率回穩也無法改變賣方損失的狀況。

第二節　利率期權交易

1982年3月，澳大利亞悉尼期貨交易所開始把期權交易運用到銀行票據期貨市場，成為世界上第一個在金融期貨市場上嘗試期權交易的交易所。最早在場外市場交易的利率期權是1985年推出的利率上限期權（即利率頂），當時銀行向市場發行浮動利率票據，需要金融工具來規避利率風險。之後，世界上許多國家也紛紛建立金融期權市場，並開展利率期權交易，其中尤以美國期權交易發展最爲迅速。利率期權逐漸成爲交易最活躍、最有影響的金融期權之一。

一、利率期權交易概述

（一）定義

利率期權是一種與利率變化掛勾的期權，是指買方在支付了期權費後即取得在合約有效期內或到期時以一定的利率（價格）買入或賣出一定面額的利率工具的權利。賣方收取期權費，負有相應的責任。到期時以現金或者與利率相關的合約（如利率期貨、利率遠期或者政府債券）進行結算。利率期權合約通常以政府短期、中期、長期債券、歐洲美元債券、大面額可轉讓存單等利率工具爲標的物。

由於利率水平的變動可導致固定息票債券價格的變動，我們可以利用固定息票券的期貨或期權合約來防範利率變動風險。這一點也是利率期權與貨幣期權、股票期權的不同之處，即利率風險防範需借助債務工具的使用，因此利率期權有時也稱爲債務工具期權，如國債期權等。

（二）交易場所

在美國，主要的利率期權交易所為美洲股票交易所（AMEX）、芝加哥期權交易所（CBOE）以及芝加哥期貨交易所（CBOT）。其中，短期國庫券（T-Bill）期權交易在美洲股票交易所進行，美洲股票交易所還推出了中期國債（T-Note）期權交易，芝加哥期權交易所則推出了長期國債（T-Bond）期權合約，芝加哥期貨交易所可進行長期國債期貨的期權交易。利率期權的場外交易主要指利率上限（利率頂）、利率下限（利率底）、利率雙限（利率套）以及利率互換期權等。

二、利率期權合約

利率期權包括歐洲美元期權、90天國庫券期權、5年中期國債期權、10年中期國債期權和30年長期國債期權等。利率期權合約對面值、合約期限、合約協定價格、交割方式、最小變動單位等都有一定的規定。

(一) 報價

歐洲美元期權和 90 天國庫券期權的面值是 1,000,000 美元，最小變動單位為 1 基點[①]（1 基點 = 25 美元）；中長期國債期權的面值為 1,00,000 美元，最小變動單位為 1/32 點。

歐洲美元期權與美國短期國庫券期權以點（1 點 = 100 基點）報價。一份報價為 0.75 的利率期權價值為 1 875 美元（0.75 × 100 × 25 = 1,875）。美國中長期國債期權以點數和一個點的六十四分之幾報價。一份報價為 3 - 14 的中長期國債期權合約的價值為 3 218.75 美元［100,000 × 1% × (3 + 14/64) = 3 218.75］。

(二) 合約期限

利率期權的合約期限一般都在一年以內。美國財政部發行的短期國庫券期限包括 13 周、26 周和 52 周。美洲股票交易所可進行 13 周短期國庫券期權交易。

長期和短期國債（T - Bond 和 T - Bill）期權到期月週期是 3 個月間隔，到期日為到期月第三個星期五之後的星期六。雖然中期國債（T - Note）和長期國債（T - Bond）本身期限較長（中期國債為 1 ~ 10 年，長期國債為 10 ~ 30 年），但其相應期權期限一般只為 6 個月和 9 個月，最長者為 15 個月。通常情況下，美洲股票交易所和芝加哥期權交易所進行的短期、中期和長期國債期權交易只限於近期發行的國債品種。

(三) 合約協定價格

歐洲美元期權和美國短期國庫券期權協定價以貼現率（或 Libor）的"補足"值表示，即當貼現率（或 Libor）為 r 時，期權合約的報價為（100 - r）。

例如，13 周（91 天）短期國庫券年貼率為 7.54%，則期權協定價指數值為 92.46，該短期國庫券期權協定價可為 91、92 和 93 等。當 13 周短期國庫券期權協定價為 90 時，則相應看漲期權買方有權以年貼現率 10% 買入相應債券，該債券買入價格約為面值的 97.5%，設債券初始價格為 X，則有（100 - X）/100 × 360/91 = 10%，由此可得出債券初始價格大約為 97.5，即 X = 97.5。

美國中期國債（T - Note）和長期國債（T - Bond）期權協定價與美國中期國債和美國長期國債債券市場價格表示相同，即以面值的百分數表示。一般而言，當期權相關國債拍賣後不久，即可進行相應國債期權交易，假設美國中期國債和美國長期國債以面額發行，發行價為 100，則相關債券期權協定價可定為 98、100 和 102 等。若相關美國中期國債和美國長期國債現貨價格下降時，則新的期權協定價也將隨之加以調整。例如，若美國中期國債現貨價格下跌為 96，相關期權協定價可定為 94、96、100 和 102 等。

(四) 交割方式

短期國庫券期權的履約和交割不同於中期國債和長期國債期權的履約和交割。後

[①] 設 n 為期權的期限。當 n < 1 年時，1 基點 = n/360 × 合約面值 × 0.01%；當 n ≥ 1 年時，1 基點 = 合約面值 × 0.01%。歐洲美元的基點按照 n = 90 天計算。

兩者期權合約執行時，進行相應國債的實物交割。短期國庫券期權交割時，則進行交割日所在星期發行的短期國庫券的交割。

此外，中期國債期權和長期國債期權履約時交付的金額為期權協定價乘以面值加上所墊付的利息。例如，中期國債期權協定價為92，則清算價為92 × \$1 000 = \$92 000，此外還應加上這段期間買（賣）方所墊付的利息，相關國債看漲期權的買方及看跌期權的賣方應將墊付利息交付給對方。

三、利率期權與利率風險防範

利率期權合約買方既可以防範利率水平的不利變動帶來的風險，同時還可以獲得利率有利變動帶來的好處。

利用利率期權，可使債券投資者對利率風險進行重新組合和分配。如果投資者投資的現貨是國債或國庫券，可以直接運用市場上的相應的期權進行風險管理。如果投資者投資的是公司債券，由於一般市場上不存在相應公司債券的期權，公司債券投資者可以觀察所持公司債券價格與相應國債價格的相關性。若兩者密切相關，即相關係數較大，則可以利用國債期權來對所持公司債券的利率風險加以保值。

（一）看漲期權多頭的運用

若預計利率近期內將持續下跌，相關債券現貨價格將隨之上揚，投資者可買入利率看漲期權對利率風險保值。若市場利率走勢恰如所料，則可以在期權市場獲利。若近期市場利率不跌反升，相應債券價格將下跌，期權買方將放棄期權合約，並可按較低現貨價格買入債券，保值成本僅為買入期權所支付的期權費。

例8.3 投資者王先生預計國內市場利率會在近期內下跌，若現在市場利率為3.6%，國債的價格為94元，王先生可以以94元為執行價格買入國債看漲期權進行投資。如果經過一段時間，市場利率如預期一樣下跌至3.5%，國債價格為96元，王先生可以執行國債看漲期權，每單位獲得兩元的收益。如果一段時間以後，利率並沒有如預期一般下降，而是上升至3.7%，國債的價格為93元。這時，王先生可以放棄執行期權，以較低的價格買入國債。王先生的損失為購買看漲期權的費用。

（二）看跌期權多頭的運用。

如果持有長期國債，為防止近期內市場利率上升使得所持債券價格下跌產生的風險，投資者可以買入國債看跌期權，從而規避利率上升使所持國債價格下跌產生的損失。如果近期內市場利率上升，所持國債價格將隨之降低，但由於買入國債看跌期權，則期權市場盈利可抵補所持國債現貨損失。如果近期內利率並未上漲，所持債券價格持平或上升，則放棄執行期權，買方期權保值的最大虧損為所買入看跌期權的費用。

例8.4 投資者李先生持有長期國債。通過對宏觀經濟的分析，他認為國內市場利率會在近期內上升，其持有的國債的價值可能會遭受損失。若現在市場利率為3.6%，國債的價格為94元，李先生可以以94元為執行價格買入國債看跌期權進行套期保值。如果經過一段時間，市場利率如預期一樣上升，如上升至3.7%，國債價格為93元，李先生可以執行國債看跌期權，用期權的收益抵補持有國債的損失。如果一段時間以後，利率並沒有如預期一般上升，而是下降至3.57%，國債的價格爲96.5元。這時，李先生可以放棄執行看跌期權，其損失爲購買看跌期權付出的費用。

(三) 看漲期權空頭的運用

若預計近期利率持平或略有上揚，則相關債券現貨價格也將持平或略有下跌，投資者可以賣出利率看漲期權。這里同樣有兩種可能，一種情況是利率走勢不出所料，則當利率水平持平時，國債期權的買方一般不會執行期權，則期權賣方可淨得期權費收入。若近期利率水平僅小幅上漲，相關債券價格略有下跌，利率期權買方不會執行看漲期權，則賣方也可坐收期權費收入。另一種情況是投資者對近期利率走勢預測失誤，即利率大幅下跌，使得相應國債價格上漲，則看漲期權買方將按期權協定價買入期權相關債券，賣方將承受損失。賣方對利率走勢預測與實際情形偏差程度越大，則賣方承受損失越大。總之，利率期權賣方最大收益僅爲期權費，而承受損失有可能無限大。

例8.5 吳女士預計國內市場利率會在近期內持平或略有上揚，國債價格將走低，存在投機機會。若現在市場利率爲2.8%，國債的價格爲97元，期權費爲0.3元。吳女士可以以97元爲執行價格賣出國債看漲期權進行投資。如果經過一段時間，市場利率如預期一樣持平或略有上揚，如上升至2.83%，國債價格爲96.53元。此時，看漲期權買方將放棄執行期權，吳女士每單位獲利爲期權價格0.3元。如果一段時間以後，利率並沒有如預期一般，而是下降至2.67%，國債價格爲98.35元。這時，吳女士將承受每單位損失1.35元。

(四) 看跌期權空頭的運用

若預計近期利率走勢有可能持平或略有下跌，則相應債券價格將持平或略有上漲，可以賣出看跌期權投機獲利。如果近期內利率走勢與所料不差，由於期權相關債券價格持平或略有上漲，則看跌期權買方將放棄執行期權，賣方可淨得期權費收入。如果對利率走勢預測失誤，即利率反而上揚，由於相應債券現貨價下跌，則利率看跌期權買方將執行看跌期權，期權賣方將承受損失。

例8.6 鄭先生預計國內市場利率會在近期內持平或略有下跌，國債價格將上漲，存在投機機會。若現在市場利率爲2.8%，國債的價格爲97元，期權費爲0.3元。鄭先生可以以97元爲執行價格賣出國債看跌期權進行投資。如果經過一段時間，市場利率如預期一樣持平或略有下跌，如下降至2.75%，國債價格爲97.53元。此時，看跌期權買方將放棄執行期權，鄭先生每單位獲利爲期權價格0.3元。如果一段時間以後，利率並沒有如預期一般，而是上升至2.9%，國債價格爲96.12元。這時，鄭先生將承受每單位損失0.88元。

總之，利用短期國庫券期權及中長期國債期權對利率風險進行套期保值，可以有效地防範利率不利變動，同時較好地利用利率有利變動。對於利率期權投機者而言，不論是看漲期權或看跌期權，由於買方特有的執行或放棄期權合約的選擇權利，則買方收益空間大，而最大損失僅爲買入期權所支付的期權費。利率期權的賣方最大收益僅爲賣出期權的期權費，若對利率走勢判斷失誤，對利率預測偏差越大，賣方虧損會越大。

第三節　股票期權

股票期權是最早出現的場內期權合約。1973 年，在芝加哥期權交易所交易的第一批期權合約即以 16 只個股為標的。隨後美國其他交易所相繼推出股票期權交易，許多種股票可以進行期權交易，每份合約的期權持有者有權按特定的價格買入或賣出 100 股股票。股票期權可用來對個別股票價格進行保值或投機。

一、股票期權概述

（一）股票期權的定義

股票期權交易是指以股票或股票組合作為標的物的期權交易，即期權交易的買方以向賣方支付一定的期權費為代價，取得一種在一定期限內按協定價格買入或賣出一定數量股票的權利，而不負有必須買進或賣出的義務。

（二）交易場所

股票期權交易主要活躍於美國。在美國，有數百種股票可進行期權交易，不同的股票活躍程度有所差異。美國主要的股票期權交易場所包括芝加哥期權交易所（CBOE）、美洲股票交易所（AMEX）、紐約股票交易所（NYSE）、費城股票交易所（FHLX）、太平洋股票交易所（PSE）。

二、股票期權分類

按照合約所賦予的權利的性質，股票期權可以分為看漲期權、看跌期權和特殊類型的股票期權。看漲期權與看跌期權及其他金融期權類似。特殊類型的股票期權有如下幾種：

（一）認股權證（Warrants）

認股權證是授予認股權證持有人在指定時間內以協定價格買進該公司股票的權利憑證，實質上是一種看漲期權。它的產生與其他期權有很大不同。認股權證由公司或金融機構發行，有些還在交易所內掛牌交易，流通在外的認股權證的數量取決於初始發行的數量並且僅當期權執行或到期時其數量才發生變化。購買或出售認股權證與買賣股票類似，不需要期權清算公司的參與。執行認股權利時，初始發行人只需與認股權證持有人結算，即認股權證持有者有權利而無義務按確定的價格購買一定數量的股票。

（二）認股權（Rights）

認股權是按照公司的利益由公司發行給其股東的，它給予股東一種購買公司計劃發行的、一定數額的新的普通股的權利。它與典型的期權和認股權證在原理上都是一致的，屬於看漲期權的一種具體形式。持有認股權的股東既可以行使認購普通股的優惠權，又可以將這種權利出售。

(三) 職工購股期權 (Employee Stock Purchase Options)

職工購股期權是一種只售給本企業職工的看漲期權。在某些現代企業中，企業主為了使其職工與他們的利益保持一致性，會將看漲期權或認股權證售給本企業的職工。這種期權有另外兩個特徵：一是該期權通常規定在職工得到這一期權後的某段時間內是不能執行的；二是當職工離開企業後，這一期權也隨之無效。因此，採用發放職工購股期權這一方式對增強企業的凝聚力、調動職工積極性具有重要作用。

(四) 可轉換債券 (Convertible Bonds)

可轉換債券是一種在債券上附加期權的新型債券，其持有者有權在將來特定時期內根據某個確定轉換比例將可轉換債券轉換成該發行公司的股權，當可轉換債券轉換時，發行公司收回債券並向債券持有者發放股票。若假定利率不變，並且不考慮贖回條款，可轉換債券可近似地看做一個普通債券加上一個看漲認股權。

(五) 長期限股票期權 (Long-term Equity Anticipation Securties，LEAPS)

長期限股票期權是指期限長於1年的股票期權。大多數普通股的股票期權期限不長於1年，但為了滿足投資者對長期限投資的保值需求，美國幾大股票期權交易所均推出LEAPS及交易。長期限股票期權已包括100種股票、S&P100股票指數、S&P500股票指數及主要市場指數 (Major Market Index，MMI)。LEAPS買方可按預先確定的價格買入或賣出100股期權相關股票。一般而言，由於時間較長，時間價值較大，其價格大於短期限同類股票期權。

三、股票期權合約

(一) 交易單位

股票期權合約與一般股票的交易單位相同，為100股普通股。因此，對投資者保值很方便。另外，現在美國進行的股票期權大多為美式期權，即期權買方可以在期權到期日或之前任何一天執行期權。

(二) 股票期權的到期日

股票期權的到期月有三種循環方式，每一種循環方式間隔月份為3個月，即1月、4月、7月、10月為一組；2月、5月、8月、11月為一組；3月、6月、9月、12月為一組。如果投資者於2月份購買第一種循環月份股票期權，則可選擇即期月份2月份，下一個連續月3月及4月、7月到期月份的股票期權。

在美國，股票期權到期日是到期月第三個星期五之後緊隨的那個星期六的美國中部時間下午10:59。期權的最後交易日是到期月的第三個星期五。期權多頭的持有者通常在這個星期五中部時間下午4:30之前給其經紀人發出執行期權的指示，經紀人在第二天中部時間下午10:59之前完成書面文件並報告交易所執行期權。

(三) 股票期權的執行價格

股票期權的執行價格可高於或低於股票的市價。同一種股票，到期日相同的股票期權可以有一系列協定價。股票期權的執行價格，一般而言由交易所選定，具有這種執行價格的期權才可以進行交易。股票期權價格以 1 股為單位報價，實際價格為所報出價格乘以 100（即每手期權合約 100 股）。

股票期權的執行價格變動間隔有 2.5 美元、5 美元或 10 美元（股票分割或分紅利時除外）。交易所通常規定：當股票價格低於 25 美元時，執行價格的變動間隔為 2.5 美元；當股票價格在 25 美元和 200 美元之間時，執行價格的變動為 5 美元；當股票價高於 200 美元時，執行價格變動間隔為 10 美元。

例 8.7 某股票的股價為 17 美元。因為股票的價格低於 25 美元，則在訂立期權合約時，執行價格的變動間隔為 2.5 美元。以 25 美元為執行價格變動的起點，依次以 2.5 美元為變動間隔，便可以得到交易期權一系列執行價格，分別為 12.5 美元、15 美元、17.5 美元、20 美元和 22.5 美元等。

若引入新的到期日時，交易所通常選擇最接近股票現價的那兩個執行價格。若其中有一個很接近股票現價，交易所也可以另外選擇最接近股票現價的第三個執行價格。如果股價的波動超過了最高執行價格和最低執行價格的範圍，交易所通常引入新執行價格的期權。

例 8.8 假設股票期權剛開始交易時，股價為 53 美元，交易所最初提供的看漲期權和看跌期權的執行價格分別為 50 美元和 55 美元。若股價上升到 58 美元時，由於股價波動超過了 50 美元和 55 美元，又因為股票價格在 25 美元和 200 美元之間時，執行價格的變動間隔為 5 美元，交易所可以提供執行價格為 60 美元的期權；同樣的道理，如果股價跌到 48 美元時，交易所可以提供執行價格為 45 美元的期權。

（四）股票期權保證金

股票期權買方由於獲得選擇的權利，需要支付期權費，但不需要另外再繳納保證金。股票期權賣方由於在價格不利變動時需要承擔較大、甚至是巨大風險，則必須向期權清算公司繳納一定數量的保證金，以保證履約。股票期權賣方保證金的多少還與所持期權是否有相應的現貨或現金抵補頭寸相關。在出售單一期權投資策略中，股票期權賣方所應繳納的保證金的計算公式為：

Max（期權費 + 期權標的股票現價的 10%，期權費 + 期權標的股票現價的 20% - 期權虛值狀態的數額）

其中：對看漲期權和看跌期權，若為實值期權，則期權虛值狀態的數額為 0；虛值期權要計算出虛值的數額。最後，取上述兩計算結果之最大值作為保證金。

保證金須逐日計算，類似於期貨保證金的逐日盯市制度，不足的應補足所需數額。此外，除了交易所清算公司的保證金要求，經紀人可能對客戶提出更高的保證金要求。

（五）股票期權交割

股票期權買方若執行看漲期權，賣方必須在指定日期按協議價格交割相應股票；買方執行看跌股票期權，則賣方必須按協議價格買入相應股票。

四、分紅與拆股

早期的場外交易的期權是受紅利保護的，期權的協定價格要根據紅利進行調整，如果公司派發一項現金紅利，則在除權日後，公司的股票期權的協定價格應減去紅利金額。而交易所上市的期權卻不進行這種調整。由於支付股利通常會導致股價相應的下降，這似乎對買入期權的多頭方是不公平的。但是，管理上的便捷和期權合約標準化的需求可以防止這種不公平的發生。同時，在實際操作中，股票除權日之前的期權合約的權利金通常比平時要低廉，這也可以緩解不公平帶來的負面影響。

股票期權合約對拆股要進行相應的調整。所謂拆股，便是將現有的股票拆分成更多的股票。例如，投資者持有某公司的股票看漲期權合約一份，協定價格為每股 90 元，該公司新近宣布進行 1 拆 3 的拆股。1 拆 3 就是現有的一股股票拆股後變成 3 股，或者說，用 3 股新股票代替 1 股老股票。那麼期權的協定價格自動降至每股 30 元（90 元/3 = 30 元）；同時，新合約給予了投資者購買 300 股（100 股 × 3 = 300 股）的權利。由於拆股並不改變股份公司的資產和盈利能力，因此股東的財產並沒有任何變化。當別的因素不變時，新股票的價值與老股票的價值相等。

股票期權合約對紅股也進行相應的調整，紅股是指公司免費向老股東以一定的比例發送的新股。與拆股一樣，紅股發送對公司的資產和盈利能力沒有任何影響。例如，25% 的紅股方案意味著老股東每持有 4 股股票可以免費獲得 1 股新股票，其效應與 4 拆 5 的拆股完全一樣。因此，期權協定價格應降至原來的 4/5，一份合約（100 股）所包含的股數上升至 125 股。

五、股票期權與股價風險防範

（一）單獨期權策略

單獨持有期權也稱為裸期權，是指進行股票期權交易時沒有對期權的標的股票進行相應的買賣，屬於一種投機行為。採用單獨期權策略應注意期權買方與賣方風險/收益不對稱性的特點。對賣方而言，一旦期權標的股票實際股價與預計價格的運動方向相反，則可能承受較大損失；如果實際股價運動與預計股價運動相符，最大收益僅為出售期權得到的期權費。對買方而言，如果期權標的股票價格實際運動方向與預測相反，則最大損失僅為買入期權所支付的期權費；如果實際股價運動與所預測的股價運動的方向一致，則可以出售所持期權獲利或執行該期權獲利。

（二）抵補保值策略

該策略是對現有的股票頭寸利用股票期權進行風險保值，以避免或降低股價不利變動的影響，同時享有股價有利變動帶來的好處。抵補保值有以下四種基本類型：

（1）股票多頭和歐式看漲期權空頭的組合，該策略也稱為抵補看漲期權的出售（Writing a Covered Call）。該組合策略可以在股價下跌時部分或全部抵消由於所持有的股票貶值的風險。如果股價上漲，看漲期權被執行，由於組合中持有股票多頭可以用於期權執行的交割，不至於在股價大幅上漲時由於持有看漲期權空頭遭受重大損失。

該策略的損益狀態如圖 8.1 所示。

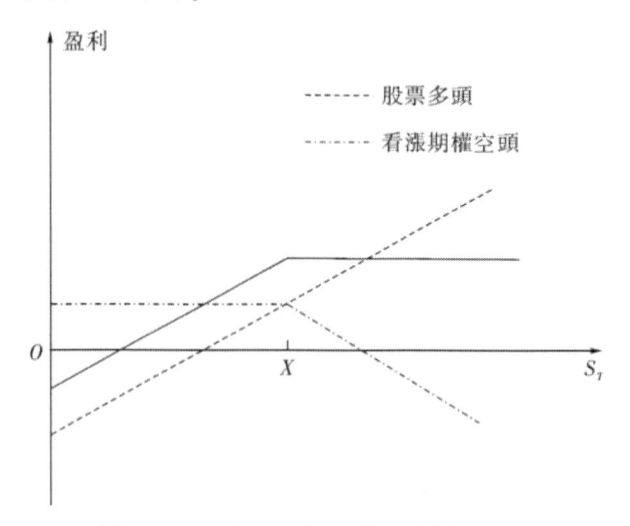

圖 8.1 股票多頭和看漲期權空頭的策略組合

（2）股票多頭和股票看跌期權多頭的組合，該策略也稱爲保護性看跌期權多頭策略。採用這種組合策略可以鎖定股價下跌時所持股票收益降低的風險，同時可以獲得股價上升時所持股票收益上升的益處。一方面，在股價下跌時，利用看跌期權多頭獲得的收益來消除所持股票的損失；另一方面，在股價上升時，可使所持股票收益增加值只減少一恒定數值（即期權價格）。該策略的損益狀態如圖 8.2 所示。

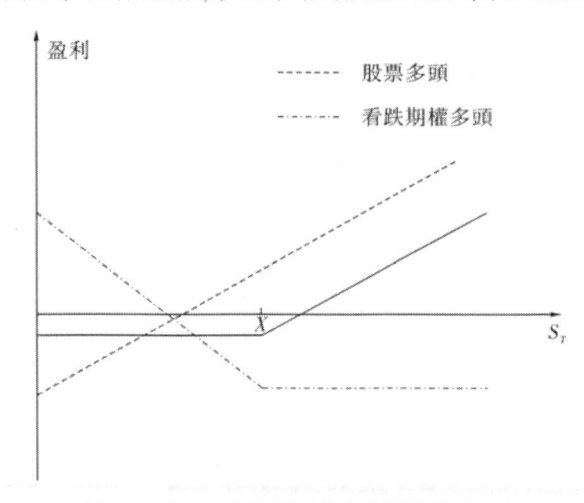

圖 8.2 股票多頭和看跌期權多頭的策略組合

（3）股票空頭和看漲期權多頭的組合。在進行股票空頭交易時，投資者主要擔心股價上升使股票空頭頭寸虧損。利用相應股票的看漲期權，則可以將股票看漲期權在股價上升時的獲利抵補股票空頭頭寸的損失；同時，在股價下跌時，該期權多頭頭寸只承擔有限損失，從而使所持股票空頭頭寸的收益不受保值工具頭寸的過多不利影響，即可以有效地利用股價的有利變動（股價下跌使股票空頭頭寸獲益）的好處，同時避免股價的不利變動（股價上升使股票空頭頭寸虧損）的損失。該策略的損益狀態如圖 8.3 所示。

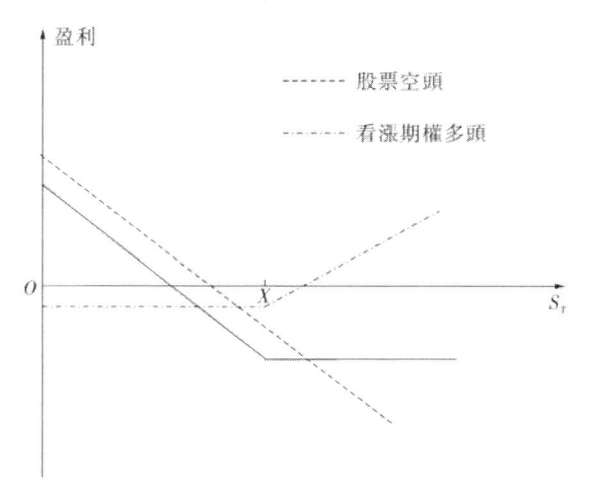

圖 8.3　股票空頭和看漲期權多頭的策略組合

（4）股票空頭和看跌期權空頭的組合。當股價出現不利變動，即股價上升股票空頭虧損時，相關期權頭寸獲得的期權費只能提供有限保值，因而承受股價上升風險的能力有限。當股價下跌時，看跌期權獲利並執行，看跌期權空頭承擔相應的損失，但這些損失可能部分或全部被股票空頭的盈利所抵消。該策略的損益狀態如圖 8.4 所示。

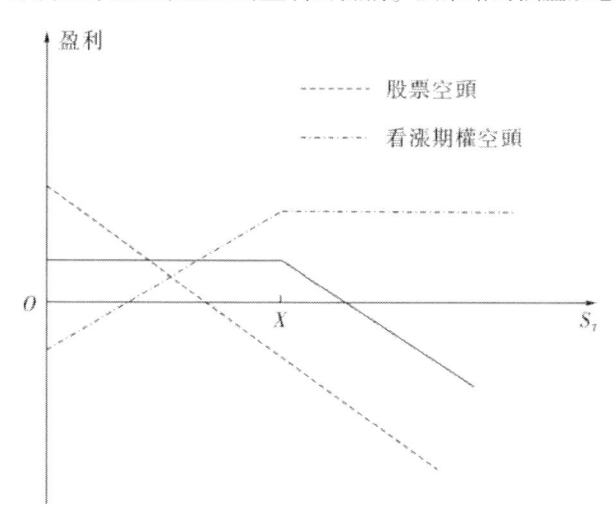

圖 8.4　股票空頭和看跌期權空頭的策略組合

第四節　股票指數期權

芝加哥期權交易所於1983年3月首次推出S&P100股票指數期權，隨後紐約證券交易所的綜合指數期權、美國證券交易所的主要市場指數期權、大阪證券交易所的日經平均股票價格指數期權等股指期權陸續被推出。股票指數反應市場的變化且其期權可用來對充分分散化的投資組合進行保值或套利，因此發展很快，推廣迅速。股票指數期權是所有類型的金融期權中發展得最為成功的期權類別。20世紀90年代，股票指數期權交易所年末交易餘額就已經可以達到平均千億美元以上。時至今日，股指期權已成為全球場內衍生品市場最為活躍的產品之一。

一、股票指數期權概述

（一）股票指數期權的定義

股票指數期權交易中期權購買者付給期權的出售方一筆期權費，以取得在未來某個時間或該時間之前，以某種價格水平，即股指水平買進或賣出某種股票指數合約的選擇權。股票指數期權以普通股股價指數作為標的，其價值決定於作為標的的股價指數的價值及其變化。

（二）交易場所

目前，股票指數期權的交易場所有很多。在美國，股票指數期權交易所主要包括芝加哥期權交易所（CBOE）、美洲股票交易所（AMEX）、紐約股票交易所（NYSE）、費城股票交易所（FHLX）、太平洋股票交易所（PSE）。在日本，大阪證券交易所可以交易股票指數期權。1993年，香港期貨交易所正式推出了股票指數期權業務。2015年，上海證券交易所推出了上證50ETF期權合約交易。

二、股票指數期權分類

（一）歐式期權與美式期權

股票指數歐式期權的持有人只能在期權到期日當天進行交割，如S&P500指數期權；而美式期權可以在到期日之前的任何時間執行期權，如S&P100指數期權、主要市場指數期權等。

機構投資者一般喜歡出售歐式期權，因為其不必擔心為完成投資目標而被提前執行已出售的期權。同時，機構投資者選擇購買美式期權，因為根據市場變化狀況隨時可以放棄或執行期權合約。

（二）大盤行情和特定行業行情市場指數期權

按相關股票指數性質，股票指數期權可分為反應大盤行情的市場指數期權，或稱寬組合指數（Broad Base Index）；特定行業行情的市場指數期權，或稱為窄組合指數

（Narrow Base Index）。

（1）市場指數期權主要有芝加哥期權交易所的 S&P100、S&P500 股票指數期權，美洲股票交易所的 MMI 指數期權，紐約股票交易所的複合指數期權，以及費城股票交易所的價值線指數期權。其中，交易量最大的市場指數期權是芝加哥期權交易所（CBOE）的 S&P100 指數期權，約占市場指數期權整個交易量的一半以上。

美洲股票交易所的 MMI 指數由紐約股票交易所的 20 種績優股以價格加權方式構成。紐約股票交易所的複合指數由紐約股票交易所所有股票以市值加權構成。S&P100 指數及 S&P500 則分別由 100 種股票及 500 種股票以市值加權方式構成。

市場指數期權中除 S&P500 股票指數期權及價值線指數期權為歐式期權外，其他均為美式期權。

（2）特定行業指數期權交易近年來發展也比較迅速。行業指數期權的標的指數主要包括美洲股票交易所推出的計算機技術指數（Computer Technology Index），由計算機行業的 30 種股票按市值加權構成。該指數期權在窄指數期權中交易比較活躍。美洲股票交易所也可以進行石油及天然氣指數（Oil and Gas Index）期權交易。另外，芝加哥期權交易所也推出了 S&P 石油工業指數期權、計算機和商業設備工業指數期權，費城股票交易所推出了公用事業指數（Utilities Index）期權等。

（三）其他股票指數期權

1. 長期限股票指數期權（LEAPS）

美國五大期權交易所（CBOE、AMEX、NYSE、PSE 和 PHLX）還進行期限長達 2～3 年的股票指數期權交易，品種主要包括 S&P100、S&P500、MMI 等指數。股票指數的 LEAPS 合約大小為指數乘以 10，到期月份為每年 12 月份。

2. 帶極限位的指數期權

美國最大的期權交易所——芝加哥期權交易所，於 1991 年推出帶極限值的指數期權，目前只適用於 S&P100 及 S&P500 指數期權。對普通指數期權附加極限值的目的在於對買方獲利區間設定極限，以限制買方的無限獲利能力，同時防止賣方無限虧損的可能，換句話說，就是平衡買賣雙方的風險分布。

三、股票指數期權合約

（一）合約金額

一份股票指數期權合約的金額 = 指數點 × 乘數。乘數即為每 1 點股票指數所代表的金額，由交易所制定。在設計股票指數期權的乘數時，需要綜合考慮證券市場投資者的結構、行為方式以及對有關風險的監管控制等多種因素。紐約股票交易所（NYSE）的複合指數的乘數是 220 美元；芝加哥期權交易所（CBOE）的 S&P100 股票指數期權乘數是 100 美元；日本的 Nikkei225 股票指數期權的乘數為 5 美元；歐洲的 Top100 指數期權的乘數是 100 美元；等等。

（二）合約到期日

在美國，股票指數期權到期日為到期月份第三個星期五之後的星期六。股票指數期權到期月份一般爲近期的 3 個月。S&P100 指數期權到期月份爲近期的 4 個月。

(三) 合約交割方式

與股票期權的實物交割（即股票交割）方式不同，股票指數期權爲現金交割。這是由股票指數的特點決定的，因爲一種股票指數由幾十種乃至數百種股票構成。在執行股票指數期權進行交割時，買賣雙方只能以現金來進行清算，而不按股票指數所包含的股票進行實物交割。所交割金額爲股票指數期權協定價與交割日相應股票指數現貨收盤價之差額與乘數的乘積。

例如，假設 S&P100 指數期權協定價爲 1,150 點，若到期日 S&P100 指數爲 1,190 點，則 1 手 S&P100 看漲指數期權買方將獲得 (1,190 − 1,150) × \$ 100 = \$ 4,000 的現金收入，而該指數期權賣方將交付 4,000 美元現金給買方。

(四) 合約保證金

股票指數期權買方由於擁有的是權利，除所支付的期權價格之外，不需額外支付保證金。但賣方由於承受較大風險，則需向交易所或清算公司交付一定金額的保證金，以保證賣方履行交割義務，並防止賣方出現違約風險。

四、股票指數期權與風險防範

(一) 股票指數期權和套期保值

股票指數期權主要運用於對系統風險的管理，尤其適合對組合投資進行保值。股票指數期權交易中常見的保值交易目標有：保護資產不受價格波動的影響；在波動的市場中穩定收益；當股票價格下降幅度較小時起緩衝的作用。值得註意的是，單個股票的漲跌幅度一般不同步於股票指數的漲跌幅度，股票指數期權不一定能對投資者持有的股票組合進行完全的風險規避，除非完全按股票指數組合進行的投資。

下面我們舉一個利用股票指數看跌期權進行套期保值的例子。

例 8.9 某證券公司與一家上市公司簽訂協議，3 個月內按每股 8 美元的價格包銷 100 萬股該公司股票，簽約後該證券公司便買入 50 份 3 月期的某看跌股票指數期權合約，每份期權合約價格爲 80 美元，合約執行價格爲指數 1 000 點，若每一點代表 100 美元，則 50 份合約的總價值爲 1,000 × \$ 100 × 50 = \$ 500 萬。3 個月後，股票指數下跌到 900 點，該證券公司執行期權合約，獲利 (1,000 − 900) × \$ 100 × 50 − 50 × 80 = \$ 49.6 萬。但是，受到股指下跌影響，股票只能以每股 7.50 美元發行，則該證券公司損失 50 萬美元。由於採取了購買看跌期權的套期保值措施，該公司少損失 49.6 萬美元，最終損失爲 \$ 50 萬 − \$ 49.6 萬 = \$ 0.4 萬。若在 3 個月後，股票指數上漲到 1 050 點，則放棄執行期權，但此時因指數上漲而導致公司股票發行價上升到 8.2 美元/股，則在股票上盈利 20 萬美元，除掉購買期權的費用 50 × \$ 80 = \$ 4,000，最終淨盈利爲 19.6 萬美元。

再看一個利用股票指數看漲期權進行套期保值的例子。

例 8.10 某投資者由於某種原因需要賣出 10 萬股 A 公司股票，假定股票賣出價格爲10美元/股。但該投資者預計日後股票市場會上漲，於是便買入50份S&P100股票指數的看漲期權，每份合約的購買費用爲40美元，到期日爲6月1日，執行價格爲500點。若在期權的到期日，指數現貨價格爲540點，A公司股票上漲到12美元/股。該投資者在股票上的相對損失爲($12-$10)×100 000=$20萬，但投資者執行期權合約，他在指數期權交易上盈利(540-500)×$100×50-50×$40=$19.8萬，最終淨損失爲2,000美元。反之，若在到期日，股票指數下跌到480點，則該投資者放棄執行期權，損失期權購買成本50×$40=$2,000。而A公司股票跌到9美元/股，則在股票上相對盈利($10-$9)×100,000=$10萬，最終該投資者淨盈利爲9.8萬美元。

在以上看漲期權的套期保值例子中，假如該投資者採取股票指數期貨的辦法來進行套期保值。例如，他以執行價格500點買入50份3月期的S&P100股票指數期貨，在6月1日的到期日，指數現貨價格爲540點，A公司股票上漲到12美元/股，則該投資者的最終淨損失爲0。但是，若在到期日，股票指數反而下跌到480點，A公司股票價格跌到9美元/股，則投資者在股票上相對盈利($10-$9)×100,000=$10萬，而在指數期貨上虧損爲(500-480)×$100×50=$10萬，最終淨盈利爲0。

因此，與股票指數期貨套期保值策略相比，利用股票指數期權可以對有關的資產進行套期保值，鎖住價格變動的風險，同時也可以獲取價格有利變動中的收益。股票指數期權買方可以在股價有利變動時執行期權頭寸，而在股價（或股票指數）不利變動的情形下放棄期權的執行，從而靈活地應對價格變動的風險，獲得價格有利變動帶來的益處，其代價僅爲買入期權所支付的期權費。而利用股票指數期貨來對同樣的資產進行套期保值，也可以鎖住價格變動產生的風險，但在該過程中投資者放棄了價格變動中獲利的機會，即用價格有利變動的收益來換取對價格不利變動損失的風險防範。股票指數期貨頭寸不管價格如何變動，均不可放棄期貨頭寸，即使在期貨交易虧損的情況下也必須以平倉方式承擔相應期貨頭寸的損失。

（二）股票指數期權的投機

除了可以利用股票指數期權進行套期保值外，投資者還可以利用股票指數期權進行投機。與利用期貨市場投機相比，股票指數期權可以使投資者的風險限制在一定的範圍內。

例8.11 某投資者預計S&P500股票指數將於近期上揚，則可以買入S&P500股票指數看漲期權。假定預測正確，隨S&P500指數上漲，該指數看漲期權價格亦隨之上漲。一般而言，股票指數上漲一個指數點，股票指數期權價格也相應上漲一個點左右。假設S&P500股票指數從1 170升至1 200，相應股票指數看漲期權價格也將上漲約30個點左右，則該投資者將獲利30×$500=$15,000。如果該投資者預測失誤，近期股市不升反跌，則可以放棄執行期權，其最大損失僅爲買入看漲期權支付的期權價格。

上述情形中，若預計近期股市不會大幅向下，該投資者還可以選擇賣出S&P500股票指數看跌期權，假設預測正確（即近期S&P500指數平穩或向上抬升），則該股票指數看跌期權將成爲虛值期權，看跌期權買方不可能執行期權，則賣方可淨獲期權費收入。但應當註意，這種賣方頭寸可能承擔巨大風險，若股市行情預測錯誤（即股票指數不升反跌），則 S&P500 股票指數看跌期權買方將執行看跌期權，該投資者將承受損失，損失爲股票指數現價與股票指數看跌期權協定價之差額。看跌期權賣方收益有限而潛在損失則可能十分巨大。

第五節　期貨期權

期貨期權是繼 20 世紀 70 年代金融期貨之後，在 20 世紀 80 年代的又一次期貨革命。1984 年 10 月，美國芝加哥期貨交易所首次成功地將期權交易方式應用於政府長期國債期貨合約的買賣，從此產生了期貨期權。相對於商品期貨爲現貨商提供規避風險的工具而言，期貨期權交易則爲期貨商提供了規避風險的工具。目前，國際期貨市場上的大部分期貨交易品種都引進了期權交易。

一般來說，每個交易所都是根據本身最成功的期貨合約推出期權，因此期貨期權的涵蓋範圍一般不會超出期貨合約。根據標的物的種類，金融期貨期權可以分爲利率期貨期權、外匯期貨期權和股票指數期貨期權。本節以利率期貨期權爲主要介紹對象。

一、期貨期權概述

（一）期貨期權的概念

期貨期權交易是對期貨合約買賣權的交易，包括商品期貨期權和金融期貨期權。一般所說的期權通常是指以現貨爲標的物的期權，而期貨期權則是指"期貨合約的期權"，期貨期權合約表示在到期日或之前，以協議價格購買或賣出一定數量的特定商品或資產期貨的合同。

期貨期權的基礎是期貨合同，期貨期權合同實施時要求交易的不是期貨合同所代表的商品或資產，而是期貨合同本身。如果執行的是一份期貨看漲期權，持有者將獲得該期貨合約的多頭頭寸外加一筆數額等於當前期貨價格減去執行價格的現金。如果執行的是一份期貨看跌期權，持有者將獲得該期貨合約的空頭頭寸外加一筆數額等於執行價格減去期貨當前價格的現金。期貨期權在結算時也很少交割期貨合同，而是由期貨期權交易雙方收付期貨合同與期權的協議價格之間的差額引起的結算金額。

例如，一份 12 月黃銅期貨看漲期權，執行價格爲每磅（1 磅約等於 0.454 千克，下同）90 美分，合約規模爲 30 000 磅。目前 12 月到期的黃銅期貨的價格爲 95 美分。如果執行該期貨期權，則期權持有者將獲得一份 12 月 30 000 磅黃銅期貨合約的多頭頭寸以及一筆數額等於 $1,500$ 美元 $[(0.95-0.90)\times30,000]$ 的現金。

（二）期貨期權的基本類型

（1）利率期貨期權（Option On Interest Futures）是指期權相關資產爲利率期貨合約的期權，利率期貨期權比較活躍的品種主要包括美國長期國債期貨期權、中期國債期貨期權、3 個月歐洲美元期貨期權及短期國庫券期貨期權等。利率期貨期權爲場內交易工具。

（2）外匯期貨期權是以外匯期貨為交易標的的期權交易。期權持有者執行期權時，就與期權義務方構成外匯期貨買賣關係，由期權交易轉為期貨交易。與現匯期權不同的是，期貨期權均為美式，即可以在到期日前任何時候執行。外匯期貨期權交易主要在芝加哥商品交易所的分部——指數與期貨市場、悉尼期貨交易所和新加坡國際金融交易所。

（3）股票指數期貨期權是以某種股票指數期貨合約作為標的物的期權。股票指數期貨期權在履約時，交易雙方將根據敲定價格把期權頭寸轉化為相應的期貨頭寸，並在期貨合約到期前根據當時市場價格實現逐日結算，而於期貨合約到期時再根據到期結算價格實行現金結算，以最後了結交易。

(三) 期貨期權與現貨期權的比較

與現貨期權相比，期貨期權具有以下優點：

（1）資金使用效率高。由於交易商品是期貨，因此在建立頭寸時，是以差額支付保證金，在清算時是以差額結帳。從這個意義上講，期貨期權可以用較少的資金完成交易，因而也就提高了資金的使用效率。

（2）交易方便。由於期貨期權交易的標的是已經標準化、統一化，具有較高流動性的期貨合約，因此便於進行交易或平倉。

（3）信用風險小。由於期貨期權交易通常是在交易所進行的，交易的對方是交易所清算機構，因而信用風險小。

（4）增加盈利機會。如果交易者在期貨市場上做保值交易或投資交易時，配合使用期貨期權交易，在降低期貨市場的風險性的同時提高現貨市場套期保值的成功率，從而獲得額外的收益。

與現貨期權相比，期貨期權也有以下明顯的缺點：

（1）上市的商品種類有限。

（2）由於是在交易所進行交易，因而協議價格、期限等方面的交易條件不能自由決定。

（3）投機性強，期貨期權可以用較小的資金簽訂金額很大的合約，這種高槓桿性使得期貨期權具有很大的投機性。

二、利率期貨期權

(一) 交易所

在美國，利率期貨期權交易所主要是芝加哥期貨交易所和芝加哥商品交易所的IMM（國際貨幣市場）。前者主要進行美國長期國債期貨期權、中期國債期貨期權的交易；後者主要進行歐洲美元期貨期權交易、一個月LIBOR期貨期權交易及短期國庫券期貨期權交易。此外，倫敦金融期貨交易所（LIFFE）也進行歐洲美元期貨期權及長期金邊國債的期貨期權交易。新加坡國際貨幣交易所（SIMEX）也可進行歐洲美元期貨期權交易。

（二）利率期貨期權與利率期權的比較

與相應利率期權相比，利率期貨期權交易要比利率期權更爲活躍，流動性更強。其主要原因如下：

(1) 利率期貨期權不需要支付利息，而利率期權，如美國長期國債期權，在買方執行期權時，看漲期權的賣方或看跌期權的賣方必須預付利息給買方。

(2) 利率期貨期權，如美國國債期貨期權，在實物交割時不會發生擠兌情形，美國國債期貨期權交割時可交割相同性質的債券，而國債期權交割時僅爲特定品種的債券。對國債期權期權而言，一旦某種債券發生擠兌現象，可以選擇其他同類債券進行交割。

(3) 利率期貨期權的標的物是利率期貨合約，而利率期貨合約是標準化的合約且在交易所交易，價格信息比較容易得到。

（三）利率期貨期權與利率期貨的比較

與利率期貨合約相比，兩者具有如下區別：

(1) 風險分布不同。利率期貨合約不論多頭頭寸或空頭頭寸均須承擔無限風險。對利率期貨期權而言，只有期權賣方可能承擔巨大風險；而期權買方只承擔有限的風險，其期權頭寸最大可能損失僅爲買入期權所支付的期權費，當買方所持期權爲虛值期權時，將放棄執行期權。

(2) 執行合約時的決定權不同。利率期貨執行合約的決定權在期貨賣方，期貨賣方來決定期貨相關債券的交割。而利率期貨期權則由買方決定何時執行期權合約。

(3) 協定價格的變化不同。利率期貨期權協定價在買賣期權交易後至到期日保持不變，但期權費（期權價格）則每日發生變化。

(4) 交割的標的物不同。當執行利率期貨合約時，進行債券的實際交割；當執行利率期貨期權合約時，買賣雙方只進行期貨合約交易，一方成爲相應利率期貨合約的多頭，另一方則成爲利率期貨合約的空頭。

(5) 交割時間不同。利率期貨合約只可在到期日進行交割，而利率期貨期權合約可在到期日之前執行（對美式期權而言）。

三、利率期貨期權合約

場內交易的利率期貨期權包括歐洲美元定期存款期貨期權、美國國庫券期貨期權、長期國債期貨期權和中期國債期貨期權。

（一）報價

歐洲美元定期存款期貨期權和國庫券期貨期權的交易單位爲 1,000,000 美元，最小變動單位爲 1 基點；中長期國債的交易單位爲 100,000 美元，最小變動單位爲 1/64 點。利率期貨期權以最小變動單位進行報價。

例如，某個 3 月份長期國債期貨看漲期權合約的價格爲 2 - 32 的，長期國債期貨合約面值爲 100,000 美元，則 1 單位合約的價格爲 $ 100,000 × 1% × (2 + 32/64) = $ 2,500。

（二）合約的到期日

利率期貨期權的到期月份為3月、6月、9月和12月標準月份。該到期月份與期權相關期貨合約的到期月份相同。利率期貨期權合約的到期日一般先於相關期貨合約的到期日或者與其到期日相同。例如，芝加哥商品交易所的IMM交易的歐洲美元期貨期權到期日比相應歐洲美元期貨合約到期日早兩個交易日；而芝加哥期貨交易所交易的美國長期國債期貨期權到期日比長期國債期貨到期日提前更多。

（三）利率期貨期權的協定價

協定價格是以點[1]表示，並以點的倍數為固定的間隔進行變動。例如，美國芝加哥期貨交易所中長期國債期貨期權的協定價格以2點為間隔變動，當期貨合約價格為70點，則期貨期權的協定價格可以為66、68、70、72、74等。

又如，歐洲美元期貨期權的協定價間隔為0.25點，假定3個月歐洲美元利率LIBOR為8.41%，期貨合約的價格為91.5點，則該歐洲美元期貨期權協定價可為91.00、91.25、91.50、91.75、92.00等。

（四）利率期貨期權的交割

對看漲利率期貨期權而言，期權買方執行期權合約時成為相關利率期貨合約的多頭，期權賣方則成為該利率期貨的空頭，同時賣方向買方支付相關利率期貨現價與期權協定價之間的差額。若利率期貨現價低於協定價，則看漲期權買方放棄執行期權。

對看跌利率期貨期權而言，期權買方執行期權合約時成為相關利率期貨合約的空頭，期權賣方相應成為該利率期貨的多頭，兩者持有相關期貨頭寸，價格為期權的協定價。期權賣方同時向買方支付期權協定價與相關利率期貨合約的現價之間的差值。若利率期貨現價超出期權協定價，則看跌期權買方會放棄執行期權，並按較高市價出售相關利率期貨。

例8.12 某投資者買入當年9月份的美國長期國債看漲期貨期權，期權協定價為70，期權價格為1-20。到了9月份，假設相應期貨現價為78，而期權買方執行了看漲期權。由此，期權買方按協定價70得到該期貨合約的多頭頭寸。期權賣方向買方支付期貨現價與協定價之差值8，賣方損失為8。交易所將期權買賣方所持期貨頭寸調整為現價，期權買方持有期貨多頭價格為78（獲利8），期權賣方持有期貨空頭價格為78（虧損8）。看漲期權買方既可以按市價78出售所持期貨平倉，並實現所得利潤，也可以繼續持有該期貨多頭頭寸。

（五）利率期貨期權的結算

在利率期貨期權最後交易日，由交易所自動結算。若利率期貨期權為實值期權時，如看漲期貨期權協定價小於相關期貨合約價格，則其差額貸記到該期權買方在交易所的帳戶上；如看跌期權協定價大於期權相關期貨合約市場價格，則其差額貸記到該看跌期權買方的帳戶上。若期貨期權到期日，該期權為虛值期權，則該期權自動失效，

---

[1] 基點的定義和計算方法同利率期權一節中的基點的定義和計算方法。

期權價值爲零。

四、利率期貨期權與利率風險防範

若預計利率上升，爲防止籌資成本增加的風險，可以買入看跌利率期貨期權；若預計利率有下跌可能，則可以買入看漲利率期貨期權，以防止利率下跌帶來的風險。我們以看跌利率期貨期權爲例，分析利率期貨期權如何防範利率風險。

例 8.13 假定某年4月初，某公司預計於9月份需籌集2,000萬美元用於購買大型設備，期限爲3個月，目前LIBOR利率爲9%。該公司財務主管預計近期內利率上升可能性較大。爲規避因利率升高而使公司未來融資成本增加的風險，該公司財務主管決定利用歐洲美元期貨期權合約對利率風險加以管理。由於每手歐洲美元期貨期權合約金額爲100萬美元，該公司財務主管決定在LIFFE買入20手9月份到期的3個月期歐洲美元看跌期貨期權。假定期權協定價爲91.00，期權價格爲0.36%，即36個基點。由於每一基點等於25美元（$1,000,000 \times 0.01\% \times 3/12 = 25$），則該公司保值成本等於 $20 \times 36 \times \$25 = \$18,000$。

在9月份期權到期日，假設利率上升1%，即3個月LIBOR利率爲10%。歐洲美元價格下降，此時3個月歐洲美元期貨合約價格爲90.00，則該公司在期權市場上獲益爲1%，即100個基本點，爲50,000美元（$20 \times \$25 \times 100$）。若不計手續費，扣除買入看跌期權成本，淨獲利潤爲 $\$50,000 - \$18,000 = \$32,000$。

該公司在9月份按現行市場利率籌集3個月短期貸款，即按10%利率借入3個月期歐洲美元，由於在期權市場獲利1%，淨借款成本仍然爲9%。

若9月份期權到期日，3個月歐洲美元期貨合約價格爲92.50，即3個月LIBOR爲7.5%，則由於期權協定價小於相關期貨價格，該公司放棄看跌期權合約，即按較低的市場利率籌集資金，加上買入期權成本0.36%，該公司9月份借款總成本爲7.86%。

本章小結

1. 本章根據期權合約標的資產的不同對金融期權進行分類，將金融期權分爲外匯期權、利率期權、股票期權、股票指數期權和金融期貨期權。這些期權種類都是期權與基本金融工具結合而成的產物，其基本功能是給投資者提供套期保值、規避風險的工具。

2. 外匯期權是國際投資中管理資產常用的衍生金融工具。外匯期權滿足了外匯投資者對匯率風險規避的要求，尤其是根據不同的投資者而制定的特殊外匯期權。外匯期權的選擇取決於對未來匯率波動的預測。

3. 利率期權是期權市場中交易最活躍的，也是最有影響的金融期權。利率期權包括利率頂、利率底、利率套等多種工具。通過利率看漲期權和看跌期權的多空不同的組合，利率期權可以爲國債和企業債券提供有效的套期保值。

4. 股票期權中的認股權證、可轉換債券、職工購股期權等，在實踐中應用非常廣泛，股票期權本身也是一種投資工具。當需要進行套期保值和規避風險操作時，股票期權可以同股票現貨頭寸組合形成抵補保值策略，包括有保護的看漲期權和看跌期權等。

5. 股票指數期權是以股票指數為標的的期權。股票指數期權中既有 S&P100、S&P500 等著名股票指數的期權，也有一些特定行業指數的期權。由於股票指數的種類繁多，股票指數期權的品種很多，交易量也很大。

6. 期貨期權是期貨和期權兩種衍生工具的有機結合，融合了兩種衍生工具的特點。相對於現貨期權，期貨期權具有資金使用效益高、交易方便、信用風險小、盈利機會多等優勢，是對現貨期權的有效補充。期貨期權還為期貨合約提供了有效的保值和規避風險的工具。

思考與練習題

1. 外匯期權防範匯率風險主要包括哪些策略？

2. 美國一出口商於 5 月中旬出口一批貨物至英國，預計一個月後將收到 125 000 英鎊。此時外匯市場上的即期匯率為 £1 = \$1.520 0，PHLX 期權市場上 6 月份到期的歐式看跌期權，執行價格為 £1 = \$1.500 0，期權費為 0.24 美分/英鎊，並已知每筆期權合約佣金為 16 美元，一月美元年利率為 5%。如果美國出口商預期英鎊將有所貶值，可能至 £1 = \$1.500 0，美國出口商將怎樣利用期權套期保值？

3. 某投資者在 6 月確信 3 個月後將收到 800 萬美元，並打算將這筆資金投放於歐洲貨幣市場進行存款，6 月份歐洲美元存款利率為 10%。根據對歐洲宏觀經濟分析，預計歐洲貨幣市場的利率有下調的需求。假設歐洲美元期貨合約的協定價格為 90，期權費為 0.2。該投資者可以通過利率期權來對其存款進行套期保值。該投資者可以選擇哪些利率期權工具？並分析當 3 個月 LIBOR 下跌至 8.5% 時，或 3 個月的 LIBOR 上升至 11% 時，該投資者的套期保值狀況。

4. 結合圖形簡述股票期權的單獨期權策略和抵補保值策略。

5. 某投資者持有 5 萬股 R&B 公司股票，假定股票買入價格為 5 美元/股。但該投資者預計日後股票市場會下跌，於是便買入 50 份 S&P100 股票指數的看跌期權，每份合約的購買費用為 40 美元，到期日為 10 月 1 日，執行價格為 480 點。若在期權到期日，股票指數下跌到 460 點，股票價格下跌至 3 美元/股，試分析投資者的損益狀況。反之，若在期權的到期日，指數現貨價格上升為 520 點，R&B 公司股票上漲到 8 美元/股，分析投資者的損益狀況。

6. 試分析分紅與拆股對股票期權的影響。

7. 試比較現貨期權和期貨期權。

8. 2010 年 6 月，LG 公司預計於 9 月份需籌集 3,000 萬美元用於購買大型設備。假定期權協定價為 94.00，期權價格為 0.32%，每手歐洲美元期貨期權合約金額為 100 萬美元，期限為 6 個月，目前 LIBOR 利率為 8%。該公司財務主管預計近期內利率上升可能性較大。為規避因利率升高而使公司未來融資成本增加的風險，該公司財務主管應如何利用歐洲美元期貨期權合約對利率風險加以管理，並分析到期時可能的保值情況。

9. 某投資者購買了 A 股票的雙重期權，其中看漲期權費為每股 6 元，而看跌期權費為每股 4 元，當時約定的股票價格為每股 50 元，股票數量為 2,000 股。試分析：
    (1) 在 A 股票處於何種價位時，該投資者就會獲利？
    (2) 該投資者的最大損失為多少？
    (3) 當 A 股票上升到 64 元或下跌至 35 元時，該投資者的盈虧狀況如何？

10. 試分析一個股票指數期權與單一標的股票的期權有什麼差別？

第九章　奇異期權

內容提要： 期權市場是世界上最具有活力和變化的市場之一，規避風險和追求盈利的需求不斷推動各種結構特殊、性質各異的奇異期權的產生。本章我們將對這些奇異期權的性質、構造及運用作初步的探討。

在第七章中，我們學習的主要是標準的歐式或美式期權，比這些常規期權更複雜的期權常常被叫做奇異期權（Exotic Options），它們的特點是沒有標準的形式，如執行價格不是一個確定的數，而是一段時間內標的資產的平均價格；或是在有效期內，如果標的資產價格超過一定界限，期權就作廢；等等。大多數的奇異期權都是在場外市場進行交易的，往往是金融機構根據客戶的具體需求開發出來的，或者是嵌入結構性金融產品中以增加結構性產品的吸引力，其靈活性和多樣性是常規期權所不能比擬的。但是相應地，正是由於其靈活性和多樣性，奇異期權的定價和保值通常也更加困難。

由於奇異期權的多樣性，要對它們進行完全的描述是不可能的。在此我們只能簡要介紹一些常見的奇異期權。考慮到很多奇異期權的定價都需要很複雜的數學知識，我們的重點僅放在這些奇異期權的性質、構造以及運用上。

第一節　障礙期權

障礙期權（Barrier Options）是指期權的回報依賴於標的資產的價格在一段特定時間內是否達到了某個特定的水平[①]，即臨界值，這個臨界值就叫做"障礙"水平。

一、障礙期權的種類

通常有很多種不同的障礙期權在場外市場進行交易，它們一般可以分爲兩大類。

（一）敲出障礙期權（Knock-out Options）

當標的資產價格達到某個特定的障礙水平時，該期權作廢（即被"敲出"）；如果在規定時間內資產價格並未觸及障礙水平，則仍然是一個常規期權。

[①] 這裡的"達到"分爲兩種情況。若標的資產初始價格小於障礙水平，爲從下面向上達到；若標的資產初始價格大於障礙水平，爲從上面向下達到。

（二）敲入障礙期權（Knock-in Options）

與敲出期權相反，只有標的資產價格在規定時間內達到障礙水平，該期權才得以存在（即"敲入"），其回報與相應的常規期權相同；反之該期權無效。

在此基礎上，可以通過考察障礙水平與標的資產初始價格的相對位置，進一步為障礙期權分類。如果障礙水平低於初始價格，則把它叫做向下期權；如果障礙水平高於初始價格，則把它叫做向上期權。

將以上分類進行組合，我們可以得到向下敲出看漲期權（Down-and-out Call）、向下敲入看跌期權（Down-and-in Put）、向上敲出看漲期權（Up-and-out Call）和向上敲入看跌期權（Up-and-in Put）等障礙期權。

讓我們來看一個例子。對於英鎊的向下敲出看跌期權來說，如果在期權存續期內匯率下跌至特定水平，那麼該期權就會作廢。假如持有執行價格為1.9500美元的英鎊看跌期權，而且該期權還具有1.8500美元的障礙水平，那麼一旦匯率跌至1.8500美元以下，該期權就將作廢。由於常規期權對於期權買方而言沒有作廢的風險，其獲利空間比障礙期權的獲利空間要大，所以向下敲出看跌期權總會比相應的常規期權更便宜一些。對那些相信障礙水平不會被觸及的投資者而言，向下敲出看跌期權更具吸引力。

注意，當執行價格大於等於障礙水平時，向上敲出看漲期權是沒有任何價值的。很容易明白這一點，敲出期權意味着若標的資產價格達到障礙水平，期權就作廢；向上期權意味着一開始時，標的資產價格小於障礙水平（故也就小於執行價格）。因此，只有當標的資產價格上升並超過執行價格時，看漲期權才會具有正的回報，但在這之前標的資產價格會先達到障礙水平，期權已經作廢了。運用同樣的原理，可以得知，當執行價格小於障礙水平時，向下敲出看跌期權也沒有任何價值。

二、障礙期權的特殊條款

障礙期權推出初期，交易量不大，很少有人能很熟練地為它們定價。但現在障礙期權的市場容量急劇擴大，金融工程師們根據市場的特殊需求對它們做了進一步的變形。如今，在基本的障礙期權合約中出現了許多新的特殊交易條款。這些條款包括：

（一）障礙水平的時間依賴性

這是指障礙水平隨時間不同將發生變化，比如障礙水平從某一水平開始，逐漸上升。通常來說，障礙水平會是一個時間的分段常數函數（即在一段時間之內維持一個固定的水平，之後發生變化再維持一個水平）。其中的極端例子是被保護或部分障礙期權。在這類期權中，障礙是間斷性的，在經過一段特定的時間後，障礙會完全消失。

（二）雙重障礙

期權條款中包含一個障礙上限和障礙下限。上限高於標的資產現價，而下限則低於標的資產現價。在一個雙重敲出期權中，如果任何一個障礙水平被觸及，期權就作廢。在一個雙重敲入期權中，規定時間內價格至少要達到其中一個障礙水平，期權才有效。還可以設想其他的情況，即一個障礙水平是敲入，而另一個則是敲出。

（三）多次觸及障礙水平

雙重障礙期權可以進一步變得更複雜，有一類期權要求在障礙條件被引發之前，兩重障礙水平都要被觸及。實際上當其中一個障礙水平第一次被觸及之後，這個合約就變成了一個常規的障礙期權。

（四）障礙水平的重新設定

這類期權叫做重設障礙期權。當觸及障礙水平的時候，合約變成另一個不同障礙水平的障礙期權。由於如果在規定時間之內障礙被觸及的話，我們就會得到一個新的障礙期權，而如果在一定時間之後未被觸及，則仍然是常規期權，在此意義上，這類合約可以看做依賴於時間的。

和這類合約相關的一類期權是上卷期權（Roll-up）和下卷期權（Roll-down）。這類期權開始時是常規期權，但如果資產價格達到某一事先確定的水平，就變爲一個障礙期權。例如，一個上卷看跌期權，如果上卷水平達到，合約就變成一個向上敲出看跌期權，上卷價格就是障礙看跌期權的執行價，相應的障礙水平則是事先確定好的。

（五）外部障礙期權

外部障礙期權也稱爲彩虹障礙期權（Rainbow Barrier Option），其回報特徵取決於第二種標的資產。這樣這個期權中的障礙水平可能被一個資產價格的變動觸發，而期權的回報則取決於另一種資產價格。例如，假設一份期權的支付是美元-日元匯率的函數，但是用於確定達到障礙水平的卻是黃金價格。

（六）提前執行的可能性

除了以上對障礙期權的多種創新之外，還可以在障礙期權中加入提前執行的條款，這時合約中一定要列明如果合約提前執行的話，期權回報將如何兌現。

（七）折扣返還

有時障礙期權合約中會規定，如果觸及障礙水平，可以部分退款（折扣返還）。這常常發生在敲出期權的情況下，這時這部分退款可以看做對失去的回報的緩衝，這部分退款一般在障礙被引發時或是到期時才支付。

三、障礙期權的性質

由於障礙期權的回報和價值都受到標的資產價格到期前遵循路徑的影響，這稱爲路徑依賴性質。例如，一個向下敲出看漲期權在到期時同樣支付 $\max(S_T - X, 0)$，除非在此之前標的資產價格已經達到障礙水平 H。在這個例子中，如果資產價格達到障礙水平（顯然是從上面向下達到），那麼該期權作廢。但障礙期權的路徑依賴性質是較弱的，因爲只需要知道這個障礙是否被觸發，而並不需要知道關於路徑的其他任何信息。

障礙期權受歡迎的主要原因在於它們通常比常規期權便宜，這對那些相信障礙水平不會（或會）被引發的投資者很有吸引力。而且購買者可以使用它們來爲某些非常特定的具有類似性質的現金流保值。通常來說，購買者對於市場方向都有相當精確的觀點，如果其相信標的資產價格的上升運動在到期之前會有一定的限制，希望獲得看漲期權的回報，但並不想爲所有上升的可能性付款，那麼他就有可能去購買一份向上敲出看漲期權。由於上升運動受到限制，這個期權的價格就會比相應的普通看漲期權價格便宜。如果預測是對的，這個障礙水平並沒有被引發，那麼他就可以得到他所想要的回報。障礙距離資產價格現價越近，期權被敲出的可能性越大，合約就越便宜。

四、障礙期權的運用

下面舉例說明幾種障礙期權的運用。

（一）向上敲入期權

例 9.1 假定一家美國公司在 90 天後會支付 10,000,000 英鎊。該公司擔心到期時英鎊對美元升值造成其成本上升。然而，該公司發現近期英鎊對美元一直呈現貶值態勢，並預測這種趨勢短期內很可能會持續下去。考慮到這一點，該公司可以買入向上敲入看漲期權。如果其預測正確，即英鎊對美元繼續貶值，則看漲期權將不會存在，與購買常規期權相比，該公司損失更少的保值成本；如果預測錯誤，英鎊對美元升值，則看漲期權生效，該公司可以利用獲得的看漲期權進行套期保值。

（二）向下敲入期權

例 9.2 假定一家美國公司在 58 天後會收到 5,000,000 英鎊。考慮到英國大選形勢的不確定性，該公司擔心到期時英鎊貶值。一般的做法是該公司購買英鎊的看跌期權，但是近期英鎊相對於美元一直呈現升值態勢，該公司預測這一趨勢短期內很可能會繼續延續。考慮到這一點，該公司可以購買向下敲入看跌期權。如果該公司預測正確，英鎊對美元繼續升值，則看跌期權將不會存在，與購買常規期權相比，該公司損失更少的保值成本；如果該公司預測錯誤，英鎊對美元貶值，則看跌期權生效，該公司可以利用獲得的看跌期權進行套期保值。

（三）向上敲出期權

例 9.3 假定一家美國公司在 30 天後將支付 800,000 歐元，即期外匯市場上 1 歐元 = 1.346 4 美元。該公司認爲即期匯率可以接受，擔心到期時歐元升值。近期在外匯市場上歐元匯率波動很大，但是該公司預計到期時歐元匯率最高只能達到 1 歐元 = 1.446 4 美元。因此，該公司決定買入執行價格爲 1.346 4 美元的向上敲出看漲期權，障礙水平爲 1 歐元 = 1.446 4 美元。由於向上敲出看漲期權比相應的常規看漲期權便宜，因此該公司能節約一部分保值成本。只要障礙水平不達到，則該公司既完成了保值又節約了一部分成本。但其代價是，如果障礙水平達到，則看漲期權作廢，該公司失去了保值的工具。

（四）向下敲出期權

例 9.4 假定一家美國公司在 40 天後將收到 1,000,000 澳元，即期外匯市場上 1 澳元＝0.887 3 美元。該公司認爲即期匯率可以接受，擔心到期時澳元貶值。近期在外匯市場上澳元匯率波動不定，但是該公司預計到期時澳元匯率最低只能達到 1 澳元 ＝ 0.881 3 美元。因此，該公司決定買入執行價格爲 0.887 3 美元的向下敲出看跌期權，障礙水平爲 1 澳元 ＝ 0.881 3 美元。由於向下敲出看跌期權比相應的常規看跌期權便宜，因此該公司能節約一部分保值成本。只要障礙水平不達到，則該公司既完成了保值又節約了一部分保值成本。但其代價是，如果障礙水平達到，則看跌期權作廢，該公司失去了保值的工具。

(五) 雙重障礙期權

例 9.5 假定一家美國公司在 35 天後將支付 100,000 歐元，即期外匯市場上 1 歐元 ＝ 1.346 4 美元。該公司認爲即期匯率可以接受，擔心到期時歐元升值。近期在外匯市場上歐元匯率波動很大，但是該公司預計到期時歐元匯率最高只能達到 1 歐元 ＝ 1.446 4 美元，最低只能達到 1 歐元 ＝ 1.266 4 美元。因此，該公司決定買入執行價格爲 1.346 4 美元的向上敲出看漲期權，障礙水平爲 1 歐元 ＝ 1.446 4 美元。由於向上敲出看漲期權比相應的常規看漲期權便宜，因此該公司能節約一部分保值成本。不過，爲了進一步地減少期權費，該公司還可以同意再加上一個障礙水平爲 1 歐元 ＝ 1.266 4 美元的敲出條款。低障礙水平的加入意味着，一旦歐元匯率降到低障礙水平時，期權也會作廢。此時，該公司因爲承擔了更多的風險而付出更少的期權費。

由於現實情況的複雜性，這裡的例子不可能涵蓋所有的情況。但有一點必須謹記，對於任何金融產品而言，好處和代價必是同時存在的。與常規期權相比，障礙期權會更便宜（好處），但同時也有作廢（或不存在）的可能（代價）。

第二節　亞式期權

亞式期權（Asian Options）又稱爲均值期權（Average Options），是當今金融衍生品市場上交易最爲活躍的奇異期權之一。亞式期權最早是由美國銀行家信托公司（Bankers Trust）在日本東京推出的。一般來說，亞式期權只能在到期日那一天執行，而不能提前執行。亞式期權最大的特點在於它在到期日的支付依賴於標的資產在一段特定時間（整個期權有效期或其中部分時段）內的平均價格。

一、亞式期權的種類

亞式期權的分類主要可以從兩方面進行考慮：執行價格與到期資產價格哪個值取平均值？如何取平均值？

首先，如果用平均值 I 取代到期資產價格 S_T，就得到平均資產價期權，因此平均資產價看漲期權到期的回報爲 $\max(I-X, 0)$，平均資產價看跌期權到期的回報爲 $\max(X-I, 0)$。如果用平均值 I 取代執行價格 X，就得到平均執行價期權，因此平均執行價看漲期權到期的回報為 $\max(S_T - I, 0)$，平均執行價看跌期權到期的回報為 $\max(I - S_T, 0)$。

其次，所使用的平均值主要可以分為兩類：算術平均和幾何平均。算術平均的一般形式可以表示如下：$I = \frac{1}{n}(S_1 + S_2 + \cdots + S_n)$，而幾何平均一般可以用 $I = (S_1 S_2 \cdots S_n)^{\frac{1}{n}}$ 或 $\ln I = \frac{1}{n}(\ln S_1 + \ln S_2 + \cdots + \ln S_n)$ 來計算。除此之外，還有一種廣泛使用的方法是指數加權平均，與算術平均或幾何平均賦予每個價格相同權重不同，它賦予最近價格的權重大於以前價格的權重，並以指數形式下降。

事實上，在亞式期權中還有一個很重要的問題：在取平均值時是使用離散方法還是連續方法。如果我們在一個有限的時間內取時間上非常接近的價格相加，我們計算的平均價格就會變成在這段平均期內的資產價格（或是其某一函數）的積分值，這就給出了一個連續平均值。更一般的現實情況是，我們只取總體數據中的一部分可靠的數據點，一般取每天或確定日子的收盤價，這被稱為離散平均。在前面的平均值公式中，我們採用的都是離散方法。由於離散形式更易觀察和計算，因此在現實情況中也多採用離散平均值。

二、亞式期權的性質

可以看出，亞式期權和障礙期權類似，其回報和價值都要受到到期前標的資產價格所遵循路徑的影響，但對於亞式期權而言，需要更多關於路徑的信息，因此它的路徑依賴性質比障礙期權更強。很容易明白這一點，障礙期權只需要知道障礙水平是否被觸發，而亞式期權需要知道標的資產價格的平均數。

亞式期權受歡迎的一個重要原因在於平均值的採用減少了波動，因此亞式期權比一個類似的常規期權更便宜，而任何能降低期權合約前端費用的東西都會導致它們更受歡迎。另外，在許多時候，在市場上尋求套期保值的公司往往需要為其在未來一段時間內連續平穩的可預測現金流進行保值，這時持有一個合適的亞式期權可以對衝平均價格的風險。有時亞式期權所使用的是一段特定時期內的平均價格，往往可以滿足投資者的特殊需求。例如，有一類亞式期權被稱為尾部亞式期權，使用的是期權快到期之前一段時間內標的資產的平均價格，這對於那些到期時有固定現金流出的交易者（比如養老金帳戶）就很有意義，其可以避免到期前標的資產價格突然波動帶來的風險。此外，亞式期權比常規期權更有效地降低了市場風險，具有很強的抵抗市場操縱的能力。顯然，操縱某一商品在一段時間內的平均價格，尤其是在成交量大，交易活躍的金融市場，要比操縱它在某一天的價格困難得多。因此，亞式期權的交易比常規期權更有利於市場的穩定。

三、亞式期權的運用

下面舉例說明亞式期權的運用。

例9.6 假設一家美國公司的財務主管預測在明年內將平穩地收到來自德國子公司

的一筆 1 億歐元的現金流。他可能對一種能保證該年內平均匯率高於某一水平的期權感興趣。顯然，常規的看跌期權很難滿足這一要求，因爲若使用常規的看跌期權，則需要購買很多的合約，其不僅操作繁瑣而且會增加保值成本。此時，購買一份平均資產價看跌期權就能很好地達到這一目的，既完成了保值又節約了保值費用。

例 9.7 假定一家美國進口公司的財務主管預測在未來 6 個月內將平穩地支付從日本進口貨物的貨款 2 億日元。他可能對一種能保證這一段時期內平均匯率低於某一水平的期權感興趣。顯然，常規的看漲期權很難滿足這一要求，因爲若使用常規的看漲期權，則需要購買很多的合約，其不僅操作繁瑣而且會增加保值成本。此時，購買一份平均資產價看漲期權就能很好地達到這一目的，既完成了保值又節約了保值費用。

以上兩例爲平均資產價期權的應用。對於平均執行價期權而言，平均執行價看漲期權可以保證購買在一段時間內頻繁交易的資產所支付的價格不高於平均價格，平均執行價看跌期權可以保證出售在一段時間內頻繁交易的資產所收取的價格不低於平均價格。

目前，亞式期權還應用於股票期權報酬，其主要有以下兩個作用：

第一，避免人爲炒作股票價格。
第二，減少公司員工進行內幕交易、損害公司利益的行爲。

第三節 多期期權

多期期權（Multiple Periods Options）涉及兩個以上的不同期限，有時其整個期限被分爲若干個互不重疊但又緊密連接的獨立子期限，不同的子期限內期權的性質（如執行價格、期限長度等）可能發生變化。簡而言之，多期期權就是由若干個單期期權或子期權構成的組合。常見的多期期權主要有利率期權，如利率頂、利率底、利率套、互換期權與復式期權等。考慮到難度，這里我們僅對利率多期期權、互換期權進行介紹。

一、利率頂

利率頂是在 20 世紀 80 年代中期伴隨著浮動利率票據的發行而設計出來的，目的在於防止在票據到期前由於利率上升給票據發行者（借款者）造成損失。

利率頂又稱"利率上限"。交易雙方達成一項協議，指定某一種市場參考利率，同時確定一個利率上限水平。利率頂的賣方向買方承諾：在規定的期限內，如果市場參考利率高於協定的利率上限，則賣方向買方支付市場利率高於協定利率上限的差額部分；如果市場利率低於或等於協定的利率上限，賣方無任何支付義務。同時，買方由於獲得了上述權利，必須向賣方支付一定數額的期權費。

利率頂實際上可以看做一系列浮動利率歐式看漲期權的組合[1]，其可以鎖定最大借

---

[1] 利率頂也可以看做一系列零息債券的歐式看跌期權的組合。

款成本。利率頂的購買方可以選擇某個上限利率，從而將最大借款成本鎖定在其希望的水平上，但利率頂的期權費隨著選擇的上限利率的不同而有所區別。

我們來看一個例子：

例9.8 假設某公司有尚未償還的債務2 000萬美元，該筆債務以3個月美元LIBOR+100個基點[①]的浮動利率計息，每3個月償還一次利息，借款期限爲4年。3個月LIBOR目前水平爲6.6%。該公司擔心未來4年內利率會上升從而增大借款成本，並且希望借款利率不超過8%。於是該公司購買了一份以3個月LIBOR爲基準利率的利率頂，上限利率爲7%[②]。該利率頂合約的具體條款如表9.1所示。

表9.1　　　　　　　　　　該公司利率頂合約的具體條款

上限利率	7%
基準利率	3個月美元LIBOR
名義本金額	2 000萬美元
期限	4年
利率重設日	每3個月一次
期權費	120個基點

在各利率重設日，如果3個月LIBOR高於7%，該公司將收到利率頂出售方（通常爲銀行）所支付的一筆補償金額[③]，金額數量等於以3個月LIBOR計息的未來3個月利息與以上限利率7%計息的未來3個月利息之間的差額。如果3個月LIBOR低於等於7%，則無補償金額支付。

因此，該利率頂將該公司4年期借款的最大成本鎖定爲8%（利率頂上限利率7%加100個基點）。該公司不但不會承擔因爲利率上升而造成的損失，還可以從利率下降中受益。表9.2顯示了當重設利率爲如下水平時將發生的情況。

表9.2

利率重設日（月末）	3個月LIBOR（%）	補償金額
第一年0時刻	6.6	
第一年3月	6.8	無
6月	6.5	無
9月	6	無
12月	7.25	無
第二年3月	7.5	有（0.25%）

---

① 1個基點=0.01%。

② 因爲借款利率爲3個月LIBOR+1%，基準利率爲3個月LIBOR，所以上限利率應設定爲7%，而不是8%。

③ 補償金額將在下一個利率重設日支付。

表9.2(續)

利率重設日（月末）	3 個月 LIBOR（%）	補償金額
6 月	7.25	有（0.5%）
9 月	8	有（0.25%）
12 月	7.8	有（1%）
第三年 3 月	7.9	有（0.8%）
6 月	7.3	有（0.9%）
9 月	7	有（0.3%）
12 月	7	無
第四年 3 月	6.5	無
6 月	6.4	無
9 月	6.7	無
12 月		無

（一）利率頂的內容

從上面這個例子我們可以看出，利率頂協議一般包括以下內容：

（1）上限利率。利率頂的上限利率為鎖定的最高利率，是買賣雙方基於依據利率行情對利率發展趨勢的預測和交易期限等因素商定的利率水平，通常是以百分數表示的整數，如5%、6%、7%、8%、9%等。

（2）基準利率。基準利率是與上限利率相比較的參考利率。典型利率頂的基準利率為3個月或6個月的LIBOR，但也可用其他的參考利率，如1個月的LIBOR、國庫券利率、商業票據利率等。

（3）名義本金額。名義本金額用於計算期權出售者向持有者支付的補償金額。利率頂的本金額一般不會低於1 000萬美元。在借款人逐漸償還貸款的情況下，利率頂的名義本金額也會分期減少，以便與減少的貸款金額相匹配。

（4）期限。典型的利率頂期限為2～5年。

（5）利率重設日。這是對基準利率重新調整的日期，即將基準利率與上限利率相比較並由此確定利息差額的日期，一般在每3個月、6個月或1年調整一次。

（6）期權費。期權費是由利率頂買方向賣方支付的費用，是作為賣方承擔利率封頂風險的補償，合同期限越長，上限利率越低，則費用越高。期權費一般在利率頂出售時支付。期權費在名義本金的基礎上以基點報價，通常為100～500個基點（名義本金的1%～5%）。

由於利率頂是場外交易的金融工具，因此合約的具體條款由銀行與客戶自行商定，如利率重設日可以根據客戶的需要確定，以便與客戶貸款的還款日相匹配，而基準利率也可以選擇此類貸款的利率作為參考利率。

(二) 利率頂的利息差額

以 r_a 記上限利率，L 記名義本金額。每一段支付利息的時間間隔記為 τ ($\tau = \dfrac{\text{利率重設日之間間隔的天數}}{360(\text{或}365)}$，對如英鎊等某些貨幣而言，分母取 365；對包括美元和歐元在內的大多數貨幣而言，分母取 360。但為了簡便，在下面的例子中，我們都以月份數為單位進行計算)，因此在時刻 $\tau, 2\tau, 3\tau, \cdots, n\tau$ 支付利息差額。利率頂的利息差額計算和支付方式是這樣的：根據時刻 $k\tau$ 的基準利率 r_k 和上限利率 r_a 的差計算時間段 $[k\tau, (k+1)\tau]$ 的利息差額，在時刻 $(k+1)\tau$ 支付利息差額。因為在時刻 0 計算的利息差額一般為 0，所以在時刻 τ 沒有利息差額支付，利息差額支付發生在時刻 $2\tau, 3\tau, \cdots, n\tau$。

於是，在時刻 $(k+1)\tau$ 利率頂賣方支付的利息差額為：

$$\tau L \max(r_k - r_a, 0)$$

我們來看兩個例子：

例 9.9 某公司買入一個利率頂，其名義本金額為 3,000 萬美元，基準利率為 3 個月 LIBOR，上限利率為 6%，利率重設日為每 3 個月一次。假設在某個利率重設日 (6 月 1 日)，3 個月 LIBOR 為 7%。

分析：由於在這個利率重設日，3 個月 LIBOR 大於 6%，因此利率頂出售者將支付一筆補償金額，金額的大小如下：

$0.25 \times 3\,000 \times (7\% - 6\%) = 7.5$（萬美元）

這筆補償金額將在下個利率重設日（9 月 1 日）時支付給利率頂持有者。

例 9.10 某公司借入一筆 2,000 萬英鎊的浮動利率貸款，貸款期限為 2 年，每 6 個月償還一次利息，本金在期末還清。貸款利率為 6 個月 LIBOR + 50 個基點。6 個月 LIBOR 目前水平為 6%。該公司希望將最大借款成本鎖定在 7.5%。因此，該公司從銀行購買了一份利率頂，合同條款如表 9.3 所示。

表 9.3　　　　　　　　　　合同條款

上限利率	7%
基準利率	6 個月 LIBOR
名義本金額	2,000 萬英鎊
期限	2 年
利率重設日	每 6 個月一次
期權費	100 個基點

分析：按照合同規定，在每個利率重設日，如果 LIBOR 高於 7%，利率頂賣方向買方支付一筆補償金額；如果 LIBOR 低於 7%，則無須支付補償金額。表 9.4 顯示了當重設利率為如下水平時將發生的情況。

表9.4

利率重設日（月末）	6個月LIBOR（％）	補償金額
第一年0時刻	6	
第一年6月	8.5	無
12月	6.5	有（1.5%）
第二年6月	8	無
12月		有（1%）

由於第一年6月和第二年6月的6個月LIBOR高於7%，因此該公司將會收到補償金額，補償金額分別爲：

0.5 × 2 000 × (8.5% - 7%) = 15(萬英鎊)

0.5 × 2 000 × (8% - 7%) = 10(萬英鎊)

於是，購買利率頂後，該公司實際的借款利率爲6.5%、7.5%、7%、7.5%。如果該公司沒有購買利率頂，則實際的借款利率爲6.5%、9%、7%、8.5%。因此，利率頂爲該公司節約了125（150×0.5 + 100×0.5 = 125）[①]個基點，除去期權費100個基點，還有25個基點。

(三) 利率頂的優缺點

利率頂的有利之處在於其設置了一個利率上限，鎖定了最大借款成本，並讓持有者可以從利率的降低中獲益。因此，利率頂提供了一種極富吸引力的手段來對沖在中期浮動利率貸款中出現的利率風險暴露。

利率頂主要的不利之處是它較高的成本。在上面的例9.10中，若第一年6月時6個月LIBOR爲7.5%，則利率頂就僅節約了75（50×0.5 + 100×0.5 = 75）個基點，考慮期權費後，該公司還虧損了25個基點。

(四) 利率頂的運用

利率頂主要運用的情形是當利率行情呈上升趨勢，資金需求方擬對利率上升風險進行套期保值，但同時又希望在利率下降時能獲得低成本好處。

當某公司收購另一公司時，通常以浮動利率貸款爲其收購行爲融資，除非浮動利率貸款可以被固定利率融資（如債券）或權益融資所取代，否則利率上升的風險暴露是無法避免的。購買利率頂，公司只需支付期權費，就可以將收購融資的最大成本鎖定在某一個水平上，並可根據需要維持多年。這樣就有效地降低了利率風險。一些房地產公司以浮動利率貸款爲發展項目融資，通過購買利率頂鎖定項目的最大借款成本，保證了項目的盈利。

一般而言，利率頂的期權費與利率上限水平和協議期限有關。相對而言，利率上限水平越高，期權費率越低；期限越短，期權費率也越低。因此，在確定上限利率時

---

① 因爲利率重設日間隔爲6個月，且利率是年利率，所以要乘以0.5。

二、利率底

利率底又稱"利率下限"。利率底是交易雙方達成一項協議,指定某一種市場參考利率,同時確定一個利率下限水平。賣方向買方承諾:在規定的有效期內,如果市場參考利率低於協定的利率下限,則賣方向買方支付市場參考利率低於協定的利率下限的差額部分;若市場參考利率大於或等於協定的利率下限,則賣方沒有任何支付義務。作為補償,賣方向買方收取一定數額的期權費。

利率底的合約條款與利率頂基本相同,區別僅在於利率頂設定利率上限而利率底設定利率下限。利率底可以視為一系列浮動利率歐式看跌期權的組合①。

仍然使用前面的符號,在每個利率重設日 $k\tau$ 時刻,根據基準利率 r_k 和下限利率 r_b 計算下一個利率重設日 $(k+1)\tau$ 時刻支付的利息差額為:

$$\tau L \max(r_b - r_k, 0)$$

例9.11 某公司擬投資 2 500 萬英鎊於 3 年期浮動利率債券,該浮動利率債券以 6 個月 LIBOR + 100 個基點計息,每 6 個月計息一次。6 個月 LIBOR 的現期水平是 6.5%。由於該公司有部分資金是以 7% 的固定利率融資得來的,因此希望從浮動利率債券上獲得的收益至少應彌補固定利息的支出,即該公司希望保證投資收益不會低於 7%。

於是該公司購買了一份利率底,下限利率為 6%②,基準利率是 6 個月 LIBOR。該利率底合約的具體條款如表 9.5 所示。

表 9.5　　　　　　　　　　利率底合約的具體條款

下限利率	6%
基準利率	6 個月 LIBOR
名義本金額	2,500 萬英鎊
期限	3 年
利率重設日	每 6 個月一次
期權費	170 個基點

分析:利率底相當於出售方向持有者提供了一份保證,保證投資收益不會低於下限利率 6%。在各利率重設日,當 6 個月 LIBOR 低於 6% 時,利率底賣方將向買方支付一筆補償金額。表 9.6 顯示了當重設利率為如下水平時將發生的情況。

---

① 利率底也可以看做一系列零息債券的歐式看漲期權的組合。
② 因為債券利率是 6 個月 LIBOR + 1%,基準利率是 6 個月 LIBOR,所以下限利率應設定為 6%,而不是 7%。

表9.6

利率重設日（月末）	6個月 LIBOR（%）	補償金額
第一年0時刻	6.5	
第一年6月	7	無
12月	6	無
第二年6月	4.5	無
12月	5	有（1.5%）
第三年6月	5	有（1%）
12月	5	有（1%）

由於第二年6月、第二年12月和第三年6月的6個月LIBOR低於6%，因此該公司將會收到補償金額，補償金額分別為：

0.5 × 2 500 ×（6% − 4.5%）= 18.75（萬英鎊）

0.5 × 2 500 ×（6% − 5%）= 12.5（萬英鎊）

0.5 × 2 500 ×（6% − 5%）= 12.5（萬英鎊）

於是，購買利率底後，該公司實際的投資收益為7.5%、8%、7%、7%、7%、7%。如果該公司沒有購買利率底，則實際的投資收益為7.5%、8%、7%、5.5%、6%、6%。因此，利率底使該公司獲利了175（150×0.5 + 100×0.5 + 100×0.5 = 175）個基點，除去期權費170個基點，也還有5個基點。

利率底主要適用於市場利率水平呈下降趨勢，資金運用方擬對利率下降風險進行套期保值，同時在利率上升時也希望能獲得好處的情況。

一般而言，利率底是一種在資金運用中能確定最低收益率的金融產品，依據利率走勢來運用利率底是較好的選擇。但在使用利率底時，應註意利率底的各項內容要與資金運用條件一致。

三、利率套

利率套又稱"利率上下限"，是將利率頂和利率底兩種金融工具合成的產品，有兩種基本類型。其一，購買一項利率套，就是在買進一項利率頂的同時，賣出一項利率底，以收入的期權費來部分抵消需要支出的期權費，達到既規避利率風險又降低費用成本的目的。其二，賣出一項利率套，就是在賣出一項利率頂的同時，買入一項利率底。當借款人預計市場利率會上漲時，可以考慮購買一項利率套。即：

一個利率套多頭 = 一個利率頂多頭 + 一個利率底空頭

一個利率套空頭 = 一個利率頂空頭 + 一個利率底多頭

購買一個利率套，它通過買進利率頂而避免籌資中利率上浮的風險，同時通過出售利率底所獲得的期權費抵衝一部分買進利率頂的費用。這樣既降低了實際保值成本，又可以將債務的利率鎖定在上限、下限利率之間。例如，假設某公司有一筆尚未償還的浮動利率貸款，其決定通過購買利率套來進行保值，於是買入了一個上限利率為6%

的利率頂，同時賣出了一個下限利率爲3%的利率底。這樣如果市場利率處於3%~6%之間，利率頂和利率底都不會被執行，該公司按實際的市場利率支付債務利率。如果市場利率下跌到3%以下（如2%），該公司以2%支付債務利率，同時按利率底協議的規定，向交易對手支付1%的利差，因此該公司支付的總利率成本爲3%，也就是下限利率。如果市場利率上升到超過6%（如6.5%），該公司以6.5%支付債務利率，同時按利率頂協議的規定，從交易對手處收到0.5%的利差，因此該公司支付的總利率成本爲6%，也就是上限利率。因此，無論市場利率如何變動，該公司支付的利率水平總在下限利率和上限利率之間，即3%~6%之間。

利率套的主要運用範圍爲借款人預測貸款利率呈上升趨勢，需要對利率風險進行套期保值，同時降低套期保值成本。

四、互換期權

互換期權是建立在利率互換或貨幣互換基礎上的期權。具體來說，在一項互換期權交易中，交易雙方就一筆利率互換或貨幣互換交易的各項有關內容達成協議，期權購買方有權在未來某一日期或未來一段時間之內，決定上述協議是否需要執行。作爲獲得這一權利的代價，期權購買方需要向期權出售方支付一定金額的期權費。

例9.12 某公司現有金額爲200萬美元，期限爲10年的債務，每半年以LIBOR浮動利率付息。該公司預期利率未來有可能上升，於是做了一筆利率互換交易，將浮動利率轉化爲5.96%的固定利率。但同時，該公司又擔心未來利率可能下降，這時該公司可利用互換期權交易滿足此需求。利用互換期權，該公司可以在支付一定費用的前提下，獲得一項比較靈活的風險管理手段：當市場的利率高於5.96%，該公司執行期權，按互換協議事先約定的5.96%的利率支付利息，鎖定風險；當市場利率低於5.96%，該公司可以選擇不執行利率互換，而在市場上以更低的LIBOR利率支付利息。

第四節　其他奇異期權

一、回溯期權

回溯期權是這樣一種期權：它給投資者提供一種能在價格最高點賣出，或在價格最低點買進的可能性。回溯期權的收益依附於標的資產在期權有效期（稱爲回溯時段）內達到的最大或最小價格（又稱爲回溯價）。就像亞式期權一樣，根據是資產價格還是執行價格採用這個回溯價格，回溯期權可以分爲以下兩類。

（一）固定執行價期權（Fixed Strike）

除了收益中用回溯價替代資產價格 S_T 之外，其他地方都與相應的常規期權沒有區別。因此，固定執行價看漲期權收益爲 $\max(S_{max} - X, 0)$，這裡 S_{max} 爲期權有效期內達到的最大資產價格；固定執行價看跌期權回報爲 $\max(X - S_{min}, 0)$，這裡 S_{min} 爲期權有效期内達到的最小資產價格。

(二) 浮動執行價期權 (Hoating Strike)

收益中回溯價替代的是執行價格 X 而非資產價格 S_T。例如，浮動執行價看漲期權收益為 $\max(S_T - S_{\min}, 0)$ [1]。顯然這里的回溯價應該是最小值 $S_{\min}$。試想一下，若取最大值 $S_{\max}$，則有 $S_{\max} \geq S_T$，這個期權一定不會被執行。在最小值的情況下，由於 $S_{\min}$ 必然小於 S_T，這個浮動執行價看漲期權的意義已經發生了一定的變化，因為它必然會被執行，只不過給予了期權買方以最優回溯價執行的權利。

回溯期權，或者說回溯的特徵，常常出現在市場上許多不同種類的金融產品中，尤其是固定收益類工具中。例如，其中的利息支付取決於在確定時間內利率到達的最高水平。總體來說，回溯期權很適合那些對資產價格波動幅度較有把握，但是對到期價格把握不大的投資者。它保證了持有者可以得到一段時期內的最優價格，因此與常規期權相比也相對昂貴。

二、兩值期權

兩值期權 (Binary Options) 是具有不連續收益的期權。兩值期權中的一種是或有現金期權，包括或有現金看漲期權和或有現金看跌期權。或有現金看漲期權 (Cash - or - Nothing Call)，在到期日，如果標的資產價格低於執行價格，該期權沒有價值；如果高於執行價格，則該期權支付一個固定的現金數額 Q。或有現金看跌期權 (Cash - or - Nothing Put) 的定義類似於或有現金看漲期權。在到期日，如果標的資產價格低於執行價格，該期權支付一個固定的現金數額 Q；如果高於執行價格，則該期權沒有價值。

另一種兩值期權是或有資產期權，包括或有資產看漲期權和或有資產看跌期權。或有資產看漲期權 (Asset - or - Nothing Call)，如果標的資產價格在到期日時低於執行價格，該期權沒有價值；如果高於執行價格，則該期權支付一個等於資產價格本身的款額。或有資產看跌期權 (Asset - or - Nothing Put) 的定義類似於或有資產看漲期權。在到期日，如果標的資產價格低於執行價格，該期權支付一個等於資產價格本身的款額；如果高於執行價格，則該期權沒有價值。

常規期權往往可以分解為兩值期權的組合。例如，一個常規歐式看漲期權就等於一個或有資產看漲期權多頭和一個或有現金看漲期權空頭之和，其中或有現金看漲期權的現金支付數額等於執行價格。這是因為歐式看漲期權到期收益為 $\max(S_T - X, 0)$，而兩值期權組合，即或有資產看漲期權多頭 + 或有現金看漲期權空頭。到期回報為：如果 $S_T > X(=Q)$，組合回報為 $S_T - Q = S_T - X$；如果 $S_T < X(=Q)$，組合回報為 $0 - 0 = 0$。顯然，兩值期權組合收益與歐式看漲期權收益是一樣的。類似地，一個常規歐式看跌期權等於一個或有資產看跌期權空頭和一個或有現金看跌期權多頭之和，其中或有

---

[1] 浮動執行價看跌期權回報等於 $\max(S_{\max} - S_T, 0)$。

現金看跌期權的現金支付金額等於執行價格。這是因爲歐式看跌期權到期回報爲 $\max(X - S_T, 0)$，而兩值期權組合，即或有資產看跌期權空頭＋或有現金看跌期權多頭，到期回報爲：如果 $S_T < X(= Q)$，組合回報爲 $Q - S_T = X - S_T$；如果 $S_T > X(= Q)$，組合回報爲 $0 - 0 = 0$。顯然，兩值期權組合回報與歐式看跌期權回報是一樣的。

三、打包期權

打包期權（Packages）是指由標準的歐式看漲期權、標準的歐式看跌期權、遠期合約、現金和標的資產本身等構成的證券組合。打包期權的經濟意義在於可以利用這些金融工具之間的關係，組合成滿足各種風險收益需要的投資工具。通常一個打包期權被交易者構建爲具有零初始成本的期權。這類期權的種類繁多，典型的有如下組合：

（一）差價組合

持相同期限、不同執行價格的兩個或多個同種期權頭寸組合（同是看漲期權，或者同是看跌期權）。主要類型有牛市差價組合、熊市差價組合、蝶式差價組合等。

（二）期差組合

期差組合是由兩份相同協議價格、不同期限的同種期權的不同頭寸組成的組合。

（三）對角協議

對角協議是由兩份協議價格不同、期限也不同的同種期權的不同頭寸組成的組合。

（四）跨式期權

跨式期權是由具有相同執行價格、相同到期日、同種標的資產的看漲期權和看跌期權組成的組合。跨式期權主要有兩類：底部跨式期權或買入跨式期權，由具有相同執行價格、相同到期日、同種標的資產的看漲期權和看跌期權的多頭組成的組合；頂部跨式期權或賣出跨式期權，由具有相同執行價格、相同到期日、同種標的資產的看漲期權和看跌期權的空頭組成的組合。

（五）條式組合

條式組合是由具有相同協議價格、相同期限的一份看漲期權和兩份看跌期權組成的組合。

（六）帶式組合

帶式組合是由具有相同協議價格、相同期限的兩份看漲期權和一份看跌期權組成的組合。

（七）範圍遠期合約

範圍遠期合約由具有相同期限，但協議價格不同的一個看漲期權多頭和一個看跌期權空頭，或者由一個看漲期權空頭和一個看跌期權多頭組成。其中，看漲期權的執行價格大於看跌期權的執行價格，並且選擇的執行價格應使得看漲期權的價值等於看跌期權的價值。

(八）延遲支付期權

延遲支付期權在開始時不支付期權價格，到期時支付期權價格的終值。當執行價格等於相應資產的遠期價格時，這類延遲支付期權又稱爲不完全遠期、波士頓期權、可選退出的遠期和可撤銷遠期。

例9.13 假定一家美國公司將在3個月後收到1 000 000英鎊，目前3個月遠期匯率爲1英鎊=1.920 0美元。該公司可以通過做空3個月期的英鎊遠期來鎖定匯率，這將保證該公司收到1 920 000美元。

一種替代選擇是買入一份執行價格爲K_1的歐式看跌期權，同時賣出一份執行價格爲K_2的歐式看漲期權，這裡$K_1 < 1.920\ 0 < K_2$。這被稱爲範圍遠期合約空頭。如果3個月後匯率低於K_1，則看跌期權被執行，該公司以匯率K_1賣出1 000 000英鎊。如果匯率位於K_1和K_2之間，兩個期權都不會被執行，該公司以當時市場即期匯率賣出英鎊。如果匯率高於K_2，則看漲期權被執行，該公司不得不以匯率K_2賣出英鎊。因此，範圍遠期合約空頭將該公司賣出英鎊的匯率鎖定在K_1和K_2之間。

如果該公司將在3個月後支付1 000 000英鎊，則可以賣出一份執行價格爲K_1的歐式看跌期權，同時買入一份執行價格爲K_2的歐式看漲期權。這被稱爲範圍遠期合約多頭。通過同樣的分析可知，範圍遠期合約多頭將該公司購買英鎊的匯率鎖定在K_1和K_2之間。

隨著範圍遠期合約中看漲期權和看跌期權的執行價格越來越接近，範圍遠期合約將變成常規的遠期合約。範圍遠期合約空頭變成遠期合約空頭，而範圍遠期合約多頭則變成遠期合約多頭。

四、非標準美式期權

標準美式期權在有效期內任何時間都可以執行且執行價格總是相同的，非標準美式期權則對其做了一些改動，場外市場進行交易的美式期權有時就會有一些非標準的特徵。例如，只能在某些確定的日期提前執行，這種期權被稱爲百慕大期權（Bermudan Option）；只允許在期權有效期內某一段時間內提前執行；執行價格在期權有效期內發生變化。

由公司發行的基於其公司自己股票的認股權證有時會具有上面一些或全部特徵。例如，一個7年期認股權證，有可能只能在第3年至第7年的特定日期執行，其中在第3年至第4年中執行價格爲30美元，接下來兩年內執行價格爲32美元，最後一年執行價格爲33美元。

五、遠期開始期權

顧名思義，遠期開始期權（Forward Start Options）是現在支付期權費而在未來某時刻才開始的期權。我們在時刻t_0購買了期權，但期權在時刻$t_1(t_1 > t_0)$才啓動，啓動時執行價格爲當時的資產價格 S_1 [1]，而該期權將在時刻 t_2（$t_2 > t_1 > t_0$）到期。有時員工股票期權可視爲遠期開始期權。這是因爲該公司（不明確地或明確地）向員工作出在將來時刻發放平價期權的承諾。

六、吶喊期權

吶喊期權（Shout Options）是一個常規歐式期權加上一個額外的特徵，即在整個期權有效期內，持有者可以向空頭方"吶喊"一次。在期權到期時，期權持有者可以選擇以下兩種損益中的一種：一個是常規歐式期權的回報；另一個是根據吶喊時刻期權的內在價值得到的回報。投資者當然選擇其中較大者。

我們可以舉一個看漲吶喊期權的例子來說明。假設一個看漲期權的執行價格是 50 美元，持有者在標的資產價格上升到 60 美元的時候吶喊了一次，如果到期時資產價格低於 60 美元，持有者就可以獲得 10 美元 [2]；如果到期資產價格高於 60 美元，持有者就可以按到期價格計算持有者的收益。

吶喊期權實際上和回溯期權有點類似，但由於吶喊次數有限，其價格相對要便宜一些。

七、複合期權和選擇者期權

複合期權（Compounded Options）和選擇者期權（Chooser Options）都是期權的期權，即二階期權。

複合期權在 t_0 時刻給予持有者一個在特定時間 t_1（$t_1 > t_0$）以特定價格買賣另一個期權的權利，這個標的期權將在 t_2（$t_2 > t_1 > t_0$）時刻到期。複合期權是二階期權，因爲複合期權給了持有者對另一個期權的權利。

選擇者期權類似於複合期權，其特徵在於，在一段特定時間之後，持有者可以選擇購買一個看漲期權或是購買一個看跌期權。假設作出選擇的時刻爲 t_1，則選擇者期權在 t_1 時刻的價值爲

$$\max(c, p)$$

其中，c 爲選擇者期權中標的看漲期權的價值，p 爲選擇者期權中標的看跌期權的價值。

八、多資產期權

多資產期權（Multi-asset Options）中往往包含兩個或兩個以上標的資產，這使得期權在多維世界里得到擴展，比如在兩種標的資產的情況下是三維的，包括兩種標的資產價格和時間因素。多資產期權主要有以下幾種：

（一）彩虹期權

彩虹期權（Rainbow Options）又稱爲利差期權，是指標的資產有兩種以上的期權，

---

[1] 這樣，期權啓動時是一個平價期權。
[2] 吶喊時，期權的內在價值等於 10 美元。

這種期權的到期支付額取決於兩種或多種資產中的最高額與合同價格之差，或者就是兩種資產價格之差。

(二) 籃子期權

籃子期權（Basket Options）是多種標的資產的一個投資組合的期權，籃子期權的回報取決於一籃子資產的價值，這些資產包括單個股票、股票指數或是外匯等。這種期權在現代的結構化產品中非常多見。一籃子期權通常比單個資產期權的總價值便宜，這也是爲什麼一份一籃子期權要比一籃子單個期權在費用上更有效率的原因。隨著投資者對其投資組合分散化要求的日益增長，人們對這種投資組合期權的需求也不斷增加。

(三) 資產交換期權

資產交換期權是又一種常見的多資產期權，它可以有多種形式，如對於一個美國投資者而言，用澳元購買日元的期權就是用一種外幣資產交換另一種外幣資產的期權，股權收購要約則可以看成用一個公司的股份換取另一個公司股份的期權。

九、奇異期權的發展

奇異期權是世界上最具有生命力的金融工具之一，它的內涵和外延無時不處在變化和拓展之中，沒有人能夠說出究竟有多少種奇異期權，也沒有人能夠精確地對它們進行分類和完全描述，上面介紹的只是最常見的一些奇異期權。只要市場需要，奇異期權就會不斷延展不斷衍生，過去或現在被稱爲奇異期權的東西，也正在成爲進一步衍生的基礎。下面可以看一些有趣的例子：

部分回溯期權：其回溯時段只是期權有效期的一部分，而不再是整個有效期，這樣期權價格將會有所下降，對於那些認爲資產價格只可能在一段時間內發生有利變化的投資者來說，這是很有吸引力的。

俄式期權：一種永遠不會到期的美式回溯期權，期權持有者可以選擇任意時刻執行期權，執行時收到資產價格的歷史最大值或最小值（這時回溯時段是整個歷史）。

回溯－亞式期權：這種期權的價值受到多個路徑依賴變量的影響，是回溯期權和亞式期權的結合。

或有期權費期權：在這種期權中，期權費是在期權合約訂立日確定的，但是只有當期權到期時處於實值狀態時才會支付，如果期權在到期日處於虛值狀態，那麼期權的出售者就得不到任何東西。由於期權出售者有可能得不到任何費用，因此或有期權費期權的費用要高於常規期權的費用。

巴黎期權：一種障礙期權，但是其障礙特徵只有在標的資產價格在障礙值之外保持了預先要求的時間長度之後，才會被觸發。

階梯期權：一種離散取樣的回溯期權，但離散取樣的是資產價格而非時間，假設設定的價格梯子是5美元、10美元……55美元、60美元……如果回溯期內資產價格的最大值是58美元，則使用所在階梯中的下限55美元作爲計算回報的最大值。

可見，奇異期權確實是無法盡述的，可以說，它的豐富多變就是金融工程的核心和魅力的體現。

第五節　奇異期權的主要性質

與常規期權相比，奇異期權主要具有以下一些性質和特徵：分拆與組合、路徑依賴、時間依賴、維數和階數。需要註意的是，因爲奇異期權變化很多，本節內容並不能包括奇異期權的所有特點。

一、分拆與組合

通常見到的奇異期權往往是對常規期權和其他一些金融資產的分拆和組合，其目的是得到我們所需要的損益，如利率多期期權、打包期權。

分拆與組合的思想還可以用在奇異期權的定價上，這一方法也是金融工程的核心之一。通過對奇異期權到期時的損益進行數學整理，常常可以把奇異期權分拆爲常規期權和其他金融資產的組合，從而可以大大簡化定價過程。

二、路徑依賴

路徑依賴（Path dependence）性質是指期權的價值會受到標的變量所遵循路徑的影響，它又可以分爲弱式路徑依賴和強式路徑依賴。例如，障礙期權是弱式路徑依賴，而亞式期權和回溯期權則是強式路徑依賴。

由於詳細區分弱式路徑依賴和強式路徑依賴需要很專業的期權定價知識，故在此我們不作過多的論述。與弱式路徑依賴相比，強式路徑依賴的顯著區別是期權到期時的損益需要更多的關於標的變量所遵循路徑的信息。這一點反應在定價模型中，就是需要增加獨立的變量。

三、時間依賴

奇異期權的一種變化形式是在常規期權中加入時間依賴（Time Dependence）的特性。比如說，百慕大期權可以看成美式期權只能在某些確定的日期提前執行。此外，敲出期權的障礙位置也可以隨著時間的不同而不同，每個月都可以設定一個比上個月更高的水平；或者一個敲出期權其障礙只在每個月的最後一星期有效。這些變化使得期權合約更加豐富，也更符合客戶和市場的特定需求。

四、維數

維數（Dimensions）指的是基本獨立變量的個數。常規期權有兩個獨立變量 S 和 t，因此是二維的。弱式路徑依賴期權合約的維數與那些除了路徑依賴之外其他條件都完全相同的期權合約的維數相同。而強式路徑依賴的期權合約，則會依賴更多的獨立變量。

五、階數

奇異期權最後的一個分類特徵是期權的階數，這不僅是一種分類特徵，還引入了建模的問題。常規期權是一階的，其損益僅直接取決於標的資產價格，其他的如路徑依賴期權，如果路徑變量直接影響期權價格的話，也是一階的。若某個期權的損益和價值取決於另一個(些)期權的價值，就被稱爲高階期權。典型的二階期權的例子是複合期權和選擇者期權。

本章小結

1. 比標準的歐式或美式期權更複雜的期權常常被叫做奇異期權，它們的特點是沒有標準的形式。大多數的奇異期權都是在場外市場進行交易的，往往是金融機構根據客戶的具體需求開發出來的，或是嵌入結構性金融產品中以增加結構性產品的吸引力，其靈活性和多樣性是常規期權所不能比擬的。

2. 障礙期權是指期權的回報依賴於標的資產的價格在一段特定時間內是否達到了某個特定的水平，一般可以分爲敲出期權、敲入期權、向上期權和向下期權。障礙期權屬於弱式路徑依賴期權。

3. 亞式期權最大的特點在於它在到期日的支付依賴於標的資產在一段特定時間內的平均價格，回溯期權的收益依附於標的資產在期權有效期內達到的最大或最小價格，它們都屬於強式路徑依賴期權。

4. 多期期權是由若干個單期期權或子期權構成的組合，其整個期限被分爲若干個互不重疊但又緊密鄰接的獨立子期限。利率頂、利率底和利率套是在場外市場進行交易的利率多期期權。利率頂可視爲一系列浮動利率歐式看漲期權的組合，利率頂的有利之處在於讓其持有者爲浮動利率資金設置了一個利率上限，鎖定了最大借款成本，同時讓持有者可以從利率的降低中獲益。利率底可視爲一系列浮動利率歐式看跌期權的組合，利率底的最大好處在於讓其持有者爲浮動利率投資設置了一個利率下限，鎖定了最小投資收益，同時讓持有者可以從利率的上升中獲益。而利率套則是由利率頂和利率底構成的組合。

5. 其他的奇異期權還包括兩值期權（或有現金期權、或有資產期權）、打包期權（由標準的歐式期權和其他金融資產組成的證券組合）、非標準美式期權（具有非標準的特徵）、遠期開始期權（現在支付期權費而在未來某時刻才開始的期權）、二階期權（複合期權和選擇者期權）、多資產期權（多個標的資產的期權）以及吶喊期權等。

6. 奇異期權主要具有以下一些性質和特徵：分拆與組合、路徑依賴、時間依賴、維數和階數。

思考與練習題

1. 奇異期權的主要性質有哪些？
2. 分別爲弱式路徑依賴期權、強式路徑依賴期權、高階期權、多期期權舉出幾例。
3. 分析障礙期權的性質。
4. 解釋爲什麼當執行價格小於障礙水平時，向下敲出看跌期權沒有任何價值。
5. 爲什麼障礙期權會受歡迎？
6. 亞式期權受歡迎的原因是什麼？
7. 分析利率頂、利率底的運用。
8. 解釋遠期開始期權與選擇者期權的區別。
9. 基於某個資產價格的歐式向下敲出期權的價值與基於該資產期貨價格的歐式向下敲出期權價值相等嗎（該期貨合約到期日與期權到期日相同）？

第十章　信用衍生產品

內容提要：本章主要介紹信用風險和信用衍生產品兩部分內容。其中，信用風險部分主要介紹信用風險的含義、信用風險的影響以及信用風險管理的主要方法；信用衍生產品部分主要介紹信用衍生產品的定義、種類和應用。交易頻繁的信用衍生產品——信用違約互換、總收益互換、信用期權、信用價差期權和信用關聯票據的交易原理和運用是本章的重點和難點。

在20世紀90年代以前，市場中的各種衍生金融產品都是應人們管理各類市場風險的需要而設計和推出的。在管理各種市場風險方面，這些衍生金融產品確實是方便和有效的。但是，在20世紀90年代以後，金融風險又有了新的變化，信用風險越來越嚴重。從損失程度來看，信用風險可能造成的損失遠大於各種市場風險可能造成的損失。例如，債券持有人利用傳統的衍生金融產品可以管理其面臨的利率風險，使其不會因爲利率上升導致的債券價格下跌而蒙受損失。但是，如果他們將債券持有至到期，債券發行者（即債務人）因各種主客觀原因不能履行還本付息的義務，則債券持有人將血本無歸。

人們原來使用的與市場風險相關的衍生產品無法對信用風險進行管理。爲了有效地管理信用風險，20世紀90年代初，各種信用衍生產品應運而生。雖然其存在的時間不長，但它的發展非常迅速，受到銀行等金融機構的廣泛歡迎。[1]

第一節　信用風險

一、信用風險概述

自20世紀90年代以來，在全球經濟、政治、技術快速變化的背景下，信用產品也以指數形式增長着。居民個人的消費信貸、企業的應收、應付款項和企業債券，各國的政府債務都在不斷大幅上升。

隨著信用的迅速發展，信用風險也日益暴露出來，引起人們的廣泛關註。從借款人不能按時還款、到銀行呆帳、壞帳的增多，再到債務國不能償還債務本息。這一切變得如此頻繁，已經影響到了社會正常的經濟秩序。

---

[1] 資料來源：英國銀行家協會（BBA）和國際互換與衍生品協會（ISDA）的調查報告。

(一) 信用風險和信用事件

信用風險也稱違約風險，是指交易對手未能履行約定契約中的義務而造成經濟損失的風險，即受信人不能履行還本付息的責任而使授信人的預期收益與實際收益發生偏離的可能性。

信用風險主要有三個要素：未償付風險、信用利差風險和信用級別下降風險。未償付風險指債務人無法履行其承諾的義務。信用利差風險指由於信用利差上升導致的資產價格下跌的風險。（此處的信用利差指信用敏感性債券收益率與無信用風險債券收益率之間的利差，該利差的變動必定是由於信用敏感性債券的信用風險預期的變化所導致的。因此，該利差的變動只體現信用風險變動，與利率風險變動無關。）利差一般會隨著宏觀經濟走勢而變動，即當經濟蕭條時，利差會變寬；而當經濟繁榮時，利差會變窄。信用級別下降風險是指債券被主要的信用評級機構評級下調後，債券的價格會下降，從而給投資者帶來風險。

與這三種信用風險要素相對應，信用風險體現爲具體的事件，我們稱爲信用事件。根據國際互換與衍生品協會的定義，信用事件有如下三類：

（1）因破產或其他原因，債務人無力或不願按期償還債務；

（2）因財務重組或債務重組等原因，標準普爾或穆迪等著名的信用評級機構對債務人的信用評級下降；

（3）信用價差的變動。

由此可見，信用事件包括很多方面，但是這些信用事件最終都將導致債務人主觀或客觀的違約。因此，這些信用事件通常也被稱爲"信用違約事件"。

(二) 信用風險對債務雙方及商業銀行的影響

1. 對債券發行者的影響

企業的信用級別對債券發行者的融資成本影響很大。信用級別高的企業的信用風險低，金融機構或投資者對其融資的回報要求低，從而其融資成本低；而對於信用級別低的企業，則相反。可見，企業融資成本與其信用風險的正相關性使得企業受信用風險影響極大。

同時，企業的信用風險級別不僅受到本企業特殊事件的影響，而且還受到其他種種不可預料的風險因素影響。例如，平均違約率升高的消息會使銀行增加對違約的擔心，從而提高貸款的價格，使企業融資成本增加。可見，即使沒有發生對企業有影響的特殊事件，經濟萎縮也可能增加債務成本。

2. 對債券投資者的影響

對於某種證券來說，投資者是風險承擔者。證券信用級別的變化會影響到證券的價值，進而影響到投資者的收益。例如，假設某共同基金持有的債券組合信用級別下降，進而導致該債券組合的價值下降，基金從該債券組合獲得的平均收益率也將下降。

3. 對商業銀行的影響

當借款人的銀行貸款違約時，商業銀行是信用風險的承擔者，並且商業銀行承擔的信用風險相對較高。首先，銀行的放款通常在地域上和行業上較爲集中，這就限制了通過分散貸款來降低信用風險。其次，信用風險是貸款的主要風險。隨著無風險利率的變化，大多數商業貸款都是設計成是浮動利率的。這樣，無風險利率變動對商業銀行基本上沒有什麼風險。而當貸款合約簽訂後，信用風險貼水則是固定的。如果信用風險貼水升高，則銀行就會因爲貸款收益不能彌補較高的風險而受到損失。

二、信用風險管理的方法

信用風險管理作爲信用活動的重要內容，其方法在不斷地改進和發展，目前對信用風險的管理大致有三種方式：通過信用風險模型管理、進行全面風險管理和通過信用衍生產品管理。

(一) 通過信用風險模型管理

1997年4月初，美國J. P. 摩根財團與其他幾個國際銀行——德意志摩根建富、美國銀行、瑞士銀行、瑞士聯合銀行和BZW共同研究，推出了世界上第一個評估銀行信貸風險模型——Credit Metrics。該模型以信用評級爲基礎，計算某項貸款或某組貸款違約的概率，然後計算上述貸款同時轉變爲壞帳的概率。該模型覆蓋了幾乎所有的信貸產品，包括傳統的商業貸款、信用證和承付書、固定收益證券、商業合同（如貿易信貸和應收帳款）以及由市場驅動的信貸產品（如掉期合同、期貨合同和其他衍生產品等）。隨後，很多投資銀行都基於該模型研究自己的信用風險模型，對企業的信用風險進行預測和管理。

(二) 進行全面風險管理

1997年，亞洲金融危機的爆發促使人們更加重視市場風險與信用風險的綜合模型以及操作風險的量化問題，即全面風險管理（對整個機構內各個層次的業務單位、各種類型風險的通盤管理）引起人們的高度重視。

全面風險管理要求將信用風險、市場風險、各種其他風險以及包含這些風險的各種金融資產與資產組合、承擔這些風險的各個業務單位納入統一的體系中，對各類風險再依據統一的標準進行測量並加總，進而依據全部業務的相關性對風險進行控制和管理。這種方法不僅是銀行業務多元化後銀行風險管理的一種需求，也是當今國際監管機構對各大金融機構提出的一種要求。

(三) 通過信用衍生產品管理

隨著全球金融市場的迅猛發展，一種用於管理信用風險的新技術——信用衍生產品逐漸成爲金融界關注的對象。信用衍生產品的出現，使得信用風險與其他風險相分離，可以單獨買賣，使得投資者規避信用風險的願望成爲可能。其中，最常用的信用衍生工具包括以下幾種：信用違約互換、總收益互換、信用價差互換、信用關聯票據、貸款等資產證券化。

第二節　信用衍生產品概述

自20世紀90年代以來，信用衍生產品已日益受到企業、投資者和金融機構的重視，它們使市場參與者能夠像對市場風險那樣對信用風險進行交易和配置。傳統上銀行的主要業務是發放貸款，因此銀行的信用風險暴露比較突出。20世紀90年代末，銀行開始大量利用衍生產品將自身貸款組合的信用風險轉移給金融市場的其他參與者，以此來主動管理自己的信用風險。

一、信用衍生產品概況

(一) 信用衍生產品的含義

信用衍生產品這一概念最初是在巴黎舉行的國際互換與衍生品協會1992年年會上提出的，信用衍生產品是指為了減少或消除信用風險而設計的一類金融合約。交易雙方通過簽署有法律約束力的金融合約，使信用風險從依附於貸款、債券上的眾多風險中獨立出來，並從一方轉移到另一方。其最大的特點就是把信用風險分離出來，並提供轉移的機制。

對於銀行等金融機構而言，其面臨的主要風險是信用風險，而信用衍生產品的出現給銀行提供了降低信用風險的手段。

例如，銀行A向一家運輸公司提供了100萬美元的貸款，該運輸公司的信用級別為AA級。同時，銀行B向一家能源公司也提供了100萬美元的貸款，該能源公司的信用級別也為AA級。為了分散風險，兩家銀行各拿出50萬美元貸款進行互換。因為運輸業和能源業同時發生危機比單獨一個行業發生危機的可能性要小得多，從而該交易降低了兩家公司因交易對手因違約可能產生的信用風險。

信用衍生品的出現不僅受到銀行等金融機構的歡迎，也受到了許多投資者的歡迎。在低利率的環境中，收益的降低使得很多投資者想通過轉向非傳統市場來尋求更高的收益。信用衍生產品市場為這些投資者提供了機會。

(二) 信用衍生產品的發展史

信用衍生產品市場起源於美國，最早出現的品種是信用違約互換，該產品於20世紀90年代初出現於美國的紐約。1993年，信託銀行（Bankers Trust）和瑞士信貸銀行的金融產品部為了防止它們在日本的貸款遭受損失，出售了一種償還價值取決於具體違約事件的互換合約。這種合約承諾，如果原生貸款不發生違約事件，銀行如期收回貸款本息，則投資者可根據該合約的規定而獲得一定的收益；但當貸款不能償還，銀行受到損失時，則投資者必須向銀行支付一定的金額，以彌補銀行的損失。

20世紀90年代後，國際金融領域相繼出現了一系列重大事件，使信用風險越來越嚴重。20世紀90年代末和2000年年底，亞洲金融危機的發生和安然公司破產等事件使得企業信用違約概率上升，從而信用風險升級，導致人們對信用風險更加關注，信用衍生產品市場的參與者也發生了變化，從最初的銀行擴展到固定收益投資者、保險公司、高收益市場基金以及非金融機構。同時，信用衍生產品交易也從北美擴展到歐洲，甚至在拉美和亞洲也形成市場。

隨著時間的推移，監管機構和市場參與者逐步意識到在分散信用風險、提高流動性等方面，以 CDS 爲代表的信用衍生工具對推動金融市場發展、服務實體經濟有重要價值。自第一個信用衍生產品誕生以來，不僅信用衍生產品的交易規模日益上升，而且投資銀行家們也不斷創造新的信用衍生產品品種。例如，基本的信用違約互換的交易對象是一個單獨的信用主體，如果基礎資產發生違約，則互換賣方會發生很大的損失，這使得保守的投資者對該產品不太感興趣。於是，投資銀行家們又發展出"一籃子信用違約互換"，這大大降低了投資風險，從而吸引了許多保守的投資者。又如，1998 年 11 月，芝加哥商業交易所引入第一個場內交易的信用衍生產品，即季度破產指數期貨，這打破了信用違約互換場外交易的歷史。

根據國際清算銀行的統計數據，截至 2015 年年底，全球金融衍生品市場總規模已達到 556.36 萬億美元。其中，場外市場續存名義本金 492.91 萬億美元，交易所市場續存名義本金 63.45 萬億美元。最重要的信用衍生產品 CDS 在場外衍生品市場中占比 2.49%，是全球場外衍生品市場的第三大品種。全球 CDS 的市場規模 2007 年年末達到了創紀錄的 58.24 萬億美元，由於受到 2008 年金融危機的影響，再加之產品要素標準化和中央對手方清算機制的引入，CDS 市場規模告別了高速增長的態勢，之後節節下滑——2008 年年中爲 57.4 萬億美元，2008 年年末爲 41.88 萬億美元，2009 年年中爲 36.05 萬億美元，而 2009 年年末已下滑至 32.69 萬億美元，2015 年降至 12.29 萬億美元。

從市場參與者的構成角度看，根據國際清算銀行的統計，國際 CDS 市場參與者主要包括商業銀行、對衝基金、投資銀行（券商）、投資公司、養老金、企業、政府機構等。其中，商業銀行是最主要的市場參與者，占據了絕大部分的市場份額。隨著市場的不斷發展，投資銀行、保險公司和對衝基金等機構也越來越多地參與信用衍生產品交易，並獲得一定的市場份額（申報交易商爲 BIS 的統計口徑是指參與到 BIS 三年一度市場調查中的做市商，目前有 74 家，基本上包含了國際上的大型銀行）。雖然 2008 年金融危機後對於信用衍生工具市場存在一些爭議，但隨著新監管制度的執行，國際掉期與衍生工具委員會（International Swaps and DerivativesAssociation，ISDA）和市場參與者對產品設計的不斷完善，信用衍生工具繼續爲金融市場創造着價值，最新的巴塞爾協議也依然肯定和鼓勵信用衍生工具對信用風險管理的意義和作用。

二、信用衍生產品的風險及作用

（一）信用衍生產品的風險

雖然信用衍生產品降低了信用風險，但同時也給其使用者帶來了新的金融風險。與其他櫃臺交易產品一樣，信用衍生品同樣面臨著操作風險、交易對手風險、流動性風險和法律風險。

1. 操作風險

信用衍生產品最大的風險是操作風險。操作風險指在缺乏內控的情況下，由於過度投機導致的風險。英國巴林銀行的倒閉就是因爲其內部控制出現漏洞，形成巨大的操作風險隱患，其交易員進行了不當的衍生產品交易而公司未發現，從而造成了嚴重後果。但操作風險也是較容易控制的一種風險。只要建立嚴格的內部控制程序並且堅決執行，就可以從根本上杜絕操作風險。

2. 交易對手違約風險

當合約價值變動對交易對手不利時，交易對手存在違約的風險，因此信用衍生產品並不能完全消除信用風險。但由於信用衍生產品的交易對手一般爲一流的商業銀行，或爲信用等級爲 AAA 級的投資銀行，這兩類機構的違約概率一般較小，因此信用衍生產品的交易對手違約風險一般較小。

3. 流動性風險

由於信用衍生品一般是場外交易，並且沒有二級市場，因此其流動性風險較高，這大大降低了信用衍生品對投機者的吸引力。

4. 法律風險

信用衍生產品都是通過櫃臺交易進行的，其合約多是非標準合約，因此合約的條款不合法或是不規範等問題就給信用衍生產品的交易者帶來了法律風險。

(二) 信用衍生產品的作用

信用衍生品的發展對商業銀行等金融機構、投資者、信用風險市場的發展都有重要作用，具體如下：

1. 提供了新的轉移和分散信用風險的手段

商業銀行主要是通過發放貸款並提供相關的配套服務來獲取利潤。這一點使其不可避免地處於信用風險暴露的地位。傳統的商業銀行信用風險管理手段主要包括分散投資、防止授信集中化、加強對借款人的信用審查、要求借款人提供抵押或擔保等，這些都需要大量人力物力的投入，並且這些措施在實踐中有時很難執行。例如，地方性銀行就很難通過跨區域信貸來分散風險。這些傳統措施只能在一定程度上降低信用風險水平，而很難使銀行完全擺脫信用風險，無法適應現代信用風險管理發展的需要。而近年來信用衍生產品的出現使得商業銀行信用風險管理方式出現了新的飛躍，較好地解決了傳統的信用風險管理問題。

2. 具有保密性

以前銀行主要通過貸款出售來管理信用風險，但這往往是銀行客戶所不願看到的事情。這種方法會對銀行和客戶的關係造成損害，銀行可能會因此喪失以後對該客戶的貸款機會以及其他一些業務，如獲利頗豐的諮詢業務等。而利用信用違約互換、信用價差互換等信用衍生產品則可以避免這種不利影響。銀行通過這些信用衍生產品將貸款的信用風險剝離出來轉讓給外部投資者，並且不會改變其與原貸款客戶的業務關係，因此可以在不必告知債務人的情況下達到降低違約風險的目的，避免了因出售貸款給客戶關係帶來的不利影響，大大增強了銀行調節和管理信用風險的靈活性，從而在降低信用風險與維持客戶關係之間取得較好的平衡。

3. 有利於信用風險市場定價的形成

信用衍生品成功地將信用風險從其他風險中剝離出來，使得信用風險可以單獨交易。信用衍生產品市場交易價格實質上就是在既定信息條件下投資者對基礎資產信用風險的直接定價，大大增加了信用風險定價的透明度和準確性。

4. 爲一些投資者提供了進入新興市場和貸款市場的便捷渠道

在新興市場，投資者直接投資於新興市場往往會受到各種複雜的監管因素和投資制度的制約，而通過參與信用衍生產品交易便可以輕鬆繞過有關障礙間接投資新興市場。

5. 可以大大提高銀行資本的報酬率

根據 1988 年《巴塞爾協議》的規定，一家銀行的總資本不能低於風險資產總額的 8%。銀行信貸資產的資本要求爲貸款本金 × 風險權重 × 8%，其中風險權重視交易對手而定。例如，經濟合作與發展組織國家銀行之間的貸款的風險權重爲 20%；銀行持有的高風險資產，如對企業的貸款，其風險權重爲 100%。因此，通過信用衍生產品交易，銀行就可以巧妙地實現交易對手的轉換，利用風險權重的差異來節約資本金，從而提高資本收益率，獲得顯著的財務槓桿效應。

假設有 A、B 兩家銀行，A 銀行的信用等級較 B 銀行高。A 銀行的資金成本是 LIBOR － 0.20%，B 銀行的資金成本是 LIBOR + 0.25%。現在，A 銀行向企業發放利率爲 LIBOR + 0.375% 的 1,000 萬美元的貸款，它必須爲該筆貸款保持 80 萬美元的資本來滿足 8% 的資本充足率要求。假設 LIBOR 爲 5.625%，則：

A 銀行淨收益 = 10,000,000 × 6% －（10,000,000 － 800,000）× 5.425% = 100,900（美元）

A 銀行資本回報率 = 100 900/800 000 = 12.6%

如果 A 銀行不願意承擔該筆貸款的風險，則與 B 銀行簽訂一個信用互換協議，B 銀行每年從 A 銀行收取 37.5 個基點的費用，同時在合同違約後承擔向 A 銀行賠償損失的義務。這樣，貸款違約的風險全部轉移給 B 銀行，A 銀行只承擔 B 銀行違約的風險。A 銀行 1,000 萬美元貸款的風險權重變爲 20%，即 A 銀行只要爲該筆貸款維持 160,000（1,000 × 20% × 8%）美元的資本就能達到資本充足的要求。此時：

A 銀行淨收益 = 10,000,000 ×（6 － 0.375）% －（10,000,000 － 160,000）× 5.425%
　　　　　　 = 28,680（美元）

A 銀行資本回報率 = 28,680/160,000 = 17.9%

從以上的分析中，我們可以看出，A 銀行通過簽訂信用互換協議不僅避免了該筆貸款的違約風險，同時還使其資本回報率增加了 42% ［(17.9% － 12.6%)/12.6%］。

此外，值得註意的是，雖然信用衍生產品市場增長潛力巨大，但其存在的一些深層次矛盾也不容忽視。信用衍生產品交易過程中信息的嚴重不對稱、對某些術語（如"信用事件"）理解的分歧、標準違約風險模型和定價公式的缺乏以及會計和稅收方面的模糊性問題等，都成爲當前信用衍生產品市場發展的隱憂。因此，如何加強對信用衍生產品的內部控制以及外部監管都是目前理論界和實務界亟待解決的問題。

第三節　信用衍生產品的類型及應用

作爲一種新生事物，雖然信用衍生產品存在的時間還不長，但在信用衍生產品市場上，具體的產品卻已開發出了很多。常見的信用衍生產品主要有五種：第一種是信用違約互換（Credit Default Swap，CDS），它是最簡單，也是目前運用最廣泛的一種信用衍生產品；第二種是總收益互換（Total Return Swap，TRS），它和信用違約互換的價值都主要取決於違約概率的期限結構；第三種是信用期權與信用價差期權（Credit Spread Option，CSO），它的價值取決於信用價差的波動性；第四種是資產擔保債券和債務抵押債券（Asset-backed Security，ABS；Collateralized Debt Obligations，CDO）；第五種是信用關聯票據（Credit-linked Notes，CLN），其價值主要取決於所約定的參考資產的信用狀況。

一、信用違約互換及以信用違約互換爲標的的衍生品

（一）信用違約互換

市場上最流行的信用衍生產品是信用違約互換，它已經成爲管理信用風險的重要工具。這種合約給信用違約互換的買入方提供了信用保險。信用違約互換的購買者需要定期地向信用違約互換的出售者支付一定的費用。如果在信用違約互換期限內，發生信用事件，則信用違約互換的出售者將支付一定的金額給信用違約互換的購買者。而如果期間未發生信用事件，則信用違約互換的出售方不必支付。在這一交易過程中，信用違約互換的購買者被稱爲"信用保護的買方"，信用違約互換的出售者被稱爲"信用保護的賣方"，而債券的發行者被稱爲"信用主體"，由信用主體發行的債券被稱爲"參考資產"。

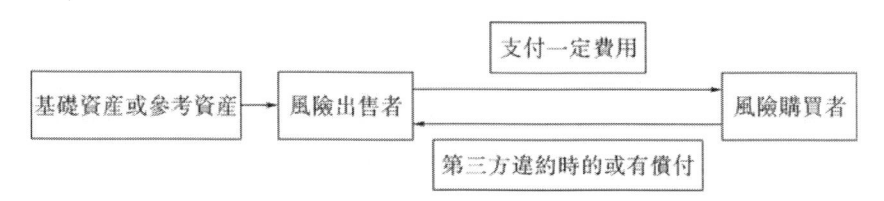

圖 10.1　信用違約互換示意圖

信用違約互換與其說是一個互換產品，不如說更像一個期權，因爲一旦沒有發生約定的信用事件，買方是得不到償付的，這更像是買入看跌期權來保護可能的信用損失。

我們通過下面的例子來具體說明信用違約互換的交易過程：假設信用違約互換的交易雙方在 2014 年 3 月 1 日簽署了一個基於 A 債券的名義本金爲 100 萬美元的 5 年期信用違約互換，合約約定的信用事件爲：第一，參考資產的債務人破產或無力償付；第二，在信用違約互換期限內，支付義務人不履行支付義務（包括利息和本金）。在合

約存續期購買方每年向出售方支付 90 個基點。如果沒有發生信用事件，購買方不會收到出售方的支付，並且在 2015 年、2016 年、2017 年、2018 年以及 2019 年這幾年中每一年的 3 月 1 日都要支付 9 000 美元給出售方。如果在這 5 年期間發生信用事件，假設在 2017 年 9 月 1 日發生信用事件，如果合約明確規定實物結算，則購買方有權將面值 100 萬美元的參考債務以 100 萬美元賣給出售方；如果合約需要現金結算，則定價代理機構將選舉一些交易商，由他們來確定信用事件發生某些預先確定的天數後的標的債務的二級市場買賣中間價格。如果證實參考債務的價值是面值的 25%，即每 100 美元的面值對應的參考債務的價值是 25 美元，那麼現金支付將是 75 萬美元。在實物結算或現金結算的情形下，購買方將需要向出售方支付在 2017 年 3 月 1 日和 2017 年 9 月 1 日之間購買 CDS 合約在這一階段中合理的費用（近似爲 4,500 美元），此後將不需要支付費用給 CDS 的出售方。

一般，5 年期的 CDS 最普遍，但像 1 年、2 年、3 年、7 年和 10 年期的 CDS 也不少見，常見的合約到期日爲 3 月 20 日、6 月 20 日、9 月 20 日和 12 月 20 日。CDS 的購買方的付款期限一般是 3 個月。另外，許多公司和國家已經成爲 CDS 合約的參考實體。

信用違約互換不僅可以轉移自己的信用風險，而且可以分散信用風險。表 10.1 是某年某月做市商對信用違約互換的報價。例如，對於 A 公司來說，做市商準備以每年 16 個基點購買 3 年期違約保護，並且以每年 24 個基點出售 3 年期違約保護；以每年 20 個基點購買 5 年期違約保護，並且以每年 30 個基點出售違約保護（其他數字含義類似）。假設在該時刻，某家銀行持有 D 公司 1 億美元的未償還貸款且關注它的風險暴露，爲了規避 D 公司的信用風險，該銀行可以從做市商那裡以每年 135 基點，即 135 萬美元購買本金爲 1 億美元，參考資產爲 D 公司貸款的 5 年期 CDS，從而銀行將承擔的 D 公司信用風險暴露轉移到做市商那裡。

然而除了"直接消除 D 公司的信用風險"這一方案，銀行可能更希望與來自完全不同行業的 E 公司交換風險暴露。那麼，銀行可能以每年 125 萬美元出售 E 公司 1 億美元的 5 年期 CDS，同時購買 D 公司的 CDS，該策略的淨成本將是 10 個基點，即每年 10 萬美元。該策略表明信用違約互換可以用於分散信用風險。

表 10.1　　　　　　　　信用違約互換報價（基點）

公司	信用等級	3 年	5 年	7 年	10 年
A 公司	AAA	16/24	20/30	26/37	32/53
B 公司	AA −	21/41	40/55	41/83	56/96
C 公司	A	59/80	85/100	95/136	118/159
D 公司	BBB +	105/125	115/135	117/158	182/233
E 公司	BB +	115/145	125/155	200/230	144/174

信用違約互換合約雖然降低和分散了信用風險，但不能完全消除信用風險，因爲信用違約互換的對手有違約的可能性。因此，一份有效率的信用違約互換合約應該確

保標的資產的違約風險與互換合約賣方的違約風險具有較低的相關性。表10.2給出了標的資產為5年期BBB級債券不同信用級別互換對手在不同相關性下對信用互換合約的信用價差（信用價差指信用敏感性債券與無信用風險債券——如美國國庫券收益率間的利差），其單位為基本點。一般來說，信用互換合約的信用價差越高，信用違約互換合約對標的資產的保護作用越大。從表10.2中可以看出，隨著互換對手同標的資產對手之間的違約相關性的增加，互換合約對手的信用評級的下降，信用互換合約的信用價差在下降。

表10.2　標的資產BBB級債券不同級互換交易對手的CDS信用價差

相關係數	AAA	AA	A	BBB
0	194	194	194	194
0.2	191	190	189	186
0.4	187	185	181	175
0.6	182	178	171	159
0.8	177	171	157	134

（二）信用違約互換溢價與債券收益率

為了買入信用保護，買入方支付的費用占本金的百分比稱為信用違約互換溢價（CDS Spread）。信用違約互換可以用來對企業債券風險進行對沖。例如，某投資者買入一個5年期的企業債券，債券收益率為每年8%，同時買入一個5年期信用違約互換，信用違約互換溢價為每年4%。如果債券發行人不違約，投資者收益為每年4%；如果債券發行人違約，則投資者可以從信用違約互換的賣方獲得賠付，賠付後，買方的資金總額是債券的本金。投資者可以在收到本金後以無風險收益率進行投資。如果沒有其他風險，兩種狀態下的回報應該是一樣的，即無風險收益率應該為4%。但是由於存在賣方違約的可能性，買方並沒有完全消除信用風險，因此n年期信用違約互換溢價應該大於n年期的企業債券的收益率與n年期無風險債券收益率的差價。

（三）信用違約互換遠期合約、期貨和期權

信用違約互換遠期合約與普通的遠期合約一樣，只是標的資產是信用違約互換，合約雙方約定在未來某時刻T買入或賣出一定數量的參考實體的信用違約互換。但是，如果在T時刻前參考實體違約，那麼該遠期合約自動取消。

信用違約互換期權是以某信用違約互換為標的物的期權，可以分為信用違約互換看漲期權和信用違約互換看跌期權。例如，一個投資者買入一個信用違約互換看漲期權，合約約定投資者可以在6個月後買入一個5年期的惠普公司信用保護，買入這個保護每年需要付費240個基點。如果6個月後，惠普公司的5年信用違約互換溢價大於240個基點，期權將會執行，否則不會被執行。期權的費用在期權成交時付清。類似地，投資者可以買入信用違約互換看跌期權。例如，合約約定投資者可以在6個月後賣出一個5年期的惠普公司信用保護，賣出這個保護每年獲取240個基點的收益。在

6個月後，如果惠普公司的5年信用違約互換溢價小於240個基點，期權會被執行，否則不會執行。與信用違約互換遠期合約類似，如果在期權到期之前參考實體違約，則信用違約互換期權合約自動解除。

此外，除了針對個別資產違約風險的信用違約互換外，還有針對系統違約風險的違約指數期貨。最早的違約指數期貨是季度破產指數期貨，產生於1998年11月的芝加哥商業交易所（CME），是第一個正式進入場內交易的信用衍生產品。該產品主要是基於CME季度破產指數（CME Quarterly Bankruptcy Index，CME QBI）設計的，指數值等於合約到期日之前三個月在美國新登記的破產數，合約規模則等於1 000美元乘以指數值，從而為銀行和消費貸款機構，尤其是信用卡公司提供了一種有效防範因經濟不景氣而造成的破產比例上升的系統性違約風險，優化信貸資產組合的工具。

（四）一籃子信用違約互換

與以上信用違約互換不同，一籃子信用違約互換中通常存在許多參考主體，不同的一籃子信用違約互換其條款各有不同。附加一籃子信用違約互換約定籃子中每個參考主體都對應着一個違約互換，當此籃子中的任一參照主體發生違約事件的時候，信用違約互換的賣方都將對此信用事件提供補償支付。因此，附加一籃子信用違約互換等價於單個資產信用違約互換的投資組合。首次信用違約互換僅僅對一籃子信用違約互換中的首個違約提供補償。此後，該互換不產生進一步的支付，從而保障作用將不復存在。第二次信用違約互換僅對一籃子信用違約互換中的第二次違約提供補償。以此類推，第k次信用違約互換僅對一籃子信用違約互換中的第k次違約提供補償。

二、總收益互換

總收益互換是指投資者將自己所投資的一種資產的所有收益（包括利息收入以及在互換期限內資產的盈虧）調換成另一種資產的、較穩定的總收益的交易方式。在此交易中，互換的出售者將基礎資產的全部收入支付給互換的購買者，而互換的購買者則支付給出售方以LIBOR為基礎加減一定的息差的收益率。可見，互換的出售方是風險的出售方，互換的購買方是風險的購買方。

例如，某個3年期且名義本金為1,000萬美元的總收益互換協議約定將息票率為5%的息票債券的總收益與LIBOR加上20個基點進行交換，如圖10.2所示。如果在3年內，債券都沒有發生違約，則共發生兩種收益互換：第一，在每年息票支付日，總收益互換的支付方將把從投資1,000萬美元的債券獲得的息票利息支付給總收益互換的接收方，而總收益互換的接收方支付基於1,000萬美元本金以LIBOR加上20個基點為利率支付的利息。與普通利率互換一樣，LIBOR利率是在上一個息票日確定的。第二，在互換有效期結束時，總收益互換的雙方將針對債券價值的變化再發生一次支付。例如，在互換有效期結束時，如果債券的價值增長10%，則總收益互換的支付方將需要在3年期末支付100萬美元（1,000萬美元的10%）給總收益互換的接受方。類似地，如果債券的價值下降13%，則總收益互換的接收方需要在3年期末支付130萬美元（1,000萬美元的13%）給總收益互換的支付方。而如果在總收益互換期限內，債券違約了，則總收益互換的接收方將支付一筆款項給互換的支付方，該支付等於債券面值 1 000 萬美元和債券的市場價值之間的差值，並且互換終止。

圖 10.2 總收益互換

可見，總收益互換與一般的互換和信用違約互換有很大的不同。第一，與一般互換相比，總收益互換交易雙方除了要交換在互換期內的所有現金流外，在基礎資產（如貸款）到期或出現違約時，還要結算基礎資產的價差，計算公式事先在簽約時確定。也就是說，如果到期時，貸款或債券的市場價格出現升值，風險出售方將向風險購買者支付價差；反之，如果出現貶值，則由風險購買者向風險出售方支付價差。第二，與信用違約互換相比，總收益互換所要轉移的不僅有信用風險，而且還有因市場價格的不確定變動而發生的市場風險。

總收益互換常常用於融資工具。例如，某企業希望能夠從銀行融資 1,000 萬美元投資到某個參考債券上，而如果銀行貸款給該企業，可能擔心對該企業的貸款會成為不良貸款，造成重大損失。那麼，為了獲得該業務的收益，並降低銀行的風險暴露，則銀行可以進行以下操作：銀行投資 1 000 萬美元買下該參考債券，並作為總收益支付方，與該企業（作為總收益接受方）進行總收益互換，其互換結構如圖 10.2 所示。這就相當於使得該企業可以按照 LIBOR 加上 20 個基點的利率借錢去購買該債券，獲得相同頭寸的債券。與其借資金給企業購買債券相比，銀行在互換整個有效期內保持債券的所有權，將較少地暴露於企業的違約風險。而且總收益互換的有效期通常大大短於基礎資產的有效期，如投資者可以購買一份 15 年期貸款的 2 年期的總收益互換。因此，通過這種方式，投資者只需籌措 2 年期的資金，就可以獲得這份 15 年期貸款的當期全部收益；而銀行也無須發生實際的貸款，就可以有效地獲得貸款收益。

但是，與信用違約互換類似，總收益互換並不能消除所有的信用風險，互換的出售方可能會面臨互換的購買方的違約風險。例如，銀行 A 和銀行 B 達成如圖 10.2 所示的總收益互換，當標的資產價格下跌時，B 銀行不僅要向 A 銀行支付 LIBOR + 20 個基點，而且還必須支付因標的資產跌價而產生的資本損失，這可能會使得標的資產跌價造成的損失超過利息等收益，此時 B 銀行收到的總收益實際上是一個負數。在該情況下，B 銀行就很可能違約，而如果 B 銀行違約，則 A 銀行本來所面臨的信用風險和市場風險就不能得到轉移，此時由這些風險所造成的損失仍然由 A 銀行自己承擔。因此，投資者要通過總收益互換轉移信用風險和市場風險，必須以交易對手切實履行承諾的支付義務為條件。在實際操作中，總收益支付方必須準確地估計違約的概率，從而計算出互換後的淨信用風險，然後要求相對高的利差，以補償其承擔的總收益購買方可能違約的風險。因此，利差取決於總收益接收方的信譽、債券發行方的信譽以及總收益接收方和債券發行方兩者之間違約的相關性。

然而在實際操作時，對於總收益的出售方而言，要準確地估計違約概率事實上是很困難的。同時，出售方還要對交易對手進行考察，有時交易對手可能不止一個，要對每一個交易對手加以考察也是不現實的。因此，在總收益互換產生後，該產品的交易不是很活躍，成交量自然也就不大。

三、信用期權與信用價差期權

期權類的信用衍生產品主要有兩種：一種是以債券或票據的價格作為協定價格的期權，稱為信用期權；另一種則是以信用價差作為協定價格的期權，稱為信用價差期權。

(一) 信用期權

信用期權之所以歸為信用衍生產品，是因為其基礎資產是信用敏感性資產，比如高收益率債券和新興市場政府證券，信用期權的持有者有權利按照約定價格買入或賣出標的資產。因此，信用期權給予期權持有者一個規避信用風險的保障。與一般期權一樣，信用期權也分為看漲期權與看跌期權兩個類別。信用看漲期權的購買者可以在特定時間，以特定價格買進作為標的物的信用敏感性資產；而信用看跌期權則賦予期權購買者在特定時間，以特定價格賣出作為標的物的信用敏感性資產的權利。當標的資產的信用風險增加時，標的資產的價格會下降，信用看跌期權的持有者可以通過執行該期權來轉移標的資產的信用風險；當標的資產的信用風險下降時，標的資產的價格會上升，信用看漲期權的持有者可以通過執行該期權來獲取收益。因此，通過信用期權，投資者可以將自己面臨的信用風險轉移給交易對手。與一般期權類似，信用期權既可以用於套期保值，也可以用於套利，並且持有者可以是債券投資者，也可以是銀行等金融機構。

(二) 信用價差期權

信用價差期權是一種以信用價差，即信用敏感性債券與無信用風險債券（如美國國庫券）收益率間的利差作為標的物，並以某一特定水平的價差作為協定價格的期權，是目前最為複雜的信用衍生產品之一。

當利率風險發生變化時，會影響所有的市場利率同方向變動，信用敏感性債券與無信用風險債券的收益率也同向變動。此時，信用敏感性債券收益率與無信用風險債券收益率之間的利差變動必定是由於信用敏感性債券的信用風險預期的變化導致的（表現為其信用等級的變化）。該利差的變動只體現信用風險變動，與利率風險變動無關。因此，信用價差期權的購買者通過支付一定的期權費就可以鎖定標的資產與某一基準資產（政府債券或 LIBOR）之間的信用價差，從而可以有效規避由於信用價差波動或評級變化所導致的風險。

與一般期權一樣，信用價差期權也分為看漲期權和看跌期權。信用價差看漲期權的購買者有權以事先約定的信用價差購買資產，從而可以對沖由於信用價差變窄而導致的基礎資產的價值損失。信用價差看跌期權的購買者有權以事先約定的信用價差出售資產，從而可以對沖由於信用價差變寬而導致的基礎資產的價值損失。

對於看漲期權來說，當實際的價差超過期權合約所規定的價差（即協定價格）時，期權購買者即可執行其持有的期權，以獲取利潤。例如，某投資者預期某特定的信用價差將在未來6個月內擴大，他可買進6個月期的以該價差爲標的物的看漲期權。在6個月後，如果該價差擴大，並高於協定價差，則該期權就有利可圖，投資者執行該期權即可獲利；而如果價差沒有擴大，則投資者只損失其支付的期權費。

四、資產擔保債券和債務抵押債券

（一）資產擔保債券

資產擔保債券（Asset-Backed Security, ABS）是由貸款組合、證券、信用卡應收款、住房抵押貸款、汽車貸款、飛機租賃以及其他金融資產所派生出的債券產品。例如，某銀行持有金額爲1 000萬美元的個人住房按揭貸款，爲了降低銀行所承擔的信用風險，銀行可以作爲資產證券化的發起人，將該資產賣給一個專門從事資產證券化業務的特殊目的機構（Special Purpose Vehicle, SPV）。SPV以資產支撐發行證券作爲資產證券化交易過程的中心環節，由其進行一定的結構安排、分離和重組，通過資產的信用增級，並以此爲支撐，發行可自由流通的證券，SPV將證券銷售收入支付給資產證券化的發起人，作爲受讓資產的對價，以資產產生的現金流償付投資者。SPV作爲購買或承受發起人的資產並以此爲基礎設計、發行資產擔保證券的機構，是資產信用的承載實體，對資產證券化能否獲得成功具有決定性作用。

一般來說，信用風險常常被分配到不同的份額之中。如圖10.3所示，一個基於總面值爲100萬美元的資產組合的資產擔保債券，期限爲5年，該資產擔保債券被分爲3個份額。第一個份額被稱爲股權份額（Equity Tranche），其面值占總面值的5%，其承諾的收益率爲30%；第二個份額爲中間份額（Mezzanine Tranche），其面值占總面值的20%，其承諾的收益率爲10%；第三個份額稱爲高級份額（Senior Tranche），其面值占總面值的75%，收益率爲6%。資產組合收到的現金流按照由最高級到最低級被分配到不同的份額中。資產組合收到資金流首先用於支付第三份額承諾的收益率6%；在滿足第三份額收益的前提下，資產組合收到的資金流將被最大限度地用於支付第二份額承

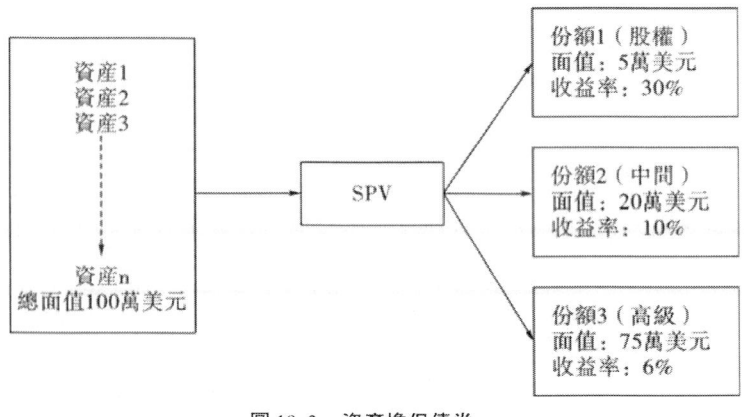

圖10.3　資產擔保債券

諾的收益率10%；剩餘的資產組合收到的資金流用於支付第一份額承諾的收益率30%。當資產組合出現違約時，第一份額將首先受到影響，該份額的收益將低於承諾的收益率30%，而且可能會出現損失本金的情況。當違約損失大到一定程度時，第二份額將受到影響；當違約損失非常大時，第三份也得不到承諾的收益。

（二）債務抵押債券

債務抵押債券（Collateralized Debt Obligation，CDO）是一種非常流行的資產擔保證券。與一般的 ABS 不同的是，CDO 的抵押資產是企業和國家發行的債券。CDO 的構造與圖 10.3 相似，CDO 的發行者首先要取得證券組合，然後將證券組合賣給 SPV，SPV 隨後將證券的收入分為一系列不同的份額。債券組合的收入首先用於支付最高級的份額，然後再用於次高級的份額與股權份額。

五、信用關聯票據

信用關聯票據（Credit-Linked Note，CLN）是普通的固定收益證券與信用違約互換相結合的信用衍生產品，是由某金融機構或公司直接發行的附息證券，利息和本金的支付則取決於基礎信用資產的信用狀況。如果基礎信用資產未發生違約事件，則投資者可定期收到高額利息，並在到期時以面值收回本金。但是，如果基礎信用資產發生違約事件，則投資者可能收不到利息，甚至連本金也不能完全收回。

信用關聯票據的發行者在發行這種附息證券的同時，必須做以該基礎信用資產為標的資產的信用違約互換的空頭方。如果基礎信用資產未發生違約事件，則信用關聯票據的發行者可以從信用違約互換的購買方獲得定期支付，從而可以對信用關聯票據的購買者支付高額利息。如果基礎信用資產發生違約事件，則信用關聯票據的發行者一方面需要對信用違約互換的購買方支付或有支付；另一方面，他對信用關聯票據的投資者支付的金額為面值減去或有交付。顯然，這一支付的金額實際上是由投資者承擔的，如圖 10.4 所示。

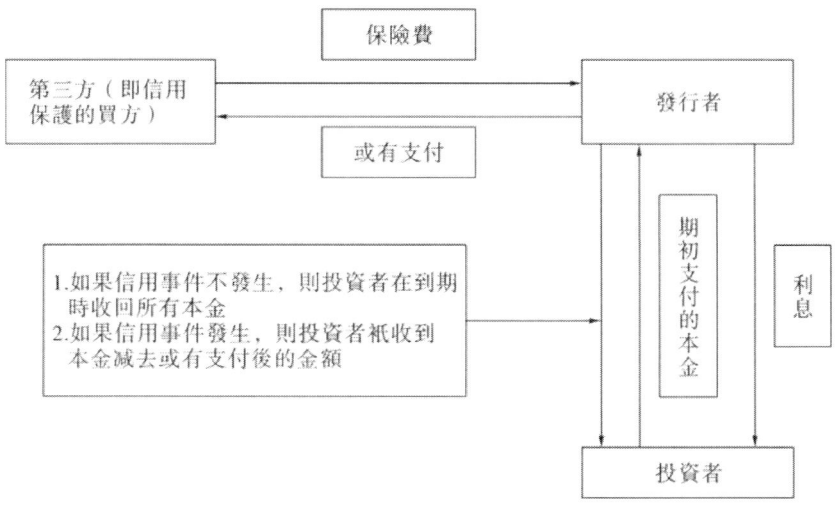

圖 10.4　信用關聯票據的示意圖

在實踐中，信用關聯票據一般是由基礎信用資產的所有人委託信托方發行的附息證券，該證券的利率為 LIBOR + NBP，由信托方支付給信用關聯票據的投資者；同時，基礎信用資產的所有人需要向信托方按面值支付利息，其利率也是 LIBOR + NBP。另外，信托方賣出信用違約互換合約，可以獲取 XBP 的額外收益。通過這樣的方式，信用關聯票據的投資者可以獲得的總收益從 LIBOR + NBP 提高到 LIBOR + NBP + XBP，而其要承擔的信用風險是在違約發生時部分或全部本金的損失。可見，信用關聯票據並非單獨的衍生產品，而是一種和某種信用風險相結合的附息債券，其目標是一般投資者通過承擔一些額外的信用風險來提高其投資收益率，如圖 10.5 所示。

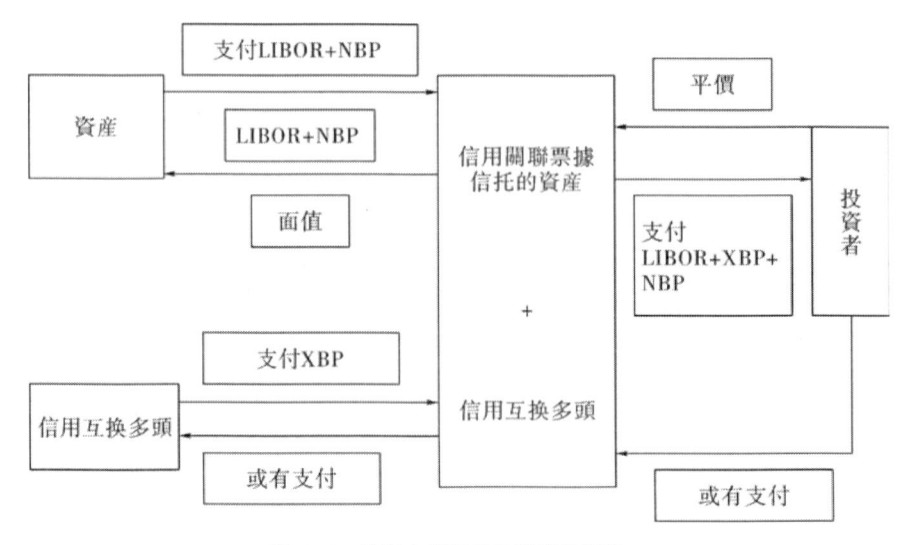

圖 10.5　信托方發行的信用關聯票據

為了促進信用關聯票據交易的活躍性，發行者採用與資產證券化類似的辦法，按照貸款的不同性質將其劃分為不同的部分並進行相應的發行，不同的部分有不同的收益和風險，投資者可以根據自己的收益、風險偏好進行投資，以更大的靈活性滿足投資者的個性化需求。

另外，從以上支付過程也可以看出，無論是在基礎信用資產發生違約的情況下，還是沒有發生違約的情況下，CLN 的發行者都沒有承擔基礎信用資產和 CLN 購買者的信用違約風險，真正承擔信用風險的是信用關聯票據的購買者，因此，CLN 的發行者只是信用風險的出售者和購買者的中介機構而已。同時，由於在信用關聯票據發行時，投資者將全部本金支付給 CLN 的發行者，給其帶來了可觀的現金收入，因此信用關聯票據也是銀行的一種特殊的重要融資手段。

我們通過下面的例子來具體說明信用關聯票據的交易過程。如圖 10.6 所示，銀行 A 買進價值為 1.05 億元的信用級別為 B 的貸款組合的標的資產，該資產的收益率（利率）為 LIBOR + 250BP，融資成本為 LIBOR。銀行將該資產交付給信托方，支付給信托方的利率為 150BP。信托方在接受標的資產後，發行了 1,500 萬元的信用關聯票據；同時，用出售所得的 1 500 萬元的資金投資於收益率為 6.5% 的國債。在這個例子中，投資者持有 1 500 萬元的信用關聯票據，其可獲得的收益有：第一，1 500 萬元國債質押的收益 6.5%；第二，銀行對面值 1.05 億元按 150BP 所支付的收益。由於投資者的投資為 1 500 萬元（0.15 億元），因此其實際收益率為 6.5% +（1.05/0.15）×150BP = 17%。如果借款方發生違約，投資者會蒙受損失，但其最大損失為其初始投資額 1 500 萬元。如果貸款組合價值的損失超過 1 500 萬元，銀行將自行承擔超出 1 500 萬元的損失。對於銀行來說，其從貸款組合中所獲的收益為貸款面值的 100BP，這包括從信託方獲取的 LIBOR +250BP，減去融資成本 LIBOR，再減去支付給信託方的 150BP。而銀行所承擔的風險只是超出 1 500 萬元的部分。

從這個例子可以看出，銀行利用信用關聯票據，將貸款組合最終轉移給了投資者，同時也將部分的信用風險轉移給了投資者；而投資者利用信用關聯票據提高了收益率，但也需要承擔較高的信用違約風險。

另外，雖然 CLN 具有較高的收益，但由於 CLN 的購買者往往要同時承擔基礎資產的違約風險以及 CLN 發行者的信用風險。因此，CLN 的購買者需要承擔較大的風險，這極大地降低了保守投資者的興趣。於是，投資銀行家們又開發出了包含多個基礎資產的一籃子信用關聯票據。這種票據使得即便單個違約事件發生，也不會導致投資者完全失掉本金，因此吸引了不少較為保守的投資者。

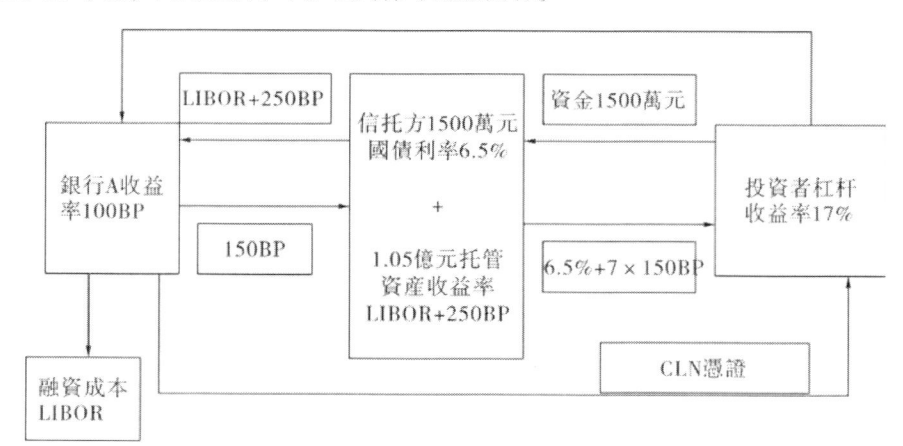

圖 10.6　信用關聯票據的例子

第四節　中國信用衍生工具的發展

伴隨著中國經濟的騰飛，我國金融市場近年來也取得了較快的發展。截至 2015 年年底，中國金融業總資產（國泰君安證券的統計口徑）達 290.9 萬億元，銀行業總資產占比 66.8%，餘額為 194.2 萬億元，其中貸款餘額 94 萬億元。中國債券市場餘額 48.5 萬億元，股票市場餘額 53.1 萬億元，占國內生產總值的比例分別為 71.6% 和

78.4%。可以看出，中國金融市場的市場參與者構成和市場規模體系已進入較爲成熟的階段，具備較大的存量。適度發展衍生工具市場、增加管理市場風險和信用風險的有效手段，對提高金融體系服務實體經濟的能力具有重大的意義和價值。

2010 年，中國首次推出信用衍生工具，即銀行間市場交易商協會發布的信用風險緩釋合約（Credit Risk Mitigation Agreement，CRMA）和信用風險緩釋憑證（Credit RiskMitigation Warrant，CRMW）兩類產品。CRMA 選用了較爲直接的產品結構，即針對單一債務提供保護。CRMW 是由獨立於參考實體以外的第三方創設的，爲憑證持有人就參考債務提供信用風險保護，是可在銀行間市場交易流通的有價憑證。這對信用衍生工具在中國的應用做出了有意義的探索，對市場起到了重大的啓蒙作用。遺憾的是，由於中國金融市場所處的歷史發展階段和產品特點等原因，信用衍生工具的需求較弱，市場發展實際上進入了停滯期。

信用風險緩釋工具（CRM）推出後市場反應平淡，主要原因是債務資本市場存在的結構性問題。中國過去 30 多年來一直處於加速發展階段，經濟快速增長淡化了債務週期的影響。自 2003 年銀行大規模處置不良貸款後，中國債務資本市場穩步發展，但也產生了所謂的"剛性兌付"和"政府隱性擔保"的現象。在這樣的背景下，對衝信用風險不是市場參與者的迫切考慮，信用違約互換的部分功能沒有實際需求。然而，根據國際市場的歷史經驗，違約概率隨經濟環境的變化呈現明顯的週期性特點，隨著我國經濟進入轉型期，貸款的不良率逐步抬頭，債券市場違約頻發，信用事件逐步增多，未來也將與國際市場一樣，進入債務週期的輪回。市場對相應衍生工具需求再起。同時，監管環境的逐步成熟，商業銀行、保險公司、證券公司等金融機構內控體系和市場化經營能力的明顯提高，這些因素共同爲信用衍生工具再次發展奠定了基礎。

2016 年 9 月 23 日，中國銀行間市場交易商協會發布了《銀行間市場信用風險緩釋工具試點業務規則》（以下簡稱《業務規則》）和《中國場外信用衍生產品交易基本術語與適用規則（2016 年版）》（以下簡稱《定義文件》）。《業務規則》在之前信用風險緩釋合約（CRMA）和信用風險緩釋憑證（CRMW）的基礎上，新增信用違約互換（CDS）和信用聯結票據（CLN）兩類信用風險緩釋工具，而定義文件則對上述產品具體的交易要素適用規則提供了相應的法律解讀，供市場參與者在業務中引述使用。

從交易商協會發布的上述業務規則和定義文件可以看出，新增的信用風險緩釋工具在許多方面均取得了較大突破，進一步促進了信用衍生工具市場的規範化發展。在整體的產品設計方面，中國版 CDS 合約保護範圍將由債務種類、債務特徵和參考債務框出，理論上基本可以覆蓋參考實體的主要債務，有助於更加充分地管理和對衝信用風險。同時，該版 CDS 也基本符合資本辦法對合格信用衍生工具的認定，爲金融機構使用信用衍生工具管理信用風險提供了初步的合規基礎。在交易要素方面，中國版 CDS 在術語定義等方面基本與國際接軌，同時相關部門也在推進 CDS 合約進一步標準化的工作，在到期日、標準票息、倒推日、合約期限等要素可能會有一定的標準化設計，這將有助於提升信用衍生工具市場的流動性，爲後續壓縮交易的安排打下基礎。在風險管理方面，中國版 CDS 的配套管理制度對市場參與者的適當性進行了明確約定，同時對槓桿比例提出具體要求，這將有助於信用衍生工具市場在風險可控的前提下穩健發展，更好地服務實體經濟。

本章小結

1. 自20世紀90年代以來，在全球經濟、政治、技術快速變化的背景下，信用也以指數形式增長著。但隨著信用的迅速發展，各種信用風險也日益顯現出來，越來越引起人們的註意。這一切已經影響到了社會的正常經濟秩序，引起了企業對信用風險的關註和信用風險管理方法的研究。

2. 信用衍生產品的出現提供了新的信用風險管理辦法，使信用風險獨立於其他風險，可以單獨交易，促進信用風險市場定價的形成，並且成爲分散和轉移信用風險的重要工具；爲一些投資者提供了進入新興市場和貸款市場的便捷渠道，還可以大大提高銀行資本的報酬率，但也存在着一些深層次矛盾和發展的隱憂。

3. 市場上交易頻繁的信用衍生品主要有信用違約互換、總收益互換、信用價差期權、資產抵押債券和信用聯繫票據。信用違約互換是最典型的信用衍生產品。通過信用違約互換，信用保護的買方支付一定的費用後，就可將自己面臨的信用風險轉移給信用保護的賣方。總收益互換雖然也可作爲轉移信用風險的工具，但其本身的信用風險較大，因而在產生後，其交易不是很活躍。信用期權與信用價差期權的價值取決於信用價差的波動性。信用關聯票據的價值主要取決於約定的參考資產的信用狀況，在一定程度上可解決總收益互換中的違約問題。

思考與練習題

1. 信用風險管理方式有哪些？
2. 信用事件主要有哪些？
3. 解釋爲什麼一個總收益互換可以作爲一種融資工具。
4. 某家公司進入某個總收益互換合約，在合約中這家公司的收入爲某企業債券券息（5%），而同時需要付出的利率爲LIBOR，解釋這一合約和一個固定利率爲5%以及浮動利率爲LIBOR的一般利率互換的區別。
5. 解釋資產擔保債券、債務抵押債券與信用關聯票據之間的區別。
6. 什麼是信用違約互換？
7. 信用違約互換的基本機制是怎樣的？
8. 中國發展信用衍生產品的現狀與問題是什麼？
9. 有人認爲美國次貸危機的起因是信用衍生產品的過度發展，請闡述你的觀點。

第十一章　混合證券

內容提要：混合證券是最近 30 年來金融創新發展的典型代表，本章我們將從基本證券和混合證券的區別、混合證券發展歷程及興起原因的角度闡述混合證券的基本概念，然後將混合證券分爲附加遠期及互換合約的混合證券、附加期權的混合證券和跨市場證券三個大類分別進行介紹，尤其對附加期權的混合證券定價原理進行了重點講解，最後說明如何利用不同市場上的各類金融衍生品，將普通公司債券改造成爲各種個性十足的混合證券。

"混合證券"概念的提出，是相對"基本證券"而言的。作爲一類新型投資工具，混合證券種類繁多，設計充滿個性化，能夠滿足不同投資者多樣化的投資需求。

第一節　混合證券概述

一、基本證券與混合證券

基本證券是指該類證券的投資收益僅取決於單一的市場因素。例如，普通公司債券就是一種基本證券，如果以面值購買並將其持有到期，則投資收益就是債券的票面利率。與此類似，期貨合約也是基本證券，履約時，其投資收益取決於約定價格和市場價格的差價。而期權合約的情況與期貨合約類似，故也可視爲基本證券。對投資者而言，基本證券的風險容易預見和控制，也往往存在比較活躍的二級市場，能夠提供着必要的流動性。對金融機構而言，基本證券的設計比較簡單，一般都有現成的操作規範，是金融機構傳統的業務領域和收入來源。

混合證券是指涉及兩個或兩個以上市場的證券。也就是說，混合證券是融合了兩種或多種融資特點的"融資工具組合體"。從理論上講，任意兩類或兩類以上市場的基本證券都可以相互整合，以形成新的混合證券；從實踐上來看，混合證券主要是應用於債券市場、匯率市場、股票市場和商品市場上，表現爲以上幾大市場的基本證券的組合體。另外，由於每一個基本市場又可以細分，比如債券市場有以美元、日元、歐元等標價的債券，而商品市場有以黃金、銅、小麥等商品爲標的，因此同一個基本市場內的兩個小市場的組合也能夠產生混合證券。

如何精確地定義混合證券，並不是一個非常重要的問題，相對而言，混合證券是如何從基本證券發展而來的過程更爲重要。此外，理解混合證券在市場上扮演的角色也非常重要。混合證券產生的原因是什麼？混合證券是如何構建起來的？混合證券的產生與應用來源於投資者或發行者哪方面的需求？本章對這些問題將進行一個較系統的介紹。

二、混合證券的發展

混合證券的發展可以劃分為兩個階段。第一階段是混合證券發展的早期階段，時間為19世紀40年代至20世紀30年代。第二階段是混合證券的興盛階段，這一階段從20世紀70年代一直延續至今。

（一）早期的混合證券

早期的混合證券很多是與商品市場相聯繫，條款設計也往往比較簡單。早在19世紀40年代，美國的艾瑞鐵路（Erie Railroad）公司就發行了可轉換債券。1863年，美國南部聯盟有些州發行的可轉換債券甚至規定，債券持有者可以在一定條件下把債券轉換為棉花。1911年，美國光電公司（American Light & Power）發行了最早的附加認股權的債券。20世紀30年代的金融危機之後，由於美國政府加強了金融監管，混合證券和其他一些金融業務都受到了限制，直到1977年荷爾蒙斯修正案（Helms Amendment）通過後才有所改觀。

（二）1970年以來的混合證券

1971年布雷頓森林體系瓦解之後，利率、匯率和商品市場的波動性都顯著地增大了，這給混合證券的發展帶來了前所未有的機遇，也促成了新一輪混合證券潮的興起。表11.1列出了在布雷頓森林體系瓦解後，一些有著里程碑意義的混合證券的發展序列。

表 11.1　　　　　　　　　　　混合證券的發展

年份	混合證券
1973	石油債券
1976	可售回債券
1979	可交換浮動利率債券
1980	白銀指數債券
1981	以紐約證券交易所交易量為指數的債券
1982	利率可調整的可轉換債券、可展期債券
1984	雙重貨幣債券
1985	指數貨幣期權債券、流動收益率期權債券
1986	S&P500指數債券、石油指數債券、附帶黃金認股權證的債券、日經指數債券、反轉浮動利率債券
1987	紐約證券交易所指數債券、附帶外匯認股權證的債券、反轉本金匯率聯繫證券、本金匯率聯繫證券
1988	銅利率指數債券、信用評級敏感性債券、通貨膨脹指數債券
1991	反轉石油利率指數直接轉銷、商品指數債券、以S&P 500藥品指數為指數的債券
1999	清華同方與魯穎電子採用股權交換的方式正式合並
2006	興業銀行混合資本債券
2013	中化集團成功完成海外首筆6億美元永續混合債券發行

233

表 11.1 所列的混合證券是在複雜多變的宏觀經濟背景下，基於企業實際的經營情況，由金融工程師們創造出來的。它們滿足了企業種種個性化需求，降低了企業的融資成本，改善了企業的風險狀況，並徹底改變了人們對現代金融的理解。其後很多混合債券的發展也是在這些基礎上不斷演進，創造出更多條款以及更多特性的混合債券。

近年來，投資銀行都在爭相開發混合證券。自從信用評級機構穆迪（Moody）改變了對混合型證券的評級方式後，混合證券業務在歐洲和美國更是進入了加速發展階段。有分析人士預言，新一代的混合證券必將實現爆炸性的增長，並成為投資銀行一個潛在的獲利來源（該市場的收費水平較目前傳統債券發行高出一倍多）。美林（Merrill Lynch）證券更是大膽地預測，新型混合型證券將能夠長久流行，而市場規模將能夠很快與垃圾債券市場相匹敵。目前各大投資銀行正爭相在這個有利可圖的市場確立領導地位。

三、混合證券興起的原因

混合證券興起的原因體現在以下幾個方面：混合證券能降低投資者和發行者的成本；混合證券能合理避稅；混合證券能使公司財務處於穩健狀態；混合證券能緩和債權人與股東的利益衝突。

（一）降低成本

成本的降低體現在兩方面：一是混合證券發行者籌資成本的降低，二是混合證券投資者交易成本的降低。

投資者在購買混合證券時，相當於在持有普通證券之外，還獲得了一個投資機會。比如說，雙重貨幣債券的投資者除了能獲得普通債券的收益外，還間接持有一筆外匯期權。理論上說，預期額外收益的獲得應該付出一定的費用，而這筆費用體現在混合證券的籌資成本上，就表現為比普通債券的籌資成本（債券票面利率）更低。此外，混合證券使原本分散的交易對手集中起來，也使得交易方式變得更加簡單，進而節約成本——原本需要幾個交易對手或幾個交易市場的證券，現在只需通過一筆交易就能完成。例如，投資於雙重貨幣債券的投資者，就不必另外去做一筆投資本金的套期保值交易。

另外，混合證券的期限都比較長，有的甚至長達 30 年，因此這些混合證券上附加的期貨、期權等交易合約相應也具有較長的期限；但傳統的期貨、期權合約一般都沒有這麼長的持續期。因此，混合證券上附加的期貨、期權等交易合約，使投資者不必在持有期內頻繁地進行套期保值，也不必另行尋找長期限的交易對手，從而也可以節約交易成本。

（二）合理避稅

合理避稅是推進混合證券發展的另一個重要動因，可調整利率的可轉換債券就是典型的例子。根據美國稅法的規定，零息債券可以看做一種推遲支付利息的債券，而這部分推遲支付的利息費用可以提前到當期來抵扣公司的應稅收入。這項規定使利用可調整利率的可轉換債券的籌資者獲得了財務上的好處。

（三）保持財務穩健

保持穩健的財務狀況不僅有利於降低籌資成本等財務費用，也與企業日常生產經營狀況密切相關。一些產品市場價格波動不易預測的企業，如石油企業，則可以發行基於石油指數的混合證券來融資，以抵消產品價格變動的影響。由於債券涉及的商品多為企業的經營資產，而企業的經營狀況與債券的償付狀況互補，從而混合證券的發行維持了企業的財務穩健。

（四）緩和債權人與股東的利益衝突

公司債權人和股東之間經常會出現一些利益衝突：一是公司出於反收購的考慮而大量發行債務，而這些債務在償還等級上可能會優於原有的債務，從而威脅到原債務人的利益；二是公司通過財務槓桿比率提高，投資於風險項目，實現財富由債權人向股東轉移，即所謂的財富轉移效應；三是當公司狀況發生較大波動時，在收入減少的情況下，若仍要支付固定利息的債券，股東利益將無法得到保障。

混合證券可以解決公司債權人和股東之間的這些問題。例如，針對第一個問題，即由於債務過多而使債務人利益受到損失，債務人可以購買具有可售回權利的債券。針對財富轉移問題，投資者可購買可轉換債券，在出現財富轉移現象時，債權人可以選擇把債券換成普通股。針對公司效益波動的情況，公司可選擇發行指數化證券來消除這方面的不利影響。

四、混合證券的分類

從附加工具種類的角度入手，混合證券可分為附加遠期的混合證券、附加互換的混合證券、附加期權的混合證券。通過附加一種或多種金融衍生品，普通債券或普通股就被改造成了混合證券。

從涉及市場種類的角度入手，基本的市場種類有商品市場、貨幣市場、外匯市場和權益市場；而混合證券往往同時涉及兩個或兩個以上的市場，其中跨市場（即涉及兩個市場）的混合證券最為常見。

第二節　附加遠期或互換合約的混合證券

一、附加遠期合約的混合證券

這類證券的特點是在普通債券的基礎上附加一份遠期合約，也就是說，投資者除了投資普通債券外，還投資了與普通股相關的遠期交易。典型的有石油債券和雙重貨幣債券。

（一）石油債券

石油債券首先由墨西哥國家石油公司（PEMEX）於1973年發行，債券票面利率固定，而其本金的償還與原油價格掛鉤。若到期日原油價格低於發行日價格，投資者收回本金就相應地扣除這部分差價；反之，若到期日原油價格高於發行日價格，投資者除收回票面本金外，還可獲得相應的差價；若兩個時期油價持平，投資者就收回原先投入的本金部分。

可以看出，石油債券涉及貨幣市場和商品市場兩個單一市場，這裡的子市場爲美元債券市場和石油市場，通過遠期交易方式聯繫起來。若把其中的子市場加以調換，則可以組成同一類型的其他混合證券，如黃金債券、小麥債券等。

（二）雙重貨幣債券

該類債券涉及貨幣和外匯兩個市場，通過在普通債券的基礎上附加一份外匯遠期合約，利息和本金就將分別用兩種不同的貨幣支付，以避免對外投資的匯率風險。

1985 年 9 月，菲利浦公司發行了一種債券，投資者以瑞士法郎購買總額爲 12 300 萬瑞士法郎的 8 年期債券，1993 年到期時公司以美元償還本金，總額爲 5 781 萬美元，而利息以瑞士法郎按年度支付，利息率爲 7.25%。

這種雙重貨幣債券，實際上約定了到期日的還款匯率爲 1 美元 = 2.145 0 瑞士法郎。通過所約定的遠期匯率，投資者避免了到期日美元貶值的本金風險。反之，若到期日美元升值，高於還款匯率，投資者還可從中獲利。對發行者而言，因爲雙重貨幣債券給予投資者在普通債券之外進行遠期外匯投資的機會，所以發行成本可能會降低。

雙重貨幣債券有如下兩種形式：PERLS 和 Reverse PERLS。

（1）PERLS。這種債券的本金與匯率相聯繫。債券的利息部分以外幣支付，本金部分以本幣償還。當然，本外幣是相對債券發行者而言的。PERLS 的期限一般較長，實際上是在普通債券的基礎上，附加了一份長期的外匯遠期合約，因此籌資成本可能得到降低。比如說，1987 年，西屋電氣發行了一筆 PERIS，其利息部分以新西蘭元支付，到期向投資者支付一筆價值爲 7 013 萬新西蘭元的美元本金。

（2）Reverse PERLS。這種債券與 PERLS 相反，利息部分以本幣支付，本金部分以外幣支付。比如說，1987 年 12 月，福特公司通過摩根士丹利成功發行了一筆雙重貨幣債券，總額達 1 億美元，票面利率爲 11%，利息以美元支付，債券於 1992 年 5 月到期，本金以日元償還。

二、附加互換合約的混合證券

這類混合證券的特點是在普通證券的基礎上附加一份互換合約，其中典型的有反向浮動利率票據以及可調整利率的可轉換債券等。

（一）反向浮動利率票據

在反向浮動利率票據中，浮動利率票據的本金與互換交易的本金數額之比爲 1∶2。假設浮動利率票據本金部分爲 P，各期支付利息爲 R_i。互換的名義本金爲 $2P$，爲固定利率與浮動利率之間的互換，固定利息各期支出爲 $2\bar{R}_i$，浮動利息收入爲 $2R_i$，則整個反向浮動利率票據每期的淨利息支出爲 $2\bar{R}_i - R_i$。可見當市場利息率上升時，混合票據的利息支出會下降，反之會增多。因此，反向浮動利率票據也被稱爲收益率曲線票據。

如果浮動票據的本金部分與互換交易的名義本金部分相等，在上例中，混合票據每期的淨利息支出則變爲 $\bar{R}_i$。這樣，通過對浮動票據與互換交易的組合，最終形成的是一張固定利率的混合票據。

(二) 可調整利率的可轉換債券

可轉換債券本身就是一種混合證券，在這里視爲一種較高層次的基本證券。可調整利率的可轉換債券是由普通可轉換債券附加一筆利率互換合約組成的。假設可轉換債券的本金部分爲 P，每期支付固定利息，互換交易的名義本金也是 P，爲固定利率與浮動利率之間的互換，該浮動利率可能是市場利率，也可能是參照發行企業當期股息率而制定的利息率，而組合的結果是形成浮動利息的可轉換債券。

第三節　附加期權合約的混合證券

附加期權合約混合證券的特點是這種金融工具中除了包含債券或權益類證券的基本特徵外，還含有一個或多個期權性條款。常見的附加期權合約混合證券主要有可轉換證券、可贖回證券、可轉換可贖回證券、可回售證券、利息指數化混合債券、本金指數化混合債券以及附加特別期權的混合證券等。

一、可轉換證券

從廣義上來説，可轉換證券是這樣一種證券，其持有人有權將該證券轉換成另一種證券，如期權、認股權證等都可以稱爲可轉換證券。從狹義上來看，可轉換證券主要指可轉換公司債券和可轉換優先股。本節討論的可轉換證券屬於狹義的可轉換證券。

可轉換公司債券是一種公司債券，它賦予持有人在發債後一定時間內，可依據持有人的自由意志，選擇是否依約定的條件將持有的債券轉換爲發行公司的股票或者另外一家公司股票的權利。因此，可轉換證券是在普通債券的基礎上附加一個股票期權構成的。可轉換公司債券的持有人可以選擇持有債券一直到期，並要求公司還本付息；也可以選擇在約定的時間內將債券轉換成股票，享受股利分配或資本增值。

可轉換優先股雖然與可轉換公司債券一樣可以轉換成普通股股票，但可轉換優先股是股票，固定所得不是債息，而是股票紅利；可轉換優先股的價格也隨著公司權益價值的增加而增加，隨著紅利的派現而下跌；可轉換優先股破產時對企業財產的求償次序排在普通債權人之後。

因此，可轉換優先股與可轉換公司債券之間存在着一定差異，但由於可轉換優先股具有很強的債券性質，因此以下的討論主要針對可轉換公司債券進行分析。

可轉換債券具備普通公司債券的一般特徵，它需要定期支付利息並償還本金，有票面面值、票面利率、價格、償還期限等要素。此外，可轉換債券還有以下一些典型特徵：

第一，可轉換債券具有債務和股權兩種性質，兩者密不可分。一般來説，可轉換債券都可以轉換成公司的普通股，因而可轉換債券具有轉換前屬債券、轉換後屬股票的二階段特徵。對投資者來說，轉換前為債權人，獲得利息收益；轉換後為股東，獲得紅利或資本收益。對發行人來說，轉換前屬債務，轉換後屬股權資本。

第二，可轉換債券的利息較普通公司債券的利息低。可轉換債券的票面利率通常低於一般公司債券的利率，有時甚至低於同期銀行存款利率。這是因為債券的投資收益中，除了債券的利息收益外，還附加了股票看漲期權的預期收益。一個設計合理的可轉換債券在大多數情況下，其股票看漲期權的預期收益足以彌補債券利息收益的差額。

第三，可轉換債券是在一定條件下，可以轉換為發行公司股票的特殊債券，轉換條款本質上屬於一種股票期權，而期權是一種既可用於保值又可用於投資的金融工具。可轉換債券持有者既可以獲得可轉換債券本金和利息的安全承諾，又可以在發行公司股價攀升時，將債券轉化為股票，獲得股票價差收益的好處。

第四，可轉換債券具有較低的信用等級和有限避稅權利。可轉換債券是一種僅憑發行人的信用而發行的債券，所評定等級一般比公司發行的不可轉換公司債券要低。當公司破產時，可轉換債券對資產的索賠權一般在其他債券之後，僅優於公司優先股。可轉換債券在轉換成公司普通股以前，公司所支付的債息可作為固定開支，計入企業成本，避免繳納企業所得稅。

可轉換債券的發行對於投資者和發行者都很有吸引力。可轉換債券作為兼有債券和股票兩種特性的證券投資品種，對穩健的股本投資者具有很大的吸引力。該類債券不但提供了一般債券所能提供的穩定利息收入和本金償還保證，還提供了股本增值所帶來的可能收益，並規避了普通股票投資下跌的風險。

對投資者而言，可轉換公司債券包含的選擇權，使債券兼具投資和避險的雙重功能，投資人處在一種"進可攻、退可守"的有利位置。當股市上漲時，可轉換債券的價格也隨之上漲，超出投資者購買的成本價時，可以考慮賣出，獲取資本利得；而當股市低迷時，可轉換債券和發行公司的股票價格雙雙下跌，賣出可轉換債券或將其轉換為股票都不合適時，就繼續持有並可獲得固定的債券利息；當股市由弱轉強或發行公司的基本面轉好，其股票價格預計會有較大提高時，投資者可選擇將債券按照發行公司規定的轉換價格轉換為股票，以享受較好的紅利或公司股價上漲所帶來的收益。因此，可轉換公司債券吸引了那些既想得到穩定收益，又不希望錯過由股票升值帶來的收益的投資者。

而對於發行者，發行可轉換債券可以實現增資擴股，並可以調節股權債權比，還可以避免股票發行後股本迅速擴張、股權稀釋等問題。對於股本比重較大、資產負債率較低的公司而言尤其重要。如果公司增發新股，將會迅速稀釋公司的股本，降低每股的盈利，給公司和經營者造成很大的壓力。而發行可轉換公司債券，由於其屬於債務融資，不會稀釋公司的股本，只有在轉換為公司股份後，才會逐漸地稀釋公司的股本；而在轉股之前，融資所產生的經營效益也會提高每股盈利的水平，因此減緩了公司股本短期內急劇擴張的壓力。發行可轉換債券對於公司而言，資金成本也比較低，這是對發行人而言可轉換債券的最大優點。

可轉換債券還可以低成本地籌資，這主要表現在它的票面利率通常比一般的公司債券的票面利率低。在一些發達資本市場，可轉換債券的利率可以比普通債券的利率低20%左右，從而較大程度地降低了發行公司的籌資成本。因爲可轉換債券的投資價值由兩部分組成：債券價值和公司股票的買入期權價值，後者是公司股票上漲的潛在價值。由於可轉換債券給投資者提供了在未來特定條件下，轉換股票並獲得資本利得的機會，因此未來的盈利預期補償了可轉換債券低利率的不足。同時，與增發新股、配股相比，可轉換公司債券還能使發行公司在同等條件下籌集到更多的低成本資金。在我國，可轉換公司債券轉股價格的確定，以公司公布募集說明書前30個交易日公司股票的平均收盤價格爲基礎，並上浮一定的幅度，而增發新股、配股則要在此價格基礎上給予一定的折扣，因此就同等股本擴張來講，發行可轉換公司債券比直接增發新股，爲發行公司籌得了更多的資金。

1843年，美國艾瑞鐵路（Erie Railroad）公司發行了世界上第一張可轉換公司債券，但此後100多年，可轉換公司債券在證券市場中一直處於非常不清晰的地位，並沒有得到市場的認同和重視，直到20世紀70年代，由於美國經濟的極度通貨膨脹，迫使債券投資人開始尋找新的投資工具，由此可轉換公司債券進入人們的視野，並在此後30年迅速發展了起來。

在發達的證券市場上，在上市公司發行的企業債券中，可轉換債券占據了絕大部分。2000年在東京債券交易所上市的1 305種企業債券中，可轉換債券爲1 052種，占總數的80.6%；同期在大阪交易所上市的1 022種債券中，可轉換債券有833種，占總數的81.5%。1996—2003年，雖然其間出現了以東南亞金融危機爲代表的國際金融市場劇烈震蕩，但全球轉債市場的規模仍穩步提高。據統計，從1996年的4 070億美元，增加到2000年的4 590億美元，2003年市場規模繼續擴大，達到了6 100億美元。

在我國，可轉換公司債券正在經歷一個逐步狀大的過程。據統計，1998—2001年，滬、深兩市只有4家上市公司發行可轉換債券，發債總額爲43.5億元，可轉換債券這種融資工具並沒有被公司看好。而可轉換債券真正受到上市公司重視，是在2001年4月中國證監會頒布了《上市公司發行可轉換公司債券實施辦法》以後，特別是在2003年，當年上市公司再融資總額366.05億元中，有180.6億元是通過發行可轉換債券實現融資的。而在2004年，41家上市公司504.8億元的再融資中，有12家公司通過發行可轉債融資，融資額達209.03億元，占全部再融資額的41.40%。截至2016年5月初，可轉換債券市場規模接近500億元人民幣。轉債融資比例日漸上升，以至於可轉換債券融資總額相當於同期增發和配股的融資總和，成爲上市公司再融資的主要工具之一。

例11.1 "吳江絲綢"發行的"絲綢轉債"。

吳江絲綢股份公司於1998年發行200萬張、每張面值爲100元的可轉換債券，總發行規模爲2億元人民幣，期限5年，從1998年8月28日起到2003年8月27日止。"吳江絲綢"1.05億人民幣普通股票於2000年5月29日在深交所掛牌上市。

根據《可轉換公司債券管理暫行辦法》《深圳證券交易所可轉換公司債券上市規則》的有關規定和《吳江絲綢股份有限公司可轉換公司債券募集說明書》的有關條款，

該公司於1998年8月28日發行的2億元"絲綢轉債"（代碼：125301），在發行的"絲綢股份"（代碼：000301）上市之日起，即可轉換爲該公司的股票。該公司轉股價格爲初始轉股價格，初始轉股價格爲股票發行價4.18元/股的98%，即4.10元/股。"絲綢轉債"的自願轉換期爲該公司股票上市日2000年5月29日至"絲綢轉債"到期日2003年8月27日之間的交易日。但與一般可轉換債券不同的是，"絲綢轉債"規定了到期的無條件強制性轉股，即在到期日即2003年8月27日前未轉換爲股票的"絲綢轉債"，將於到期日強制轉換爲該公司股票。

二、可贖回證券

可贖回證券主要包括可贖回債券和可贖回優先股。可贖回債券是指該債券的發行人被允許在債券到期日前，以事先確定的價格，按照債券招募說明書中所規定的方式發出贖回通知，贖回已發行的部分或全部債券。可贖回優先股是指在發行後一定時期內，可按特定的贖買價格由發行公司贖回的優先股。

發行可贖回證券的主要優勢有：第一，市場利率下調後，可轉換債券發行人可以更低成本籌資。在市場利率下降或貼現率下調幅度較大時，對發行人來說，贖回已發行的可轉換公司債券，再組織新的融資顯得十分合算。第二，促使可轉換公司債券轉換爲股票。可轉換公司債券上市後，其市場價格同股票價格保持着密切的相關關係；而且，可轉換公司債券的市場價格所對應的實際轉股價格，同市場股票價格一般保持着一定的溢價水平。也就是說，在實際交易中，當時購買的可轉換公司債券立即轉股不可能即刻獲利。在這種情形下，可轉換公司債券的持有人沒有必要也沒有理由把可轉換公司債券轉換成股票，轉股的目的就難以實現。爲此，發行人通過設計可贖回條款促使轉債持有人轉股，以減輕發行人到期兌付可轉債本息的壓力。

以可贖回的可轉換債券爲例，當股票市場價格在一段時間內持續高於某一價格達到某一幅度時，公司往往會啓動贖回計劃——按事先約定的價格買回尚未轉換的債券。國際上通常把市場正股價達到或超過轉股價格100%～150%作爲漲幅界限，並要求該漲幅持續30個交易日作爲贖回條件。贖回價格一般規定爲可轉換債券面值的103%～106%，越接近轉債到期日，贖回價格越低。例如，中國紡織機械股份有限公司1992年發行的瑞士可轉換公司債券，期限爲5年（1993—1998年），它的贖回條款規定如下："如果股票價格上漲超過轉股價的150%並持續30天，那麼1994年12月31日贖回日的贖回價格爲104%，以後贖回價格每年遞減一個百分點。"

證券一般有四種償還方法：到期償還、到期前償還、贖回條件下償還和回售條件下償還。贖回是到期前強制性償還的一種方法，贖回條款是絕對有利於發行人的條款，贖回條款賦予了發行人贖回期權，限制了可轉換公司債券持有人的潛在收益。發行人在股價大幅高於換股價的情況下可以行使贖回權，以迫使投資者將債券轉換爲股票。

三、可回售證券

可回售證券類似於可贖回證券，但區別在於"可贖回"是指該債券的發行人被允許贖回已經發行的證券，但"可回售"是指債券持有人要求債券發行方以事先確定的價格，按照債券招募說明書中所規定的方式贖回部分或全部債券。也就是說，可贖回證券是賦予發行人一個買回已發行證券的權利，而可回售證券是賦予證券投資者一個可以向發行人回售該證券的權利。

以附加可回售條款的可轉換債券爲例，其回售條款往往設置爲：當公司股票市價在一段時間內連續低於某一幅度的轉股價格後，債券持有者有權向債券發行者以預先設定的價格回售。當然，在符合相關法律的條件下，觸發回售條件的設置可以是多樣化的，並完全取決於公司和投資者的要求。例如，要求公司股票在未來時間要達到上市目標，一旦達不到，則觸發回售條款。一般來說，贖回條款的設置是有利於發行人，而回售條款的設置則有利於投資人利益，增加證券吸引力，從而使證券可以順利地發行。

回售還有以下特徵：回售是一種到期前的償還方法，可以是自願的，也可以是強制的；如果訂立回售條款，票面利率則可以定得更低；回售權的行使使投資人得到額外保護，使證券具有更大的吸引力。

四、附加特別期權的混合證券

（一）不定收益期權票據

不定收益期權票據（Liquid Yield Option Notes，LYONs）是一種典型的多元混合證券，兼有貼現債券、可轉換債券、可售回債券和可贖回債券的特點。

1985年，美林公司發售了一筆總價值爲7.5億美元的LYONs，債券票面值爲1 000美元，以貼現方式出售，發售價爲250美元，並不另行支付利息，於2001年到期，因此該債券是貼現債券。在沒有被發行公司贖回的情況下，債券持有者可在債券有效期內將原債券轉換爲公司的普通股，普通股面值爲1美元，轉換比率爲每張債券兌換4.36股普通股。如果公司中途發生股份變動，上述轉換比率應進行相應調整，因此該債券還是一種可轉換債券。另外，從1988年6月30日開始到債券到期日爲止，每年的6月30日，債券的持有者有權將手中的債券按事先約定的價格售回給發行公司，因此該債券也是一種可售回債券。債券條款還規定，1987年6月30日之前，如果出現一些約定的特殊事項，公司有權贖回這批債券，而此期限之後，發行公司的該項權利則不受任何限制，因此該債券又是可贖回債券。

LYONs的持有者如果將票據轉換爲普通股或是售回給發行者，或是發行公司直接贖回債券，投資者都將不再繼續持有該票據。由於上述交易行爲的發生時間和履行價格是不確定的，投資者的持有期收益也是不確定的。

（二）信用評級敏感型票據

信用評級敏感型票據（Credit Rating–Sensitive Notes）的收益與發行公司的信用評級狀況密切相關。當發行公司信用評級級別下降時，投資者有權獲得額外的補償。1988年，哈那威公司發售了這種債券：約定當公司的信用評級每下降一個級別時，公司將額外支付給投資者一部分利息。通過這種設計方式，投資者在一定程度上防範了債券的信用風險。

但這種設計方式的弊病是顯而易見的。哈那威公司信用級別的降低往往是其財務狀況惡化的反應，此時公司再增加利息支出雖然滿足了投資者需求，但對公司的長遠發展來說是非常不利的，並導致原本趨於惡化的財務狀況雪上加霜，而如果財務狀況進一步惡化，則勢必威脅到投資者本金的安全。

因此，1990年，大通曼哈頓銀行在爲化工類企業Sonatrach公司設計信用評級敏感型票據時，便做了相應改進，並產生了一種新的混合證券；當公司的信用評級降低時，大通曼哈頓銀行將從該公司獲得一筆爲期兩年的原油看漲期權，並賣出爲期兩年的原油看跌期權。這樣一來，如果原油價格下跌導致該公司信用狀況下降，投資者要求執行看跌期權以獲取額外收益，而這部分額外收益由大通曼哈頓銀行支付。當原油價格上漲，大通曼哈頓銀行則可執行看漲期權獲利，此時原油價格上升促使發行公司財務狀況好轉，支付能力也提高了。通過這種方式，盡可能地減小發行信用評級敏感型票據對公司發展的影響，而又保留了信用評級敏感型票據對投資者的吸引力。

五、附加期權合約混合證券的定價原理

附加期權合約混合證券的特點就是這種金融工具中除了包含債券或權益類的基礎證券外，還含有一個或多個期權性條款。因此，對附加期權合約混合證券進行定價時，需要考慮混合證券各部分的價值。以下以可轉換債券爲例來說明附加期權合約混合證券的定價原理。

從可轉債的各個條款內容上看，每個條款就相當於一個期權合約。例如，轉股條款就相當於給持有人一個股票的看漲期權，而回售條款則是賦予持有人一個看跌期權。另外，贖回條款是給發行人的一個看漲期權，對持有人來說則是賣出一個看漲期權。轉股條款要更複雜一些，它是賦予發行人一個可修正執行價格的期權。

出於簡便，下面我們只考慮一個有轉股條款，而沒有回售條款、贖回條款、向下修正轉股價格條款等其他條款的可轉換債券的定價問題。這時候，可轉換債券的價值包括了債券本身的價值、轉換價值以及期權價值三個方面。下面以鞍鋼可轉換債券爲例來說明這三方面的價值計算。

鞍鋼新軋鋼股份有限公司（鞍鋼股份有限公司的前身）是一家生產及銷售鋼坯、線材、厚板、冷軋薄板、大型鋼材等產品的鋼鐵企業。鞍鋼公司於2000年3月14日發行了5年期可轉換債券，票面年利率爲1.2%，每年支付利息1次，每張面值100元，總規模一共爲15億元人民幣。債券持有人可以在債券發行後9個月至到期日的轉換期內，把債券轉換成股票。初始轉股價爲3.30元/股，相當於1張債券可轉換成股票30.3股。

（一）債券本身的價值

債券本身的價值是指可轉換債券在未轉換成股票之前、被持有人當做債券持有情況下的價值。債券價值與債券票面利率、市場利率以及違約風險程度等因素有關。

首先，計算鞍鋼轉換債券發行9個月後的價值。假設其不存在違約風險，以現有的4年期國債年利率2.87%貼現，則發行時（2000年3月14日）的債券價格爲：

$$P_0 = \sum_{i=1}^{5} \frac{100 \times 1.2\%}{(1+2.87\%)^i} + \frac{100}{(1+2.87\%)^5} = 92.32(元)$$

上式的前半部分表示每年利息（一共 5 年）的貼現值，而後一部分則表示第 5 年償還的本金（100 元）的貼現值。則 9 個月後的債券價格為：

$P = P_0(1+2.87\%)^{0.75} = 94.30(元)$

所以說，在經過 9 個月（0.75 年）後的 2000 年 12 月 14 日，鞍鋼可轉換債券作為債券本身的價格為 94.30 元，而可轉換債券的價格至少要高於 94.30 元。

(二) 轉換價值

轉換價值是指當可轉換債券以轉股價格轉換成股票時所能取得的價值。只要將每份可轉換債券所能轉換成的股票股數乘以股票的當前市場價格（假設股票已在二級市場流通交易），即可得到這一數值。

鞍鋼可轉換債券的轉股價格為 3.30 元每股，而當前 2000 年 12 月 14 日的鞍鋼新軋每股的市場價格為 4.33 元，因此可轉換債券的轉換價值為：

$P = (100/3.30) \times 4.33 = 131.21(元)$

如果當前市場上的一份可轉換債券的價格低於 131.21 元，那麼只要以低於 131.21 元的價格購入可轉換債券，並馬上轉換成股票，則能獲得無風險利潤。因此，可轉換債券的價格也必定大於轉換價值。另外，當市場價格低於轉股價格時，可轉換債券的持有人就不會把可轉換債券轉換成股票，而是繼續持有可轉換債券。

可轉換債券的價值至少要比它的債券價值大，也要比它的轉換價值大，否則就存在無風險套利機會。但在現實市場中，可轉換債券的價值一般都要大於轉換價值和債券價值，那是因為可轉換債券還存在期權價值。

(三) 期權價值

當持有可轉換債券時，投資者沒有必要馬上轉換成股票，因為這只是其一項權利。這個權利使得投資者可以等待將來可能發生的股票上漲機會，然後把可轉換債券轉換成股票而獲得更大的價值，這個權利的價值稱為期權價值。

可轉換債券市場價格減去債券價值和轉換價值兩者中的最大者，即是可轉換債券的期權價值。當股票價格比較低的時候（即低於轉股價格時），可轉換債券的價值主要受到其債券價值的影響。反之，當股票價格比較高的時候（高於轉股價格時），可轉換債券的價值主要由轉換價值決定。

因此，可轉換債券的價值等於其債券價值和轉換價值中的最大者與其期權價值之和：

可轉換債券價值 = max(債券價值, 轉換價值) + 期權價值

而期權價值的計算可按照二叉樹定價方法或者 Black–Scholes 定價公式進行計算。

當然，上面的分析是僅僅考慮了可轉換債券賦予持有人一個基本的轉換期權，而沒有其他期權的情況。如果還考慮持有人的回售權和發行人的贖回權等多項期權時，可轉換債券的定價就會變得很複雜。當存在多項期權時，期權的價值就不是分別單獨計算這些期權，然後再把它們進行相加減而得出的值。因為這些期權是作為一個整體

存在於可轉換債券中而不是單獨分開的，所以計算時直接把它們的期權值相加減會存在一定的問題。例如，當執行了轉換權時，持有人的回售權就不存在了，發行人的贖回權也消失了。反過來，當發行人執行贖回權時，持有人的期權就都沒有了。

第四節 跨市場混合證券

爲了滿足投資者同時投資於多個市場的需求，跨市場混合證券應運而生。跨市場混合證券主要有以下三類：利率－匯率混合證券、利率－權益混合證券以及貨幣－商品混合證券。它們共同的特點是證券的收益特徵由兩個市場共同決定。這樣做不僅可以滿足投資者同時投資於多個市場的需求，也可以爲已經投資多個市場的投資者提供風險管理的工具，當然也可以作爲套利或投機的工具。

一、利率－匯率混合證券

有些進口商或出口商希望回避貨幣風險，而有些投資者希望利用匯率市場的波動進行投機。儘管使用傳統的外匯工具取得確定的頭寸可以達到這些目的，但可能會存在制度或成本方面的約束，這時合適的利率－匯率混合證券就是不錯的選擇。

(一) 雙貨幣票據/債券

如果投資者預期某一外幣 X 可能會升值，但又不願意拿本金冒險，那麼他可以選擇買入雙貨幣票據。這種工具將以投資者的本幣償還本金，但以外幣 X 支付利息。而如果投資者確定某一外幣 Y 應該會升值，那麼他可以買入雙貨幣債券。這種工具將以投資者的本金支付利息，但以外幣 Y 償還本金。以雙貨幣債券爲例，一位澳大利亞的投資者可以考慮購買以澳元支付年利息、以美元償還本金的 5 年期雙貨幣債券。其息票利率爲 12%，到期日償還的本金額相當於 1 197.60 澳元 (AUD) 的美元，而在發行時這筆澳元相當於 1 000 美元 (USD)。表 11.2 給出了到期日不同的 USD/AUD 匯率下投資者的損益狀況。

表 11.2　　　　　　　　　雙貨幣債券的總損益狀況

到期日的 USD/AUD	USD 計值的償還額價值	內部收益率 (%)
0.60	718.56	7.12
0.70	838.32	9.32
0.80	958.08	11.33
0.90	1 077.84	13.20
1.00	1 197.60	14.93
1.20	1 437.13	18.10

（二）跨幣種可轉換債券

這個工具提供給了投資者將以貨幣 X 標價的債券轉換爲以貨幣 Y 標價的債券的權利。例如，某 7 年期"法國法郎－美元"可轉換債券約定：債券存續期前兩年爲息票率爲 9.45%、總額爲 5 億法國法郎債券，在第三年，投資者可將債券轉換爲息票率爲 8.25% 的 1 億美元 5 年期債券。這樣的債券條款顯然對投資者是有吸引力的，因爲如果自發行日起美元走強，它將給投資者提供獲利機會，但如果市場不是這樣運動，又允許投資者保留法郎。

（三）貨幣指數中期票據

貨幣指數中期票據的構造是將到期的本金聯繫在一種貨幣匯率上，但又不像雙貨幣債券。它往往通過嵌入一個期權，對不利的貨幣變動提供保護。比如說，一年期票據將被構造來滿足一個美國投資者投資需求——他想利用義大利里拉和瑞士法郎利率之間的巨大差距。里拉是歐洲匯率機制（ERM）的一部分，那個投資者不認爲里拉對瑞士法郎貶值會有多大的可能性，而且他認爲瑞士的通貨膨脹問題將使瑞士法郎對瑞士法郎走弱，換句話說，投資者認爲義大利里拉將相對瑞士法郎出現升值的可能。於是他可以投資如下中期票據：該票據以美元償付本金及支付利息，息票率爲 8.27%，低於市場利率 125 個基點，這相當於買入一個看漲里拉的貨幣期權。如果匯率保持絕對地穩定，期權不被執行，以票面面值和利率支付。如果里拉堅挺或者瑞士法郎疲軟，清償價格將相應上升。例如，如果里拉對瑞士法郎升值 5%，這一票據提供的年回報率爲 13.27%，而貨幣期權的存在建立了一個回報爲 8.27% 的下限。

二、利率－權益混合證券

利率－權益混合證券在證券的整體收益中結合了利率要素和權益要素。考慮一項以美元爲面額的 3 年期債券，固定年利率爲 10%，按年付息，到期日償還的價值與股指掛鉤。例如，償還價值可與到期日的主要市場指數價值（MMI）掛鉤，如下所示：

$$R = \$1\,000 + \left(1\,000 \times \frac{MMI_m - MMI_0}{MMI_0}\right)$$

其中：

R 爲到期日的償還價值（美元）；

MMI_0 爲發行日的價值；

MMI_m 爲到期日的價值。

以上與權益相聯繫的指數公式可加以修改，並創造出各種可能的變形。第一種變形：當指數上升時總收益減少，下降時總收益增加，即 $R = \$1\,000 + \left(1\,000 \times \frac{MMI_0 - MMI_m}{MMI_0}\right)$。

第二種變形：也許希望從市場上漲中獲益，又不願接受市場下跌的損失，那麼則需要一個權益市場上的複合買權。這樣的證券的償還公式，利用最大化函數，可以表示如下：$R = \text{MAX}\left[\$1\,000, R = \$1\,000 + \left(1\,000 \times \frac{MMI_m - MMI_0}{MMI_0}\right)\right]$。

當其他條件不變時，兩種變形的證券收益必然不會相同。原因很簡單，期權成分（複合買權）提供了附加價值：在市場上漲時可獲得與第一種變形相同的收益，但在市場下跌時不會遭受同樣多的損失。不付出成本，則無法獲得價值，而這一付出的成本，最大的可能是採取降低息票利率的形式。

在這一問題中，還可能有幾種進一步的變形。例如，投資者可能願意放棄在指數上漲時所獲得的收益。這時，償還價值公式可由下面給出，這裡的最小化函數是與最大化函數相反的函數。

$$R = \$1\ 000 - \left(1\ 000 \times \frac{MMI_m - MMI_0}{MMI_0}\right)$$

$$R = \text{MIN}\left[\$1\ 000, R = \$1\ 000 - \left(1\ 000 \times \frac{MMI_m - MMI_0}{MMI_0}\right)\right]$$

而這種票據的息票利率將比第一種證券 10% 的息票利率要高，因為投資者可被看做出售了一個複合買權，所以理應得到補償。

三、貨幣－商品混合證券

貨幣－商品混合證券的總收益是某一匯率上的基本收益和某一商品（如原油）價格的函數。例如，考慮一個 2 年期證券，其固定息票的年利率為 9%。按年以美元支付，償還的本金價值則如下式：

$$R = \$1\ 000 + \left(1\ 000 \times \frac{P_m - P_0}{P_0}\right)$$

其中：

P_m 為到期日一桶原油的日元價格；

P_0 為發行日一桶原油的日元價格。

（假設 $P_0 = (\$35 \times 132.00 \text{JPY/USD}) = \text{JPY}4\ 620$）

表 11.3 描述了當 JPY/USD 匯率和原油價格在到期日變化時的總損益狀況。

表 11.3　　　　　　　　貨幣－商品混合證券的總收益回報

JPY/USD	每桶原油的美元價格（美元）	每桶原油的日元價格（日元）	償還公式值（美元）	內部收益率（%）
100.00	10.00	1,000	216.45	(39.96)
120.00	30.00	3,600	779.22	(2.16)
140.00	50.00	7,000	1 515.15	31.27
160.00	10.00	1,600	346.32	(29.29)
180.00	30.00	5,400	1,168.83	16.79
200.00	50.00	10,000	2,146.50	54.72

第五節　混合證券的構造——以改造普通公司債券爲例

在前幾節對混合證券基本情況進行介紹的基礎上，本節旨在說明如何利用不同市場上的各類金融衍生品，將普通公司債券改造成爲各種個性十足的混合證券，以滿足融資者和投資者的各種需求。

一、利息指數化混合債券

利息指數化混合債券的特點是債券各期支付的利息爲浮動利率，並往往與某一指數掛勾。實質上，這類混合證券附加了一系列到期日與付息日相同的期權，即在每次付息日都有一筆期權到期，而期權的標的物就是某一資產價格指數。通過這種安排，投資者在獲得保底利息收入的前提下，在行情有利時，還能通過期權的執行增加利息收入。典型形式有以下三類：

（一）商品類利息指數化債券

這類債券支付利息時，利息與某種大宗商品的價格掛勾。一般而言，這些作爲參照的大宗商品多爲債券發行公司的某類重要產品或是原料。

1988 年 11 月，麥格麥銅業公司發行了一筆與黃銅價格掛勾的利息指數化債券，總額爲 2.1 億美元，期限 10 年，每 3 個月付息一次，共有 40 次付息，每次利息都與黃銅價格相關聯。具體規定如表 11.4 所示。

表 11.4　　　　　　　　商品類利息指數化債券收益率

黃銅市場價格（美元）	債券所支付利率（%）
2 以上	21
1.80	20
1.60	19
1.40	18
1.30	17
1.20	16
1.10	15
1.00	14
0.90	13
0.80 以下	12

假設 1990 年 2 月黃銅價格爲 1.50 美元，則債券在當期所支付的年利率則爲 18%，依此類推。當黃銅價格上漲時，麥格麥銅業公司支付的利息率也在上升，看似遭受了損失，但由於黃銅本身是該公司的一項產品，故這一部分增加的財務費用能被銅價上漲帶來的銷售收入增加抵消。當然，當銅價突破 2 美元上限時，公司銷售收入增加，

但支付的利息卻固定不變,此時公司處於有利地位;反之,當銅價跌破了 0.80 美元時,公司則要受到損失。而對於投資者,由於擁有了這樣一種"封頂保底"的期權,其最低投資收益水平有了保障,而在銅價上漲時還能獲取額外收益,因而投資者也樂於進行此類債券投資。

正是因爲商品類利息指數化債券具有上述優點,使其成爲資本市場上的一個熱門券種。1989 年,普雷西迪奥(Presidio)石油公司發行了一筆與天然氣價格相聯繫的利息指數化債券。1991 年,澳大利亞的聯合鋁業(VAW)公司發行了一筆與鋁價格相聯繫的利息指數化債券,因爲鋁是該公司的主要產品。

如果某項商品不是發行公司的資產,而是作爲公司所需對外採購的原料,公司也能發行利息指數化債券,只是期權履約規定上與前述債券條款剛好相反,這樣的債券也可稱爲反向的商品類利息指數化債券。例如,1991 年,日本的石化企業(Shin Estu 公司)發行了一筆私募債券,該債券的各次付息都附加了一筆期權,只是利息的支付與原油價格呈反向變化關係。

(二) 保底浮動利率債券

保底浮動利率債券由浮動利率債券附加一系列看跌的利率期權構成,這些期權都是歐式期權,到期日分別與各次付息日對應,債券的持有者爲期權買方。保底浮動利率債券的設計目的是,一方面,使投資者獲得有最低限度保證的利息收入;另一方面,當付息日市場利率跌到期權執行利率之下時,投資者通過執行看跌期權也可以獲得保底的利息收入,而當付息日利率上漲時,投資者則享受了高利率帶來的額外收益。

例如,河南高速公路發展有限責任公司於 2004 年 12 月公開發行的 10 年期公司債券,就是典型的附保底條款的浮動利率企業債券。在每個利息支付日,如果基準利率(當期一年期定期存款利率)小於 2.33% 時,當期債券利息率設定爲 5.05%;而當基準利率高於 2.33% 時,期利息率爲基準利率與基本利差(2.72%)之和。

(三) 通貨膨脹率利息指數化債券

這種債券的利息上附加了一系列基於通貨膨脹率的看漲期權。當付息日通貨膨脹率爲正數時,則投資者除了獲得票面利息率外,還可獲得相當於通貨膨脹率的利息率補貼。由於此時的債券收益率可被視爲真實利率,這種債券也被稱爲真實利率債券。

發行通貨膨脹率利息指數化債券可以在高通脹時期解決債券真實收益率爲負的問題,並緩解債券價格下跌的壓力。比如說,我國財政部 1989 年發行的保值公債就是典型的通貨膨脹率利息指數化債券。該債券償還期限爲 3 年,年利率隨中國人民銀行規定的三年期定期儲蓄存款利率浮動,加保值貼補率,並外加一個百分點。而保值貼補率即是同期物價上漲率和同期儲蓄存款利率的差額。

二、本金指數化混合債券

與利息指數化債券恰恰相反,本金指數化混合債券的投資者,每期獲取利息收入是固定的,而最終得到償付的本金卻是浮動的,並與某一指數掛鉤。本金指數化債券的種類較多,最常見的是股票指數本金指數化債券及商品價格本金指數化債券,此外還有匯率本金指數化債券以及利率本金指數化債券等。

(一) 股票指數本金指數化債券

這類混合證券通過期權合約把債券市場和股票市場有效地結合起來。由於單只股票的價格波動較大，該類混合證券一般都會掛勾主要的股票市場指數，如道‧瓊斯指數、標準普爾 500 指數以及日經指數等。

假設美國 A 公司發售一種美元標價債券，票面面值為 1 000 美元，票面利率為 10%，每年年末以美元付息一次，有效期 10 年，期末本金以美元償還。為了吸引投資者，A 公司在債券上附加了一個股票指數期權，債券本金償還與市場指數相關。其具體規定可用下式表示：

$$R_1 = \$1\ 000 + (1\ 000 \times \frac{MI_m - MI_0}{MI_0})$$

$$R_2 = \max[\$1\ 000, R_1]$$

其中，MI_0 表示債券發行日的股票市場指數，MI_m 表示到期日的市場指數，R_2 表示期末實際還本金額，R_1 是一個中間變量。

當期末股票市場指數 MI_m 高於發行日市場指數 MI_0 時，即 R_1 值高於 1 000 美元，這時還本金額 R_2 就等於 R_1，投資者就獲得了股票指數上升而帶來的額外投資收益。而當 MI_m 低於 MI_0 時，即 R_1 低於 1 000 美元，但由於期權條款的規定，此時投資者仍能獲得保本的本金數額 1 000 美元，從而避免了投資本金的損失。因此，A 公司發行的實際上是附加了保底期權的本金指數化債券。

自 1986 年以來，這種股票指數本金指數化債券發展較快。所羅門兄弟公司率先發行了"SPINs"，即與標準普爾 500 指數相聯繫的本金指數化票據，投資者除了定期獲得固定利息收入外，還獲得標的物為標準普爾 500 指數的看漲期權，由此可以分享隨著股指上漲帶來的收益。隨後高盛公司也發行了"SIGNs"，即股票指數增長型票據，這種票據類似於 SPINs，也是以標準普爾 500 指數為設計依據，但它以貼現形式發行，而持有期內不另行支付利息。1991 年，統一技術公司發行了與標準普爾 500 醫藥類指數相關的本金指數化票據，發行條件與 SIGNs 相似。

(二) 商品價格本金指數化債券

商品價格本金指數化債券與股票指數本金指數化債券的不同之處，只在於期權合約涉及的市場不同。前者是商品市場，而後者是股權市場。

1980 年，陽光採礦公司發行的總值為 2 500 萬美元的白銀指數化債券，是第一支商品指數化債券。其票面面值為 1 000 美元，票面利率為 8.5%，每半年付息一次，於 1995 年到期，到期日，陽光採礦公司償付的每張債券本金相當於 50 盎司白銀的總價，如果該數額低於 1 000 美元，則最低支付金額為 1 000 美元。

後來還出現了貼現式債券和歐式商品期權組合而成的混合證券。例如，1986 年 6 月，標準石油公司發行了兩批金額為 3 750 萬美元的貼現式石油價格指數化債券。

(三) 匯率本金指數化債券和利率本金指數化債券

匯率本金指數化債券和利率本金指數化債券是混合債券分別向外匯市場和貨幣市

場延伸的結果。匯率本金指數化債券結合了普通債券和外匯期權，這種債券被稱爲"ICON"，由第一波士頓公司在 1985 年首先發行，投資者除了定期收取固定利息外，期末時還可以執行一份標的物的執行價格相當於本金額的歐式外匯期權。

而利率本金指數化債券的持有者在債券到期時，將有權將持有的債券調換爲另一種新債券。例如，有的浮動利率債券允許投資者在期末將原債券掉換爲另一種固定利率債券。另外，可展期債券則授權投資者在期末將原債券掉換爲期限更長的新債券。

本章小結

1. 混合證券作爲一種新的融資工具，如今深受全球企業的歡迎。混合證券的興起主要基於四個原因：一是降低融資成本，二是逃避法規管制，三是公司經營風險管理的需要，四是緩和債權人和股東之間的利益衝突。

2. 附加遠期、互換或期權的混合證券是在普通的債券或普通股上附加衍生金融工具，以起到滿足投資者和發行方不同需要的目的。其中，附加期權合約的混合證券是最爲吸引人的，尤其是可轉換債券，可稱得上是混合證券中最爲成功的品種。

3. 爲了滿足投資者同時投資於多個市場的需求，跨市場混合證券應運而生。跨市場混合證券主要有以下三類：利率－匯率混合證券、利率－權益混合證券以及貨幣－商品混合證券。它們共同的特點是證券的收益特徵由兩個市場共同決定。

4. 借助不同市場上的各類金融衍生品，普通的公司債券就可以被改造成爲滿足投資者不同需求的混合證券。從本質上來説，混合證券就是將原來的普通債或普通股的現金流，進行重新構造而成。

思考與練習題

1. 混合證券興起的原因有哪些？
2. 混合證券有哪些常見的類型？
3. 附加期權合約的混合證券有哪些常見的類型？
4. 簡述基本證券與混合證券的關係及不同點。
5. 簡述混合證券的分類。
6. 市場混合證券有哪些常見的類型？

國家圖書館出版品預行編目(CIP)資料

你是我鑰匙工具 / 王景弘 王繡. -- 第三版. -- 臺北市：崧燁文化, 2018.08

面； 公分

ISBN 978-957-681-383-2(平裝)

1. 勞動法規與勞工

563.5　　　　　　　　107011656

書　名：你是我鑰匙工具
作　者：王景弘 王繡
發行人：黃柏熊
出版者：崧燁文化事業有限公司
發行者：崧燁文化事業有限公司
E-mail: sonbookservice@gmail.com

網路：[QR]　　　[QR]　臉書頁

地　址：台北市中正區重慶南路一段六十一號八樓 815 室
8F.-815, No.61, Sec. 1, Chongqing S. Rd., Zhongzheng Dist., Taipei City 100, Taiwan (R.O.C.)
電　話：(02)2370-3310　傳　真：(02) 2370-3210

總經銷：紅螞蟻圖書有限公司
地　址：台北市內湖區舊宗路二段 121 巷 19 號
電　話：02-2795-3656　傳真：02-2795-4100　網址：[QR]

印　刷：京峯彩色印刷有限公司（京峰數位）

本書版權為崧博出版事業所有授權崧燁文化出版事業有限公司獨家發行電子書及繁體書繁體字版。若有其他相關權利及授權需求請與本公司聯繫。

未經書面許可，不得複製、發行。

定價：450 元
發行日期：2018 年 8 月第三版

◎本書以POD印製發行